워크노믹스

고용과 함께 하는 성장

WORKNOMICS

윤동열 지음

KISM 한국지속가능경영원
Korea Institute for Sustainable Managemet

목차

발간사

"고용이 곧 성장의 해답이다!"

대한민국은 지금 성장의 새로운 문을 두드리고 있습니다. 그러나 그 문을 열어줄 열쇠는 더 이상 자본이나 기술만이 아닙니다. 그것은 바로 사람과 일자리, 즉 고용입니다. 우리는 '고용 없는 성장'의 허상을 지나, '고용과 함께하는 성장(Work with Growth)'이라는 새로운 패러다임을 설계해야 할 시점에 서 있습니다. 이 책 『워크노믹스(Worknomics): 고용과 함께 하는 성장』은 바로 그 고민에서 출발했습니다.

전환기 한국 사회는 고령화, 디지털화, 산업구조 재편이라는 복합 위기를 맞고 있습니다. 이러한 시대에 고용 정책은 단순한 복지나 경기 대응 수단을 넘어, 국가 지속가능성의 근간이자 미래 사회를 설계하는 전략의 핵심축입니다. 고용은 단지 경제의 부산물이 아니라, 사회적 연대와 개인의 존엄을 실현하는 기반입니다.

본서는 크게 다섯 개의 주제를 통해 한국 고용의 현재와 미래를 통합적으로 조망합니다. 1장에서는 전환기 노동시장에 필요한 종합적 대응 전략을 모색합니다. 고령자의 계속고용, 노사관계 변화에 따른 제도 정비, 청년고용과의 조화를 고려한 임금체계 개편, 경제사회노동위원회의 실질적 기능 혁신, 지역 특화산업과 연계한 고용창출까지, 노사정 협력과 지방 균형발전이 고용정책의 핵심 전제임을 강조합니다.

2장에서는 임금과 근로시간을 통해 노동의 가치를 되묻습니다. 주 4일제, 최저임금 결정구조, 포괄임금제, 유연근무제 등은 단순한 제도 변경의 문제가 아닙니다. 이것은 일의 의미를 어떻게 정의할 것인가, 즉 한국 사회가 '어떻게 일하고 살아갈 것인가'에 대한 철학적 질문입니다.

3장은 한국 노동시장의 구조적 병목을 다룹니다. 대기업-중소기업, 정규직-비정규직 간 이중구조, 산업별 격차, 직장 내 괴롭힘, 실업급여 제도, 첨단산업 인력 미스매치 등은 노동의 공정성과 안전, 미래 성장동력을 동시에 위협하고 있습니다. 이 장은 '일의 틈'에서 벌어지는 '삶의 격차'를 줄이기 위한 구조 개혁과 사회적 신뢰 회복의 필요성을 강하게 제기합니다.

4장은 새로운 세대와 함께 다시 짜야 할 일터의 룰을 제시합니다. Z세대는 기존의 위계적 문화에 질문을 던지며, 자율성과 공정성, 피드백을 요구합니다. 이에 따라 기업의 HR 전략은 단순 채용을 넘어 공감채용, 디지털 기반 경력관리, 다양성과 포용을 중심에 둔 조직문화로 진화하고 있습니다. 리더십 또한 변화를 피할 수 없습니다. 이제 리더는 통제자가 아니라, 공감의 촉진자이자 의미의 설계자로 재정의되어야 합니다.

마지막 5장은 외국인 노동자에 대한 새로운 접근을 요구합니다. 저출산·고령화 시대에 외국인력은 단기 대체재가 아닌, 지속가능한 경제 공동체의 구성원입니다. 그러나 현재의 제도는 충원 중심에 머무르고 있으며, 언어·안전·정주 지원 등에서 구조적 사각지대를 양산하고 있습니다. 특히 산업현장에서 발생하는 반복적 참사들은 위험이 이방인에게 집중되는 구조적 불평등의 증거입니다. 외국인을 단지 노동력이 아닌 파트너로 인식할 수 있는 제도적 전환이 절실합니다.

『워크노믹스』는 단순히 노동정책 보고서나 학술적 분석이 아닙니다. '사람과 일의 가치를 존중하는 사회'를 꿈꾸는 이들을 위한 미래 설계의 선언문이자, 고용과 함께 성장하고자 하는 사회적 약속입니다. 본서의 기획과 집필은 수많은 고용현장의 목소리, 현장을 누빈 전문가들의 고민, 그리고 더 나은 세상을 꿈꾸는 시민들의 염원이 모여 가능했습니다.

끝으로, 이 책의 여정에 함께해주신 고용노동 전문가, 정책 실무자, 연구자 여러분께 깊이 감사드립니다. 고용은 비용이 아니라, 미래입니다. 고용과 함께, 대한민국은 다시 성장할 수 있습니다.

2025년 5월 20일
일감호를 바라보며

저자 윤동열

1장

지금, 일자리를 다시 생각할 시간

전환기 노동시장, 적극적인 정책 강화 필요
60세 이상 계속고용과 고령자 소득 보장
경제 변수와 노사관계 및 노동시장 전망
노동시장 구조개혁 방향과 노사정 경제사회 주체의 역할
인구·디지털 전환 대응을 위한 해법 모색
고용연장 방식과 임금체계 개편, 청년 고용
실질적 사회적 대화기구로서의 경제사회노동위원회의 혁신 과제
지역산업 연계 고용창출 방안 제시 필요하다

전환기 한국 노동시장은 고령화, 디지털화, 산업구조 재편이라는 복합 위기에 직면해 있다. 이러한 환경 변화 속에서 정부는 적극적인 노동시장 정책과 사회안전망 강화를 통해 전환기에 대응해야 한다. 특히 60세 이상 고령자의 계속고용을 제도화하고, 안정적인 소득 보장 장치를 마련하는 것이 시급하다. 경기변동성과 노사관계 변화는 노동시장에 큰 영향을 미치며, 이를 반영한 유연하고 예측 가능한 제도가 필요하다. 동시에 노동시장 구조개혁은 대기업-중소기업, 정규직-비정규직 간 격차 해소에 집중되어야 하며, 이를 위해 노사정의 공동 책임과 협력이 요구된다. 인구감소와 디지털 전환이라는 거대한 흐름에 대응하기 위한 통합적 고용 전략도 절실하다. 고용연장과 임금체계 개편은 청년층 일자리와 상충되지 않도록 조정되어야 한다. 이와 함께 사회적 대화를 실질적으로 이끄는 경제사회노동위원회의 혁신이 필요하다. 마지막으로, 지역 특화산업과 연계한 일자리 창출 전략은 지역소멸을 막고 균형발전을 촉진하는 열쇠가 될 것이다.

전환기 노동시장, 적극적인 정책 강화 필요

전환기 노동시장 구조의 현주소: 겉으로 보이는 통계, 그 이면의 진실

통계청은 2025년 3월 고용동향 결과 취업자는 2,858만 9,000명으로 전년동월대비 19만 3,000명 증가했다고 발표했다. 15~64세 고용률은 30대, 40대, 60세 이상에서 상승하여 전년동월대비 0.2%p 상승하였고 실업률은 20대 등에서 상승하여 전년동월대비 0.1%p 상승했다. 이는 겉으로 보기에 고용시장이 꾸준히 회복세로 보일 수 있다. 그러나 이 수치는 겉보기와 달리 노동시장 전반의 진단을 왜곡할 수 있는 '통계의 착시'라는 점에서 주의 깊게 분석되어야 한다.

임금근로 일자리는 한 명의 취업자가 여러 직장을 가질 경우 복수로 계상되는 구조로 되어 있다. 예컨대 한 사람이 아르바이트 두 개를 병행할 경우, 그는 취업자 1명으로 계상되지만, 일자리는 2개로 잡힌다. 이러한 구조에서는 일자리 수가 증가했더라도, 고용의 질, 실질소득, 근로시간 등은 개선되지 않은 경우가 많다. 이처럼 취업자 수가 아닌 일자리 수의 통계로 노동시장을 진단할 경우, 공공근로 중심의 단기 일자리 확대가 마치 실업률 개선으로 비쳐질 수 있는 착시효과를 일으킨다.

통계청의 동일 발표에 따르면, 60세 이상 고령층의 일자리는 36만

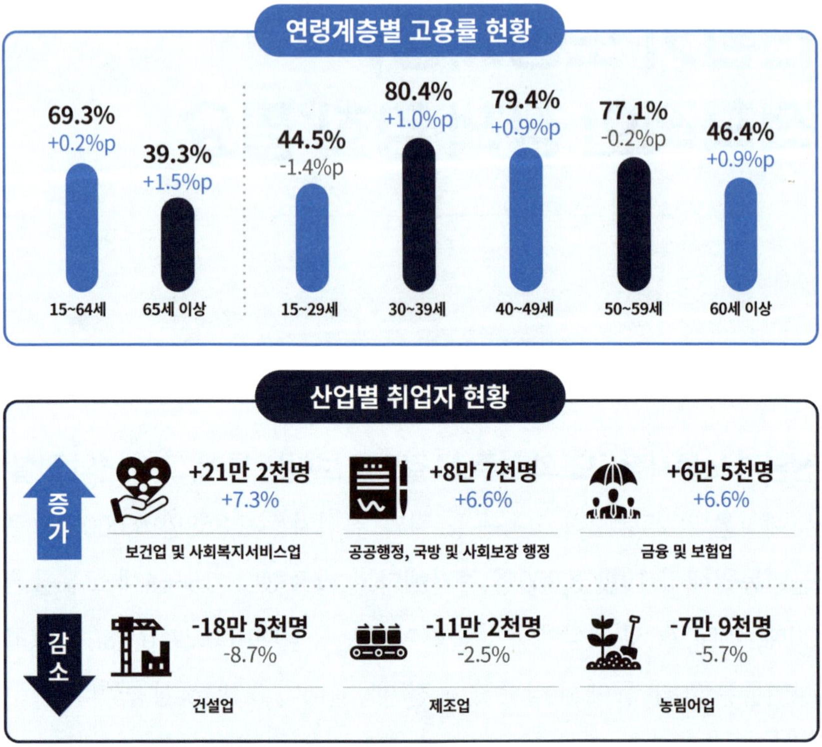

그림1. 연령계층별 고용률 현황 출처: 통계청(2025)

5,000명, 30대에서 10만 9,000명 이상 증가한 반면, 20대 청년층은 도소매업·서비스업 등에서 약 20만 2,000명, 40대에서 4만 9,000명, 50대에서 2만 6,000명이 감소하였다. 이는 단순한 세대 간 일자리 이동이 아니라, 구조적으로 청년층이 민간 고용시장에 진입하지 못하고 있음을 의미한다.

이와 관련해 유럽연합 통계청(Eurostat)은 노동시장 지표를 취업률, 일자리 지속성, 고용 질 등의 복합적 관점에서 종합 진단하고 있다. 반면 한국은 여전히 일자리 수라는 양적 지표에 치중되어 있어, 노동시장 상황을 피상적으로 해석하게 만드는 문제를 안고 있다. 특히 고령층 증가분 중 상당수는 공공기관이 제공하는 한시적 재정일자리이며, 이는 생산성이나 민간 수요와 무관하게 정부 예산으로 유지되는 성격이 강하다.

2024년 기준, 고령자 공공근로사업 참여자 1인당 월 평균 소득은 30만~50만 원 수준으로, 생계유지에는 턱없이 부족하다. 그러나 이들 모두는 임금근로 일자리로 집계되면서 통계상 고용률을 상승시키는 데 기여한다. 실제 체감 고용환경과 괴리된 이러한 통계는 정책 설계의 기초 자료로 활용되기에 부적절하며, 보다 정교한 고용지표 체계로의 전환이 시급하다.

OECD는 이러한 문제를 인식하고, 2024년부터 일자리 질(Quality of Jobs)을 주요 비교지표로 공식 반영하고 있다. 여기에는 임금의 적정성, 고용안정성, 직무 만족도, 경력개발 가능성 등의 항목이 포함된다. 한국도 이제 '얼마나 많은' 일자리가 있는가보다, '어떤 성격의' 일자리가 늘고 있는지를 분석해야 할 시점이다.

청년 고용의 병목현상: 첫 직장이 결정짓는 평생 소득구조

한국의 청년 고용문제는 단순한 실업률의 문제가 아니다. 보다 근본적인 문제는 첫 직장의 격차가 개인의 장기적 소득 수준과 직업 안정성에 결정적 영향을 미친다는 구조적 특성에 있다. 이는 곧 노동시장 진입의 초기 조건이 곧 경력 전체의 트랙을 좌우한다는 것을 의미하며, 소득불평등이 경력 초기부터 구조화되는 심각한 현상이다.

예를 들어, 동일한 전공과 역량을 가진 청년 두 명이 있다. 한 명은 대기업 정규직에 입사하고, 다른 한 명은 중소기업 비정규직에 진입했다고 가정하자. 통계청과 한국고용정보원의 연구에 따르면, 이 둘의

10년 후 연봉 격차는 평균 1.5~2배 이상 벌어진다. 이후 대기업 전환은 경력 단절, 학력 차별, 조직문화 이질성 등의 요인으로 매우 제한적이며, 사실상 '계급 고착화'로 이어진다.

이는 청년들에게 "첫 직장만큼은 반드시 대기업, 공공기관이어야 한다"는 심리적 압박을 가중시키고, 장기적 취업 준비와 스펙 과잉을 부추긴다. 그 결과, 사회 진입 연령이 늦어지고, 결혼·출산 등의 생애이벤트가 지연되며, 저출산 문제와 직결되는 부작용도 나타난다.

정부는 청년고용올케어플랫폼, 대학 연계 취업지원 프로그램, 일경험 확대 사업 등을 통해 청년 취업 연계성을 강화하고자 하지만, 이들 대부분은 비정규직 직무 경험 수준에 머무르고 있으며, 중소기업 중심의 프로그램이다. 실제로 청년들이 선호하는 고용형태—즉 정규직, 대기업, 경력 개발이 가능한 플랫폼—으로의 연계는 매우 제한적이다.

이러한 구조는 고용의 이중화 현상과 맞물려 노동시장을 더욱 경직되게 만들고 있다. 일본은 2010년대 후반부터 청년층의 고용경로 다양화를 위해 직무기반 취업형 NPO 및 산업직무 모듈 기반 인증제를 도입했고, 프랑스는 청년 첫 직장에 대해 기업에 세제 감면을 제공하는 'Jeunes Embauche 프로그램'을 통해 첫 고용 격차를 완화하고 있다.

한국에서도 단순한 청년 고용 수치보다, 진입의 질과 경력 경로의 이동성을 제고하는 방식의 정책 개편이 필요하다. 특히 경력 가점제, 공공부문 블라인드 채용 개선, 중소기업 경력자 대기업 전환 연계사업 등이 구조적 대안으로 검토될 수 있다.

중장년 일자리 위기와 산업 재편의 이중 충격

현재, 한국의 중장년층, 특히 30~40대는 고용시장 전환의 한복판에서 심각한 위기에 직면해 있다. 통계청이 발표한 2025년 1분기 경제활동 인구 조사에 따르면, 40대 임금근로자는 전년 대비 15만 명 감소하며 감소폭이 모든 연령대 중 가장 컸다. 특히 제조업에서 40대의 고용 비율은 2015년 26.5%에서 2025년 18.2%로 하락했다. 이는 단순한 경기 순환적 요인이 아니라, 제조업 내 첨단 자동화, 해외 공장 이전, 탄소중립 전환에 따른 공정 혁신 등 산업 구조 재편의 직접적 결과다. 건설업 역시 인프라 투자 둔화와 부동산 PF(프로젝트 파이낸싱) 부실 우려로 인해 신규 프로젝트가 줄며, 40대 현장 인력의 일자리 감소로 이어졌다. 과거 한국 경제의 중추로 불렸던 중장년층이 산업 전환기에서 낀 세대로 몰리며 고용 불안의 사각지대에 방치되고 있는 것이다.

도소매업과 서비스업에서도 중장년층 고용 축소는 더욱 가속화되고 있다. 한국은행이 2025년 2월 발표한 '산업별 고용구조 및 생산성 보고서'에 따르면, 대형 유통사와 프랜차이즈업체들은 무인계산대, AI 서비스, 모바일 주문 시스템 확대를 통해 매장 인력의 20% 감축을 목표로 하고 있으며, 그 타격은 주로 40대 이상 매니저 및 판매직에 집중되고 있다. 자영업 역시 중장년층의 생존 공간이 좁아지고 있다. 2025년 1분기 자영업 폐업률은 10.1%로, 특히 40~50대 자영업자는 11.3%의 높은 폐업률을 기록했다. 팬데믹 이후 지속된 소비 패턴 변화, 배달·플랫폼 시장의 독과점화, 상권 양극화로 인해 중장년층이 주력하던 전통 음식점, 소매업, 개인 서비스업은 경쟁력을 잃어가고 있다.

더 큰 문제는 이들을 위한 정책 대응이 여전히 취약하다는 점이다. 한국고용정보원의 2025년 조사에 따르면, 40대 구직자 중 재취업 프로그램에 참여한 비율은 28%에 불과하며, 그 중 55%가 '교육 내용이 현장 수요에 맞지 않는다'고 답했다. 반면, 독일은 '인더스트리 4.0' 이후 제조업 고용 재편에 대응하기 위해 중장년 재훈련과 전직 전환 펀드를 국가가 지원하고 있으며, 일본은 라이프 시프트(Life Shift) 정책하에 40~50대 전환 직업군을 위한 맞춤형 취업 지원 센터를 운영한다. 싱가포르의 SkillsFuture 프로그램도 2024년부터 중장년층 전용 디지털 전환 훈련 과정과 수당을 신설했다. 그러나 한국은 여전히 청년 실업 문제 중심의 정책 우선순위에 치우쳐, 중장년층을 대상으로 한 고용 안정·전환 지원은 보조적 성격에 머물고 있다는 비판을 받고 있다.

산업별 고용변화 데이터: 제조업 중심에서 기술집약형 산업으로

제조업 고용은 2014년부터 2024년까지 10년간 약 15만4000명이 줄어든 것으로 나타났다. 특히 조립, 가공, 검사, 포장 등 중숙련 기술직에서의 고용 축소가 두드러졌다. 이러한 일자리 감소는 '고용 없는 회복'이라는 말을 실감하게 만든다. 수출 실적이 회복되더라도, 고용 회복이 동반되지 않는 이유는 디지털 기술과 자동화 설비의 대체효과 때문이다.

예를 들어, 대규모 생산라인을 갖춘 국내 대표 전자업체 A사의 경우, 2023년부터 AI 기반 자동검사 시스템을 도입하면서 품질검사 직군의 인력이 60% 감축됐다. 이와 유사한 사례는 자동차부품, 섬유, 식음료 제조 등 다양한 분야로 확산되고 있다.

하지만 기술의 확산이 반드시 고용 감소만을 의미하지는 않는다. 독일은 '인더스트리 4.0' 전략을 통해 숙련직 근로자의 재배치와 재훈련을 동시에 추진하면서 전환형 고용구조를 제도화했다. 기존 노동자들이 기계 조작자에서 설비 관리자, 운영 데이터 분석가로 전환할 수 있도록 산업훈련-현장적응-일자리 매칭의 3단계 프로그램을 운영하고 있다.

한국의 경우, 고용유지지원금 등 단기대응 중심의 고용정책은 존재하지만, 산업 기반이 이동하는 가운데 중장기적인 직무전환 전략이 결여된 상태다. 특히 40대는 재교육과 경력전환에 가장 취약한 연령대로, 생계부양, 주택부채, 자녀교육 등으로 인해 학습과 재도전이 현실적으로 어려운 계층이다.

건설·도소매·부동산업 일자리 감소: 내수와 인구구조의 동반 악화

2025년 현재 건설업 고용은 주택 착공 수 급감과 SOC 예산 삭감으로 심각한 타격을 받고 있다. 국토교통부 자료에 따르면 2024~2025년 사이 주택 착공 건수는 전년 대비 15% 감소했으며, SOC 예산은 추가로 7% 삭감되었다. 중소건설사 중심의 구조조정과 부도 사례가 잇따르면서, 현장직·기능공 중심으로 고용 충격이 집중되었다. 건설근로자공제회에 따르면 현장 일용직 수요는 10년 전보다 20% 이상 줄었고, 신규 채용은 거의 정체 상태다. 단순한 불황이 아니라 인구 감소, 고령화, ESG 규제 등 구조적 요인이 맞물린 결과라는 점에서 심각성이 크다.

도소매업과 부동산업에서도 산업구조 변화에 따른 고용 감소가 본격화되고 있다. 한국은행이 발표한 '내수 산업 고용구조 변화'에 따르면, 온라인 소비와 플랫폼 거래 증가로 전통 유통망에서의 고용이 연평균 4.8%씩 줄었고, 특히 40대 이상 중간 관리자·판매직의 일자리가 급감했다. 부동산업은 PF 대란과 중소형 중개업소의 잇단 폐업으로 2022년 대비 10% 이상 고용이 감소했다. 이는 단순히 경기에 의한 일시적 축소가 아니라, 디지털화, 상업용 부동산 공실 확대, 인구 감소로 인한 수요 축소 등 산업의 근본적인 변화에서 비롯된 현상이다. 이러한 고용 감소는 단순한 업황 불황이 아니라 산업구조의 근본적인 변화를 반영한다. 문제는 이러한 산업 전환이 사람의 전환을 동반하지 못하고 있다는 점이다. 기술과 소비는 바뀌고 있으나, 사람은 여전히 구시대의 직무 안에 머물러 있으며, 그들을 위한 이행 장치가 마련되지 않은 것이다.

문제는 산업의 변화 속도에 비해 사람의 전환이 따라가지 못하고 있다는 점이다. 정부는 전직지원센터 확대, 생애경력개발 프로그램 개편, 퇴직자 직업훈련 강화 등을 내세우고 있으나, 한국고용정보원 조사에 따르면 중장년층의 훈련 참여율은 여전히 29%에 불과하며, 이들 중 60%가 "훈련 후에도 적합한 일자리를 찾지 못했다"고 응답했다. 단순히 훈련 프로그램을 늘리는 것만으로는 부족하며, 산업 전환과 인력 전환을 연계하는 구조적 설계, 중장년층에 특화된 맞춤형 직무 발굴, 고용 연계 보장 등 보다 정교한 대응이 필요한 시점이다.

정부는 이러한 충격에 대응하기 위해 전직지원센터 확대, 생애경력개발 프로그램 개편, 퇴직자 대상 직업훈련 확대 등을 추진하고 있으나, 중장년층은 '훈련→취업'이라는 선형적 고용 루트를 신뢰하지 못하고 있다. 이는 신뢰 부족, 시장 내 적절한 직무 부재, 그리고 훈련 이후 고용보장 미흡 등으로 인해 정책이 현실에서 작동하지 못하고 있음을 보여준다.

디지털 전환, 글로벌 충격, 구조적 고용의 이중·삼중 위기

한국 노동시장이 직면한 위기는 단순한 내부 구조 변화의 결과가 아니다. 글로벌 노동환경과 기술 변화는 외부 충격 요소로 작용하며 기존 대응 방식의 유효성을 무력화시키고 있다. 2024년 7월 미국 노동부 발표에 따르면 실업률은 4개월 연속 상승해 4.3%를 기록했고, 2025년

1분기에는 4.5%까지 추가 상승했다. 이는 단순 경기침체가 아닌, 기술 산업의 대규모 해고, 플랫폼 기업들의 비용 절감, 대규모 리쇼어링(reshoring)과 재택근무 축소, 노동시간 단축 같은 구조적 변화가 고용시장을 재편하고 있음을 시사한다. 글로벌 IT 대기업들에서 단행된 테크 레이오프(Tech Layoff)는 2024년 한 해에만 약 35만 명의 해고자를 발생시켰으며, 이는 한국 수출 기업들의 수익 악화와 신규 투자 지연, 채용 축소로 직접 연결됐다.

특히 제조업과 IT 부문에 미치는 충격은 더욱 두드러진다. 글로벌 전자제품 제조사 B사는 미국·유럽 수요 감소, 중국 내 공급망 재편, 재고 누적 등의 문제로 인해 2024년 상반기 신규 인력 채용을 70% 축소했고, 2025년에도 채용 동결 기조를 유지 중이다. 한국의 대표 IT 부품사 C사 역시 글로벌 반도체·디스플레이 수요 둔화로 2025년 1분기 신규 채용 계획을 전년 대비 50% 줄였다고 밝혔다. 이처럼 고용의 글로벌 동기화 현상은 국내 노동시장만의 문제가 아니라, 글로벌 공급망과 소비지의 변화, 주요 거래처의 고용 축소가 연쇄적 파장을 일으키고 있음을 보여준다. 특히 중견·중소 협력업체는 수출 대기업들의 생산 축소 여파로 직접적인 일자리 감축 압박을 받고 있다.

문제는 이러한 글로벌 충격에 대응하는 한국의 정책이 여전히 내부 문제 중심으로 설계되어 있다는 점이다. 한국 정부는 현재 중소기업 고용 유지 지원금, 수출기업 대상 특별 금융 지원, 청년층 채용 장려금 등의 방안을 내놓았지만, 글로벌 수요·공급 변화에 직접 대응할 수 있는 산업 차원의 전환 전략은 부재하다. 선진국 사례를 보면, 독일은 유럽 경기 둔화에 대응해 전략산업 중심의 고용유지 프로그램과 재교육을 연계하고 있고, 일본은 대기업의 해외사업 재편에 맞춰 공급망 전환 및 고용 전환 펀드를 조성했다. 한국은 이제 국내 정책만으로는 한계가 있음을 인식하고, 글로벌 산업 변화와 연계된 대응체계—예컨대 전략산업의 고용 안전망, 글로벌 가치사슬 변화에 따른 전환 노동 지원, 해외사업 연계형 훈련 프로그램—을 마련해야 할 시점이다.

디지털 전환의 고용 영향: 기술의 진보 vs 직무의 소멸

한편, 4차 산업혁명 기반의 기술 전환은 노동시장의 성격 자체를 변화시키고 있다. AI, 자동화, 로봇기술, IoT 등이 기존의 단순 반복 직무, 정형 업무, 비정형 중간직무를 빠르게 대체하고 있으며, 이 과정에서 사라지는 일자리는 다시 창출되지 않는다.

특히 한국의 플랫폼노동 확대는 고용 불안정과 사회보험의 사각지대를 심화시키고 있다. 배달, 택시, 콘텐츠 프리랜서, 쇼핑몰 운영자 등은 플랫폼을 통해 생계를 유지하고 있으나, 이들은 법적 보호를 받지 못하는 경우가 많다. 2023년 기준, 플랫폼 종사자의 72%가 고용보험 미가입 상태였으며, 연금·건강보험 가입률은 각각 28%, 35%에 불과했다.

핀란드는 이러한 문제에 대응해 디지털 일자리 안전망(Digital Work Security Framework)을 도입했으며, 네덜란드는 플랫폼 노동자를 위한 단체협약 적용 시범제도를 운영하고 있다. 한국도 이러한 국제 사례를 참고해, 새로운 고용형태에 대한 사회적 보호체계를 시급히 정비해야 한다.

고용서비스 통합 네트워크의 고도화

한국의 노동시장은 청년층의 진입 장벽, 중장년층의 탈락 위험, 그리고 기술 변화와 글로벌 충격이라는 삼중 위기를 동시에 마주하고 있다. 전환기 노동시장에서 정책의 방향은 더 이상 소극적 보호나 단기 대증에 머물러서는 안 되며, 적극적인 고용서비스 기반의 적극적 노동시장 정책(Active Labor Market Policy)이 중심이 되어야 한다.

현재 한국의 고용서비스 체계는 여전히 지나치게 분산적이고 비효율적이다. 고용노동부 자료에 따르면, 한국 내 구직자는 공공 고용센터(337곳), 워크넷, 민간 직업소개소(약 1만2천 개), 지방자치단체 일자리센터, 대학 커리어센터 등 다양한 채널을 접하고 있으나, 이들 기관 간 정보 연계율은 40% 미만에 불과하다. 한국고용정보원의 2025년 조사에 따르면 구직자 65%가 "서비스 중복으로 혼란을 겪었다"고 답했으며, 중소기업 위주의 채용 알선, 단기적 취업 성과 중심 서비스, 일관성 없는 상담 등이 불만족 요인으로 꼽혔다. 결국 구직자가 원하는 것은 단순한 일자리 알선이 아니라, 자신의 생애 주기와 산업 변화에 맞춘 맞춤형 경로 관리 서비스다.

이에 비해 독일 연방고용청(BA, Bundesagentur für Arbeit)은 공공고용서비스, 복지서비스, 직업훈련, 기업 알선을 하나의 플랫폼에서 통합해 제공하고 있다. BA는 구직자에게 단순히 직무 매칭을 제공하는 데 그치지 않고, '생애 단계별 고용 지원'이라는 원칙에 따라 개인별 경로관리(career path tracking)를 운영한다. 예컨대 청년층에는 첫 취업과 직업훈련을 연계하고, 중장년층에는 전직·재교육, 고령층에는 단계적 은퇴 설계를 지원한다. 2024년부터는 AI 기반 경로 분석 시스템까지 도입해 구직자의 이력, 기술, 산업 전망을 자동 분석해주는 고도화된 플랫폼을 운영 중이다. 그 결과 독일 공공고용서비스의 이용자 만족도는 2024년 기준 78%로, OECD 평균(63%)을 크게 상회한다.

한국도 이제 '고용센터+워크넷+지역 고용기관+직업훈련원'을 연계하는 디지털 통합 플랫폼을 구축해야 한다. 2025년 현재 한국 정부는 '국가 고용통합시스템' 시범사업을 5개 광역시에서 운영 중이나, '상담-훈련-매칭-사후관리'까지 이어지는 통합 관리 시스템은 아직 부재하다. 향후에는 개별 고용기관의 운영 체계를 디지털로 연동해, 구직자가 한 플랫폼에서 상담 예약, 직업훈련, 일자리 매칭, 취업 후 사후지원까지 원스톱으로 관리받을 수 있는 고용 여정관리 시스템(job journey management)을 구축할 필요가 있다. 특히 AI·빅데이터 기반 분석을 통해 구직자의 기술역량과 산업 트렌드를 연결하고, 개인별 맞춤형 경력설계를 지원하는 방향으로 서비스가 고도화되어야 한다.

생애경력개발과 전직지원제도의 제도화

최근 한국 노동시장에서는 생애경력개발서비스(Lifelong Career Design)의 필요성은 어느 때보다 강조되고 있다. 지금까지 경력개발은 대기업 중심 HR 제도, 특히 직무 평가나 고과를 전제로 운영되며 비정규직, 중소기업 근로자, 프리랜서 등에게는 사실상 무관한 영역으로 여겨져왔다. 하지만 한국고용정보원이 2025년 상반기 발표한 자료에 따르면, 중장년층(30~40대) 재직자 중 약 62%가 "향후 5년 내 직무 변화 가능성이 높다"고 응답했으며, 그중 70%는 "경력 설계나 전환을 위한 체계적 지원이 필요하다"고 답했다. 기술 발전과 산업구조 전환 속도가 빨라지는 만큼, 전 연령·전 산업을 대상으로 하는 국가 차원의 경력개발 서비스 일상화가 필수 과제로 떠오르고 있다.

덴마크는 이러한 부분에서 모범 사례로 꼽힌다. 덴마크 고용청은 고용보험 가입자에게 연 1회 이상 경력 상담을 의무화하고, AI 기반 직무 훈련 수요·산업 수요 분석 시스템을 통해 자동으로 프로그램을 매칭해준다. 이와 유사하게 한국도 고용보험 체계 내에 '생애경력검진 시스템'을 도입할 필요가 있다. 이를 통해 재직자가 현재 직무의 유망성, 필요 역량, 산업별 변화 트렌드 등을 정기적으로 점검받고, 필요할 경우 관련 훈련이나 전환 프로그램으로 연계되도록 해야 한다. 특히 최근 한국 정부는 2025년부터 고용보험 가입 재직자 대상 '경력 설계 상담 시범사업'을 5개 지역에서 시작했으나, 참여율은 20%에 불과한 상황이다. 이를 제도적으로 정착시키려면 의무화, 인센티브 제공, 기업 협력 등을 결합한 보다 강력한 정책 설계가 요구된다.

특히 30~40대 중장년층은 경력의 방향성과 안정성을 동시에 중시하는 연령대이기 때문에, 기존과 같은 '실직 후 전직 지원' 중심 정책만으로는 한계가 있다. 따라서 '자발적 전직 유도 프로그램'을 강화하고, 고용이 단절되지 않은 상태에서 이직·전환을 병행할 수 있도록 '직무 이중경로제도(Dual Job Path System)' 도입이 필요하다.

예를 들어, 일본은 2024년부터 40대·50대 재직자 대상 '전환형 파트타임 제도'를 도입해, 주 2일은 현 직장에서, 주 3일은 전환 직무 훈련이나 현장 실습에 참여하도록 지원하고 있다. 한국도 고용보험 기반으로 이중경로제를 제도화해, 중장년층이 현재 고용을 유지하면서도 새로운 직무나 산업으로의 전환 기회를 적극 설계할 수 있도록 뒷받침해야 한다. 덴마크는 고용보험 가입자에게 연 1회 이상의 경력 상담을 의무화하고 있으며, 이 과정에서 직무 훈련 수요와 산업 수요 분석을 연동해 자동적으로 프로그램을 매칭해준다. 한국도 고용보험을 중심으로 생애경력검진 시스템을 도입하고, 재직자도 정기적으로 직무 변화 정보를 제공받도록 해야 한다.

30~40대 중장년층은 특히 경력의 방향성과 안정성 모두를 요구

하는 연령대이기에, 자발적 전직 유도 프로그램과 함께, 고용 중단 없이 이직과 전환을 병행할 수 있는 직무 이중경로제도(Dual Job Path System) 도입도 필요하다.

새로운 고용형태에 대한 제도적 인정과 보호

한국 노동시장에서 플랫폼 노동자, 프리랜서, 다중 직업 종사자(N잡러)는 이제 더 이상 주변적 현상이 아니다. 고용노동부의 2025년 1분기 발표에 따르면 플랫폼 기반 종사자는 약 260만 명으로, 전체 취업자의 9.7%를 차지하며 2020년 대비 약 2배 이상 증가했다. 그러나 이들 중 고용보험에 가입된 비율은 12%에 불과하고, 산업재해보상보험이나 국민연금 등 사회보험 사각지대에 놓인 비율은 70% 이상에 달한다. 한국노동연구원은 2025년 보고서에서 "디지털 전환과 산업구조 변화에 따라 비전통적 고용형태가 확산되고 있지만, 현행 근로계약법·사회보장체계는 여전히 20세기 산업사회의 틀을 유지하고 있어 보호와 규율의 공백을 초래한다"고 지적했다.

핀란드는 2022년부터 유연근로 사회보험제도(Flexible Work Social Insurance System)를 운영하며 플랫폼 종사자, 프리랜서 등 주 15시간 이상 일하는 모든 근로자에게 자동 사회보험 가입과 소득 보전제를 시행 중이다. 네덜란드와 프랑스는 플랫폼 기업에게 기여금 납부 의무를 부과하고, 플랫폼 종사자에게는 근로자 권리를 부여하는 입법을 2024년까지 완료했다. 최근 EU에서는 플랫폼 노동자의 법적 지위를 종속적 자영업자(dependent self-employed)로 정의해 보호를 강화하는 지침까지 채택했다. 반면 한국은 2023년 플랫폼종사자 보호법 제정 논의 이후 실질적인 입법이 지연되며, 여전히 산재보험 특례 적용 수준에서 머무르고 있는 실정이다.

한국은 이제 고용보험 확대 논의를 넘어 '디지털 고용 기반 사회보장법' 같은 별도의 포괄적 입법체계를 마련할 필요가 있다. 단순히 기존 법·제도를 넓히는 방식으로는 비전통 고용형태의 특성을 충분히 반영하기 어렵다. 플랫폼 노동은 일의 단위가 작고, 소득이 불안정하며, 노동시간 관리가 분산적이기 때문에, 전통적 근로시간·소득 기준에 맞춘 보호 방식이 아닌, '모듈형 보호 체계'가 요구된다. 이는 단지 보호의 문제가 아니라, 일의 유연성과 삶의 안전망이 공존할 수 있는 사회로의 전환을 의미한다. 2025년 현재 한국 사회는 그 전환점을 지나고 있으며, 법과 정책 설계가 이 변화를 따라가지 못한다면, 사회적 양극화와 고용 불안정은 더욱 구조화될 것이다.

요약

현재 한국의 노동시장은 겉보기엔 회복세처럼 보이지만, 청년 고용의 질 저하, 중장년층 일자리 붕괴, 디지털 기술 대체 등 구조적 위기가 동시다발적으로 전개되고 있다. 고령층 일자리 증가는 통계 착시에 불과하며, 청년들의 첫 직장 격차는 평생 소득구조를 고착화시키고 있다. 중장년층은 산업 구조 전환에서 탈락하고 있으며, 플랫폼 노동과 기술 자동화는 새로운 고용 불안정을 낳고 있다. 이러한 상황에서는 단기 일자리 정책을 넘는 전략적 고용전환 정책이 요구되며, 생애경력개발, 고용서비스 통합, 고용형태 다변화의 정책적 수용이 필수적이다. 전환기의 위기를 돌파할 수 있는 능동적 고용정책이야말로 지속 가능한 노동시장으로 가는 유일한 해법이다.

당신의 생각은?

1. 청년층의 첫 일자리가 장기소득과 경력이동에 미치는 구조적 영향을 완화하기 위해, 공공부문과 민간부문에서 어떠한 출발선 보정 정책이 필요한가? 단순한 채용 확대를 넘어서 '경력 전환성'을 제도화하는 방안은 무엇이며, 이를 통해 고용의 형평성과 역동성을 어떻게 동시에 확보할 수 있을까?
2. 중장년층이 기술변화와 산업 재편의 흐름에 적응하며 노동시장에서 존속하기 위해 필요한 정책적 개입은 어떤 방식으로 설계되어야 하는가? 생애경력개발, 전직지원, 산업재교육은 어떻게 현실적으로 작동할 수 있으며, 이에 대한 노동자-기업-정부 간 역할 분담은 어떠해야 하는가?

정책제언

1 통합형 고용서비스 플랫폼 구축 및 고용 여정관리 체계 도입

고용센터, 워크넷, 민간 서비스, 대학기관을 하나로 연결하는 디지털 통합 시스템을 구축해야 한다. 이 시스템은 구직자 개인의 경력, 직무 성향, 수요산업을 연계하여 상담-훈련-매칭-사후관리를 자동화하는 여정관리 체계로 운영되어야 하며, 취약계층에는 AI 기반 커리어 매칭 서비스를 제공함으로써 접근성과 맞춤성을 동시에 확보할 수 있을 것이다.

2 생애경력개발서비스의 제도화 및 고용보험과 연계된 직무검진 의무화

재직자 중심의 생애경력 설계 프로그램을 정기검진처럼 의무화하고, 이를 고용보험 가입자 중심으로 전면 확대해야 한다. 이를 통해 개인은 주기적으로 노동시장 변화에 맞춰 자신의 직무 역량을 점검하고, 필요시 직무 전환 훈련이나 이직 지원으로 연결될 수 있으며, 기업은 경력 단절 없는 이직관리와 고용 유지에 기여할 수 있을 것이다.

3 디지털 고용 기반 사회보장법 제정 및 새로운 고용형태의 제도적 수용

플랫폼 종사자, 프리랜서, 프로젝트 노동자 등의 고용을 기존 근로계약 체계 밖에서도 인정하고 보호할 수 있도록 별도의 법제도를 도입해야 한다. 사회보험의 적용기준을 유연하게 확장하고, 디지털 플랫폼 기업에도 사회보장기여 의무를 부과함으로써 일의 다양성과 생계 안정성을 조화롭게 실현할 수 있으며, 이는 전환기 일자리 구조를 포용하는 핵심 정책 기반이 될 것이다.

60세 이상 계속고용과 고령자 소득 보장

한국 사회는 지금 거대한 인구 구조의 전환기에 접어들고 있다. 통계청은 2025년 대한민국이 65세 이상 인구 비중이 20%를 넘는 초고령 사회에 진입했다. 이는 단순히 고령 인구의 비중이 늘어나는 현상을 넘어, 경제활동 인구 감소, 생산성 저하, 복지 수요의 급증 등 국가 시스템 전반의 전환을 요구하는 구조적 변화를 의미한다. 특히, 고령자의 노동시장 잔류 및 재진입 문제는 향후 지속 가능한 사회 구축의 중대한 축이 된다.

우리나라에서 60세 이상 고령자의 계속고용은 현재 심각한 사회적 이슈로 부각되고 있으며, 그 핵심에는 소득 공백 문제가 있다. 중장년층이 계속 일을 하고 싶은 이유는 경제적 필요에 기인하는 바가 크다. 한국은 세계적으로 노인 빈곤율이 높은 국가 중 하나로, 이는 55세에서 65세 사이의 고용률이 낮은 것과 밀접한 관계가 있다.

은퇴 후 재취업 시장이 제대로 발전하지 못한 결과, 정년과 국민연금 수급 연령 간의 불일치가 고령자들의 경제적 어려움을 가중시키고 있다. 우리 국민들은 대개 60세 안팎에서 퇴직하는 반면, 국민연금은 65세부터 수령할 수 있어 지속적인 소득 불안정에 직면한다.

60세 이상 고령자의 계속 고용에 대해 본격화되는 이유

대한민국은 초고령사회에 본격 진입하면서 60세 이상 고령자 계속고용 문제를 더 이상 미룰 수 없는 상황에 직면했다. 통계청이 2025년 1분기 발표한 자료에 따르면, 65세 이상 인구 비율은 21.2%로 전년 대비 1.1%포인트 증가했고, 전체 생산가능인구(15~64세)는 2020년 이후 연평균 0.7%씩 감소하고 있다. 국민연금공단은 2025년 보고서에서 현재 연금 재정 부담이 예상보다 빠르게 증가하고 있으며, 추가 수급 연령 상향 또는 보험료 인상 논의가 불가피하다고 분석했다. 이러한 상황에서 노사 간 정년 연장, 계속고용제 도입 논의는 국민연금 재정 안정화와 생산가능인구 감소 대응의 필수 해법으로 부각되고 있다.

주목할 점은 고령층의 경제활동 의지가 매우 강하다는 것이다. 2025년 고용노동부 자료에 따르면 55~64세 고령자의 경제활동참가율은 72.1%로 역대 최고치를 또다시 경신했고, 평균 근로 희망 연령은 73.8세에 이르렀다. 이는 단순한 생계형 노동 수요를 넘어, 고령층이 가진 기술·경험·노하우를 활용할 수 있는 일자리 설계가 절실함을 보여준다. 일본은 2024년부터 70세까지 계속고용 의무화 법안을 시행했고, 독일은 65세 이후 단계적 노동시간 축소와 직무 재배치를 결합한 '에이지-플렉스(Age-Flex)' 제도를 확산시키고 있다. 반면 한국은 2024년까지 일부 기업에서만 자발적으로 계속고용제를 시행했을 뿐, 전국적 제도화는 이뤄지지 않았다.

가장 큰 구조적 원인은 60세 법정 정년과 65세 국민연금 수급 개시 연령 간의 불일치다. 현행 법제도 하에서는 60세 이후 5년간 소득 공백이 발생하며, 이를 '소득 크레바스'로 부른다. 한국은 OECD 국가 중 노인 빈곤율이 40% 이상으로 최고 수준이며, 한국보건사회연구원은

2025년 보고서에서 이 소득 공백이 지속될 경우 향후 10년간 65세 이상 빈곤층이 15% 추가 증가할 수 있다고 경고했다. 따라서 이제는 단순히 정년 연장을 둘러싼 노사 협상에 머무를 것이 아니라, 노사정 사회적 합의에 기반한 계속고용제도 도입, 임금체계 개편(예: 직무급, 역할급, 직능급 도입 등), 국민연금 수급 개시 연령과 연계된 소득 보전 프로그램 설계 등 다층적 정책 설계가 병행되어야 한다. 이러한 대응 없이는 고령층의 빈곤과 청년층 고용 위축, 기업 부담 증가라는 삼중 위기가 더욱 심화될 수밖에 없다.

고령자 소득 공백 해소 및 일자리의 질 개선

현재 고령자(55~64세)의 경제활동참가율은 71.6%로 역대 최고치를 기록하고 있음에도, 정부가 기업의 계속고용에 대한 관심을 촉구하고 제도 개선까지 추진하는 이유는 단순히 높은 참가율만으로는 고령화 사회의 문제점을 해결할 수 없기 때문이다. 2023년 통계청 자료에 따르면 60세 이상 경제활동참가율은 45.7%로 최고치를 경신했으며, 이들은 평균적으로 월 200만 원 이상의 소득을 요구하고, 이는 연간 2400만 원에 해당한다. 또한 60세 이상 고령자의 절반 이상(50.4%)이 경제적 이유로 일을 계속하고 있으며, 이들은 단순히 생계 유지용 일자리가 아닌, 삶의 질을 향상시킬 수 있는 더 나은 일자리를 원하고 있다.

현재의 높은 고령자 경제활동참가율은 고령화 사회의 심각성을 드러내는 동시에, 소득 불안정과 일자리 질 저하 문제를 해결하기 위한 정부 개입과 기업의 책임 있는 대응이 필요하다는 점을 시사한다. 정부가 계속고용에 대한 관심과 제도 개선을 촉구하는 것은 단순히 더 많은 고령자를 일하게 만들려는 것이 아니라, 더 나은 노후를 보장하고 지속가능한 사회를 만들기 위한 종합적인 노력의 일환이라 할 수 있다. 법정 정년은 60세이지만, 국민연금 수급 개시 연령은 현재 63세, 2033년부터는 65세로 늦춰질 예정이라, 많은 고령자가 60세 정년퇴직 후 3~5년의 소득 공백을 겪게 된다. 현재의 높은 경제활동참가율은 이런 공백을 메우기 위한 불가피한 선택일 가능성이 높고, 이는 저임금, 고용 불안정, 열악한 근무환경으로 이어져 실질적인 노후 안전망을 취약하게 만든다.

따라서 정부는 이러한 소득 공백을 해소하고 안정적인 노후를 보장하기 위해 기업의 계속고용을 적극 유도하고 제도 개선을 추진하고 있다. 무엇보다 고령자 일자리의 질 개선이 절실하다. 현재 고령자들이 주로 종사하는 일자리는 저임금, 비정규직, 단순 노무직 등 질이 낮은 경우가 많다. 높은 경제활동참가율에도 불구하고 한국의 노인 빈곤율이 OECD 국가 중 가장 높은 이유가 바로 여기에 있다. 정부는 단순히 일자리의 양이 아니라 질을 높여 고령자의 삶의 질을 개선하고 노년 빈곤 문제를 해결하기 위해, 기업의 계속고용을 통한 정규직 고용 확대와 근로조건 개선을 유도하고 있다. 이는 단순한 정년 연장에 그치지 않고, 고령자에게 적합한 직무 개발, 직무 재설계, 임금 체계 개편 등을 포함하는 종합적인 노력이 필요하다.

경제사회노동위원회 계속고용 관련 논의

경제사회노동위원회 산하 '인구구조 변화 대응 계속고용위원회'는 정부, 경영계, 노동계가 참여해 고령자 계속고용 방안을 논의했으나, 노사 간 입장 차이로 인해 아직 뚜렷한 진전을 보지 못하고 있는 상황이다. 논의 초기에는 60세 이후 고령자에 대한 계속고용의 필요성에 대해서는 일정한 공감대가 형성됐지만, 계속고용의 구체적인 방식과 책임 분담을 두고 노동계와 경영계의 의견이 여전히 첨예하게 대립하고 있다. 노동계는 정규직 중심의 고용 보장을, 경영계는 임금체계 개편 및 재정 지원이 전제되어야 한다는 입장을 고수하며, 서로 접점을 찾지 못하는 상태다.

경사노위 위원장 역시 아무런 보완 조치 없이 법정 정년을 단순 연장하는 것은 청년 채용 기회 위축, 기업 경쟁력 저하 등 사회·경제적으로 매우 무책임한 방식이라고 지적한 바 있다. 정년 연장 및 계속고용 논의가 정치 이슈로 비화될 경우, 과거 60세 정년 연장 당시 겪었던 사회적 갈등과 시행착오가 반복될 가능성이 높기 때문에, 경사노위는 늦어도 2025년 4월까지는 최소한 공익위원 권고안 또는 노사 합의안을 마련하겠다는 계획을 가지고 있었다. 정치적 불확실성과 각종 현안으로 인해 논의 일정은 계속 지연되었으며, 경사노위 내에서도 현실적인 대안 마련에 대한 부담이 커지면서 5월 공익위원 제언형식으로 65세까지 계속고용 의무 권고안을 발표한 바 있다.

2025년 초 한국노총이 사회적 대화 중단을 선언하면서, 계속고용 관련 노사 간의 논의는 사실상 멈춰선 상태다. 현재로서는 언제 합의가 도출될지, 최종적인 계속고용 방안이 어떤 형태로 결정될지는 불확실한 상황이다. 향후 정치적 상황이 안정되고, 노사 간 핵심 쟁점들—예를 들어 임금체계 개편, 기업 부담 완화 방안, 정부 재정 지원 범위 등—이 어느 정도 해소되어야만 본격적인 논의 재개와 합의 도출이 가능할 것으로 예상된다.

계속고용의 방식에 대한 노사 논쟁

경영계는 '정년 후 재고용' 방식을 주장하는 반면, 노동계는 '법정 정년 연장'을 주장하고 있다. 경영계는 일률적인 법정 정년 연장에 반대하며, 기업의 재정적 부담, 청년 고용 감소, 그리고 현행 연공급 임금 체계의 문제점을 지적한다. 대신 정년 이후 재고용 방식을 통해 필요한 인력을 유연하게 활용하는 방안을 제시하며, 이 경우 임금은 성과나 직무 가치를 반영하여 조정되어야 한다는 입장이다. 성과급이나 직무급 도입을 통한 임금체계 개편이 정년 연장의 전제 조건이 되어야 한다고 주장하며, 이는 정년 연장 후 임금 수준을 낮춰 기업의 부담을 완화하려는 의도가 담겨 있다. 일부 기업들은 이미 60세 이후 재고용 제도를 운영하고 있지만, 노동계는 이러한 방식이 고용 불안정과 임금 삭감으로 이어질 수 있다고 비판하고 있다.

노동계는 국민연금 수급 개시 연령에 맞춰 법정 정년을 65세로 단계적으로 상향할 것을 주장한다. 이는 60세 정년 이후 발생하는 소득 공백을 해소하고 고령자의 소득 안정성을 확보하기 위한 필수적 조치라고 강조한다. 또한, 재고용 방식은 임금 감소와 고용 불안정을 야기한다는 우려를 표명하며 반대하고 있다. 노동계는 정년 연장을 통해 기존 직장에서 안정적으로 계속 일할 수 있는 권리를 보장받아야 한다는 논리를 펴며, 고령자와 청년은 노동시장에서 보완적인 역할을 수행하고 직무 성격이 다르기 때문에 직접적인 일자리 경쟁은 제한적일 것이라고 반박한다. 아울러 정년 연장으로 인한 생산성 향상이 경제 성장을 촉진하고, 결과적으로 청년 고용에도 긍정적인 영향을 미칠 수 있다고 주장한다.

경영계는 대기업과 중소기업 간의 현실적 차이를 강조하며, 정년 연장의 강제적 적용은 중소기업에 더 큰 부담으로 작용할 것이라고 주장한다. 그러나 노동계는 대기업부터 우선적으로 정년 연장을 시행하고 중소기업은 단계적으로 적용하는 방식을 제시하며, 중소기업에 대한 정부 지원 확대를 요구한다. 경영계와 노동계는 모두 고령화 시대에 고령자의 계속고용이 중요하다는 데에는 동의하지만, 그 방식과 과정에 대한 접근 방식은 크게 다르다고 볼 수 있다. 경영계는 기업의 경쟁력과 재정적 부담을 고려한 유연한 접근을 선호하는 반면, 노동계는 고령자의 고용 안정성과 소득 보장을 우선시하는 강력한 정년 연장을 주장하고 있다.

소득 크레바스 문제 해결 방안

가장 직접적인 해결책은 법정 정년을 국민연금 수령 개시 연령인 65세로 연장하는 것이다. 이는 소득 공백 기간을 없애고 고령자의 경제적 안정성을 보장하는 가장 효과적인 방법으로 꼽힌다. 하지만 경영계는 인건비 상승, 청년 고용 감소 등을 우려하며 강하게 반대하고 있으며, 실제로 60세 정년 의무화 이후에도 많은 기업들이 정년 제도를 제대로 시행하지 않고 있는 현실을 고려할 때 단순한 법률 개정만으로는 충분한 효과를 거두기 어렵다는 지적이 나온다. 따라서 정년 연장 논의는 임금 체계 개편, 기업 지원책 등과 함께 종합적으로 논의되어야 한다.

단기 계약이 아닌 장기 계약을 통해 고용 안정성을 확보하는 것이 중요하다. 계약 갱신 기준을 명확히 하고, 부당한 해고를 방지하는 제도적 보완이 필요하다. 또한 고령 근로자의 신체적·정신적 능력을 고려한 직무 재설계가 필요하며, 고령자에게 적합한 직무를 개발하고 업무 강도를 조절하는 노력이 병행돼야 한다. 아울러 고령 근로자의 숙련 기술을 청년 근로자에게 전수하는 시스템을 구축해 세대 간 기술 이전을 촉진하는 것도 중요한 과제다.

국민연금 수급 개시 연령을 늦추는 것과 함께, 수급액을 현실화하는 제도 개혁이 병행될 필요가 있다. 소득대체율을 높이고 저소득층 고령자에 대한 추가 지원을 확대해 연금 수급액만으로도 기본적인 생활이 가능하도록 해야 한다. 무엇보다 소득 크레바스 문제는 단일 해결책으로 해결될 수 없다는 점을 명심해야 한다. 법정 정년 연장, 재고용 제도 개선, 국민연금 개혁, 다양한 지원 정책을 종합적으로 고려하고, 정부·경영계·노동계가 지속적으로 협력해 실질적인 해결책을 마련해야 한다. 정부는 정년 연장 또는 재고용을 추진하는 기업에 대한 재정적 지원, 고령자 직업훈련 프로그램 제공, 고령자 고용 인센티브 확대 등 지원 정책을 강화해야 하며, 고령자의 재취업을 위한 정보 제공과 취업 지원 서비스도 적극적으로 확대할 필요가 있다.

소득 크레바스 문제, 즉 법정 정년과 국민연금 수급 개시 연령 간의 불일치로 발생하는 고령자의 소득 공백 문제는 전 세계적으로 공통된 과제다. 일본은 이 문제를 해결하기 위해 2021년 '고령자 고용안정법'을 개정하여 70세까지 계속고용을 의무화했다. 하지만 법정 정년 연장이 아니라, 정년 폐지, 정년 후 재고용, 업무 위탁 등 기업이 상황에 맞게 방식을 선택할 수 있도록 유연성을 보장했다. 일본 정부는 이를 뒷받침하기 위해 연공급에서 직무·역할급 중심으로 임금체계를 개편하고, 고령자 고용 기업에 장려금과 세제 혜택을 제공했다. 아울러 고령자를 위한 직업훈련, 디지털 역량 강화 프로그램 등도 마련해 고령층의 경쟁력을 높였다.

독일은 법정 정년(67세) 전후에 소득과 연금을 병행할 수 있도록 부분 은퇴제를 운영한다. 이를 통해 고령자가 전면 은퇴가 아닌 점진적 은퇴를 선택할 수 있도록 하고, 연방고용청을 중심으로 생애단계별 고용지원 체계를 마련했다. 이 체계는 고령자에게 단순한 일자리 알선이 아니라 경력 점검, 재교육, 전직 지원 등까지 통합적으로 제공하며, 기업들 역시 직무 재설계와 건강관리, 시간제 근무 등 고령 인력 활용 방안을 다양하게 마련해왔다. 핀란드는 플랫폼 노동자, 프리랜서 등 비정규형 고용에도 주 15시간 이상이면 자동으로 사회보험을 적용하고, 소득 보전제도를 운영하고 있다. 국가 차원의 '고령자 역량 지도'를 만들어 고령자가 기여할 수 있는 산업과 직무를 체계적으로 분석하고 정책적으로 지원한다.

한국의 경우, 이러한 해외 사례들을 참고해 구체적 로드맵을 수립할 필요가 있다. 1단계로 2025년부터 2027년까지는 법정 정년 연장(60세에서 65세) 논의를 시작하되, 정년 후 재고용, 단계적 은퇴, 시간제 근무 등 다양한 선택지를 기업에 제공하는 유연한 제도 설계를 병행해야 한다. 이 시기에는 고령자에게 적합한 직무군을 산업별로 분석하고, 직무 재설계 시범사업과 산업별 고령자 고용 가이드라인을 마련하는 준비 작업이 필요하다. 동시에 고용노동부와 국민연금공단은 공동 태스크포스를 구성해 소득 크레바스 해소 로드맵을 설계하고, 공청회와 사회적 대화를 통해 국민적 공감대를 확보해야 한다.

2단계인 2027년부터 2030년에는 임금체계 개편과 기업 지원을 본격화해야 한다. 연공급 중심에서 직무·역할급 중심으로 임금체계를 전환하고, 고령자 고용 기업에 고용유지 장려금, 세제 혜택, 사회보험료 감면 등 다양한 인센티브를 제공해야 한다. 특히 중소기업은 대기업보다 상대적으로 고령자 고용 부담이 크기 때문에, 중소기업 전용 고령자 고용 컨설팅, 정부 재정지원 프로그램을 신설하는 맞춤형 정책이 필요하다.

마지막 3단계인 2030년부터 2035년에는 생애경력관리 시스템을 전면 도입해 재직자와 퇴직자가 경력 점검, 직업훈련, 전직까지 한 플랫폼에서 통합 관리받을 수 있도록 지원해야 한다. 국민연금과 소득 공백을 연계해 부분 연금-부분 노동을 허용하고, 저소득 고령층을 위한 연금 보전 정책을 마련해야 한다. 이와 함께 청년-고령 세대 간 기술 전수 프로그램을 확대하고, 고령자 맞춤형 직업훈련 및 디지털 역량 강화 프로그램을 전국 단위로 확산하는 것이 필요하다.

무엇보다 이러한 정책들이 성공하려면 노사정 협의체가 가동되어야 하며, 정년 연장, 임금체계 개편, 기업 부담 완화, 청년 고용 보전 등 핵심 쟁점에 대한 사회적 합의를 도출해야 한다. 대기업, 공공기관, 중소기업별로 단계적 적용 방식을 마련해 현실적 부담을 분산하고, 고령자 고용에 대한 부정적 인식을 해소하며 이들의 역할과 기여를 재조명하는 사회적 캠페인도 병행할 필요가 있다. 이러한 종합적 접근 없이는 소득 크레바스 문제와 고령자 고용 문제는 해결되기 어렵다.

정년연장에 따른 양극화 심화 우려

제기된 지적처럼, 2024년 통계청 자료에서 나타난 9.3%라는 낮은 정년까지 근무 비율과 49.4세라는 낮은 평균 근무 연령은 법정 정년 연장에 대한 우려를 뒷받침하는 근거가 된다. 단순히 법정 정년만 연장할 경우 실제로 정년까지 근무하는 고령자는 소수에 불과하며, 오히려 고령자 일자리 양극화를 심화시킬 수 있다는 점은 심각히 고려해야 할 문제다. 하지만 이러한 지적이 정년 연장 자체의 필요성을 부정하는 근거로 사용될 수는 없다. 오히려 이 같은 통계는 현행 제도의 구조적 한계를 보여주는 신호로, 정책 설계의 전면적 재검토가 필요하다는 점을 시사한다.

현재의 고령자 고용 환경은 고령 근로자에게 불리하게 설계돼 있다. 많은 중소기업들이 정년 제도를 제대로 운영하지 않고 있으며, 정년퇴직 이후 재고용 과정에서 임금 삭감과 고용 불안정이 발생하는 경우가 많다. 이러한 문제들은 고령 근로자들이 정년 이전에 스스로 회사를 떠나게 만드는 주요 원인으로 작용한다. 따라서 법정 정년 연장과 함께, 현행 고령자 고용 제도의 개선, 기업들의 정년제도 준수를 위한 강력한 규제, 중소기업에 대한 지원책 강화가 필수적이다. 이는 단순히 정년 연장이라는 명목만으로는 해결될 수 없는 문제로, 기업 현장의 고용 관행과 현실적 여건을 모두 감안한 포괄적 접근이 필요하다.

현재 낮은 정년까지 근무 비율은 정년 연장 논의에 대한 우려를 제기하지만, 이는 정년 연장의 필요성 자체를 부정하는 것이 아니라, 더욱 체계적이고 종합적인 정책 설계를 요구하는 신호로 받아들여야 한다. 단순한 법정 정년 연장이 아니라, 고령자 고용 환경 개선, 직무 재설계, 연금 제도 개혁, 양극화 해소 방안을 모두 종합적으로 고려한 정책적 접근이 필요하다. 그렇지 않으면 정년 연장은 대기업과 공공기관 등 일부 고령 근로자에게만 혜택이 집중되는 불평등한 정책으로 전락할 위험이 있다. 따라서 중소기업과 비정규직 근로자에게도 정년 연장의 혜택이 돌아갈 수 있도록, 정부의 적극적인 지원과 제도적 장치 마련이 반드시 필요하다. 이는 단순히 법정 정년 연장에 그치지 않고, 모든 근로자를 위한 포괄적 고용 안정 정책의 일환으로 추진돼야 한다. 한국에서 정년 연장의 혜택이 일부 대기업과 공공기관에만 집중되는 문제를 해결하려면, 중소기업과 비정규직 근로자에게 실질적인 지원을 제공하는 구체적 방안이 마련돼야 한다.

기업의 계속고용 사례

최근 한국 기업들은 급격한 고령화 사회에 대응하기 위해 정년 연장과 퇴직 후 재고용 등 다양한 방식으로 고령자 계속고용 문제의 해법을 모색하고 있다. 이러한 시도들은 단순히 경영계나 노동계 한쪽의 요구에 따른 대응이 아니라, 정년 연장과 재고용에 대한 다양한 사회적 논의와 산업계 현실을 반영하는 실험적인 움직임이라 할 수 있다.

동국제강은 2022년 60세였던 정년을 61세로 연장했고, 2024년에는 62세로 한 차례 더 연장했다. 정년 이후에도 상호 합의를 통해 일부 직원을 촉탁직으로 재고용하며, 단계적인 정년 연장을 통해 기업 부담을 분산시키고 숙련 인력을 유지하려는 전략을 추진 중이다. 현대자동차의 경우 노동조합이 만 64세까지의 정년 연장을 요구했지만, 회사 측은 인건비 부담과 조직 활력 저하 우려를 이유로 반대했다. 특히 대기업과 공공부문에는 저성과자 문제가 내재돼 있어, 단순히 퇴직 시점만 미루는 것은 실효성이 없다는 지적이 나오고 있다.

이러한 배경에서 퇴직 후 재고용 제도를 채택하는 기업들이 점차 늘고 있다. 한국경제인협회가 2024년 말에 실시한 조사에 따르면, 국내 기업의 71.9%가 퇴직 후 재고용 방식을 선호한다고 응답했으며, 인크루트 설문에서도 59.8%가 이를 긍정적으로 평가했다. 현대차는 2019년 노사합의를 통해 정년 이후 희망자가 1년간 촉탁계약직으로 근무할 수 있도록 했고, 2024년 임금협상에서는 이를 62세까지 연장하기로 합의해 산업계 안팎의 주목을 받았다.

포스코는 60세 정년퇴직자 중 심사를 거쳐 기술 컨설턴트로 재고용하는 제도를 운영하고 있으며, 최대 5년간 계약직으로 일하며 매년 성과 평가를 통해 연봉과 계약 연장 여부가 결정된다. 이는 단순한 인력 운용을 넘어 퇴직 고령 근로자의 숙련 기술과 전문 지식을 젊은 직원에게 전수하는 일종의 멘토링 시스템으로 활용되고 있다. 효성중공업은 60세 정년 이후에도 변압기, 전동기 등 제조 현장의 숙련 기술 인력을 필요에 따라 숙련 촉탁직으로 2년간 재고용하고, 생산성에 따라 급여를 지급하며 요청 시 최대 70세까지 근무가 가능하도록 한다. 이는 숙련 인력의 유출을 방지하고, 핵심 제조 경쟁력을 유지하기 위한 전략적 선택이라 할 수 있다.

서비스업과 중소기업에서도 고령자 계속고용 시도가 이어지고 있다. 동원홈푸드는 숙련된 중장년 조리원들을 적극 활용해 75세 고령 조리원도 현장에서 근무하며, 젊은 조리사들을 대상으로 교육과 기술 전수를 수행하고 있다. 이는 오랜 현장 경험과 노하우를 가진 고령 근로자의 가치를 인정하고 실질적으로 활용하는 모범적인 사례라 할 수 있다. GS더프레시는 장기간 근무한 중장년 직원을 스토어 매니저로 채용하며 사실상 정년 이후 재고용에 제한을 두지 않고 있다. 고객 응대와 매장 운영에 대한 높은 이해도를 가진 고령 근로자의 경험이 매장 경쟁력 강화에 직접적인 도움이 된다는 판단에서 나온 것이다.

최근, 다양한 한국 기업들이 고령자 계속고용을 위한 맞춤형 방안을 도입하고 있다. 이는 단순한 정년 연장이나 재고용이라는 표면적 차원을 넘어, 각 기업의 업종과 조직문화, 고령 근로자의 특성과 역량을 고려한 유연한 방식으로 이뤄지고 있다. 무엇보다 이러한 시도들이 정착하고 확대되기 위해서는 각 기업의 지속적인 정책 실험과 개선 노력뿐 아니라, 정부의 적극적인 재정 지원, 제도적 보완, 직무 재설계 및 고용 환경 개선 지원이 반드시 뒷받침돼야 한다. 앞으로는 기업별 특성에 맞춘 맞춤형 지원책을 통해 고령 근로자 고용의 양적 확대뿐 아니라 질적 개선까지 함께 이루어지는 방향으로 나아가야 한다.

계속고용 해외사례

일본은 세계에서 가장 빠른 고령화 속도를 보이는 국가로, 고령자 계속고용 문제를 해결하기 위한 다각적인 정책을 추진해왔다. 일본은 연공서열식 호봉제 임금체계, 기업별 노사교섭체계, 노동법 등에서 한국과 유사한 구조를 갖고 있어 한국이 참고할 만한 사례로 평가된다. 일본은 1994년 정년을 60세로 연장한 데 이어, 2000년에는 기업에 65세까지 고용 확보를 위해 노력할 의무를 부여했고, 2021년부터는 70세까지 고용 확보를 위한 노력 의무를 도입했다. 특히 정년 연장, 정년 폐지, 재고용이라는 세 가지 선택지를 기업이 자율적으로 선택할 수 있게 해 기업별 상황에 맞게 유연하게 대응하도록 했다. 이러한 정책은 고령자 고용 시 세제 인센티브를 제공하는 방식으로 설계되었으며, 2022년 기준 일본의 고령자 고용률은 21%에 달해 인센티브 프로그램의 실질적 효과를 보여주고 있다. 2025년 현재 일본 정부는 70세 이상 고령자의 고용 유지 및 재취업 지원을 위한 맞춤형 직업훈련, 헬스케어 연계 프로그램까지 확대해 고령자의 건강과 생산성을 동시에 고려하는 정책을 강화하고 있다.

대만도 저출산과 인구 감소에 따른 노동력 부족 문제를 해결하기 위해 정년제 자체를 폐지하는 강수를 뒀다. 2024년 대만 입법원은 노동기준법을 개정해 65세로 제한되어 있던 정년 규정을 삭제했고, 이에 따라 65세 이상 근로자는 고용주와 개별 협상을 통해 퇴직 시기를 유연하게 조율할 수 있게 되었다. 이러한 변화는 특히 숙련 노동력의 유지와 고령 근로자의 소득 안정성 확보에 긍정적인 영향을 주고 있으며, 2025년 현재 대만 정부는 고령 근로자의 디지털 전환 역량 강화를 위해 정보기술 교육 프로그램을 전국적으로 확대 시행하고 있다.

독일은 법정 정년을 67세로 연장한 국가 중 하나로, 연금 개혁과 고용 장려 프로그램을 병행해 고령자 고용을 확대해왔다. 특히 62세 이상의 고령자를 위한 사회적 일자리 창출 프로그램을 통해 안정적인 고용 기회를 제공하고 있으며, 기업이 고령자를 고용할 경우 세제 혜택을 제공해 인건비 부담을 경감하고 있다. 2025년 현재 독일 연방고용청(BA)은 고령 근로자의 직무 전환과 단계적 은퇴를 지원하는 생애 단계별 고용관리 프로그램을 고도화하여, 기업과 개인 모두가 윈윈할 수 있는 유연한 고용 환경을 마련하고 있다.

프랑스는 최근 몇 년간 고령 근로자 문제 해결을 위한 연금 개혁을 추진해왔으며, 2023년 논란 끝에 정년을 62세에서 64세로 연장했다. 이와 함께 고령 근로자에게 추가 교육과 직업훈련 기회를 제공해 노동 시장 내 지속적 참여를 유도하고 있으며, 2025년 현재 프랑스 정부는 기업 내 고령 근로자의 역할 전환, 즉 멘토링, 교육, 기술 전수 역할을 강화하는 방향으로 고용 정책을 진화시키고 있다.

스웨덴은 고령자를 위한 고용 지원 프로그램을 운영하며, 고용주가 고령자를 채용할 경우 면세 혜택을 제공한다. 특히 고령 근로자 맞춤형 교육 프로그램을 도입해 최신 기술과 산업 변화에 적응할 수 있도록 돕고 있으며, 이는 고령자의 생산성 유지와 사회적 통합 촉진에 중요한 역할을 하고 있다. 2025년 현재 스웨덴은 헬스케어 연계 노동 지원 프로그램을 통해 고령 근로자의 건강 관리와 직무 적합성 강화를 병행하는 혁신적 정책으로 주목받고 있다.

이처럼 일본, 대만, 독일, 프랑스, 스웨덴 등 주요 국가들은 각기 다른 방식으로 고령자 계속고용 문제를 해결하려는 정책적 노력을 기울이고 있다. 한국도 이러한 국제 사례들을 참고해 고령자의 경험과 전문성을 효과적으로 활용할 수 있는 제도 설계와 맞춤형 접근 방식을 모색할 필요가 있다. 단순한 법정 정년 연장이나 재고용 의무화에 그칠 것이 아니라, 기업의 유연성을 존중하면서도 고령 근로자의 소득 안정성과 사회적 기여를 촉진할 수 있는 다양한 정책 패키지가 마련돼야 한다. 또한 정부, 기업, 노동계가 긴밀히 협력해 고령자의 계속고용을 지원하는 환경을 구축하지 않으면, 정책 효과는 제한적일 수밖에 없다. 해외 사례들은 고령자의 가치를 재발견하고 이를 사회와 경제의 성장 동력으로 전환하려는 창의적이고 실질적인 노력이 필요하다는 점을 명확히 보여준다.

계속고용과 국민연금 개혁

한국 사회는 빠른 속도로 고령화가 진행되고 있으며, 그에 따라 고령자의 계속 고용 문제와 국민연금 개혁이 국가적 과제로 부상하고 있다. 초고령사회로 진입한 2025년 기준, 65세 이상 인구는 전체 인구의 20.2%를 차지하며, 경제활동참가율이 높아졌음에도 불구하고 고령자의 소득 불안정과 고용 양극화는 여전히 심각한 문제로 남아 있다.

우선 정부는 고령자의 계속 고용을 장려하기 위한 법적 기반 마련에 나서야 한다. 이를 위해 법정 정년을 단계적으로 연장하고, 기업이 일정 기준에 따라 고령 근로자를 계속 고용하거나 재고용할 수 있도록 유도하는 제도적 장치가 필요하다. 현재 60세로 규정된 법정 정년은 국민연금 수급 개시 연령인 65세와 불일치하고 있어, 고령자의 소득 공백을 유발하는 핵심 원인 중 하나로 지적된다. 정부는 정년 연장과 관련된 법률 개정을 통해 고령 근로자가 안정적으로 노동시장에 머물 수 있는 환경을 조성하고, 기업에는 유연한 선택권을 제공하는 방식으로 제도적 설계를 병행해야 한다.

또한 정부는 고령 근로자 채용에 따른 기업의 부담을 완화하기 위한 실질적 지원책을 확대해야 한다. 고령자 고용에 대해 세제 혜택, 고용 보조금, 사회보험료 지원 등을 제공함으로써 기업이 부담 없이 고령 인력을 활용할 수 있도록 해야 한다. 특히 중소기업에 대해서는 고령 인력 활용 컨설팅, 직무 재설계 지원, 고용 유지 인센티브 확대 등 맞춤형 지원이 필요하다. 이러한 재정적 지원은 단기적인 비용 지원에 그치지 않고, 장기적인 고령자 고용 인프라를 구축하는 데 목적이 있어야 한다.

고령 근로자가 계속해서 경제활동에 참여할 수 있도록 하려면 기술 변화에 적응할 수 있는 역량 강화를 위한 정책도 병행돼야 한다. 정부는 고령자를 위한 직업재교육, 디지털 역량 강화 교육, 직무 전환 훈련을 적극적으로 지원해야 한다. 이는 단순한 생계 유지 차원이 아니라 고령자가 노동시장 안에서 역할을 지속하고, 사회적 소속감을 유지하는 데 필수적인 조건이다. 특히 현재 산업 구조 전환 속도가 빨라지는 가운데, AI·디지털 전환 시대에 고령자 맞춤형 재교육 체계를 마련하는 것이 시급하다.

이와 함께 고령자의 소득 보장과 복지를 위한 핵심 사회보험인 국민연금 제도 역시 대대적인 구조 개혁이 필요하다. 정부는 국민연금 수급 개시 연령을 65세로 늦추는 작업을 진행 중이나, 이에 따른 소득 공백 문제를 해소하기 위해 수급 개시 시점과 법정 정년을 연계하는 방안을 조속히 마련해야 한다. 또한 국민연금의 소득대체율을 OECD 평균 수준(약 50% 내외)에 근접하게 끌어올리는 방향으로 개혁을 추진해야 하며, 최소한 저소득 고령자에 대해서는 실질적인 연금 수령액

보장을 위한 보충 급여 정책이 병행돼야 한다.

현행 국민연금 제도는 지속 가능성뿐 아니라 형평성과 적정성 측면에서도 많은 한계를 드러내고 있다. 특히 2025년 현재 국민의 불신이 커지고 있는 상황에서, 연금 기금의 운영 투명성과 수익률 개선을 위한 기금운용 개혁이 절실하다. 정부는 기금운용의 전문성과 책임성을 강화하는 방향으로 조직 개편과 의사결정 구조 혁신을 병행해야 하며, 고소득자와 저소득자 간 기여·급여의 형평성을 반영한 누진적 기여 시스템 설계가 함께 검토돼야 한다.

결국 고령자의 계속 고용과 국민연금 개혁은 별개의 정책이 아니라 상호 연동된 문제다. 고령자가 일을 계속할 수 있는 제도적·경제적 환경을 마련하는 동시에, 노후에 대한 기본적인 소득 안전망을 국가가 확보해주는 균형 잡힌 접근이 필요하다. 정부는 고령자 고용정책, 노동시장 유연성 확보, 기업 부담 완화, 국민연금 개혁 등 다각적 과제를 통합적으로 다루는 정책 패키지를 통해 고령사회에 걸맞은 지속 가능한 고용·복지 모델을 정립해야 한다. 또한 정부는 국민연금 기금의 운영 방식을 개선하고 투명성을 높여야 하며, 이를 통해 지속 가능한 연금 시스템을 구축해야 합니다. 소득에 따라 기여하는 시스템을 마련하여 고소득자와 저소득자 간의 형평성을 고려한 연금 시스템을 마련해야 합니다. 정부는 고령자의 계속 고용 문제를 해결하기 위한 다각적인 역할을 수행해야 합니다.

정년 연장에 따른 청년층 일자리가 감소

정년이 연장될 경우 고령층 근로자가 일자리를 계속 유지하게 되면서 청년층과의 고용 경쟁이 심화될 수 있다는 우려는 여전히 유효하다.

기업들은 인건비 절감이나 숙련된 인력 확보를 이유로 고령자를 재고용하거나 정년 연장을 선택할 가능성이 높아지며, 이에 따라 청년층의 신규 채용 기회가 줄어들 수 있다는 지적이 꾸준히 제기돼왔다. 특히 저숙련 일자리나 단순 업무 직종에서는 고령층이 자리를 차지함으로써 청년들이 원하는 일자리에 접근하기 어려워지는 상황이 발생할 수 있다. 한국노동연구원 분석에 따르면, 2016년 법정 정년이 58세에서 60세로 늘어났을 때 청년층 고용률은 평균 1.5% 감소한 것으로 나타났다. 이는 특정 산업, 특히 제조업과 서비스업의 일부 직종에서 고령자와 청년층 간 일자리 경쟁이 가시화되고 있음을 시사한다.

최근, 이 문제는 더 복잡한 양상으로 발전했다. 산업구조 전환과 AI·자동화 도입으로 인해 전통적인 저숙련 일자리가 줄어들고 있으며, 청년층은 고용 기회 자체가 줄어든 상황에서 고령층과의 경쟁까지 직면하는 이중 부담을 안고 있다. 반면, 고령 근로자들은 기업 내에서 숙련과 경험을 바탕으로 생산성에 기여할 수 있어, 기업 입장에서는 이들을 완전히 배제하기도 어렵다. 특히 중소기업의 경우 신규 청년 인력을 채용하는 것보다 기존 고령 인력을 유지하는 것이 비용·효율 측면에서 유리하다는 현실적 계산도 영향을 미치고 있다.

그러나 고령층과 청년층은 단순한 대체 관계가 아니라, 직무 특성에 따라 상호 보완 관계에 있는 경우도 많다. 고령 근로자의 경험과 노하우는 청년층이 새롭게 배우고 성장하는 과정에서 중요한 자원이 될 수 있으며, 세대 간 협업을 통해 조직의 경쟁력이 강화될 가능성도 존재한다. 예를 들어, 숙련 생산직의 경우 고령자가 청년에게 기술을 전수하는 멘토-멘티 관계를 형성하거나, 서비스 업종에서 고령자의 고객 응대 노하우와 청년의 디지털 역량이 결합될 수 있다.

또한, 초고령사회로 접어든 한국에서는 고령층의 노동시장 참여가 경제 전반의 생산성을 유지하고, 내수 활성화를 도모하는 중요한 요소로 작용할 수 있다. 고령층의 소득 창출은 개인의 노후 빈곤을 예방할 뿐 아니라, 사회 전체의 소비 여력을 높여 경제 성장에 긍정적 영향을 미칠 수 있다. 이는 장기적으로 청년층 고용에도 간접적 혜택을 줄 수 있는 구조로 작용할 가능성이 있다.

결론적으로, 정년 연장과 고령층 계속 고용이 청년층 일자리에 부정적 영향을 미칠 것이라는 주장은 일정 부분 설득력을 가지지만, 동시에 고령층과 청년층이 상호 보완적으로 협력할 수 있는 가능성도 무시할 수 없다. 문제는 단순히 정년 연장을 찬성하거나 반대하는 차원이 아니라, 청년층이 입증된 기술과 역량을 개발할 수 있는 기회를 마련하고, 고령자의 경험을 최대한 활용하는 방향으로 고용 구조를 혁신하는 데 있다. 정책 입안자는 이러한 복합적 요소를 감안해, 고령층과 청년층이 상생할 수 있는 지속 가능한 고용 환경을 만들어 나가야 하며, 이를 위해 세대 간 역할 분담, 직무 재설계, 고용 촉진 인센티브 등 다각적인 정책 수단을 마련해야 할 것이다.

고령층의 생산·소비인구 측면에서 새로운 기회 창출

초고령사회로의 진입은 한국 사회와 기업들에게 단순히 부정적 도전만을 의미하지 않는다. 오히려 고령층을 새로운 기회의 원천으로 전환할 수 있는 전략적 접근이 요구되고 있다. 고령 근로자는 오랜 경력과 축적된 지식을 보유하고 있으며, 이는 다양한 산업에서 중요한 생산성 자원으로 활용될 수 있다. 특히 멘토링, 기술 전수, 현장 노하우 공유 등의 형태로 후배 직원들에게 도움을 줄 수 있으며, 숙련도가 중요한 직무에서는 고령자의 참여가 기업의 경쟁력 강화에 큰 이점을 제공한다. 예를 들어, 제조업, 의료, 상담, 교육, 컨설팅 분야에서는 고령자의 숙련된 역량이 현장 문제 해결력과 고객 만족도를 높이는 데 기여할 수 있다.

기업이 고령자의 참여를 증대시키는 것은 단순한 경제적 이익을 넘어 사회 통합과 세대 간 연대 강화를 이끄는 중요한 사회적 역할을 한다. 고령자는 경제활동뿐 아니라 자원봉사, 지역사회 활동, 시민사회 참여 등 다양한 방식으로 사회에 긍정적 기여를 할 수 있으며, 이는 기업의 사회적 책임(CSR) 활동과 연계될 수 있다. 최근 ESG(환경·사회·지배구조) 경영이 강화되면서, 기업들은 고령자의 고용 확대와 사회참여 지원을 통해 브랜드 가치와 평판을 높이는 전략을 점점 더 중요시하고 있다.

또한 고령 인구의 증가는 소비 시장 측면에서 새로운 기회를 제공한다. 2023년 기준 한국 내 고령 소비시장은 약 13% 수준이었으나, 2025년 약 15%로 확대되었으며, 2030년까지 20%를 넘을 것으로 예상된다. 노인 소비자들은 건강, 의료, 여가, 여행, 문화 활동, 금융 서비스 등 다양한 분야에서 새로운 소비 트렌드를 만들어내며, 이는 기업들에게 맞춤형 제품과 서비스 개발 기회를 제공한다. 건강관리 제품, 스마트 헬스케어 서비스, 노인 친화적 주거 설계, 접근성 높은 교통·모빌리티 서비스, 세대 간 경험 공유 프로그램 등은 대표적인 신시장 영역이다. 특히 일본, 독일 등 초고령 사회로 먼저 진입한 국가들의 사례에서 볼 수 있듯, 고령자 대상 시장에 선제적으로 대응한 기업들이 장기적으로 높은 수익성과 사회적 평판을 확보해온 점은 중요한 시사점이 된다.

결론적으로 고령층은 단순한 사회적 부담 집단이 아니라, 경제의 생산성 유지와 소비 시장 확대 모두에서 중요한 전략적 자원으로 자리할 수 있다. 정책 입안자와 기업 경영진은 고령자의 역할을 단순한 보호 대상이 아닌 활용과 혁신의 주체로 재해석하는 관점을 가질 필요가 있다. 고령 근로자의 생산성 기여와 고령 소비자의 새로운 수요 창출은 초고령 사회에서도 경제 성장을 지속할 수 있는 주요 동력임을 인식해야 하며, 이를 위해 산업 전반의 전략 전환과 사회적 인프라 보강이 긴요하다. 고령자 친화적 산업 육성, 세대 간 연계 강화, 지속 가능한 고용 정책을 통해 한국은 초고령 사회를 기회로 전환할 수 있는 길을 모색해야 한다.

고령층의 경험과 능력 활용 방안

최근 전문성이 요구되는 분야에서 고령층의 고용 수요가 증가하고 있는 것은 매우 주목할 만한 현상이다. 특히 의료, 교육, 기술, 금융, 제조업의 특정 고숙련 분야에서는 오랜 경력을 가진 고령자가 기업과 사회에 큰 가치를 제공할 수 있다. 이들은 후배 직원들에게 멘토링을 제공하거나, 전문 지식과 산업 노하우를 전달함으로써 인재 양성 측면에서 긍정적인 영향을 미친다. 최근 일부 선진 ICT 기업과 바이오헬스 기업들은 은퇴자 중 전문성과 네트워크를 가진 인력을 재고용해 프로젝트 기반 업무에 투입하거나, 신입 직원 교육과 고객 자문단으로 활용하는 사례가 늘어나고 있다.

고령자의 특성과 필요를 고려한 유연한 근무 형태를 도입하는 검토도 필수적이다. 예를 들어 파트타임 근무, 프로젝트 기반 계약직, 자문직, 원격 근무 등의 방식은 고령자들이 무리하지 않으면서도 전문

역량을 발휘할 수 있는 환경을 제공한다. 특히 헬스케어, 에너지, 엔지니어링 분야에서는 고령 전문가들이 현장 대신 온라인 자문이나 데이터 분석, 연구개발 검토 등의 업무에 참여해 큰 가치를 창출하고 있다. 또한 건강과 여건에 맞춘 근무시간 조절 시스템이 필요하며, 이는 단순히 생산성 차원에서뿐 아니라 고령자의 삶의 질 향상 측면에서도 중요한 역할을 한다.

기업과 정부의 협력은 고령층의 전문성을 활용하는 데 있어 필수적이다. 기업은 고령자의 경험을 적극 인정하고, 그들이 기여할 수 있는 분야와 직무를 찾아내는 노력이 필요하며, 정부는 이를 지원하는 정책과 프로그램을 마련해야 한다. 최근 현재 정부는 고령자 고용 기업에 대한 세제 혜택, 고용 보조금, 사회보험료 감면, 직무 전환 교육비 지원 등 다양한 장려책을 검토 중이며, 특히 중소기업이 고령 인력을 활용할 수 있도록 현장 컨설팅과 일자리 매칭 플랫폼 확대에 집중하고 있다. 이는 기업들이 고령자를 경제적 부담 없이 고용할 수 있는 기초가 되며, 더 나아가 고령자의 고용 연장이 단순한 생계형 임시직이 아닌, 고유의 경험과 전문성을 살릴 수 있는 고용으로 전환되게 하는 마중물이 된다.

실제 현장에서도 고령층의 경험과 능력을 활용해 생산성을 높이는 사례들이 존재한다. 일부 IT 기업은 은퇴한 개발자와 설계자를 재고용해 소프트웨어 유지관리, 코드 리뷰, 후배 교육, 기술 컨설팅 분야에서 기여하게 하고 있으며, 전자산업과 정밀 기계업계에서는 고령 장인들의 손기술과 노하우를 보호하기 위해 별도의 기술 전수 프로그램을 마련하고 있다. 또한 금융 분야에서는 은퇴한 PB(Private Banker)나 회계 전문가들이 고액 자산 고객 대상 자문을 제공하며, 숙련된 영업 네트워크를 유지하고 있다. 이러한 사례들은 고령자의 고용 연장이 단순한 양적 확대에 그치지 않고, 질적 고용으로 연결될 수 있음을 잘 보여준다.

결론적으로 고령층의 고용 연장은 질 낮은 임시직에 머물러서는 안 되며, 이들의 경험과 전문성을 적극적으로 활용할 수 있는 방향으로 이루어져야 한다. 유연한 근무 형태와 기업·정부의 다층적 지원을 통해 고령자가 전문 분야에서 적절히 일할 수 있는 환경을 조성하는 것은 충분히 가능하며, 이를 통해 기업의 생산성뿐만 아니라 사회 전체의 질 또한 향상될 것이다. 앞으로는 고령자 고용을 사회적 비용이 아니라 국가적 자산으로 재해석하는 관점 전환이 필요하며, 이를 위해 정책 설계, 기업 문화 혁신, 산업별 전략이 유기적으로 결합돼야 할 것이다.

계속고용을 위한 사회적 합의 도출 과제

계속고용 문제는 단순히 한 정책 영역의 과제에 그치지 않고 국민연금, 노인복지, 기업 임금체계, 청년고용, 노동시장 유연성 등 다양한 측면과 복잡하게 얽혀 있는 다층적 사회 이슈다. 초고령사회로 접어든 지금, 이러한 문제를 해결하기 위해서는 단편적 접근이 아니라 거버넌스 차원의 종합적 접근이 필요하다는 점이 더욱 분명해지고 있다. 우선 국민연금과 노인복지 체계의 지속 가능성을 확보하는 것이 중요하다. 고령화 사회에서 이러한 시스템이 재정적으로 지속 가능하지 않다면, 고령자의 사회적 안정성은 물론, 전체 사회경제 시스템의 신뢰성도 무너질 위험이 크다. 정책 입안자는 고령자의 경제적 지원을 위한 재원 배분과 예산 조달 방식을 균형 있게 설계해야 하며, 정책 시행 이후에도 정기적 모니터링과 평가 체계를 마련해 예상치 못한 문제 발생 시 신속히 조정할 수 있도록 해야 한다. 이러한 선순환 체계는 단기적 해법이 아니라 지속적으로 발전하는 정책 환경의 핵심이 될 수 있다.

고령자의 고용이 단순히 저임금·저숙련 일자리에 한정되지 않도록 질 높은 일자리 창출에 집중하는 것도 필수적 과제다. 기업은 고령자의 경험과 전문성을 최대한 활용해 그들이 직업적 만족감을 느끼며 지속적으로 기여할 수 있는 직무 환경을 조성해야 한다. 이는 고용 증가뿐만 아니라 조직 내 혁신과 생산성 향상으로도 연결될 수 있다. 특히 2025년 현재 디지털 전환, 친환경 산업, 바이오헬스, 첨단제조업 등 새로운 산업 분야에서는 고령 인력의 경험이 후배 세대의 역량 강화에 중요한 자산이 될 수 있음을 주목해야 한다.

세대 간 공존의 원칙 또한 중요하다. 고령자와 청년층의 고용 문제는 제로섬 경쟁이 아니라 상호 보완적이어야 한다. 정책적으로 두 세대가 함께 성장할 수 있는 기회를 창출하는 것이 필요하며, 청년 고용에 미치는 부정적 영향을 최소화하는 동시에 양 세대가 협력할 수 있는 방안을 마련해야 한다. 예컨대 고령자는 멘토 역할로 후배를 이끌고, 청년층은 디지털 기술이나 신산업 혁신 분야에서 선도적 역할을 수행하는 구조를 만들어야 한다.

임금체계의 개편 또한 사회적 합의에서 중요한 논점이다. 기업이 고령자를 고용하는 데 있어 비용 부담을 최소화할 수 있도록 성과급제, 직무급제, 단계적 임금 감액제 등 다양한 임금체계가 논의돼야 하며, 이 과정에서 공정성을 잃지 않도록 세심한 설계가 필요하다. 최근 일부 기업에서는 성과 연계형 재고용 모델이나 멘토링 중심 고용 모델을 도입해 고령자의 전문성을 살리는 사례가 나오고 있으며, 이러한 실험들을 제도적으로 확산할 방안이 필요하다.

고령자에 대한 사회적 인식을 개선하는 것도 간과할 수 없는 과제다. 노인의 경험과 전문성을 존중하고, 그들이 여전히 노동시장과 지역사회에서 중요한 경제적·사회적 기여를 할 수 있음을 인정하는 문화가 형성돼야 한다. 이를 위해 정부와 언론, 교육기관, 기업이 공동으로 캠페인을 전개하고, 성공 사례를 적극적으로 발굴·홍보함으로써 사회적 인식 변화를 유도할 필요가 있다.

무엇보다 정부, 기업, 노동조합 간의 긴밀한 협력이 핵심이다. 이들 이해관계자 간의 소통을 통해 문제를 다층적으로 이해하고, 각 부문의 이해관계를 조정해 포괄적 정책 제안을 도출할 수 있도록 해야 한다. 최근 경제사회노동위원회에서 계속고용과 관련된 공익위원 권고안을 마련하려 했으나, 노동계와 경영계 간 입장 차이로 논의가 지연되고 있는 점은 사회적 합의의 어려움을 잘 보여준다. 이러한 교착 상태를 극복하기 위해서는 전체 사회의 이익을 전면에 내세운 중재와 정치적 리더십이 필요하다.

결론적으로 고령자의 계속고용 문제는 국민연금 개혁, 임금체계 개선, 세대 간 고용 균형, 사회적 인식 변화 등 여러 사회적 이슈와 복잡한 경로로 얽혀 있는 만큼, 사회적 합의를 도출하기 위한 접근은 신중하고 종합적이어야 한다. 위에서 언급한 여러 측면을 통합적으로 고려해 포괄적이고 지속 가능한 방향으로 나아가는 것이 중요하며, 이 과정에서 모든 이해관계자의 목소리를 균형 있게 반영해 사회적 합의를 이끌어내야만 한다.

요약

한국은 초고령사회 진입과 함께 고령자의 소득 공백 문제가 심화되고 있으며, 정년퇴직과 연금 수급 시점 간 불일치가 핵심 원인이다. 정년 연장과 재고용 제도가 논의되었으나, 기업의 인건비 부담과 임금체계의 비효율성으로 확산에는 한계가 있다. 고령자 계속고용은 초고령사회 지속 가능성과 노동시장 유연성 확보의 핵심 과제다. 소득 공백 해소, 임금체계 개편, 직무 재설계, 기업 부담 완화, 청년 고용 상생 등 다층적 접근이 필요하다. 일본·독일·프랑스 사례처럼 유연성과 지원을 결합한 정책 패키지가 요구된다. 고령자를 보호 대상이 아닌 활용과 혁신의 주체로 재인식해야 한다. 무엇보다도 사회적 합의와 제도 혁신 없이는 실질적 성과를 거두기 어렵다. 생산성과 역할 기반의 임금체계 도입, 사업장 맞춤형 정책 설계, 국가 차원의 재취업 훈련 강화가 필요하다. 고령자 계속고용은 단순한 노동시장 과제가 아닌 사회 전체의 지속가능성 문제로 접근해야 한다.

당신의 생각은?

1. 정년 연장과 재고용, 어떤 방식이 한국 노동시장에 더 적합한가? 법정 정년 연장과 재고용 방식의 장단점, 기업과 노동자의 수용 가능성, 청년 고용에 미치는 영향 등을 생각해 보자.
2. 고령자 계속고용이 청년 일자리에 미칠 부정적 영향을 최소화하려면 어떤 정책 설계가 필요할까? 직무 재설계, 멘토링, 직급·직무 분리, 인센티브 제도 등 다양한 정책 수단을 검토하고, 세대 간 상생 고용 모델 구축 방안을 생각해 보자.

정책제언

1 유연한 계속고용 제도 설계 및 기업 선택권 보장

정년 연장, 재고용, 단계적 은퇴, 시간제 근무 등 다양한 방식 중 기업이 선택할 수 있도록 법적 선택지를 제시한다. 이를 통해 산업별·기업별 여건에 맞는 고령자 고용 방식이 가능하도록 유연성을 확보하고, 제도의 강제성 부담을 줄인다.

2 임금체계 개편과 기업 부담 완화 정책 병행

연공급 중심에서 직무·역할급 중심으로 전환하고, 고령자 고용 기업에 세제 혜택, 사회보험료 감면, 고용 장려금을 제공한다. 중소기업에는 맞춤형 고용 컨설팅, 직무 재설계 지원, 현장 중심 인센티브를 추가 지원해 현실적 부담을 경감시킨다.

3 고령자 경험 활용 기반 직무 재설계 및 청년-고령 협력 모델 구축

고령자의 숙련과 경험을 조직 내 멘토링, 기술 전수, 교육·훈련 직무에 배치하고, 청년과의 협업 구조를 설계한다. 이를 통해 세대 간 경쟁을 최소화하고, 상호 보완적 관계를 기반으로 생산성과 혁신성을 동시에 높이는 직무 구조를 마련한다.

경제 변수와 노사관계 및 노동시장 전망

중첩된 위기 속 경제와 노동시장 진단

다층적 위기와 중첩된 불확실성 속에서 한국 경제와 노동시장은 명백히 새로운 국면에 접어들었다. 외환시장 변동성, 고금리·고물가 기조, 정치적 불안정성이 맞물리며 경기의 하방 압력을 심화시키고 있다. 2024년 말 계엄령 선포와 이후 이어진 대통령 탄핵 정국은 정치 리스크가 곧 경제 리스크로 전이되는 교과서적 사례를 보여주었다. 이 과정에서 한국 경제는 수출 의존적 성장모델의 한계, 내수 기반의 취약성, 금융 및 재정의 방어력 저하라는 구조적 취약성이 다시금 표면화되었다. 한국은행의 2025년 2월 1.5% 경제성장률 전망조차 낙관적이라는 평가를 받는 상황에서, JP모건·Bank of America 등 글로벌 금융기관들은 1%대 초반의 성장률을 제시했고, 2025년 5월 한국은행은 반토막난 0.8%로, OECD도 1%로 전망했다. 2024년 4분기 성장률이 전기 대비 0.1%에 그쳤다는 점, 소비자심리지수와 소매판매지수의 동반 급락은 수치적 지표를 넘어 한국 경제의 체질적 병목과 한계를 상징적으로 드러내고 있다.

이 같은 경제의 침체 흐름은 노동시장에도 직격탄을 날리고 있다. 내수 부진은 자영업 폐업률 증가와 개인 채무조정 급증으로 이어지며, 고용의 최후 보루 역할을 하던 서비스업 일자리가 빠르게 축소되고 있다. 한국고용정보원에 따르면 2025년 1분기 기준 전체 고용 증가율은 전년 동기 대비 -0.3%를 기록하며, 코로나19 이후 처음으로 마이너스 성장세로 전환되었다. 특히 20~30대 청년층과 50대 중장년층의 실업률이 동시에 증가하는 '이중 실업' 현상이 심화되며, 계층 간, 세대 간 고용 격차가 사회적 갈등 요소로 부상하고 있다. 한편, 대기업과 중소기업 간 임금 격차, 정규직과 비정규직의 노동시장 이중구조 문제는 경기 침체 국면에서 더욱 고착화되며, 노동 유연성과 안전망 강화라는 상충적 과제를 동시에 요구하고 있다.

글로벌 경제의 흐름 또한 한국 경제의 불확실성을 가중시키고 있다. 미 연준의 고금리 기조 장기화, 유럽 주요국의 경기 침체, 중국의 내수 부진 및 부동산 리스크는 수출 중심 경제의 회복 여력을 제한하고 있다. 특히 2024년부터 본격화된 미국의 리쇼어링(reshoring) 정책, 유럽연합의 친환경 공급망 구축 전략은 글로벌 공급망 재편이라는 구조적 변화로 이어지며, 한국 제조업의 수출 경쟁력에도 부정적 영향을 미치고 있다. 일본, 독일, 미국 등 선진국들은 이에 대응해 자국 내 고부가가치 산업의 유턴 지원책과 첨단산업 인력 확보 전략을 강화하고 있으며, 한국 역시 단순 수출 확대 전략을 넘어 공급망·산업 구조·노동력 정책을 아우르는 다차원적 대응이 절실한 시점이다.

결국 한국 경제와 노동시장은 단순한 경기순환의 문제가 아니라, 구조적 전환기적 위기에 직면해 있다. 고용과 성장을 동시에 살리기 위해서는 기존의 양적 확대 중심의 일자리 정책에서 벗어나 질적 혁신과 산업 연계성 강화로 방향 전환이 필요하다. 선진국 사례를 참고하면, 독일의 Industry 4.0 정책은 제조업 경쟁력 강화와 디지털 인력 재교육을 동시에 추진하며 노동시장 전환을 유도했고, 네덜란드의 전환기 노동시장(transitional labor market) 모델은 고용안정성과 노동유연성을 조화시키며 경기 충격에 대응하는 사회적 안전판 역할을 했다. 한국 역시 산업 구조의 빠른 재편, 노동시장 유연성 확보, 고용안전망 강화라는 세 축을 균형 있게 추진할 때, 중첩된 위기의 고리를 끊고 지속가능한 성장 기반을 다시 구축할 수 있을 것이다.

환율, 금리, 소비심리: 연쇄적으로 작용하는 불확실성의 고리

정치 불확실성은 외환시장을 강타했다. 계엄령 선포 이후 원/달러 환율은 일시적으로 1,480원대까지 급등했다가, 2025년 5월 1380원대 전후로 형성되어 있으나 글로벌 금융위기 이후 여전히 역사적 고점 수준이다. 이는 한국 경제의 펀더멘털을 반영하기보다는 정치적 리스크 프리미엄이 가격에 반영된 결과로 볼 수 있다. 금리 인하 여력도 제한적이다. 한국은행이 기준금리를 내리더라도 자본 유출과 환율 급등을 자극할 수 있어 정책적 선택이 제한되는 상황이다. 미국의 금리 인하가 지연될 경우, 한국은 디커플링 상황 속에서 외환 안정과 내수 진작 사이의 딜레마에 직면하게 된다.

이러한 불안은 소비 위축으로 이어진다. 소비자심리지수는 2024년 말 급락한 이후 회복되지 못하고 있고, 고금리 환경은 민간 소비를 억누르고 있다. 특히 2030세대의 체감경기 악화는 대출 부담, 취업 불안, 자산 가격 하락 등이 복합 작용한 결과다. 이는 노동시장에서도 청년층의 구직포기와 MZ세대의 이탈로 나타나고 있다.

고용시장 악화와 기업 투자 위축의 악순환

현재 한국 경제는 환율, 금리, 소비심리라는 세 축의 불확실성이 상호 작용하며 악순환의 고리를 형성하고 있다. 정치 불확실성은 그 출발점이었다. 2024년 12월 계엄령 선포 이후 원/달러 환율은 1,480원대까지 치솟았다가 하락하였으나 여전히 높은 수준이다. 이 수준은 글로벌 금융위기 직후와 맞먹는 역사적 고점으로, 경제 펀더멘털의 약화보다 정치적 리스크 프리미엄이 시장 가격에 반영된 결과다. 외환시장에 드리운 이 긴장감은 실물경제 전반의 투자 심리와 수출 경쟁력에 그림자를 드리우고 있다. 특히 글로벌 투자자들의 한국 시장 신뢰도 하락은 국채 금리 상승과 기업의 해외 자금조달 비용 증가로 이어지며, 기업 투자와 신규 고용 창출에 악영향을 미치고 있다.

금리 정책의 유연성도 제한적이다. 한국은행은 고금리로 인한 내수 위축과 기업 자금난을 완화하기 위해 금리 인하 카드를 만지작거리지만, 자본 유출과 환율 급등이라는 부작용을 고려하지 않을 수 없다. 미국 연방준비제도의 금리 인하가 지연되면서, 한미 간 금리 차는 사상 최대폭으로 벌어졌고, 이에 따른 자본 유출 압력은 한국은행의 정책적 자율성을 좁히고 있다. 결과적으로 한국은 환율 안정과 내수 진작이라는 두 목표 사이에서 트릴레마(trilemma)에 가까운 딜레마에 직면했다. 이는 일본이나 호주와 같은 다른 선진국들이 상대적으로 더 강한 통화정책 독립성을 유지하고 있는 상황과 대조적이다.

이러한 금융·통화의 불확실성은 소비심리 위축으로 직결된다. 소비자심리지수는 계엄령 선포와 탄핵 정국 이후 빠르게 추락했고, 2025년 1분기에도 반등의 조짐을 보이지 못하고 있다. 고금리로 인한 가계대출 상환 부담, 자산 가격 하락, 정치·경제적 불확실성은 민간소비를 억누르고 있으며, 그 피해는 특히 20~30대 청년층에 집중되고 있다. 한국은행 조사에 따르면, 2030세대의 체감경제지수는 모든 연령대 중 가장 낮게 나타났으며, 응답자의 58%는 향후 1년 내 '소비를 줄이겠다'고 답했다. 청년층의 소비 위축은 노동시장에서도 구직포기, 이탈, 프리랜서·비정규직으로의 이동 등 비정형 노동 확산으로 이어지고 있다. 이는 결국 '내수 부진→고용 부진→소득 감소→소비 위축'이라는 악순환의 사슬을 더욱 강화한다.

글로벌 경제 환경 역시 이러한 불확실성을 가중시키고 있다. 미국, 유럽의 고금리 장기화와 지정학적 리스크는 금융시장 변동성을 높이며 한국의 자본시장에 추가적인 압박을 가하고 있다. 반면, 일본은 엔저 현상을 수출 확대의 기회로 활용하고 있으며, 독일은 내수 촉진을 위해 세제 인하와 에너지 비용 완화 정책을 동시에 추진하고 있다. 이처럼 선진국들이 경제 충격을 흡수할 수 있는 재정적·제도적 완충 장치를 가동하는 것과 달리, 한국은 정치 불안, 정책 여력 부족, 구조적 문제의 삼중고에 시달리며 더욱 좁은 선택지를 강요받고 있다. 이제 한국 경제는 환율, 금리, 소비라는 변수들을 단기적 처방이 아닌 구조적 대응 관점에서 바라보고, 정책의 일관성과 신뢰성을 회복하는 데 우선순위를 둬야 한다. 그래야만 악순환의 고리를 끊고 경제 회복의 출구를 마련할 수 있을 것이다.

노사관계: 불안정성과 대립의 구조화

한국의 노사관계는 정치적 혼란과 경제위기가 결합된 이중 충격 속에서 불안정성과 대립의 구조화를 심화시키고 있다. 2024년 말 계엄령 선포 이후 정부의 노사관계 조정기능은 사실상 멈췄고, 대통령 탄핵과 조기 대선 국면으로 이어진 정치적 공백은 사회적 합의의 기반을 더욱 약화시켰다. 새 정부의 성향과 노동정책 방향이 아직 구체화되지 않은 상황에서, 노사관계는 법과 제도의 울타리보다 정치적 대립 구도의 연장선상에서 전개될 가능성이 커지고 있다. 양대 노총은 이미 노동기본권 강화, 특수고용직·플랫폼노동자 권리 보장, 비정규직 차별 철폐 등을 핵심 의제로 전면에 내세우며 강경한 투쟁 모드로 전환하는 분위기다. 이에 대한 정부의 수용 여부와 대응 방식은 향후 사회적 대화의 판도를 결정짓는 분수령이 될 것이다.

경제위기는 노사갈등의 뇌관으로 작용하고 있다. 기업들은 수출 부진, 내수 침체, 고금리·고물가라는 복합적 위기에 대응하기 위해 비용 절감을 우선시할 수밖에 없다. 이는 인건비 삭감, 구조조정, 신규 채용 축소 등의 조치로 구체화되며, 현장 노동자들의 불안과 반발을 불러일으킨다. 이미 일부 대기업에서는 해외 공장 이전, 생산라인 자동화 확대, 인력 재배치 방안이 논의되고 있으며, 중소기업들은 생존을 위해 무급휴직, 단기계약 확대 등 극단적 수단을 검토하고 있다. 이러한 상황은 임금교섭과 고용보장 요구를 둘러싼 노사 간 대립을 격화시키며, 대규모 파업과 연대투쟁 가능성으로 이어지고 있다. 실제로 2025년 1분기 기준 전국 노사분규 건수는 전년 동기 대비 35% 증가했고, 주요 산업별 쟁의 발생 일수도 크게 늘어난 것으로 나타났다.

글로벌 사례를 보면, 경제위기 시 노사관계가 대립적 경로로 흐르지 않기 위해서는 사회적 대화와 협력적 거버넌스가 필수적임을 알 수 있다. 독일은 2008년 글로벌 금융위기 당시 Kurzarbeit(단기 근로제)를 통해 정부-사용자-노동자 간 고용유지 협약을 체결하여 대규모 실업을 방지했고, 네덜란드의 '바세나르 체제(Wassenaar

Arrangement)' 역시 임금 억제와 고용 안정이라는 타협을 가능케 한 역사적 사례로 꼽힌다. 반면 프랑스는 강경한 노사대립과 반복적 파업으로 경제 충격이 장기화되는 부정적 경로를 밟았다. 한국의 노사관계가 어느 경로로 갈 것인가는 정치 리더십, 정부의 중재능력, 노사 양측의 상호 신뢰 여부에 달려 있다.

현재의 구조적 긴장 상황을 풀어내기 위해서는 노사 모두 제로섬 게임 인식을 넘어 사회적 연대와 공존의 관점으로 전환할 필요가 있다. 이를 위해 정부는 강압적 법집행이나 일방적 정책 추진보다, 노사정 대화를 제도화하고 실효성을 높이는 방향으로 나아가야 한다. 노동계 역시 경제 위기라는 엄중한 현실을 직시하고, 임금·고용·노동조건 개선을 사회적 연대와 타협의 틀 속에서 모색할 때 지속 가능한 해법에 접근할 수 있을 것이다. 현재 노사관계는 단순한 임금교섭의 문제가 아니라, 사회적 안정성과 경제 회복력을 좌우하는 중대한 분기점에 서 있다. 이 고비를 어떻게 넘어설 것인가가 한국 경제와 사회의 미래를 결정할 것이다.

노동시장의 구조적 병목과 제도 미비

한국 노동시장은 장기화된 구조적 병목과 제도의 미비라는 이중 과제 앞에 서 있다. 대기업과 중소기업 간 임금 격차는 여전히 OECD 최상위 수준을 유지하고 있으며, 이는 노동시장 양극화의 주요 원인으로 작동하고 있다. 2024년 기준 대기업과 중소기업 간 평균 임금 격차는 약 2.3배로, 유럽연합 평균의 두 배에 달한다는 통계는 충격적이다. 이러한 격차는 청년층과 숙련 노동자들이 대기업에만 몰리는 '선택적 구직 행태'를 강화하고, 중소기업 인력난과 기술인력 유출이라는 악순환을 심화시키고 있다. 동시에 5인 미만 사업장에 대한 근로기준법 적용 제외, 고용보험 사각지대, 비정규직과 특수형태근로종사자에 대한 법적 보호의 미비는 노동권 보호의 기본 틀마저 취약하게 만들고 있다.

특히 플랫폼 노동의 확산은 한국 노동시장의 새로운 변화를 상징한다. 배달, 택배, 퀵서비스, 대리운전 등 다양한 형태의 플랫폼 기반 노동은 2025년 현재 전체 취업자의 약 8%를 차지하며 빠른 속도로 증가하고 있다. 그러나 이들은 고용보험, 산재보험, 퇴직금, 유급휴가 등 기본적 노동권 보호에서 여전히 배제되어 있다. 플랫폼 기업들은 이들을 독립 사업자(개인사업자)로 규정해 사용자 책임을 회피하고 있으며, 플랫폼 노동자는 노동자와 사업자의 경계에서 법적 지위를 인정받지 못하는 회색지대에 머물고 있다. 그 결과 사회안전망의 밖에서 경쟁과 위험을 고스란히 떠안아야 하는 구조적 불평등이 고착화되고 있다.

이와 관련해 주목할 만한 변화는 유럽연합이 2024년 12월 공식 채택한 '플랫폼 노동자 지위지침(Platform Work Directive)'이다. 이 지침은 일정 요건(노동시간 통제, 업무 지시, 플랫폼의 평가·징계권 등)을 충족하는 경우 플랫폼 종사자를 자영업자가 아닌 노동자로 추정해 정규직 근로자로 간주하도록 규정하고 있다. 이로 인해 플랫폼 기업은 고용보험, 사회보험, 유급휴가, 퇴직금 등 노동법상 의무를 부담하게 된다. 스페인, 이탈리아, 프랑스 등은 이미 이 지침의 적용을 위해 국가 차원의 세부 법제화 작업을 진행 중이며, 일부 플랫폼 기업은 고용모델 전환과 비용부담 증가에 대응해 서비스 구조 자체를 개편하고 있다.

한국 역시 이에 대한 대응이 시급하다. 플랫폼 노동자의 보호를 위한 법적 지위 인정과 사회보험 적용, 산업안전 보장, 단체교섭권 부여 등 다층적 제도 개선이 필요하다. 그러나 현재 논의는 각 부처와 이해당사자 간 이견 속에 진전을 보지 못하고 있으며, 입법·행정·사법적 해석이 엇갈리는 상황이 지속되고 있다. 이제 노동시장 이중구조 개선과 더불어 새로운 노동형태에 대한 법제도적 틀의 구축이 시급하다. 이를 위해 독일의 직업훈련-노동시장 연계 모델, 네덜란드의 전환노동시장 정책, 유럽연합의 플랫폼 노동자 보호 정책 등 글로벌 사례를 참고하여 한국형 모델을 도출해야 한다. 그렇지 않다면 플랫폼 노동의 성장은 오히려 사회적 불평등과 노동권 위기의 또 다른 축으로 작용할 것이다. 한국 노동시장의 구조적 병목은 더 이상 미룰 수 없는 개혁의 과제이자 사회 지속가능성의 문제로 자리 잡고 있다.

거시적 구조 변화: 인구절벽, 기술 변화, 기후위기

한국 노동시장과 경제를 압박하는 근본적 도전은 단기적 경기침체나 정치적 불확실성에 그치지 않는다. 더 깊고 구조적인 변화의 물결이 다가오고 있다. 그 첫 번째는 인구절벽이다. 2024년 하반기에 기록했던 출산율 0.65라는 기록적 수치는 대한민국이 전 세계에서 가장 빠른 속도로 인구 감소와 고령화에 직면하고 있음을 상징한다. 생산가능인구는 2017년을 정점으로 매년 감소하고 있으며, 2025년 기준 15~64세 인구 비율은 전체 인구의 70%를 밑돌게 되었다. 이는 경제 성장의 잠재력을 근본적으로 제약할 뿐 아니라, 복지 지출 증가와 세수 감소라는 재정적 압박을 동시에 초래한다. 인구구조 변화는 단순한 수량적 축소가 아니라 경제 시스템과 사회 구조 전반을 재설계해야 하는 패러다임 전환을 요구하고 있다.

둘째, AI와 자동화 기술의 급속한 확산은 노동 수요의 질적 전환을 촉발하고 있다. 제조업과 사무직 일자리의 상당 부분이 자동화와 알고리즘 기반 시스템으로 대체되면서, 반복적·루틴 업무 중심의 고용은 급속히 위축되고 있다. 실제로 2024년 기준 국내 300인 이상 대기업의 42%가 '향후 3년 내 자동화 도입으로 인력 감축 계획이 있다'고 응답했다. 이에 반해 데이터 분석, AI 관리, 사이버보안, 로봇 유지보수 등 신기술 기반의 새로운 직무 수요는 빠르게 증가하고 있지만, 기존 노동력이 이를 충족할 만한 역량과 훈련을 갖추지 못해 스킬 미스매치 현상이 심화되고 있다. 이 격차를 방치할 경우 대규모 일자리 상실과 고용 불안정성, 계층 간 기회의 단절로 이어질 가능성이 높다.

셋째, 기후위기 대응을 위한 산업 전환 역시 노동시장에 거대한 파장을 미치고 있다. 한국은 2030년까지 온실가스 감축목표(NDC)를 40%로 설정했으며, 이에 따라 석탄발전소 폐쇄, 내연기관차 생산 축소, 에너지 집약적 산업의 감산 등 구조적 전환을 진행 중이다. 그러나 이러한 전환은 기존 일자리의 급격한 소멸과 산업 기반 재편을 동반한다. 국제에너지기구(IEA)는 2030년까지 전 세계적으로 약 500만 개의 전통적 에너지·제조업 일자리가 줄어들고, 대신 약 1,400만 개의 녹색 일자리가 새롭게 창출될 것으로 전망한다. 문제는 새로운 일자리로의 전환 과정에서 발생하는 시간차와 역량 격차를 어떻게 메울 것인가다.

이 같은 구조적 변화에 대응하기 위해 국제사회는 이미 적극적 노동 전환 전략을 구사하고 있다. 독일은 '구조변화 지역 지원법'을 통해 석탄산업 퇴출 지역 노동자들을 대상으로 직업훈련, 재취업 지원, 지역 경제 다각화 프로젝트를 국가 차원에서 지원하고 있다. 프랑스와 네덜란드는 녹색 일자리(green jobs) 육성에 재정을 집중 투자하며, 기후위기 대응과 고용 창출을 결합하는 '녹색 전환형 고용 정책'을 강화하고 있다. 이들 사례는 노동시장의 구조 변화가 단순히 '일자리 소멸'이 아니라 '일자리 전환'이라는 관점에서 접근될 때 지속 가능성을 담보할 수 있음을 보여준다.

한국 역시 이러한 국제적 흐름을 참고하여 정의로운 전환(Just Transition)의 시각에서 노동시장 전환을 주도해야 한다. 이를 위해 에너지·제조업 기반 지역의 전환 일자리 창출, 전 직종을 대상으로 한 맞춤형 직업훈련 프로그램, 기존 숙련 노동자들의 경력 전환을 지원하는 사회적 협약 등이 필요하다. 무엇보다 전환의 과정에서 소외되는 계층을 위한 안전망과 사회적 대화의 제도화가 병행되지 않는다면, 구조적 변화는 사회 갈등과 경제 불안정성을 심화시키는 부정적 충격으로 돌아올 것이다. 이제 노동시장은 단순한 고용 창출의 장이 아니라 미래 사회의 지속 가능성을 담보하는 핵심 인프라로 자리 잡아야 한다. 이를 위한 전략적 선택과 다층적 대응이 한국 경제와 사회의 다음 단계를 좌우할 것이다.

통합적 사회적 대화와 구조개혁의 재시동

한국 경제와 노동시장은 다층적 위기 속에 중첩된 난제들로 점철되어 있다. 정치적 불안정, 내수와 수출의 동반 부진, 고용 감소, 사회 갈등의 심화는 서로 단절된 현상이 아니라 긴밀히 맞물린 연쇄적 위기다. 2024년 말 계엄령 선포와 이어진 대통령 탄핵이라는 정치 리스크는 경제 리스크로 전이되었고, 그 충격파는 노동시장과 사회 전반에 걸쳐 장기화되는 양상을 보이고 있다. 이러한 위기는 기술적 해법이나 단기적 정책 대응만으로는 결코 극복될 수 없다. 이제는 사회적 대화의 복원과 구조개혁의 재시동이라는 더 근본적이고 포괄적인 접근이 필요하다.

첫째, 무엇보다 사회적 대화의 재건이 시급하다. 2025년 현재 경제

사회노동위원회는 유명무실화되었고, 노사 간 상호 불신과 정부의 조정능력 부재로 인해 사회적 대화의 공식 채널은 사실상 멈춰 있다. 이제는 경사노위를 재활성화하거나 이를 대체할 수 있는 새로운 형태의 노사정 협의체가 필요하다. 이 협의체는 단순히 임금교섭이나 노동조건 논의에 그치지 않고, 산업전환, 노동시장 구조개혁, 사회안전망 확충 등 국가적 차원의 중대 의제를 아우르는 상설 협의 기구로 기능해야 한다. 독일의 '연방노동청'이나 네덜란드의 '사회경제평의회(SER)'와 같이 실질적 권한과 정책 연계성을 갖춘 대화기구의 모델을 참고할 필요가 있다.

둘째, 정치권의 안정성과 정책적 리더십 복원이 절실하다. 탄핵 정국 이후 이어진 조기 대선과 여야의 극단적 대립은 노동시장과 경제 정책의 일관성을 위협하고 있다. 정치 리더십이 빠르게 안정되지 않으면 노동시장 정책은 단기적 대책과 이해집단 간 힘겨루기에 매몰될 수밖에 없다. 정부는 노동시장 구조개혁에 대한 중장기 비전과 구체적 이행 로드맵을 제시해야 하며, 이를 통해 사회적 대화의 공통 기반을 마련해야 한다. 프랑스가 노동시장 개혁을 추진할 때 단계별 로드맵과 사회적 합의를 병행했던 경험, 독일이 하르츠 개혁(Hartz Reform)을 통해 점진적이지만 지속적인 구조개혁을 달성한 사례는 시사하는 바가 크다.

셋째, 산업전환에 따른 노동이동·재교육·사회안전망 강화가 병행되어야 한다. AI·자동화·탄소중립이라는 거대한 구조변화는 필연적으로 일자리의 소멸과 창출을 동반한다. 문제는 전환 과정에서 소외될 수 있는 취약계층과 중장년층, 전통산업 기반 지역의 노동자들이다. 이들을 대상으로 한 맞춤형 직업훈련, 전직 지원, 소득 지원 프로그램이 강화되지 않으면, 산업전환은 사회적 불평등을 심화시키는 요인이 될 것이다. 독일의 '구조변화 지역 지원법'이나 유럽연합의 '녹색전환 기금'과 같은 제도적 장치를 벤치마킹해 한국형 정의로운 전환 모델을 구축해야 한다.

결국 현재의 위기는 단순히 경기순환의 위기가 아니다. 이는 한국 사회와 경제의 구조적 기반을 근본적으로 다시 설계해야 하는 체제 전환의 요구다. 지금 필요한 것은 위기를 임시방편으로 봉합하려는 임기응변식 처방이 아니라, 사회구조와 정책 시스템 자체를 재정비하는 대전환의 기획이다. 사회적 대화는 그 출발점이자 중심축이 되어야 하며, 이를 기반으로 정치권과 시민사회, 노동계와 경영계가 함께 새로운 사회계약을 만들어내야 한다. 그래야만 다층적 위기의 고리를 끊고 지속가능한 성장을 위한 새로운 길을 열어갈 수 있을 것이다.

요약

현재 한국 경제는 정치적 불확실성과 내수·수출 부진이 중첩되며 하방 압력을 받고 있다. 고용시장 위축과 소비심리 악화는 기업 투자 부진으로 이어지고, 이는 다시 노동시장 불안정과 노사갈등을 심화시키는 악순환을 초래하고 있다. 구조적 노동시장 문제, 저출산·고령화, 플랫폼노동의 확산, AI·기후위기 등 거시적 변화는 구조개혁을 더욱 시급하게 만든다. 정치적 안정과 함께 사회적 대화의 복원, 구조개혁의 본격화가 한국 경제의 회복 경로를 결정지을 것이다.

당신의 생각은?

1. 정치적 불확실성과 경제 리스크의 상호작용을 줄이기 위한 제도적 장치는 무엇이 가능한가? 경색된 정치 환경에서도 경제정책의 일관성과 예측 가능성을 확보할 수 있는 제도적 장치를 어떻게 설계할 것인가에 대해 생각해 보자.

2. 플랫폼 노동 등 새로운 노동형태에 대한 법적 보호는 어떻게 설계되어야 하는가? 자영업자와 근로자의 경계를 넘나드는 이들을 위한 새로운 고용법 체계의 정비는 어떤 철학과 기준을 바탕으로 해야 할 것인가?

정책제언

1 플랫폼·특수고용 종사자의 노동자성 인정 및 사회보험 적용 확대

플랫폼 종사자에게 산재보험, 고용보험 등 사회보험을 단계적으로 적용할 수 있도록 법제 정비가 필요하며, 노사정 대화로 수용 가능한 경로를 도출해야 한다.

2 산업전환에 따른 직업전환 지원 시스템 강화

탄소중립, 디지털 전환 등으로 위축될 산업 종사자에게 직무 전환 훈련과 임금 보전, 지역 재배치를 연계하는 '전환 일자리 패키지'를 추진해야 한다.

3 경사노위 기능 강화 및 노사정 사회적 대화 복원

현행 경사노위의 한계를 보완해 실질적인 중재와 정책 연계가 가능한 상설 협의체로 전환하고, 공공부문부터 사회적 대화의 모범을 수립해야 한다.

노동시장 구조개혁 방향과 노사정 경제사회 주체의 역할

지속 불가능한 노동시장 양극화

한국의 노동시장은 구조적 불균형이 고착화된 지 오래다. 이른바 '좋은 일자리'와 '그 외의 일자리'로 구분되는 이중구조는 단지 임금 수준의 차이를 넘어 복지, 고용안정, 경력경로, 산업재해 발생률, 사회적 존중 등 거의 모든 노동조건에서 극단적 격차를 만들어냈다. 특히 대기업과 중소기업, 정규직과 비정규직, 원청과 하청 간의 격차는 경제의 성장동력 자체를 갉아먹는 수준에 이르고 있다.

한국 노동시장의 이중구조는 더 이상 일시적 문제나 정책적 미세조정으로 해결될 수 있는 수준이 아니다. 대기업과 중소기업, 정규직과 비정규직, 원청과 하청이라는 이분법적 구도가 고착화되면서 노동시장 내부의 불균형은 심각한 사회적·경제적 리스크로 전이되고 있다. 대기업 정규직 노동자의 연봉이 1억 원에 육박하고, 복지 등 부가혜택까지 포함하면 그 격차는 두세 배를 훌쩍 넘는다. 반면 중소기업 하청업체, 특히 2차·3차 협력사 소속 노동자들은 20년을 근속해도 연봉 5천만 원을 넘기기 어렵다. 실질적인 노동가치가 과소평가되고, 동일한 산업생태계 내에서 공정한 분배가 이루어지지 않는 것이다. 고용노동부에 따르면 2024년 기준 대기업 정규직 평균 연봉은 9,600만

원을 넘겼으며, 이는 중소기업 평균(3,900만 원)의 2.5배에 달한다. 여기에 복리후생과 안정적인 경력경로까지 감안하면 실질 격차는 더욱 크다. 이는 단순한 차이가 아니라 구조적 차별이며, 노동의 사회적 가치와 보상이 왜곡된 구조다. 이러한 구조는 단지 개별기업의 문제가 아니라 한국 산업 전반의 경쟁력, 사회의 통합성, 노동시장 정책의 신뢰성과 직결된다.

한편 이러한 불균형은 산업 내 협력구조 전반에도 부정적 파급을 낳는다. 예컨대, 원청의 고수익이 하청으로 적절히 배분되지 않으면서, 2·3차 협력업체 노동자들은 낮은 임금, 높은 산업재해율, 고용불안에 시달리고 있다. 2023년 산업안전보건공단 통계에 따르면 중소기업 하청업체에서 발생한 중대재해율은 대기업의 3.6배에 달했다. 이는 공정거래와 산업안전, 일자리 질 개선 등 다양한 정책과의 연계를 필요로 하며, 단순한 노동시장의 문제가 아니라 국가경쟁력과 사회통합의 핵심 문제로 직결된다.

구조적 양극화의 실상: 임금과 복지 격차

한국 노동시장에서의 구조적 양극화는 단순한 기업 간 생산성 차이로 설명될 수 없다. 대기업과 중소기업 간의 임금 및 복지 격차는 오랜 기간 누적된 제도적 불균형과 불공정한 거래관행의 산물이다. 특히 하청업체 노동자의 낮은 임금은 시장 자율이 아닌, 구조적으로 강제된 결과에 가깝다. 대표적인 예가 '단가 후려치기'와 납기 단축 압박이다. 하청업체는 원청이 설정한 단가와 일정 내에서 수익을 확보하기 어렵고, 그 부담은 고스란히 노동자의 임금 및 노동조건 저하로 전가된다. 실제로 중소기업중앙회에 따르면, 2024년 기준 2차 협력업체의 평균 단가는 원가보전률 80% 미만인 경우가 52.3%에 달하며, 이는 인건비를 포함한 적정이윤 확보가 불가능한 수준임을 보여준다.

복지의 측면에서도 격차는 극심하다. 대기업 정규직에게는 연간 수백만 원에 달하는 자녀 학자금, 사내주택지원, 종합건강검진, 콘도 및 복지포인트 제공 등이 기본화되어 있다. 반면, 중소기업 노동자에게는 이러한 혜택 대부분이 적용되지 않으며, 일부는 퇴직금조차 제때 받지 못하는 현실에 직면한다. 이로 인해 표면상의 연봉 격차 외에도 실질임금 차이는 2배 이상 확대되는 결과를 낳는다. 고용노동부가 2023년에 발표한 자료에 따르면, 대기업의 1인당 복지비는 연간 평균 436만 원인 반면, 중소기업은 79만 원에 그쳤다. 이러한 복지 격차는 노동자의 삶의 질뿐 아니라, 직업에 대한 자긍심과 장기근속의욕, 이직률에도 중대한 영향을 미친다.

문제는 이 격차가 다음 세대 노동시장 참여에도 영향을 미친다는 점이다. 부모 세대의 직업 안정성과 소득 수준은 자녀의 교육기회와 진로선택에 결정적 영향을 미치며, 이는 노동계급의 대물림을 강화한다. 특히 중소기업과 하청업체에 근무하는 노동자의 자녀들이 동일 업종으로 유입되기를 꺼리는 현상이 지속된다면, 특정 업종과 산업은 인력난에 시달리는 악순환에 빠질 수밖에 없다. 이처럼 임금과 복지의 격차는 단순한 소득 문제가 아닌, 구조적 불평등을 지속시키는 핵심 요인으로 작용하고 있으며, 노동시장 전체의 지속가능성을 위협하고 있다.

무기계약직: ‘중규직’이라는 회색지대

한국 노동시장의 이중구조는 더 이상 정규직과 비정규직의 단순한 구도로 설명되기 어렵다. 최근 10여 년간 등장한 무기계약직은 고용형태의 회색지대로, 정규직화 통계에 포함되면서도 실질적 처우는 비정규직과 다르지 않은 현실을 보여준다. 고용노동부에 따르면, 2024년 기준 전체 임금근로자의 약 10.7%가 무기계약직으로 분류되고 있으며, 특히 공공부문에서는 이 비율이 26.4%에 달한다. 명목상으로는 고용안정이 보장된 상시지속형 인력이라는 점에서 긍정적인 평가도 있지만, 실제 처우를 들여다보면 '중규직'이라는 새로운 계층 분절을 낳고 있다.

무기계약직 노동자들은 정규직과 동일하거나 유사한 업무를 수행함에도 불구하고 급여 수준은 70~80% 수준에 머물고, 인사평가 및 승진 구조에서는 철저히 배제되어 있다. 예컨대, 모 대학교의 청소·경비 인력의 경우 2025년 현재 기본급은 연 2,600만 원 수준으로, 동일 업무를 수행하는 직영 정규직 대비 약 35% 낮은 수준이다. 게다가 복지 혜택, 교육훈련, 명절 상여금, 정기 승진 등에서는 사실상 차별을 겪고 있다. 이러한 구조는 노동자의 심리적 소외감을 키우고, 조직 충성도와 생산성에도 부정적 영향을 미친다. 특히 동일노동 동일임금 원칙과 배치된다는 점에서, 법적·윤리적 쟁점도 크다.

무기계약직 확대는 정부와 기업이 단기적 고용안정 성과를 내세우기 위해 채택한 우회 전략이라는 비판도 제기된다. 공공부문 '정규직 전환 정책'이 본격화된 2017년 이후, 정규직화된 20만 명 중 상당수가 실질적으로는 무기계약직이었으며, 이는 비정규직 통계 개선에는 기여했으나 노동시장 격차 해소에는 근본적 해결책이 되지 못했다. 이처럼 무기계약직은 고용형태의 다원화를 넘어서, 새로운 형태의 차별과 불안을 양산하는 구조로 자리잡고 있으며, 단순한 수치상 정규직 전환이 아니라 실질적 질의 전환이 필요한 시점이다.

하청 구조의 불공정은 왜 개선되지 않는가?

한국 산업의 다층적 하청 구조는 겉으로는 법적 통제를 받는 듯 보이나, 실제로는 제도적 사각지대와 현실의 이해관계로 인해 구조적 불공정이 고착화되어 있다. 「하도급거래 공정화에 관한 법률」은 대기업 원청의 부당 단가 인하, 기술자료 요구, 계약 해지 등에 대해 신고와 시정명령을 가능하게 하고 있으나, 실효성은 극히 낮다. 공정거래위원회에 접수된 하도급 관련 신고 건수는 매년 1,000건이 넘지만, 실제 처벌로 이어지는 비율은 10% 미만이며, 대다수 영세 하청업체는 신고 후 거래 단절에 대한 두려움으로 제도를 활용하지 못하고 있다. 2023년 중소기업중앙회 조사에 따르면, "불공정거래를 겪었지만 신고하지 않았다"는 응답이 무려 81.6%에 달했다.

이러한 불공정 구조의 하단에는 5인 미만 사업장이 자리하고 있다. 이들은 근로기준법의 주요 조항(근로시간 제한, 휴일 보장, 부당해고 구제, 산업안전 기준 등)이 적용되지 않는 예외사업장으로, 그 수는 2024년 기준 약 127만 개에 달하며 전체 사업장의 80% 이상을 차지한다. 이곳에서 일하는 수백만 명의 노동자들은 최저임금 수준의 급여와 기본권 사각지대에 놓여 있는 실정이다. 특히 산업재해 발생률은 대기업의 3배 이상이며, 사망사고 역시 다단계 하도급의 최말단에서 집중되고 있다. 2023년 화성의 이주노동자 화재 참사 또한 5인 미만, 미등록, 재하청 사업장에서 발생한 사례로, 제도 밖에서 방치된 구조적 취약성이 그대로 드러난 사건이었다.

그럼에도 불구하고 제도 개선은 지지부진하다. 이는 원청-하청 구조의 고착, 대기업 중심의 산업 조직, 규제완화 기조, 실질적 노무 지휘 관계에 대한 회피 등 복합적인 요인에서 비롯된다. 특히 정부는 형식적 법 적용이나 외형적 지표 개선에 치중하는 반면, 원청이 실질적 사용자로서 책임을 지는 구조를 회피하고 있다. 이로 인해 불공정하되 합법적인 구조가 유지되고, 하청 노동자의 권리는 구조적 한계 안에서 계속해서 무시당하고 있다. 노동시장 양극화를 해소하려면, 제도적 보완과 함께 원청 책임 강화, 5인 미만 사업장 보호 조항 확대, 실질적 노동권 보장이 반드시 병행되어야 한다.

노사정 대화체계의 협소성과 기형성

한국의 사회적 대화체계는 명목상으로는 '국민적 합의'를 추구하지만, 실질적으로는 소수 이해관계자 중심의 폐쇄적 구조에서 작동해 왔다. 특히 경제사회노동위원회와 같은 제도적 협의체는 전통적인 노사정 3자 구도—정부, 대기업 사용자단체, 양대 노총—에 머물러 있어, 노동시장의 현실 변화를 제대로 반영하지 못한다. 현재 비정규직·특수고용직·플랫폼 노동자·중소기업 노동자 등 비전형 근로자가 전체 노동자의 52.4%에 달하는 상황에서, 이들에 대한 대표성 없는 협의는 본질적으로 민주적 정당성과 실효성을 결여한다. 사회적 대화가 실질적인 변화의 기제로 기능하려면, 대화 당사자의 구성부터 전면 재편이 불가피하다.

대기업 정규직 중심의 노조는 과거 제조업 기반 산업구조에서는 대표성을 가졌지만, 오늘날 노동시장의 다변화 속에서는 오히려 기득권으로 비춰질 수 있다. 비정규직이나 플랫폼 노동자는 교섭권조차 없이 노동의 주요 부분을 감당하고 있으나, 이들의 이해는 사회적 대화의 테이블에 오르지 못하고 있다. 정부도 형식적인 '포괄 대표성'만 강조할 뿐, 실질적인 참여구조나 제도 개선에는 소극적이다. 대표적으로 2023년 배달 플랫폼 노동자의 산재보험 적용 논의 당시에도, 해당 당사자 단체는 경사노위의 공식 협상 테이블에 배제되어 비판을 받은 바 있다. 이는 제도적 협소성이 실질적 배제와 불균형을 구조화한다는 점에서, 현재의 사회적 대화체계는 오히려 기형적 고착의 원인으로 작용할 수 있다.

결국 한국형 사회적 대화가 기능하기 위해서는, 기존 노사정 중심의 협의구조를 넘어 노동시장 전체를 포괄하는 확장된 거버넌스 모델이 필요하다. 이를 위해 플랫폼노동자, 특수고용직, 여성·청년 노동자, 이주노동자, 중소기업 사용자 단체 등 다양한 이해주체의 제도권 내 편입이 선결 과제다. 또한 교섭 권한뿐 아니라 의결 구조, 분과 위원회 운영, 실질 협약이행 등의 측면에서도 이들의 권리와 역할이 실질화되어야 한다. 그렇지 않다면, 사회적 대화는 정책 정당성 확보를 위한 형식적 절차로 전락할 뿐이며, 노동시장 양극화와 제도적 불평등은 오히려 더 심화될 수밖에 없다.

글로벌 사례에서 본 구조개혁의 길

노동시장 양극화를 극복하기 위한 구조개혁은 단순한 복지 확대나 보조금 지급을 넘어, 제도 설계의 근본적 전환을 요구한다. 독일, 일본, 프랑스 등 선진국의 사례는 각국이 어떻게 자국의 산업구조와 노동시장 특성에 맞춰 제도적 장치를 구축하고 실행력 있는 정책을 펼쳐왔는지를 보여준다. 이들 국가는 공통적으로 공정한 거래구조와 포괄적 노동권 보장을 핵심 가치로 설정하고, 이를 제도와 협치 구조를 통해 실현하고 있다.

독일은 산업별 교섭(Tarifautonomie)과 공동결정제도(Mitbestimmung)를 통해 대기업-중소기업, 정규직-비정규직 간 격차를 구조적으로 완화해왔다. 산업 단위에서 임금과 근로조건을 교섭함으로써 동일 산업 내 기업 간 인건비 격차가 작고, 중소기업 노동자도 대기업과 동일한 협약의 적용을 받는다. 또한 노동자 대표가 기업 이사회에 참여해 경영상 의사결정에 직접 관여함으로써, 사용자 일방의 비용 전가를 견제할 수 있는 시스템이 작동하고 있다. 2023년 기준, 독일 제조업 내 상하위 20% 기업 간 평균 임금 차이는 1.8배 수준으로, 한국의 2.7배와 비교하면 상대적으로 안정적이다.

일본은 거래 구조의 공정성 보장을 제도화한 대표 사례다. '납품단가 조정협의회 제도'를 통해 원청과 하청이 정기적으로 단가 협의를 진행하도록 의무화했으며, 경제산업성과 공정거래위원회는 2023년부터 '하청 이익공유 가이드라인'을 발표해 원자재 가격 상승 등의 이익이 하청기업에도 배분되도록 유도하고 있다. 이를 어긴 대기업은 실명 공개 및 세무조사 대상이 되는 등 실질적인 제재가 수반된다. 이 같은 제도는 중소기업의 협상력을 높이고, 단가 인하 압력으로부터 노동조건 악화를 막는 데 기여하고 있다.

프랑스는 '노동권 보편주의'라는 관점에서 5인 미만 사업장에도 동일한 근로기준법을 적용하고 있다. 사용자 규모에 따라 노동권을 차등 적용하는 한국과는 대조적으로, 프랑스는 소규모 사업장 노동자의 권리를 침해하지 않도록 국가가 사용자 부담을 경감하는 구조를 운영 중이다. 고용보험료 감면, 노무교육비 지원, 지역별 노동협의회 설치 등을 통해 노동법 적용에 필요한 제도적 기반을 마련하고 있으며, 이는 노동시장 내 취약계층의 사회적 배제를 방지하는 효과를 가져왔다.

이러한 글로벌 사례는 단순한 제도 도입이 아니라, 협상력의 비대칭을 제도적으로 교정하고 노동자의 실질 참여를 보장하는 시스템 설계가 구조개혁의 핵심임을 시사한다. 한국도 형식적 보호에서 벗어나 실질적 공정성을 확보할 수 있는 사회적 협치와 법제도 개선이 시급하다.

구조개혁은 사회적 정의의 회복이다

한국 노동시장이 직면한 양극화 문제는 더 이상 경제 성장의 이면에서 자연스럽게 따라오는 부작용으로 치부될 수 없다. 이제 그것은 분명한 사회정의의 문제이며, 노동이 제공하는 가치와 인간으로서의 존엄이 시장 논리 안에서 철저히 차등화된 결과다. 대기업과 중소기업, 정규직과 비정규직, 원청과 하청이라는 구획은 단순한 고용구조의 차이를 넘어, 삶의 질과 생존 가능성의 격차로 이어지고 있다. 구조개혁은 이 격차를 단순히 조정하는 것이 아니라, 사회가 공유해야 할 최소한의 정의와 연대의 기준을 재구축하는 작업이다. 즉, 정책이 아닌 시스템, 조정이 아닌 구조의 문제다.

이를 위해서는 각 경제주체의 역할에 대한 근본적 성찰과 재정립이 요구된다. 대기업은 원가절감의 논리를 넘어 협력사와의 '공동이익 창출 구조'로 전환해야 한다. 단가 인하 압박이나 위험의 전가는 단기 수익성에는 도움이 될지 몰라도, 산업 생태계 전체의 지속 가능성을 해친다. 노조 또한 폐쇄적 정규직 중심주의에서 벗어나, 산업 내 취약계층 노동자들과의 연대와 포용을 통해 보다 넓은 사회적 대표성을 갖춘 조직으로 거듭나야 한다. 전체 노동자의 절반 이상이 비정형 고용형태에 있는 상황에서, 노조의 대표성이 사회적 설득력을 얻으려면 이들의 목소리를 제도 내로 수렴하는 확장성이 필수다.

정부는 단순한 중재자가 아닌, 정의로운 시장 질서의 '설계자'로서의 역할을 다해야 한다. 정책 간 조율, 법제도 개선, 정보 비대칭 해소, 공정거래 질서 확립 등은 단순한 행정의 기능이 아니라 사회계약의 이행 책임이다. 사회적 대화는 이처럼 기능과 권한, 책임이 실질적으로 배분된 상태에서만 의미를 가진다. 선언적 상생이 아니라 법적 구속력과 집행력을 갖춘 제도로, 포용적 거버넌스로 전환되어야 한다. 지금이야말로 양극화와 구조적 불평등을 해소하기 위한 구조개혁의 새로운 출발점이며, 이는 단순한 사회공학이 아닌 정의 실현의 과정이어야 한다. 구조개혁은 곧 '사회 정의의 복원'이며, 이를 위한 대화와 제도의 구축이야말로 대한민국 사회의 지속 가능성을 좌우할 열쇠다.

요약

한국 노동시장의 구조적 양극화는 원하청 간 불공정 구조와 정규직-비정규직 이분법으로 고착화되고 있다. 특히 하도급 구조 하에서 하청 노동자들의 처우는 개선되지 못한 채 대기업 중심의 분배 구조만 강화되고 있다. 이에 대한 해법으로는 하도급법 및 근로기준법 개정, 임금체계 개편, 노사정 구조 재설계가 필요하다. 독일, 일본, 프랑스의 사례처럼 실질적 참여와 분배가 이루어지는 구조가 필요하며, 이는 사회적 정의와 지속가능한 성장의 전제 조건이다.

당신의 생각은?

1. 대기업 노동조합은 하청·비정규직의 처우개선에 대해 어떤 연대 책임을 져야 하는가? 정규직 노동자들의 기득권과 협상력을 바탕으로 한 협약이, 외부 협력업체와 비정규직 노동자의 희생 위에 성립된 것이 아닌지 돌아볼 필요가 있다. 노조의 '조직 이기주의'를 넘는 산업 생태계 차원의 연대는 가능한가?

2. 5인 미만 사업장에 근로기준법을 단계적으로 적용할 경우, 어떤 유연한 정책 설계가 가능한가? 사업주의 부담과 노동자의 권익을 조화시키는 방안을 설계해야 하며, 이 과정에서 국가와 지자체, 중간지원조직의 역할은 어떻게 설정되어야 할 것인가?

정책제언

1 하도급법 강화 및 실효적 감독체계 구축

불공정 하도급 계약 시 원청의 책임을 명확히 하고, 실태조사 및 신고제도의 실효성을 강화해야 한다. 자진신고 보호장치와 보복 금지 규정도 포함되어야 하며, 공정위-고용노동부 간 공동대응 체계도 필요하다.

2 노사정 구조의 다층화와 사회적 대화 범위 확대

기존 대기업 중심의 협의체에서 탈피하여, 중소기업·비정규직·청년·플랫폼 노동자 등도 포함하는 새로운 사회적 대화기구를 설계해야 한다. 지역 기반, 업종 기반, 규모 기반의 다양한 협의체가 병존하는 구조가 필요하다.

3 5인 미만 사업장 노동권 보장을 위한 단계적 접근과 지원체계

단기적으로는 최저임금·주휴수당·근로시간 기준의 최소한의 보호부터 적용하고, 중장기적으로는 전체 근로기준법 확대를 목표로 한다. 이를 위해 법 적용 매뉴얼 제공, 노무지원단 운영, 고용장려금 등을 병행하여 정책 수용성을 높여야 한다.

인구·디지털 전환 대응을 위한 해법 모색

인구·디지털 전환 시대의 노동전환 전략: 미래 일자리를 위한 공동 대응

대한민국은 인구 감소와 디지털 기술 확산이라는 '이중 전환기'의 한복판에 있다. 2024년 출산율은 0.75명으로 여전히 낮으며, 생산가능인구는 2017년 이후 8년 연속 감소세다. 동시에 인공지능(AI), 자동화, 빅데이터, 탄소중립 등 신기술과 새로운 경제질서가 기존 산업구조를 재편하며 직무 자체를 바꾸고 있다. 단순한 고용 축소의 문제가 아니라, 일자리의 성격과 질이 바뀌고 있다는 점에서 노동의 전환이 핵심 과제로 부상한다. 특히 중장년층의 재취업 곤란, 청년층의 취업 쏠림 현상, 지방 소멸과 지역 인재 유출은 직무-산업-지역 간 불균형 문제로 이어지고 있다.

이러한 변화는 전통적인 고용정책 패러다임의 한계를 드러낸다. 단순한 직업훈련이나 일자리 수 증가만으로는 지속가능한 해법이 되기 어렵다. 대신 기술·산업 변화 속도에 부합하는 '적시형 전환 교육', 현장 중심의 실무 프로젝트, 디지털·녹색 기술 기반의 맞춤형 훈련 등이 필요하다. 또한 기업은 AI와 자동화 도입을 기술 혁신만이 아닌 '사람 중심의 전환 전략'으로 재해석해야 하며, 고용노동부와 산업부, 교육부 간 정책 연계도 강화돼야 한다. 특히 최근 EU와 독일이 강조하는 '전환 산업 지원 프레임워크(Transition Industry Framework)'처럼, 한국도 산업정책과 인력정책을 통합한 거버넌스 체계 구축이 절실하다.

무엇보다 중요한 것은 노동시장 전환을 둘러싼 사회적 합의와 협력 기반이다. 기술의 수용력은 개별 기업의 역량에 의존하지만, 전환의 공정성은 사회 전체의 신뢰와 공동 대응 역량에 달려 있다. 경사노위 등 기존의 노사정 협의체가 유기적으로 작동하지 않는다면, 새로운 형태의 지역기반 고용 거버넌스나 산업별 협의체가 대안이 될 수 있다. 지금 필요한 것은 미래를 위한 선제적 투자인 동시에, 위기를 기회로 바꾸기 위한 구조적 응답이다. 한국 사회가 이중전환의 파고를 넘어 지속 가능한 고용사회를 구축하기 위해서는 '단기 처방'이 아닌 '거버넌스 혁신'이 핵심이다.

인구구조의 급격한 변화와 고령 노동력의 재정의

한국 사회는 빠른 속도로 고령화의 정점으로 향하고 있다. 통계청에 따르면 2025년 기준 65세 이상 인구 비중은 18.4%에 달하며, 2070년에는 전체 인구의 절반 이상이 50세 이상일 것으로 전망된다. 특히 베이비붐 세대(1955~1963년생)의 고령화가 본격화되면서, '60세 정년=은퇴'라는 기존의 사회적 인식은 더 이상 유효하지 않다. 기대수명이 85세를 넘어선 시대, 60대는 여전히 건강하고 숙련된 인적자원이자, 경제활동의 주체로 재조명받고 있다. 고령자 고용은 복지 차원을 넘어 경제활동 참가율 확대라는 전략적 과제로 부상하고 있다.

이에 따라 고령친화적 노동시장 구축은 이제 국가 경쟁력과 직결된 문제다. 일본은 2021년부터 70세까지 계속고용을 기업의 노력의무로 법제화했고, 도요타·히타치 등 대기업들은 시니어 고용 전담 부서를 통해 맞춤형 직무와 보상체계를 운영 중이다. 독일 역시 숙련 기능인의 경험을 적극 활용하기 위해 노년층 지식전수 프로그램을 운영하고 있으며, 프랑스는 정년 이후 계약직 고령자에게 세제 인센티브를 제공하고 있다. 반면 한국의 계속고용률은 OECD 평균(약 60%)에 한참 못 미치는 45% 수준이며, 임금체계가 연공형에 고착되어 고령 인력 활용에 제약이 큰 것이 현실이다.

따라서 한국도 고령 노동력을 보완재가 아닌 핵심자원으로 재정의해야 한다. 이를 위해선 첫째, 60세 이후의 전환형 일자리를 위한 직무 재설계가 시급하다. 예컨대 팀 지원, 품질관리, 고객상담 등에서 고령 인력의 경험이 활용될 수 있는 직무들을 체계화할 필요가 있다. 둘째, 평생직업교육의 고도화와 디지털 역량 강화 훈련이 병행되어야 하며, 이를 통해 기술 변화에 유연하게 대응하는 고령 노동자 모델을 구축해야 한다. 셋째, 직무성과 중심의 임금체계로의 전환이 병행되어야 한다. 고령자에 대한 사회적 편견 해소와 동시에, 이들이 지속 가능한 방식으로 경제에 기여할 수 있는 토대를 마련하는 것이 지금 한국 사회가 직면한 과제다.

디지털 전환과 노동의 재교육 과제

디지털 전환은 단순한 기술의 문제가 아니다. 이는 인간 노동의 성격과 가치, 그리고 직무 구조 전반을 재구성하는 본질적 변화다. 특히 AI, 데이터 분석, 사이버 보안 등 신기술 기반 직무는 기존의 단순 반복 업무와 달리 복합적 사고력과 지속적 학습을 요구한다. 이로 인해 기존 산업에서 활동하던 중장년층의 직무 전환은 한국 사회가 직면한 가장 어려운 도전 과제 중 하나로 부상했다. 문제는 단지 의지의 문제가 아니라 구조적 접근의 결함에 있다.

2024년 한국고용정보원 조사에 따르면 중장년층의 디지털 직무 이직 희망률은 50%를 상회했지만, 실제 전환 성공률은 17.6%에 불과했다. 이는 기존 재교육 시스템이 공급자 중심, 정부 주도, 이론 위주의 교육에 머물러 있다는 한계를 보여준다. 예컨대 정부 훈련 과정은 실제 산업 수요와의 연계성이 낮고, 직무에 즉시 투입 가능한 실무성과 중심 설계가 부족하다. 또한 훈련 인프라 역시 서울·수도권에 편중되어 지역 기반 중장년층의 접근성이 떨어지는 문제가 지속되고 있다. 이와 같은 현상은 특히 디지털 수요가 증가하고 있는 중소기업 및 지역 산업의 인력공백을 더욱 심화시키고 있다.

이제는 패러다임의 전환이 필요하다. 미국 IBM의 SkillsBuild 프로그램은 산업계가 직접 교육 콘텐츠를 설계하고, 수료생에게 취업 기회를 연계함으로써 훈련-고용 선순환 구조를 구현했다. 독일 지멘스의 Dual+Digital은 직무 중심의 이원화 교육 모델에 디지털 역량을 통합함으로써 숙련공의 전환을 효과적으로 이끌고 있다. 한국도 산업현장 기반의 '직무 전환 맞춤형 아카데미'를 조속히 정착시켜야 하며, 특히 지역 중소기업과 연계한 공동 훈련 플랫폼 구축이 핵심이다. 교육은 훈련센터에서 끝나지 않아야 한다. 실제 프로젝트 기반 실습과 기업 멘토링, 후속 취업까지 연결되는 통합적 체계가 필요하다. 디지털 전환 시대의 노동정책은 기술보다 사람을 중심에 둬야 한다. 그 출발점은 재교육의 혁신이다.

청년층의 전공 쏠림과 인문사회계열 재교육

한국 청년 고용시장에서 전공 선택과 취업 가능성 간의 괴리는 날로 심화되고 있다. 2025년 기준 대학 신입생의 약 48%가 인문사회계열에 진학하고 있지만, 이들의 평균 취업률은 42.3%로 이공계 대비 15%포인트 이상 낮은 수준이다. 고학력 청년층의 미취업 문제는 이제 단순한 전공 선택의 결과가 아닌 구조적 비효율의 문제이며, 청년 비경제활동인구의 증가로 국가 전체의 생산성 저하와도 직결되고 있다. 청년층이 자신의 학문적 배경을 기반으로 사회 진출을 모색할 수 있는 새로운 직무 설계와 재교육 기반이 절실한 시점이다.

현행 교육훈련 시스템은 인문사회 전공자에게 유의미한 경력 전환 기회를 제공하지 못하고 있다. 대부분의 디지털 기반 재교육 프로그램은 이공계 인력에 초점을 맞추고 있으며, 인문사회계열 대상 프로그램은 단편적이거나 일회성에 그치는 경우가 많다. 하지만 데이터 라벨링, 콘텐츠 전략 기획, 인공지능 윤리, 디지털 커뮤니케이션 등 신산업 분야에서 인문사회적 감수성과 사고력을 요구하는 직무 수요는 증가하고 있다. 문제는 이를 연결할 체계적 플랫폼과 제도적 뒷받침이 부족하다는 점이다. 단순한 코딩 교육이 아닌, 직무 융합형 커리큘럼과 취업 연계형 훈련이 필요하다.

해외 사례는 유의미한 방향성을 제시한다. 영국의 National Skills Fund는 고용위험군과 전공 비연계 인력을 대상으로 맞춤형 모듈형 교육을 제공하며, 취업성과를 기반으로 교육성과를 평가하고 있다. 캐나다의 Future Skills Centre는 민관협력체계를 통해 신직무 발굴부터 훈련 콘텐츠 개발, 지역 일자리 연계까지 통합적으로 지원하고 있다. 한국 역시 인문사회계열 청년을 위한 융합형 직무 재정의와 정책적 투자 확대가 필요하다. 특히 기업과 대학, 정부가 협력하는 공동기획형 재교육 플랫폼을 통해 청년 고학력자들이 신산업 노동시장에 연착륙할 수 있도록 체계적인 이행 경로를 제공해야 한다. 이는 단순한 재교육이 아니라 청년 일자리의 지속가능성을 위한 전략적 기반이다.

플랫폼노동과 새로운 고용형태에 대한 법제 정비

대한민국 노동시장은 플랫폼노동자·프리랜서·긱워커 등 이른바 비전형 고용형태 종사자는 전체 노동자의 7.3%를 차지하며 꾸준히 증가하고 있다. 배달, 운송, 번역, IT 개발, 콘텐츠 제작 등 다양한 분야에서 디지털 매개 노동이 일반화되면서, 고용의 개념이 근로계약 중심에서 점차 '노무제공 기반의 유연 고용'으로 확장되고 있다. 그러나 이들 노동자의 법적 지위는 모호하고, 기존 노동법의 적용 사각지대에 놓여 있는 경우가 많아, 사회적 보호의 사각지대가 심화되고 있다.

이에 발맞춰 국제사회는 플랫폼노동에 대한 법제 정비를 서두르고 있다. EU는 2024년 '플랫폼노동자 지침안(Digital Platform Work Directive)'을 통해 알고리즘 운영의 투명성 확보, 고용 판단 기준의 명확화, 집단교섭권 보장 등을 제도화하였다. 미국 캘리포니아 주의 AB5법, 프랑스의 디지털노동 플랫폼 등록제도 등도 유사한 방향을 취하고 있다. 반면 한국은 여전히 고용보험 적용 확대와 노무제공자 표준계약서 도입 등 일부 조치에 머무르고 있으며, 노동자성 인정 여부나 최저임금 적용 범위에 대한 기준조차 명확하지 않다. 특히 최근 플랫폼 기업과 라이더 간 계약 분쟁, 콘텐츠 크리에이터의 지식재산권 보호 문제 등은 제도 공백의 위험성을 여실히 보여준다.

이제는 입법적 정비만큼이나 중요한 것이 '사회적 합의'를 통한 제도 설계다. 플랫폼노동의 특수성은 전통적인 고용관계로 포섭하기 어렵다는 점에 있다. 따라서 일방적인 규제보다는, 노사정 및 시민사회가 참여하는 협의 구조를 통해 지속 가능한 보호-유연성 균형모형을 설계해야 한다. 경사노위를 플랫폼 고용형태 전담 소위로 개편하거나, 별도의 사회적 대화 기구를 구성해 표준계약 도입, 고용보험 단계적 가입, 최저임금 적용범위 확대 등에 대한 합의를 도출해야 한다. 새로운 고용형태가 '법의 바깥'이 아닌 '포용적 제도권' 안으로 들어올 수 있도록, 지금이 바로 사회적 지혜를 모아야 할 시점이다.

탄소중립과 전환산업의 일자리 전략

탄소중립은 단지 환경정책의 문제가 아니라 산업 구조와 고용구조 전반을 다시 그리는 대전환의 과제다. 특히 에너지 산업에서의 탈탄소 전환은 일자리 감소에 대한 우려를 낳지만, 실상은 '일자리의 사라짐'이 아니라 '일자리의 이동'이 핵심이다. 한국 정부는 2030년까지 석탄발전소 30기를 폐쇄할 계획이며, 이 과정에서 약 9,000명의 종사자가 직접적 영향을 받게 된다. 이들이 단순한 퇴직이나 실직으로 전환되는 것이 아니라, 새로운 에너지 산업으로 이동할 수 있도록 유도하는 정책이 절실하다.

선진국은 이미 전환산업의 고용전략을 구체화하고 있다. 독일은 구조전환기금(Structural Change Fund)을 통해 석탄 지역에 신재생 에너지·환경기술 기업을 유치하고, 기존 노동자가 새로운 기업으로 고용 승계되도록 지원하고 있다. 네덜란드는 에너지 노동자 전용 전환 훈련 패키지를 마련해 직무 전환 훈련, 심리상담, 이주지원 등 통합 서비스를 제공하고 있다. 반면 한국은 여전히 에너지 산업 종사자에 대한 고용이동 정책이 파편적이며, 석탄산업 지역의 고용 대응은 지자체

재량에 의존하는 경향이 크다. 현재의 방식으로는 대규모 산업전환에 필요한 인력 재배치와 기술이전이 원활히 이루어지기 어렵다.

이에 따라 한국도 세 가지 전략적 접근이 필요하다. 첫째, 에너지 전환 인력 데이터베이스(DB)를 구축하여 직무별 역량, 이력, 전환 가능성을 체계적으로 파악하고 맞춤형 재교육을 설계해야 한다. 둘째, 지역별 전환센터를 설치해 에너지 전환 종사자에 대한 심층 상담, 직무분석, 기업 연계를 통합적으로 지원해야 한다. 셋째, 전환산업 기업과 고용 승계 매칭제도를 통해 기존 종사자의 경력과 숙련이 지속적으로 활용될 수 있도록 제도화해야 한다. 탄소중립은 비용이 아니라 미래를 위한 투자이며, 그 핵심은 사람이다. 전환산업의 성공은 기술이 아니라 노동의 연착륙으로 완성된다.

AI 도입에 따른 일자리 재구조화

AI는 더 이상 먼 미래의 기술이 아니라, 일터의 질서를 재편하는 현재의 힘이다. 구글, 메타, 아마존 등 글로벌 IT 기업은 이미 AI 기반 자동화를 통해 수만 명의 직원을 감축했고, 한국에서도 국민은행과 교보생명 등의 콜센터가 AI 상담 시스템으로 전환되며 기존 직무의 축소가 현실화되고 있다. 한국은행은 국내 일자리의 약 12%, OECD는 전 세계 일자리의 27%가 AI로 대체될 수 있다고 경고한다. 특히 과거 '기술 회피 영역'으로 여겨졌던 의사, 회계사, 법조인 등 전문직 영역까지도 AI의 영향권에 진입하고 있다.

그러나 AI는 일자리를 단지 없애는 기술이 아니라, 새로운 직무를 창출하는 기술이기도 하다. 최근 미국에서는 텍스트 생성 기술을 다루는 AI 프롬프트 디자이너(AI Prompt Designer)라는 직업이 등장했으며, 일본 후지쯔는 기존 인사담당자에게 'AI 인력활용 코디네이터' 역할을 부여하고 있다. AI 학습용 데이터의 품질관리, 알고리즘의 윤리성 검토, 시스템 성능의 해석 및 개선을 담당하는 직무는 앞으로 더욱 확대될 것으로 보인다. 기존 산업에서의 소멸 직무가 발생하는 만큼, 이를 대체할 수 있는 신직무군을 조속히 제도권 교육과 훈련에 편입시키는 것이 핵심이다.

이를 위해 정부는 산업별 AI 기반 신직업군을 체계적으로 발굴하고, 이를 직무훈련 콘텐츠로 표준화해야 한다. 예컨대 제조업에서는 스마트팩토리 운영 관리자, 금융업에서는 AI 리스크 해석 컨설턴트, 교육 분야에서는 AI 튜터 설계자 등의 직무가 포함될 수 있다. 동시에 한국산업인력공단과 직업능력개발원이 중심이 되어, 민간기업·대학·직업훈련기관과 연계한 신직업군 중심 훈련 클러스터를 조성해야 한다. AI는 노동의 종말이 아니라 노동의 재구조화를 요구하는 거대한 진입장벽이자 기회이다. 그 앞에서 필요한 것은 두려움이 아니라, 선제적 설계와 과감한 전환 전략이다.

일자리 충격을 방어할 사회안전망 확충

디지털 전환과 AI 도입은 단지 일자리 수의 변화에 그치지 않는다. 더 본질적인 변화는 일자리의 질에서 일어난다. 플랫폼노동, 단시간 고용, 프로젝트 기반 계약 등 유연 고용이 확산되면서 고용의 불안정성과 소득 변동성이 커지고 있다. 이러한 변화는 특히 기존 사회보험 체계가 전제하는 정규직-장기고용 모델과 충돌하며, 제도 밖 노동자의 확대라는 구조적 취약성을 초래한다. 기술 기반 산업의 성장 속도에 비해 사회안전망의 보편성과 유연성은 여전히 뒤처져 있다.

정부는 최근 플랫폼노동자, 예술인, 특고노동자 등을 고용보험 적용 대상으로 포함시키고 있으나, 실질적 보호 효과는 제한적이다. 수급요건이 지나치게 엄격하거나, 보험료 산정 방식이 소득의 불안정성을 반영하지 못하고 있으며, 실직의 법적 인정 기준이 협소하여 실질적 지원을 받기 어려운 구조다. 이로 인해 제도의 사각지대는 오히려 확산되고 있다. 예컨대 배달플랫폼 종사자의 경우 일시적 수입 감소나 계약해지 상황에서도 자발적 퇴사로 간주되어 고용보험 수급이 불가능한 사례가 빈번하다.

핀란드의 사례는 실효적 개혁의 방향성을 제시한다. 핀란드는 실직 이후 2주 내에 직업상담, 교육, 재취업 지원이 통합적으로 제공되는 '수요자 맞춤형 고용안전망'을 운영 중이며, 개인의 기술 수준과 경력 이력에 따라 자동화된 경로 설계가 이루어진다. 한국 역시 기존 고용센터 중심의 공급자 주도 모델을 넘어, '지역기반 고용플랫폼'으로 전환할 필요가 있다. 이 플랫폼은 실시간 직무 수요 데이터를 기반으로 교육기관, 기업, 훈련센터와 연계해 맞춤형 재교육과 일자리 매칭을 지원하는 디지털 기반 인프라로 기능해야 한다. 기술전환은 필연적 변화다. 문제는 충격을 흡수할 사회적 완충장치이며, 고용의 불안정성에 맞서는 가장 강력한 대응은 유연하면서도 포괄적인 사회안전망이다. 지금이 바로 그 전환의 시기다.

일·가정 양립과 여성의 경력단절 해소

여성의 경력단절 문제는 단지 개인의 생애주기 문제를 넘어, 고령사회로 진입한 한국에서 노동력 손실의 핵심 요인으로 작용하고 있다. 2025년 한국 여성 고용률은 OECD 평균인 65%를 밑돌며, 특히 출산과 육아가 집중되는 30~40대 여성층에서 급격한 하락세를 보인다. 통계청 자료에 따르면, 자녀 출산 이후 경력단절 여성의 평균 경력 공백 기간은 6.7년이며, 경력 복귀 이후에도 동일 연령 남성과의 임금 격차는 50% 이상이다. 이는 단순한 소득 불평등을 넘어, 인적자원의 낭비이자 국가경쟁력 저하로 이어진다.

일·가정 양립 지원은 경력단절 예방의 첫걸음이다. 보육시설의 양적 확대와 질적 개선, 시간제·탄력근무제의 확대, 유연근무제의 제도화는 이미 필수적 정책으로 자리 잡고 있다. 그러나 문제는 복귀 이후다. 여성들이 다시 노동시장에 들어오더라도 직무 적응력, 경력 단절 인식, 고용주 인센티브 부족 등으로 인해 지속가능한 고용이 어렵다. 독일은 이 문제를 해결하기 위해 출산 이후 복귀 여성에게 직무별 맞춤형 재훈련 프로그램을 제공하고 있으며, 민간기업이 여성 관리자를 신규 채용할 경우 세액 공제를 통해 적극적인 고용을 유도하고 있다. 이처럼 복귀 이후의 이행경로 설계가 성패를 가른다.

한국도 보다 전략적인 정책 접근이 필요하다. 첫째, 경력보유 여성 인재 DB를 구축하여 기업과의 연계 플랫폼을 체계화하고, 이직·재직 여성의 역량 프로파일 기반 맞춤형 직무훈련을 제공해야 한다. 둘째, 여성 고용친화기업 인증 제도를 강화하고, 인증 기업에 대해 세제·노무 행정 상 인센티브를 확대하는 방식의 실질적 유인책이 필요하다. 셋째, 보육과 고용의 연결 고리를 강화해야 한다. 예컨대 산업단지 내 직장어린이집 설치 지원, 육아기 재택근무 보장 등이 포함될 수 있다. 여성의 경력단절 문제는 출산 장려의 문제를 넘어, 노동시장 참여율과 산업경쟁력 회복의 핵심 과제다. 이제는 여성의 일과 삶이 양립이 아닌 연결로 이어질 수 있는 새로운 사회계약이 필요하다.

전환의 시대, 합의와 연대가 답이다

현재, 한국 사회는 네 개의 전방위적 충격—AI 기술 도입, 기후위기 대응, 급격한 고령화, 디지털 전환—에 동시에 직면하고 있다. 이들은 단지 산업과 노동의 구조만이 아니라, 사회 전체의 작동방식을 바꾸고 있다. 그러나 이 변화는 결코 자동적으로 모두에게 이익을 가져오지 않는다. 기술은 준비된 자에게만 기회를 제공하고, 제도는 뒷받침이 없다면 분열을 초래하며, 노사관계가 협력 대신 대립으로 흐르면 전환의 기회는 곧 위기로 반전된다. 바로 지금이 '어떻게 전환할 것인가'라는 물음에 대한 집단적 해법이 절실한 시점이다.

그 해답은 단기 대응이 아닌 구조적 전략에 있다. 지금까지의 부처별·단편적 대응으로는 전환을 선도할 수 없다. 대신 인구·기술·기후라는 거시 변화 흐름을 통합적으로 바라보는 장기적 대응이 필요하다. 이를 위해 정책 간 연계성은 필수다. 예컨대 고령화에 따른 계속고용 정책은 직무 재설계와 임금체계 개편, 사회보험제도 재구성과 맞물려야 한다. 디지털 전환과 노동훈련 정책 역시 AI 신직무 창출, 교육개혁, 고용안전망과 연계되어야 한다. 이처럼 복합위기 속에서 효과를 내려면, 정치는 조정자이되 주도자가 되어서는 안 된다. 정치의 지향은 합의로, 정책의 중심은 실행력으로 재편돼야 한다.

결국 전환의 시대에서 살아남는 사회는 '연대하는 사회'다. 이는 단지 선언적 가치가 아니라, 제도적 설계 원칙이자 사회적 신뢰의 기반이다. 경사노위와 같은 기존 노사정 협의체를 현대화하거나, 산업·지역 기반의 사회적 대화기구를 복원해 이해당사자 간 상호 신뢰를 회복하는 것이 첫걸음이다. 나아가 '전환계약' 혹은 '미래노동협약'과 같은 새로운 사회계약이 요구된다. 여기엔 기업의 기술도입 책임, 정부의 조정과 지원, 노동자의 적극적 전환노력이 모두 포함되어야 한다. 이 거대한 파고 속에서 사회는 선택받지 않는다. 준비된 사회, 그리고 연대할 수 있는 사회만이 기회를 현실로 바꿀 수 있다.

요약

현재, 한국은 디지털 전환과 인구 고령화라는 이중의 구조적 전환기에 직면해 있다. 이러한 변화 속에서 노동시장 재편과 일자리 전환 전략은 단순한 기술 도입이나 고용정책을 넘어서는 종합적 대응이 요구된다. 특히 중장년층과 청년층을 아우르는 직무 재교육, AI 도입에 따른 직무 재정의, 플랫폼노동에 대한 제도적 정비가 핵심 과제로 부상하고 있다. 정부는 산업계와 협력하여 맞춤형 인재양성과 사회안전망 강화에 나서야 하며, 모든 변화의 중심에는 사회적 대화와 합의 기반의 정책 추진이 전제되어야 한다. 미래 노동시장을 선도하기 위해서는 기술, 제도, 사회적 연대가 함께 작동하는 전환 거버넌스가 필수적이다.

당신의 생각은?

1. 중장년층과 청년층 모두에게 실효성 있는 '직무 전환 프로그램'을 어떻게 설계하고 운영할 것인가? 직무 적합성과 지역 편차, 산업 수요 등을 고려한 다층적 접근이 필요하지 않을까?
2. AI 시대, 전문직까지 대체 가능성이 커지는 상황에서 교육·훈련 시스템은 어떤 방향으로 혁신되어야 하는가? 단순 기술 습득이 아닌 'AI와 공존하는 인간 역량' 강화를 중심으로 재설계할 수 있을까?

정책제언

1 산업계 주도형 재교육 체계로의 전환

중장년·청년층 재교육은 산업 수요 기반의 맞춤형 콘텐츠가 중심이 되어야 한다. 정부는 재정·인프라를 지원하되, 프로그램 설계와 운영은 산업계 주도로 전환해야 실효성이 높다.

2 AI 기반 직무 전환 데이터 플랫폼 구축

취업자의 직무 데이터와 산업별 AI 대체 가능성, 직무 이동 가능성을 통합 분석하여 개별 맞춤형 전환 경로를 제시하는 디지털 플랫폼이 필요하다.

3 전환산업 노동자 대상 사회적 대화 구조 마련

탄소중립 전환과 관련된 산업 종사자들의 고용 충격을 최소화하기 위해, 노동계·기업·정부가 함께 참여하는 산업 전환협의체를 구성하고 실효성 있는 보완책을 설계해야 한다.

고용연장 방식과 임금체계 개편, 청년 고용

고령화와 고용의 충돌: 우리가 직면한 구조적 도전

대한민국은 초고령사회로의 진입과 함께 전례 없는 인구구조의 급변을 마주하고 있다. 통계청이 발표한 자료에 따르면 올해 65세 이상 고령 인구는 전체 인구의 20.1%에 도달했으며, 반면 생산가능인구(15~64세)는 2020년 대비 약 120만 명 감소해 전체 인구의 71.3%에 머물렀다. 이 같은 추세는 단순한 인력 부족을 넘어 산업 경쟁력, 국가재정, 사회적 연대의 위기로 확장되고 있다. 고령화의 충격은 특히 제조업과 건설업 등 노동집약 산업에서 뚜렷하게 나타나며, 일손 부족으로 인한 생산 차질과 기술 전수의 단절이 동반되고 있다.

이에 따라 고령자의 고용유지 및 연장이 중요한 해법으로 부상하고 있지만, 현실은 간단하지 않다. 고령자 고용 확대는 청년층 일자리 잠식 우려, 임금 피크제나 직무 재설계 등 임금체계 개편과 맞물린 갈등 구조, 세대 간 공정성 논쟁 등 복합적인 구조 속에서 논의되고 있다. 실제로 일본은 고령자 고용을 위해 2000년대 초부터 65세까지 고용확보 조치 의무화, 2021년부터는 70세까지의 고용연장 노력의무를 법제화했으나, 그 과정에서 기업의 부담 전가와 청년 채용 위축 문제가 병존하고 있다. 한국 역시 유사한 임금·노사 구조를 가진 만큼 제도 수용성 확보를 위한 사회적 합의가 필수적이다.

앞으로의 대응은 고령자 계속고용이 아닌 '적합고용' 관점으로 전환해야 한다. 정년연장이나 재고용이 모든 고령자에게 자동 적용되는 방식보다는, 직무 전환, 경력 재설계, 생산성 중심의 평가 체계를 도입해 개인의 역량에 맞는 고용 유지를 유도해야 한다. 아울러, 청년층과의 균형을 맞추기 위해 세대 간 공동 이익 모델, 예컨대 '세대협력형 직무전환 트랙'이나 '청년-고령자 협업 기반 일터 혁신' 등 사회적 대타협 모델이 필요하다. 초고령사회에 걸맞은 노동시장 구조로의 전환은 이제 선택이 아니라, 생존을 위한 필수 전략이다.

일본 사례의 교훈: 유연한 고용연장의 제도화

일본은 고령화에 가장 선제적으로 대응한 국가 중 하나로, 고령자 고용 제도에서 실질적 진전을 이룬 사례로 평가받고 있다. 특히 한국과 유사한 기업 중심의 고용구조와 연공서열적 임금체계를 갖고 있다는 점에서 주목할 만하다. 일본은 1994년 정년을 60세로 연장한 이후, 2006년부터는 기업에 65세까지의 계속고용 조치를 의무화했고, 2021년에는 70세까지의 고용 확보를 기업의 '노력 의무'로 명시했다. 고용노동성 자료에 따르면 2022년 기준 70세까지 고용을 유지하고 있는 기업 비율은 29.7%에 달하며, 이는 고령자 고용이 제도화된 성과를 방증한다.

일본의 고용연장 제도는 기업에게 세 가지 선택지를 부여하는 유연한 구조로 설계되었다. 첫째는 정년 자체를 연장하는 방식, 둘째는 정년을 폐지하는 방식, 셋째는 정년 도래 후 재고용하는 방식이다. 이 중 기업 다수가 선택한 재고용 방식은, 고령 인력의 축적된 숙련을 유지하는 한편 인건비를 탄력적으로 조정할 수 있다는 장점을 갖는다. 실제로

이 방식은 직무 조정과 임금 재설계가 전제되며, 고령자의 근로 의욕과 기업의 수용 여력을 동시에 고려한 절충점으로 작동하고 있다.

또한 일본 정부는 제도의 안착을 위해 다양한 인센티브와 정책적 뒷받침을 시행하고 있다. 예컨대 고령자 고용 확대 기업에는 세액공제, 고용장려금, 훈련비 지원 등의 혜택을 제공하며, 고령 근로자에 대한 산업안전보건 교육도 적극 지원하고 있다. 그 결과, 일본의 65세 이상 고용률은 2022년 기준 25.1%로 OECD 평균(15.6%)을 크게 상회하고 있으며, 이는 고령자 고용 제도의 유연한 설계와 제도적 유인을 결합한 구조 개편의 성과라 할 수 있다. 한국 역시 이러한 모델을 참고하여 고령자 적합고용 시스템을 단계적으로 제도화할 필요가 있다.

한국의 대응 현황: 실험은 시작되었으나 구조는 미완

한국에서도 고령자 고용연장을 둘러싼 제도적 실험이 본격화되고 있다. 대표적인 사례로 동국제강은 2022년 정년을 61세로, 2024년에는 62세로 추가 연장했다. 현대자동차는 노동조합의 정년 64세 연장 요구에 대해, 정년 이후 촉탁직 재고용 방식으로 62세까지 고용을 유지하고 있으며, 이는 생산현장 인력의 기술과 경험 유지를 위한 현실적 대응이다. 공공기관 또한 임금피크제를 바탕으로 정년 이후 일정기간 고용을 유지하는 사례가 늘고 있으며, 일부에서는 정년 폐지 논의도 시도되고 있다.

그러나 이러한 시도는 주로 대기업과 공공부문에 한정되어 있으며, 노동시장의 다수를 차지하는 중소기업, 비정규직, 플랫폼 노동자에게는 제도적 수혜가 미치지 못하고 있다. 한국경제인협회가 2024년 발표한 조사에 따르면, 전체 기업의 71.9%가 고령자 고용 방식으로

'정년 후 재고용'을 선호한다고 응답했다. 이는 일본과 마찬가지로 일률적 정년연장이 아니라, 기업 상황과 직무 특성에 맞춘 유연한 재고용 방식이 보다 현실적이라는 점을 반영한다. 특히 인크루트의 설문조사에서는 고령자 응답자의 59.8%가 "임금이 줄더라도 재고용 기회가 확대되길 바란다"고 답했는데, 이는 노동시장 당사자의 수용성 역시 정년연장보다는 재고용 모델에 더 친화적임을 시사한다.

이처럼 한국은 고령자 고용연장을 위한 정책 실험이 진행 중이나, 제도화된 일관된 틀이 부족한 상태다. 정년연장 여부, 재고용 기준, 임금체계 개편, 직무 재설계 등의 핵심 요소들이 통합적으로 설계되지 않은 채 개별 기업 차원에서 임기응변적으로 운영되고 있다. 고령자 고용의 제도화를 위해서는 중소기업을 포함한 포괄적 정책 설계와, 직무별 숙련도 평가, 세대 간 일자리 연계, 직무 재훈련 등의 인프라가 병행되어야 한다. 지금은 실험의 단계에서 정책 패러다임의 정비로 나아가야 할 시점이다.

연공서열형 임금체계와 고용연장의 충돌

한국의 고령자 고용 확대가 구조적으로 지체되는 주요 원인은 바로 임금체계에 있다. 현재 대부분의 기업은 연공서열형 임금구조를 유지하고 있으며, 이는 근속 연수에 비례해 임금이 자동적으로 상승하는 방식이다. 이러한 구조에서는 정년 연장이 곧 인건비 폭증으로 이어지기 때문에, 기업 입장에서는 고령자 고용 유지를 꺼릴 수밖에 없다. 실제로 한국경영자총협회가 발표한 자료에 따르면, 기업들이 정년연장에 대해 부정적인 가장 큰 이유로 '인건비 부담 증가'를 지목하고 있으며, 이는 고용연장 논의의 실질적 장벽으로 작용하고 있다.

이 같은 현실에 대응해 경영계는 임금체계 개편을 고용연장의 전제 조건으로 제시하고 있다. 즉, 직무 중심의 임금체계나 성과급 제도를 도입해 고령자의 생산성과 기여도에 맞는 보상 구조를 만들어야 한다는 것이다. 일부 대기업에서는 이미 임금피크제나 연차 감액제를 적용하고 있으나, 이는 연공서열을 완전히 대체하기보다는 점진적으로 수정하는 수준에 머물고 있다. 그 결과, 고령자에게 실제로는 '저임금 재고용'이라는 불만을 낳기도 하며, 세대 간 형평성 논란도 지속된다.

직무급 도입은 명확한 논리적 필요성이 존재하지만, 제도적으로는 아직 미비한 점이 많다. 직무의 상대적 가치를 평가하는 기준이 부재하며, 기업마다 자체적으로 설계한 기준이 달라 산업 전반의 혼란을 야기하고 있다. 또한 평가의 공정성과 수용성에 대한 불신은 제도 정착을 어렵게 만든다. 반면 독일, 프랑스, 네덜란드 등 유럽 국가들은 이미 국가 차원의 직무평가 기준 및 도구를 정비하고, 산업별 노사협약을 통해 직무가치와 임금기준을 공동으로 설정하고 있다. 한국도 이제는 직무급 도입의 필요성을 넘어서, 이를 실현할 수 있는 사회적 기반 인프라—표준화된 직무분석 툴킷, 산업별 직무가치 기준, 노사 공동 직무평가 협의체—구축에 본격적으로 나서야 할 시점이다. 고령자 고용의 지속가능성을 위해서는 임금체계 개편이 더 이상 선택이 아닌 구조개혁의 핵심 과제임을 직시해야 한다.

청년고용과의 갈등인가, 상보적 구조인가

고용연장이 청년층 일자리를 잠식할 수 있다는 우려는 오래전부터 제기되어왔다. 한국노동연구원의 분석에 따르면, 2016년 정년이 60세로 연장된 이후 청년층(15~29세)의 고용률이 약 1.5%p 감소한 것으로 나타났으며, 이는 동일한 직군에서 고령자와 청년 간 고용경쟁이 일부 현실화되고 있음을 보여준다. 특히 공공부문, 단순노무직 등 직무 수요가 정체되어 있는 영역에서는 고령자의 재고용이 신규 채용의 기회를 제한할 수 있다는 점에서 청년층의 상대적 박탈감이 클 수밖에 없다.

그러나 이러한 현상을 제로섬의 시각에서만 해석하는 것은 정책적 상상력을 제한할 수 있다. OECD 및 EU 국가들의 경험은 세대 간 일자리 충돌보다는 '상보적 고용구조' 설계를 통한 윈-윈 모델을 보여주고 있다. 특히 독일의 산업현장에서 운영되는 '트윈 모델(twin model)'은 대표적인 사례다. 이는 퇴직 예정인 고령 근로자와 입사 초기의 청년을 일대일로 매칭하여, 기술과 노하우를 이전하고 조직문화 적응을 돕는 멘토링 시스템이다. 이러한 모델은 고령자의 숙련을 조직 자산으로 활용하고, 청년의 초기 생산성과 조직 적응을 가속화함으로써 세대 간 협력 시너지를 창출한다.

한국에서도 이러한 '세대 협업형 일자리 모델'의 확산이 절실하다. 이를 위해서는 첫째, 산업 현장에서 고령자와 청년을 연결하는 구조화된 멘토링 및 직무 전환 제도의 도입이 필요하며, 둘째, 정부 차원의 고용지원금과 기업 인센티브 제도를 연계해 기업의 수용성과 참여를 높여야 한다. 셋째, 직무별 세대 연계 경로를 구축하여 숙련 이전이 자연스럽게 작동하는 생태계를 조성해야 한다. 결국 고령자 고용 확대와 청년 고용 활성화는 충돌이 아닌, 상호 보완적으로 설계될 수 있는 시스템 문제다. 구조화된 설계가 뒷받침된다면 노년의 일이 청년의 기회를 제한하는 것이 아니라, 오히려 확장시키는 촉매제가 될 수 있다.

중소기업 현실을 반영한 차등적 적용 방안

고용연장 제도 논의에서 가장 중요한 쟁점 중 하나는 중소기업의 수용 가능성이다. 대기업은 인사 시스템과 직무 관리 역량, 재정 여력이 상대적으로 충분해 정년연장이나 재고용 제도 도입이 비교적 원활한 반면, 중소기업은 인건비 부담, 평가체계 미비, 직무 단순화 등으로 인해 구조적인 제약에 직면하고 있다. 2024년 한국경영자총협회 조사에 따르면, 중소기업의 63%는 "정년연장 제도의 일률적 적용이 부담스럽다"고 답변했으며, 이는 제도 도입이 현장의 현실과 괴리될 수 있음을 경고한다.

특히 중소기업은 연공서열형 임금구조가 여전히 강하게 작동하고 있으며, 이로 인해 고령 근로자의 임금 하향 조정이 어렵고, 정년 이후 재고용 역시 제한적으로 운영되고 있다. 그 결과, 고령자의 숙련을 이어가지 못하고, 동시에 청년 고용도 확장되지 않는 이중의 손실이 발생하고 있다. 이러한 악순환을 끊기 위해서는 정년연장 제도의 '차등적 적용'이 필요하다. 즉, 기업의 규모와 업종 특성에 따라 단계적으로 정년연장을 유도하고, 이를 위한 재정적·제도적 뒷받침이 병행되어야 한다.

일본은 유사한 문제의식에서 출발해, 정년연장 의무화를 도입할 때 중소기업에는 유예기간을 부여하거나 일정 규모 이상의 기업부터 적용하는 방식으로 제도의 충격을 완화했다. 또한 고령자 고용장려금, 사회보험료 감면, 재직자 전환교육비 지원 등 다양한 보완책을 병행하였다. 한국도 마찬가지로, 중소기업에는 고령자 고용에 따른 인건비 상승을 보완할 수 있는 고용보조금, 사회보험료 지원, 직무 재설계 및 전환교육 패키지를 통합 제공하는 구조가 필요하다. 고령자 고용은 국가적 과제이지만, 그 해결 방식은 중소기업의 현실을 존중한 유연성과 차별화된 접근에서 시작되어야 한다.

사회적 대화를 통한 합의와 제도 설계

고령자 고용연장은 단순한 연령 문제나 고용 유지의 문제가 아니다. 그것은 청년 고용, 임금체계 개편, 기업경쟁력, 사회보험 지속가능성 등 다양한 이해관계가 얽힌 복합적인 구조개혁 과제이다. 따라서 해법 역시 단일 행정부처나 정책 도입만으로는 충분치 않다. 핵심은 다양한 이해당사자가 참여하는 '사회적 대화'를 통해 제도의 설계 방향과 속도를 조율하는 것이다. 지금의 갈등은 제도의 부재보다는 '합의의 부재'에 더 가깝다.

현행 경제사회노동위원회는 이러한 조율 기능을 수행할 수 있는 공식 채널이지만, 고용연장과 같은 구조적 과제를 논의하기에는 현재의 틀로는 한계가 있다. 이를 보완하기 위해서는 다음 세 가지 원칙 하에 사회적 대화 기구가 재설계될 필요가 있다. 첫째, 고용연장, 임금체계 개편, 청년고용 확대를 분절적으로 다루기보다 하나의 '통합 정책 패키지'로 논의해야 한다. 둘째, 대기업과 중소기업, 정규직과 비정규직 등 계층 간 현실을 반영한 차등적 적용 원칙을 전제로 해야 한다. 셋째, 기존 노사정 중심에서 벗어나 청년, 고령자, 전문가 집단을 포함한 다원적 참여구조로 확대해야 한다. 이는 정책 수용성을 높이는 동시에 사회적 신뢰를 구축하는 출발점이 될 수 있다.

실제로 덴마크, 네덜란드, 오스트리아 등 유럽 복지국가들은 세대 간 고용 연계를 사회적 대화를 통해 제도화하는 데 성공한 바 있다. 예를 들어 네덜란드는 고령자에게는 점진적 퇴직과 시간제 전환의 유인을 제공하고, 청년에게는 직무 중심의 맞춤형 고용 트랙을 제공함으로써 '세대 간 고용 분리형 보완 전략'을 수립했다. 이는 한 세대의 고용 확대가 다른 세대의 기회를 침해하지 않도록 설계된 정책 조정 모델이다. 한국 역시 이러한 국제사례에서 교훈을 얻어, 사회적 대화를 '합의 생산의 장'으로 다시 복원하고 제도화해야 한다. 구조적 문제에 대한 해결은 기술이 아니라 조정의 정치에 달려 있으며, 그것이 지속가능한 노동시장의 전제조건이다.

지속가능한 고용구조를 위한 조건

고용연장은 더 이상 선택이 아닌 시대적 필연이다. 한국사회는 현재 초고령사회로의 진입과 함께, 노동력 부족과 인적 자원의 단절이라는 구조적 위험이 현실화되고 있기 때문이다. 그러나 고용연장은 단순히 정년을 연장하거나 재고용 기회를 확대하는 것으로 해결될 수 없다. 연공서열형 임금체계의 개편, 직무 중심 임금시스템의 확립, 청년 일자리 확보 전략, 고령자의 직무 재배치 및 재교육 등 다차원적인 정책들이 하나의 통합된 프레임으로 작동해야 한다. 이 과정에서 산업별·기업별·세대별로 다른 현실을 감안한 맞춤형 설계가 핵심이다.

정부의 역할은 제도 강제보다 인프라 구축과 여건 조성에 있다. 특히 고령자 고용에 취약한 중소기업을 위해서는 고용보조금, 사회보험료 감면, 직무 분석 도구와 교육 콘텐츠 개발 등 실효성 있는 정책 지원이 절실하다. 직무 기반 임금제도의 도입을 위한 데이터 표준화와 산업별 직무 매핑 체계 구축, 고령 인력의 직무 전환을 지원하는 재교육 시스템 등은 제도 정착을 위한 기반이 되어야 한다. 일본과 유럽의 사례가 시사하듯, 제도 설계는 기업의 자율성과 시장의 유연성을 해치지 않으면서도, 정책이 실질적 변화로 이어질 수 있도록 정교하게 설계되어야 한다.

노동시장의 지속가능성은 단지 고령자의 생계 유지 문제를 넘어서, 청년세대의 진입 기회와 기업의 지속가능한 경영, 국가 경쟁력의 유지에 직결된 문제다. 따라서 고용연장은 특정 세대의 권리 확대가 아니라, 세대 간 협력과 자원의 재조정을 전제로 한 '사회적 투자'로 인식되어야 한다. 지금 우리가 선택하는 고용정책의 방향과 방식은 향후 수십 년간의 인적 자본 구조를 좌우할 것이다. 고용의 미래는 지금의 사회적 선택에 달려 있으며, 이는 단기적인 조정이 아니라 장기적 생존 전략이라는 인식 전환이 필요하다.

요약

대한민국은 초고령사회 진입과 함께 고용연장 제도 도입의 필요성이 급격히 증가하고 있다. 일본과 같은 유연한 선택형 모델이 중요한 참고 사례이며, 국내 기업들도 정년연장과 재고용 방식을 실험하고 있다. 그러나 연공서열식 임금체계, 중소기업의 수용한계, 청년 고용 감소 우려 등 복합적 쟁점이 존재한다. 이에 따라 고령자와 청년의 상호보완적 구조를 구축하고, 사회적 대화를 통해 제도적 합의를 도출하는 것이 핵심이다.

당신의 생각은?

1. 고용연장 정책을 대기업과 중소기업에 동일하게 적용하는 것이 현실적인가? 중소기업의 수용능력과 산업별 특성을 고려한 차등 적용 방안은 무엇인가?
2. 직무가치 평가 및 직무급 임금체계 도입 과정에서 공정성과 수용성을 확보하기 위한 사회적 제도 장치는 무엇이 필요하며, 어떻게 설계되어야 하는가?

정책제언

1 고령자 고용연장 '선택형 모델' 도입

정년연장, 정년폐지, 재고용 방식 중 기업이 자율적으로 선택할 수 있는 3가지 고용연장 모델을 법제화하고, 각 방식별로 세제 및 보조금 혜택을 차등 적용해야 한다. 이를 통해 기업의 현실과 고령자의 고용 안정성을 조화시킬 수 있다.

2 직무기반 임금체계 전환 인프라 구축

산업별 직무분석 도구, 직무가치 기준, 직무교육 체계를 개발하여 정부가 표준화된 임금체계 기반을 마련해야 한다. 공정성과 수용성을 확보하기 위한 평가기관의 독립성도 보장되어야 한다.

3 청년-고령자 협력형 고용지원 프로그램 활성화

고령자의 경험을 청년과 연결하는 멘토링형 고용모델을 도입하고, 이를 수행하는 기업에 대해 인건비 일부 지원과 성과기반 인센티브를 제공해야 한다. 세대 간 연대를 통한 고용의 질적 전환을 유도할 수 있다.

실질적 사회적 대화기구로서의 경제사회노동위원회 혁신 과제

'형식적 합의'의 종언, 실질적 대화의 출발점

한국 사회는 산업구조 전환, 인구 고령화, 기술 변화, 기후위기와 같은 복합위기에 직면하며 노동시장과 사회적 신뢰 기반의 재구축이 절실해졌다. 특히 노동시장 내 양극화와 제도적 불신이 심화되는 가운데, 사회적 대화는 더 이상 선택이 아니라 필수 인프라가 되었다. 2024년 기준, 정규직과 비정규직 간 임금 격차는 35%에 달하고(고용노동부, 2025), 청년층 실업률은 7.1%로 상승세를 보이는 등(통계청, 2025), 노동시장 내 갈등과 불균형은 제도적 조정 없이 방치할 수 없는 수준에 이르렀다. 이 과정에서 사회적 대화기구의 실질적 기능과 역할에 대한 논의는 핵심 과제로 부상하고 있다.

그러나 한국의 경제사회노동위원회는 오랜 기간 '형식적 합의'의 상징으로 기능해왔다는 비판을 받아왔다. 대통령 직속이라는 구조적 한계, 노사정 구성의 대표성 문제, 사안별 위원회 중심의 파편화된 운영방식 등은 그 한계를 명확히 보여준다. 실제로 지난 5년간 경사노위에서 채택된 합의문 수는 줄어드는 반면, 주요 갈등 현안에서 노동계·경영계의 불참이나 철회 사례는 증가하는 추세다. 한국노총과 민주노총의 참여 여부에 따라 위원회의 정당성 자체가 좌우되는 현실은, 제도 설계의 근본적 재검토를 요구한다.

이제 경사노위는 단순한 정책 거수기 또는 갈등 완화 기제가 아닌, 사회적 협약을 설계하는 공론의 장으로 전환되어야 한다. 이를 위해 첫째, 독립성과 중립성을 확보할 수 있는 구조 개편—예를 들어, 대통령 직속이 아닌 국회 또는 중립 기구로의 귀속—이 필요하다. 둘째, 청년·여성·비정규직·이주노동자 등 다양한 사회적 주체가 참여할 수 있도록 대표성의 확장이 이루어져야 하며, 셋째, 단기 현안 중심의 협의체가 아니라 중장기 구조개혁 어젠다를 다룰 수 있는 거버넌스로 재구성해야 한다. 2025년은 한국 사회가 실질적 사회적 대화로 전환할 수 있는 출발점이 될 수 있다. 형식적 합의의 종언은 곧, 제도 개혁의 시작이다.

한국 사회적 대화 모델의 구조적 한계: 정치 종속성과 대표성 불균형

한국의 사회적 대화기구인 경사노위는 애초부터 대통령 직속이라는 구조적 조건 속에 설계되었다. 이는 정부의 정책 기조에 따라 위원회의 방향성과 기능이 좌우될 수 있는 정치 종속성을 내포하며, 위원회의 독립성과 중립성 확보를 어렵게 만든다. 특히 위원회 의제 설정권과 공익위원 임명권이 행정부에 집중된 구조는 공론형 장치로서의 자율성을 훼손하고, 사회적 갈등을 중재하기보다 정부 정책을 정당화하는 수단으로 전락할 위험을 안고 있다. 이러한 정치적 구조는 위원회가 정권의 성향에 따라 활성화와 무력화를 반복하는 순환적 비효율성의 원인이 되고 있다.

대표성의 측면에서도 경사노위는 한국 노동시장의 구조적 현실을 제대로 반영하지 못하고 있다. 현재 사용자 측은 대한상공회의소나 중소기업중앙회가 아닌 경영자총협회 중심으로, 노동자 측은 민주노총과 한국노총 중심의 전통적 조직노동이 대변하는 구조다. 이는 플랫폼

노동자, 프리랜서, 1인 자영업자, 비정규직, 청년과 고령자 등 새로운 노동주체들의 목소리를 제도 안으로 포섭하지 못하게 만든다. 2023년 기준 전체 노동자의 32.5%가 비정규직이고, 특수형태근로종사자와 플랫폼노동자는 약 300만 명으로 추산되는 가운데, 이들이 제도 내 대화기구에서 발언권을 갖지 못하는 것은 중대한 구조적 결함이다.

OECD 주요국은 이러한 대표성의 한계를 극복하기 위해 다층적 거버넌스 모델을 구축하고 있다. 예컨대 독일은 연방 차원의 중앙 협의체 외에도 업종별, 지역별 협의체를 운영함으로써 다양한 이해당사자의 참여를 제도화하고 있다. 특히 자치적인 사회적 파트너십의 원칙에 따라 협의체 운영권과 협상력이 분산되어 있으며, 이는 위계적이고 단일한 대화 구조가 아니라 유연하고 확장된 협상 공간을 마련하는 방식으로 기능하고 있다. 한국 역시 경사노위의 구조적 개편을 통해 사회적 대화의 공간을 다원화하고, 실질적 대표성과 자율성을 담보할 수 있는 혁신적 재설계가 시급하다.

'합의 불능 구조'와 협의의 한계

한국 사회적 대화의 또 다른 병목은 '합의 지상주의'에 기반한 결정 구조다. 이는 대화 참여 주체 간 전원합의를 사실상 전제하는 구조로, 이해관계가 극단적으로 대립하는 이슈일수록 의사결정이 정지되는 경향을 보인다. 합의에 이르지 못하면 논의 자체가 무산되며, 중요한 정책 사안이 경사노위에서 논의되었다는 명목만 남기는 결과로 귀결된다. 실제로 지난 10년간 경사노위는 근로시간 단축, 정년연장, 임금체계 개편 등 한국 노동시장 구조개혁의 핵심 과제를 수차례 다루었으나, 최종 합의에 도달한 사례는 거의 전무하다. 이는 "합의 없는 합의

기구"라는 냉소적 평이 나오는 배경이다.

이러한 구조는 협의의 유연성 결여와도 연결된다. 전원합의제는 표면적으로는 포괄성과 민주성을 확보하려는 방식이지만, 실질적으로는 소수 이해당사자의 반대로 대화 전체가 중단되는 비생산적 결과를 초래한다. 특히 노사정 3자 협의 구도에서 사안마다 노동계 내부 분열이나 경영계의 전략적 유보가 나타날 경우, 위원회는 논의 플랫폼으로서 기능조차 제대로 수행하지 못한다. 이는 단지 경사노위의 무능력이 아니라, 제도 설계 자체가 갈등의 조정보다는 회피를 유도하는 방식으로 작동하고 있음을 시사한다.

유럽 주요 국가들은 이와 같은 '합의 불능 구조'를 피하기 위해 다수결 원칙과 단계적 협상구조를 혼합하여 적용하고 있다. 예컨대 네덜란드는 초기에는 폭넓은 공감대를 확보하는 사전조율 단계를 거친 뒤, 합의가 불가능할 경우 실질적 다수의견을 바탕으로 정책 권고안을 도출하는 방식이다. 반면 한국은 일종의 '총의제 민주주의'에 머물며, 합의의 정치가 아닌 회피의 정치로 흐르기 쉽다. 앞으로는 전원합의 원칙을 고수하되, 분야별 소위원회에서 단계별 접근, 시범사업, 조건부 합의 등 다양한 조정 기제를 제도화함으로써 협의의 실효성을 높이는 구조 개편이 시급하다.

책임 없는 참여와 형식주의

경사노위의 또 다른 구조적 한계는 책임 없는 참여와 형식주의적 협상 관행이다. 현재 노사정 주체들은 사회적 대화 참여를 정책 이행의 수단이 아닌, 정치적 존재감을 과시하거나 상징적 정당성을 확보하기 위한 수단으로 활용하는 경우가 많다. 이는 협상 결과에 대한 책임을 지지 않는 관행으로 이어지며, 회의 불참이나 합의 이후의 이행 거부가 반복되어도 제도적으로 제재나 불이익이 없는 점이 문제다. 대표적으로 2020년 코로나19 이후 마련된 노사정 협약의 이행률이 저조했던 이유도, 협약 이행에 대한 법적·행정적 책임 메커니즘이 부재했기 때문이다.

이러한 상황은 협상에 대한 참여 동기를 약화시키고, 제도 전반에 대한 불신을 증폭시킨다. 특히 경사노위 참여가 실질적 협상력 제고나 정책 반영으로 이어지지 않는다는 인식이 확산되면서, 이해당사자들은 형식적 참여에 그치거나 전략적으로 기권을 선택하는 경우가 많다. 더욱이 사회적 대화 참여에 따른 실질적 인센티브, 예컨대 의제 설정권, 시범사업 권한, 정책 반영 보장 등이 미비하다는 점은 '무책임한 참여'를 구조적으로 유도하는 요인이 된다.

이를 극복하기 위해서는 첫째, 합의 당사자의 협약 이행을 모니터링하고 평가할 수 있는 법적·행정적 장치가 마련되어야 한다. 예컨대 합의사항의 공표 및 연차별 이행 보고를 의무화하고, 불이행 시 해당 주체에 대한 공개 경고 또는 협상권 제한 등의 페널티를 도입할 수 있다. 둘째, 실질적 참여 유인을 강화하기 위한 제도적 유인구조—예컨대 참여 주체에게 주어지는 공적 자문 권한, 예산지원, 시범정책 우선 적용권 등—도 병행되어야 한다. 셋째, 협상결과 책임의 정치를 실현할 수 있도록 언론공개와 국민참여형 검증절차를 도입함으로써 형식주의를 극복하는 공적 압력 또한 필요하다. 사회적 대화의 지속가능성은 참여자들의 실질적 책임성과 성과에 달려 있으며, 이를 담보할 수 있는 구조적 개편 없이는 합의 없는 협상, 책임 없는 대화는 반복될 수밖에 없다.

사회적 대화 거버넌스의 재설계: 위원회 구조의 다층화 및 대표성 확대

한국의 사회적 대화가 제 기능을 하기 위해서는 기존의 노사정 3자 중심 구조를 넘어, 다양한 이해관계자를 포괄하는 다층적 거버넌스로의 전환이 필수적이다. 현행 경사노위는 노동자·사용자·정부 중심의 협의체로 구성되어 있으나, 노동시장과 산업구조가 급격히 다변화된 현실을 반영하지 못하고 있다. 플랫폼노동, 프리랜서, 청년층, 고령층, 사회적경제 조직, 기후위기 대응 분야, AI 산업 종사자 등 새로운 사회경제 주체들의 이익은 현재의 틀 안에서 대변되기 어렵다. 이는 사회적 대화가 '전통적 이해당사자'의 협의에 머물고, 실질적 정책 대안을 생산하지 못하는 원인이 되고 있다.

국제적으로는 이미 포괄적 거버넌스를 갖춘 사회적 대화 모델이 정착되고 있다. 독일의 사회적 파트너십 위원회(SPR)는 노사정뿐 아니라 지역정부, 전문가, 여성단체, 이민자 단체 등이 참여하는 형태로, 산업별 협의체와의 유기적 연계를 통해 현장성과 대표성을 동시에 확보하고 있다. 네덜란드의 사회경제이사회(SER) 역시 공익 위원 비중을 높여 갈등 중재기능을 강화하고 있으며, 그중 일부는 대학·연구기관의 추천을 통해 선정되고 공개 검증을 거친다. 이 같은 제도는 대화의 전문성과 민주성을 동시에 확보하는 핵심 기반으로 작동한다.

경사노위 역시 구조 개편이 시급하다. 첫째, 다양한 참여 주체의 제도적 발언권을 보장해야 한다. 청년노동자, 여성노동자, 플랫폼 종사자, 사회적경제 주체, 중소기업 사용자, 환경·AI 전문가 등은 고정석으로 포함되어야 하며, 그 참여가 단순 자문이 아닌 정책 협의와 결정에 실질적 영향력을 미칠 수 있어야 한다. 둘째, 공익위원의 추천방식 또한 투명하고 객관적으로 전환해야 한다. 외부 독립기구 또는 국회 중심의 추천, 공개 청문회 및 시민검증 제도를 도입함으로써 공익위원이 정부의 입장을 대변하는 기계적 중립자가 아니라 실질적 조정자·전문가로 기능하게 해야 한다. 다층적 거버넌스와 대표성 확장은 사회적 대화를 제도적 형식에서 사회적 통합의 실천으로 전환시키는 핵심 경로가 될 것이다.

의사결정의 투명성과 공개성 강화

사회적 대화의 신뢰는 투명성과 공개성을 기반으로 구축된다. 그러나 현재 경사노위의 운영은 절차와 결과 모두에서 폐쇄적이라는 비판을 받고 있다. 위원회 회의는 비공개로 진행되는 경우가 많고, 회의록조차 요약본 수준으로만 제공되며, 의제 설정과정도 참여 주체 내부의 협상에 의해 비공식적으로 정해지는 경우가 잦다. 이러한 운영방식은 국민의 알 권리를 침해할 뿐 아니라, 사회적 대화 결과의 정당성과 수용성 확보를 어렵게 만든다.

의사결정의 전 과정을 투명하게 공개하는 것은 단지 행정적 절차의 문제가 아니라, 사회적 대화에 대한 공적 신뢰를 회복하기 위한 제도적 전환이다. 이를 위해서는 첫째, 경사노위 회의는 원칙적으로 전면 공개되어야 하며, 보안이 필요한 일부 사안에 대해서만 예외적으로 비공개가 허용되어야 한다. 둘째, 회의록은 참석자별 발언 내용과 논의 경과가 명확히 기재된 정식 문서로 제공되어야 하며, 회의 직후 일정기간 내 국민에게 공개되어야 한다. 셋째, 의제 발굴부터 합의 이행에 이르는 전 과정을 추적할 수 있는 '사회적 대화 온라인 플랫폼'을 구축하여, 전문가 및 시민사회가 실시간으로 접근하고 의견을 개진할 수 있는 구조를 마련해야 한다.

핀란드의 사례는 이러한 투명성 강화의 방향성을 잘 보여준다. 핀란드의 경제정책평의회는 각 회의의 의제 및 논의 문건, 합의안, 이행 상황 보고서를 온라인으로 전면 공개하고 있으며, 일반 시민은 물론 언론과 학계가 실시간으로 내용을 감시할 수 있도록 제도화하고 있다. 이러한 개방형 구조는 협상력 비대칭 문제를 완화하고, 이해당사자 간 공정한 경쟁 조건을 제공하며, 결과에 대한 사회적 수용성을 높이는 역할을 한다. 경사노위도 이제는 '조용한 협상실'에서 '열린 공론장'으로 전환해야 할 시점이다. 투명성과 공개성은 선택이 아니라, 실질적 사회적 대화를 위한 가장 기본적인 토대다.

독립적 재정·인사 체계 구축

경사노위가 사회적 대화기구로서 실질적 기능을 수행하기 위해서는 독립적인 재정과 인사 운영 체계를 갖추는 것이 핵심이다. 현재 경사노위는 대통령 직속이라는 위상 하에 운영되며, 예산은 고용노동부를 거쳐 편성되고, 위원과 공익위원 인선에도 행정부가 깊이 관여하고 있다. 이러한 구조는 위원회의 운영 자율성을 크게 제약하며, 정부 정책과 분리된 중립적·조정자로서의 역할 수행을 어렵게 만든다. 정책 어젠다의 다양화와 사회 갈등 중재라는 본연의 역할을 강화하기 위해서는 위원회의 제도적 독립성이 선행되어야 한다.

첫째, 경사노위는 국회와 연계된 독립 예산 편성 체계를 마련해야 한다. 이는 예산의 정치적 통제를 최소화하고, 위원회가 장기적인 정책 연구, 협의 기획, 이행 모니터링 등을 안정적으로 수행할 수 있는 재정 기반을 제공하는 데 필수적이다. 캐나다 노동관계위원회(CIRB)의 사례는 좋은 참고가 된다. 이 위원회는 독립된 예산 항목으로 분류되어, 국회의 예산심의를 통해 정부와는 별도의 집행 자율권을 보장받고 있다. 이러한 구조는 위원회가 정권 교체와 관계없이 중립성과 지속성을 유지할 수 있는 조건을 제공한다.

둘째, 인사권의 독립 또한 병행되어야 한다. 현재 공익위원 선임, 상임위원 추천, 사무처 인사까지 사실상 정부가 주도하고 있어, 위원회 구성의 다양성과 중립성이 확보되지 않고 있다. 앞으로는 공익위원 선임 절차에 외부 추천 및 검증 시스템을 도입하고, 위원회 사무국은 별도 법인 또는 국회 산하 독립행정기구로 전환해 인사·운영 자율성을 부여할 필요가 있다. 이는 단순한 형식 개선이 아니라, 사회적 대화의 정치적 중립성과 국민 신뢰 확보를 위한 핵심 장치다.

법적 지위 강화와 준사법적 권한 검토

한국 사회적 대화의 실효성을 저해하는 근본 원인 중 하나는, 경사노위의 법적 지위와 합의 결과의 구속력이 매우 제한적이라는 점이다. 현재 경사노위의 합의사항은 권고 수준에 그치며, 법적 효력이 없을 뿐만 아니라 국회나 행정부가 이를 수용하지 않아도 아무런 제재가 없다. 이로 인해 합의는 형식적으로 체결되지만, 정책 이행률은 저조하고, 당사자 간 신뢰도는 오히려 저하되는 결과를 초래한다. 실제로 최근 5년간 경사노위 합의안의 이행률은 50%를 밑도는 수준이며, 일부 합의는 합의 주체 스스로 이행을 거부하거나 탈퇴하는 사례도 빈번하다.

이러한 구조를 개선하기 위해서는 첫째, 경사노위의 법적 지위를 '정책 연계형 협약 기구'로 명확히 하는 입법적 보완이 필요하다. 일정 기준 이상의 합의사항에 대해서는 국회 보고 및 입법 검토를 의무화하고, 입법 지연 시 사유를 명확히 공개하도록 함으로써 사회적 감시 기능을 강화해야 한다. 나아가 중앙정부는 합의 내용의 행정 반영 여부를 주기적으로 보고하도록 법적 책무를 부여하고, 필요시 합의 이행을 위한 행정조치(예: 고용장려금, 정책 우선적용 등)를 시행할 수 있도록 근거를 마련해야 한다.

둘째, 독일과 프랑스 사례처럼 '준사법적 권한'을 부분적으로 검토할 수 있다. 독일에서는 사회적 대화를 통해 도출된 산업별 단체협약이 법적 효력을 가지며, 협약을 이행하지 않으면 공공조달 참여에서 배제되는 등 실질적 제재가 따른다. 프랑스의 고등노사협의회(Haut Conseil du Dialogue Social)는 합의 결과가 일정 요건을 충족하면 자동으로 법안 초안으로 제출될 수 있도록 제도화되어 있다. 한국도 이처럼 대화결과를 단순 권고가 아닌 정책 실행의 출발점으로 전환하는 구조를 설계해야 한다.

결국 핵심은 대화의 신뢰를 제도적으로 보장하는 것이다. 합의가 정치적 선언으로 머무는 한, 참여자들은 책임을 회피하고 제도는 무력화된다. 경사노위는 단순한 협의기구에서 벗어나, 법제도와 정책결정의 접점을 설계하는 실행 거버넌스로 전환되어야 하며, 이를 위한 법적 위상 강화와 정책 연계 시스템의 정비가 필수적이다. 이제는 '실행 가능한 합의'를 만드는 시스템 개편이 필요한 시점이다.

인센티브·제재 기반의 참여 유도 시스템

사회적 대화가 제 역할을 하기 위해서는 참여 주체들의 책임 있는 개입을 유도할 수 있는 제도적 유인 장치가 반드시 필요하다. 현재 경사노위는 참여에 대한 실질적 보상도, 회피에 따른 불이익도 없는 구조 아래 운영되고 있으며, 이는 형식적 참석, 전략적 불참, 합의 이행 회피 등을 구조적으로 방조하는 원인이 되고 있다. 특히 주요 쟁점 논의에서 반복되는 사용자 측 불참이나 일부 노조의 탈퇴는 사회적 대화에 대한 국민 신뢰를 크게 훼손하고 있다.

이를 해결하기 위해서는 참여와 이행에 따른 인센티브와 제재를 병행하는 시스템 구축이 필수적이다. 우선 성실히 협상에 임하고 합의 결과를 이행한 주체에게는 정부 정책 결정 시 우선 반영 권한을 부여하거나, 관련 인프라 구축 및 직무 재교육 사업에서 국비 지원 우선권을 부여할 수 있다. 더 나아가 사회적 대화 기여상, 노사정 공로 표창 등 사회적 명예 인센티브를 통해 참여의 상징성과 긍정적 이미지를 부여하는 방안도 실효성이 높다. 이는 단기적 이익보다 중장기 신뢰 축적을 통해 조직의 공공적 책임을 강화하는 계기가 될 수 있다.

반면, 반복적 불참, 의도적 이탈, 합의 불이행 등에는 명확한 제재가 병행되어야 한다. 예컨대 특정 주체가 대화 참여를 장기적으로 회피할 경우, 정부 보조금 및 공공정책 사업 참여에서 배제하거나, 경사노위 내 발언권·의결권 제한 등의 조치를 취할 수 있다. 또한 매년 사회적 대화 주체별 참여 성실도와 이행 실적을 평가한 보고서를 공개함으로써, 국민적 감시와 도덕적 압력을 유도하는 것이 중요하다. 이는 단순한 제재를 넘어, 책임성과 투명성을 확보하기 위한 공공 감시 장치로 작용한다.

이러한 인센티브-제재 기반 시스템은 자발성을 해치지 않으면서도, 참여자들의 책임감을 강화하는 최소한의 실천 거버넌스다. 사회적 대화는 강제력 없는 합의가 아니라, 신뢰와 책임의 교환을 제도화하는 과정이다. 이제 경사노위는 참여의 자율성만을 강조할 것이 아니라, 그 자율성이 책임의 조건 위에서 작동할 수 있도록 제도적으로 설계되어야 한다. 이것이야말로 실질적 사회적 대화의 첫걸음이다.

합의 이행 모니터링과 평가 시스템

사회적 대화가 형식적 구호에 그치지 않고 실질적 제도로 이어지기 위해서는 합의 이행에 대한 체계적 모니터링과 평가 시스템이 반드시 구축되어야 한다. 현재 경사노위를 비롯한 국내 사회적 대화기구들은 합의서 체결 이후 그 이행 여부에 대한 공식적 점검이나 평가 메커니즘이 매우 부족한 상태다. 이로 인해 다수의 합의사항이 실제 정책과 제도로 연결되지 못하고, 참여 주체들 사이에 '합의 무용론'이 확산되고 있는 실정이다.

이를 개선하기 위해서는 우선, 외부 전문가와 제3기관이 참여하는 독립적 평가기구, 예컨대 사회적 합의 이행 평가위원회를 설치해 정기적으로 이행률을 점검해야 한다. 이 위원회는 합의문 각 조항에 대해 구체적인 이행지표와 체크리스트를 마련하고, 각 주체의 실적을 근거기반으로 평가하는 역할을 담당해야 한다. 예컨대 임금체계 개편을 위한 시범사업 실시라는 합의가 있었다면, 실제로 관련 법안 발의, 예산 배정, 사업 개시 여부까지 구체적으로 추적할 수 있는 지표를 마련하는 것이다.

또한, 평가결과는 정기보고서 형태로 공개되고, 각 단체별 이행도에 따라 '사회적 대화 신뢰지수'(Social Dialogue Reliability Index)를 부여하는 방식이 도입될 수 있다. 이 지수는 공공정책 참여 선정 기준, 인센티브 제공, 정부 간담회 초청 우선권 등과 연계되어, 실질적 동기부여 수단으로 작동해야 한다. 유럽연합이나 OECD 국가들은 이미 주요 사회적 대화 주체에 대한 신뢰등급, 이행이력, 협상력 지표 등을 활용하여 공공정책 설계에 반영하고 있다.

사회적 대화는 결정보다 이행에서 무너지는 경우가 더 많다. 따라서 실효성 있는 대화를 위해서는 협상 결과에 대한 사후적 감시와 객관적 평가가 제도적으로 내재화되어야 하며, 이를 통해 신뢰 기반의 협력적 거버넌스로 전환되어야 한다. 단지 앉아서 협의하는 것을 넘어, 책임 있게 실천하고 평가받는 문화가 정착될 때, 비로소 한국의 사회적 대화는 실질적 혁신을 이룰 수 있을 것이다.

의제 설정 구조의 개방성과 접근성 확대

사회적 대화의 실질화를 가로막는 핵심 문제 중 하나는 '의제 설정의 폐쇄성'이다. 현재 경사노위의 의제는 주로 정부 또는 위원회 내부에서 사전 조율된 안건이 상정되는 방식으로 운영되며, 국민이나 현장 노동자의 문제의식은 체계적으로 반영되지 못하고 있다. 이로 인해 사회적 대화는 실제 갈등과 요구로부터 유리된 형식적 협상에 머무르고, 시민사회로부터 그들만의 대화라는 비판을 받는 것이다.

이러한 한계를 극복하기 위해서는 의제 설정 구조를 현장 기반·참여 기반·전문성 기반으로 개편하는 것이 핵심이다. 첫째, 국민참여형 의제 제안 플랫폼을 온라인 기반으로 구축해야 한다. 예컨대 대통령실에서 국민청원과 유사한 형태로 사회적 대화 전용 포털을 운영하고, 실시간 설문조사, 주제별 시민토론 게시판, 온라인 패널제 등을 통해 시민과 노동현장 종사자가 직접 의제를 제안할 수 있는 구조를 만들어야 한다. 일정 수 이상의 추천이나 참여가 모이면 자동 상정하거나 검토 절차에 돌입하도록 규정함으로써, 사회적 대화의 정당성과 실질성을 높일 수 있다.

둘째, 지역 및 업종별 토론회 정례화가 필요하다. 수도권 중심의 논의 구조를 탈피해 전국 주요 산업단지, 중소기업 밀집지, 농어촌·비수도권 도시 등에서 분기별 '이해관계자 대화 테이블'을 개최해야 한다. 이를 통해 플랫폼노동자, 간병인, 소규모 자영업자, 청년 창업자 등 지역 기반의 다양한 주체들이 직접 현안을 제기하고 정책 의제로 연계될 수 있는 통로를 마련할 수 있다. 이러한 현장 연계형 구조는 '포괄적 대표성'을 뒷받침하는 실천적 장치가 된다.

셋째, 사회적 대화의 논의 수준을 높이기 위해서는 전문가 집단과의 구조적 연계 강화가 병행되어야 한다. 노동법, 사회보장, 디지털 전환, 기후노동, 인구구조 등 핵심 쟁점에 대해 각 분야별 자문단을 상시 운영하고, 논의 안건별로 사전 기술보고서 또는 쟁점자료를 제공해야 한다. 이때 학계뿐 아니라 연구기관, 실무자 중심의 전문가 풀을 활용해 논의의 깊이와 실현가능성을 동시에 담보해야 한다.

의제 설정이 열려 있어야 협상이 살아 움직이고, 현장이 반영되어야 합의가 사회적 수용성을 갖는다. 한국 사회적 대화가 형식과 구호를 넘어 실질과 실행으로 나아가기 위해서는 의제 설정의 민주화와 탈중앙화가 그 출발점이 되어야 한다. '위로부터의 대화'에서 '현장으로부터의 대화'로—이제는 구조를 바꿔야 할 때다.

갈등사회에서 협치사회로

한국 사회는 지금 '갈등관리의 한계'와 '정책 신뢰의 부재'라는 이중 위기에 직면해 있다. 정치권의 양극화, 노사 간 첨예한 대립, 세대·지역·직업 간 불균형은 단순한 이견의 차원이 아니라, 사회 전체의 신뢰 기반을 약화시키는 구조적 갈등으로 이어지고 있다. 이런 시대에 사회적 대화는 단순한 정책 조정의 장치가 아니라, 민주주의를 심화하고 공동체적 연대를 복원하는 핵심 인프라로 기능해야 한다. 이는 협상의 기술이 아니라, 함께 사는 방식을 재구성하는 정치철학의 문제다.

그러나 지금의 경사노위는 그 이상에서 한참 멀어져 있다. 정부의 정책 추진을 위한 형식적 통로, 조직노사 간 정치투쟁의 전장, 공익위원의 방패막 역할로 전락한 현실은 사회적 대화가 국민 신뢰를 얻지 못하는 근본 이유다. 대화가 권력화되고, 참여가 전략화되며, 합의가 선언으로 전락하는 구조 속에서 '대화의 본질'은 실종되었다. 2024년 기준, 경사노위에서 논의된 10대 핵심 과제 중 실제 입법이나 정책 실행으로 이어진 것은 2건에 불과하다는 통계는 그 무력화를 상징적으로 보여준다.

이제는 외형이 아닌 본질의 재구성이 필요하다. 경사노위는 노사정 3자 틀을 넘어 다양한 시민사회와 세대를 포괄하는 공론적 협치 플랫폼으로 재편되어야 하며, 대표성·투명성·책임성이 담보된 거버넌스를 구축해야 한다. 무엇보다, 정부는 경사노위를 정책 정당화 수단이 아닌, 정책 조율과 갈등조정의 독립된 구조로 존중해야 하며, 사용자와 노동계 역시 대화를 '투쟁의 수단'이 아니라 '협력의 기회'로 인식하는 패러다임 전환이 요구된다.

갈등사회에서 협치사회로 나아가기 위해 필요한 것은 제도만이 아니다. 그것은 대화가 가능하다는 믿음과 합의가 실현될 수 있다는 경험이다. 경사노위가 이러한 신뢰의 기반 위에 다시 설 때, 한국 사회는 단지 조정의 시대를 넘어 합의의 시대, 협치의 시대로 전환할 수 있을 것이다. 그것이 경사노위가 단순한 협의체를 넘어, 공적 대화의 중심축으로 거듭나야 하는 이유다.

요약

경사노위는 대표성과 독립성 부족, 정치적 종속성, 책임 없는 참여 등의 구조적 한계로 인해 실질적 사회적 대화기구로 기능하지 못하고 있다. 이를 해결하기 위해서는 다층적 위원회 구조 개편, 투명한 의사결정, 독립 재정과 인사 체계 구축, 참여 주체에 대한 인센티브 및 제재 시스템 강화가 필요하다. 아울러 의제 설정과정의 민주화와 사회적 여론 수렴체계 구축이 병행되어야 하며, 이러한 변화가 있어야만 경사노위는 '합의의 플랫폼'으로서 제 역할을 수행할 수 있다.

당신의 생각은?

1. 한국 사회의 정치적 양극화와 노사관계의 갈등 속에서 경사노위와 같은 사회적 대화기구가 실질적인 협치 기제로 작동할 수 있으려면 어떤 정치·사회적 조건이 필요할까?
2. 사회적 합의의 법적 구속력 강화를 위해 현재 우리 법체계에서 어떤 제도적 장치들이 가능하며, 이에 대한 정치적·사회적 수용성을 어떻게 높일 수 있을까?

정책제언

1 다층적 위원회 구조로의 전환

현행 조직노사 중심 구조에서 벗어나, 청년, 여성, 플랫폼 노동자, 중소기업 등 다양한 주체를 포괄하는 위원회를 구성해야 한다. 이를 통해 경사노위의 대표성을 획기적으로 보완하고, 사회적 신뢰 기반을 넓힐 수 있다.

2 사회적 합의 이행에 대한 제도적 보장체계 구축

합의 이행률을 평가하고 이에 따른 인센티브 및 제재를 병행할 수 있는 시스템을 도입해야 한다. 이를 통해 사회적 대화에 대한 책임성을 강화하고, 단순한 합의가 아닌 실질적 정책 연계로 이어질 수 있게 해야 한다.

3 법적 지위 강화 및 독립 기구 전환

경사노위의 법적 위상을 법률로 격상하고, 대통령 직속 구조에서 독립 기구 형태로 전환하는 방안을 검토해야 한다. 이를 통해 정치적 중립성을 확보하고, 진정한 사회적 합의의 플랫폼으로서 기능할 수 있다.

지역산업 연계 고용창출 방안 제시 필요하다

저탄소·디지털 전환과 지방시대의 교차점

세계는 기후위기 대응과 디지털 전환, 인구구조 변화라는 세 가지 거대한 물결 앞에 서 있었다. 탄소중립을 위한 녹색산업 투자, AI·데이터 중심 산업구조 개편, 고령화와 인구감소로 인한 경제·사회시스템의 재설계는 더 이상 중앙정부만의 과제가 아니었다. 이 변화는 지역의 삶, 일자리, 기업 생태계의 존립 조건과 직결되었고, 성장은 더 이상 수도권의 전유물이 아닌 지역 주도의 준비와 연결 역량에 달려 있었다. 이러한 인식 아래 윤석열 정부는 '지방시대'를 국가 아젠다로 선언하며, 신성장 4.0 전략과 함께 15대 프로젝트, 4대 특구(기회발전특구·도심융합특구·교육자유특구·문화특구)를 중심으로 지역발전 전략을 추진했다.

윤석열 정부는 특히 기회발전특구를 통해 지역에서 인재를 육성하고, 그 인재가 지역 내에서 정주하며 일자리를 갖는 선순환 지역경제 모델을 구현하고자 했다. 그러나 이런 방향성에도 불구하고, 정책 실효성에는 구조적 한계가 드러났다. 전 정부를 포함한 과거의 지역개발 정책들이 그랬듯, 이번 정부의 전략 역시 하드웨어 중심 개발에 집중되면서 산학연 협력, 중소기업 혁신, 인재 정착 등 지역 내부 생태계의 내실 있는 구축에는 미흡한 모습을 보였다. 실제로 기회발전특구 지정 지역 다수는 여전히 청년 유출이 심각했고, 입주 기업과 지역 인력 간 미스매치 현상도 반복되었다.

결국 윤석열 정부의 지방정책은 이전 정부들과 마찬가지로 특구 중심 개발이라는 구조적 한계를 극복하지 못했다는 비판을 받았다. 세제 감면, 토지 공급 같은 공급자 중심의 유인책은 일정한 투자 효과를 거두었지만, 지역 수요자와의 긴밀한 정책 설계가 부족했고, 디지털·저탄소 산업 전환을 위한 지역 맞춤형 고용 및 인재 전략도 충분히 구체화되지 못했다. 인프라 확충에 집중된 전략은 교육·문화·정주여건과의 유기적 결합 없이 진행되었으며, 이는 청년층의 지역 정착을 유도하기엔 역부족이었다. 이러한 평가 속에서, 지방시대의 완성은 선언이 아닌 설계의 문제였고, 중앙과 지역, 공급과 수요, 산업과 사람을 유기적으로 연결하는 생태계 중심 전략으로의 전환이 향후 과제로 남게 되었다.

기회발전특구와 도심융합특구의 의미와 한계

기회발전특구와 도심융합특구는 윤석열 정부가 지방시대위원회를 통해 주도한 대표적인 지역균형 발전 전략이었다. 기회발전특구는 지방자치단체가 수립한 발전계획을 중앙정부가 승인하고, 이에 대해 파격적인 세제 감면과 규제 특례를 부여하는 방식으로 운영되었다. 법인세와 소득세, 취득세, 상속세, 양도소득세까지 포함하는 전방위적 세제 인센티브는 과거 지역특구 정책과는 차별화된 요소였다. 특히 인구감소와 지방소멸 위기 지역에 대해선 보조금, 세제혜택이 한층 강화되어 지역 기업 유치에 유리한 조건을 제공했다는 평가를 받았다.

도심융합특구는 지역 대도시의 중심 상권을 청년과 기업, 창업과 연구가 공존하는 복합지구로 재구성하려는 전략이었다. 주로 KTX 역세권 등 교통접근성이 뛰어난 도심지를 대상으로 고밀도 복합개발이 가능하도록 도시계획 규제를 완화하고, 일자리-산업-정주 인프라가 통합적으로 들어설 수 있도록 설계되었다. 판교 테크노밸리의 지역 확장판을 지향한 이 모델은, 울산 중구 다운동과 울산역세권 등에서 시범적으로 추진되며 첨단산업 클러스터, 산학협력 인재양성 허브, 탄소중립 연구단지 등을 아우르는 복합형 혁신거점으로 주목받았다.

그러나 이러한 특구 정책은 몇 가지 구조적 한계를 드러냈다. 첫째, 기업 유치 없는 특구는 단지 '세금만 감면되는 빈 공간'으로 전락할 위험이 있다. 실제로 과거에도 유사한 세제 인센티브 정책이 시행되었지만, 수도권과 비교해 혁신역량과 인프라가 부족한 지방의 현실 속에서 기업의 실질적 이전은 제한적이었다. 둘째, 양질의 일자리가 없다면 청년 인재의 정착은 기대할 수 없으며, 단순 입지 유도만으로는 뇌관 유출 현상을 막을 수 없다. 셋째, 산업클러스터와 정주 환경이 유기적으로 연결되지 않으면, 인구 유입 효과는 일시적일 수밖에 없다. 특히 주거, 교육, 문화 인프라가 미흡한 지방 도심에서는 정주지속성이 낮아 청년층의 유출을 되돌리기 어려운 구조가 유지됐다.

이러한 점에서 기회발전특구와 도심융합특구가 실질적 성과를 창출하기 위해선 단순한 규제완화나 보조금 제공을 넘는 '통합 연계 전략'이 필수적이다. 산업유치-인재양성-정주여건-생활서비스가 선순환하는 구조, 즉 지역 생태계를 설계하는 관점이 필요하며, 중앙-지자체-산업계-교육기관이 공동으로 기획하고 실행할 수 있는 참여형 거버넌스 모델이 수반되어야 한다. 성공의 열쇠는 더 이상 세제 혜택이 아니라, 지역에서 살아갈 이유와 일할 기회를 함께 제공하는 데 있다.

지역 고용창출 전략의 구조적 과제

한국의 지역 고용정책은 오랫동안 국지적이고 단기적인 접근에 머물렀다. 광역경제권이나 메가시티 개념에 근거한 전략적 통합보다는, 개별 지자체 단위에서 상생형 일자리, 투자유치형 특구, 산업단지 조성 등의 단편적 사업들이 반복되었다. 이러한 사업들은 일정 수준의 고용 효과를 가져오기도 했지만, 지역 산업 생태계의 내적 성장력과 고용지속성을 뒷받침하는 기반을 구축하는 데는 한계가 있었다. 특히 광역 단위에서 산업 전략, 고용 정책, 인재양성 체계를 연계하고 설계한 사례는 드물었으며, 이는 장기적 고용창출의 구조적 병목으로 작용해왔다.

첫째, 산업과 고용의 분절이 문제였다. 많은 지역이 중앙정부의 산업 클러스터 육성 사업에 참여했으나, 실제로는 고용창출과의 연계성이 약했다. 예를 들어 첨단산업을 유치했음에도 불구하고 해당 지역 내 기술인력의 부족, 협력 중소기업의 부재, 정주여건 미흡으로 인해 일자리 대부분이 수도권 또는 외부에서 유입된 노동력에 의존하는 구조가 반복되었다. 산업은 들어왔으나, 고용은 남지 않았던 것이다.

둘째, 인재양성 체계의 단절도 심각한 병목이었다. 지역대학, 직업교육기관, 폴리텍 등의 역량이 지역산업과 연계되지 못한 채 독립적으로 운영되면서, 수요 기반 교육이 아닌 공급 중심 교육이 지속되었다. 한국고용정보원의 조사에 따르면, 2024년 기준으로 지역대학 졸업자의 63.4%가 지역 내 취업에 실패하고 있으며, 이는 지역 일자리와 교육의 괴리를 여실히 보여준다. 직무 적합성이 떨어지는 인재 배출은 결국 기업의 인력난과 청년의 이탈이라는 이중고를 낳고 있다.

셋째, 거버넌스의 단절 역시 구조적 제약으로 작용해왔다. 산업부, 고용부, 교육부 등 부처 간 정책 조정이 미흡하고, 중앙과 지자체 간 협력 체계도 형식적 수준에 그쳤다. 그 결과 지역 전략 수립 과정에서 중복 투자와 정책 간 충돌이 빈번했고, 중장기 고용 성과를 축적하는 데 실패했다. 최근 정부가 '산업고용성장위원회(가칭)'와 같은 통합 거버넌스를 논의한 것은 이 같은 병목을 해결하려는 시도였으나, 실질적 권한 분산과 예산 연계가 수반되지 않는다면 효과는 제한적일 수밖에 없다.

이제 지역 고용창출 전략은 산업-인재-고용-정주가 통합된 생태계 설계로 전환되어야 한다. 개별 사업을 나열하는 방식이 아닌, 광역 단위에서 산업과 인재 전략을 입체적으로 설계하고, 기업-대학-지자체가 공동으로 실행할 수 있는 구조를 만들어야 한다. 특히 디지털 전환, 그린 전환 등 미래 산업과 연계된 지역 맞춤형 직무 분석과 인력 수급 전망이 사전에 반영되어야 하며, 이를 바탕으로 지역교육과 직업훈련이 설계되어야 한다. 고용은 설계의 결과이지, 유치의 부산물이 아니다. 진정한 지역 고용 전략은 이 구조적 전환을 전제로 시작되어야 한다.

지역수요와 무관한 중앙정부 주도 설계

한국의 지역 특구 정책은 그동안 중앙정부 주도의 탑다운(top-down) 방식으로 설계되는 경우가 많았다. 특히 기회발전특구, 도심융합특구, 경제자유구역 등 상당수의 특구가 지역 고유의 산업 기반, 인력 수급 구조, 정주여건을 충분히 고려하지 않은 채 일괄적 기준과 획일적 프레임으로 지정되었다. 이로 인해 지역수요와 괴리된 개발이 진행되었고, 결과적으로 기업 유치에 실패하거나 조성된 지구가 공실 상태로 방치되는 사례가 반복되었다.

대표적인 문제가 바로 산업과 인력의 미스매치다. 중앙정부가 특정 첨단산업을 전략적으로 배치했지만, 해당 지역에는 해당 산업을 운영할 전문 인력이나 협력 중소기업 생태계가 부재했다. 실제로 한국산업단지공단의 2023년 자료에 따르면, 전국 1,200여 개 산업단지 중 공장 가동률이 50% 이하인 곳이 전체의 18.7%에 달하며, 지방권일수록 유휴지 비중이 높았다. 이는 단순한 기업 혜택만으로는 입주를 유도할 수 없다는 사실을 보여준다. 산업은 기술과 사람, 공급망이 결합된 생태계인데, 이는 단기적인 지구 조성만으로 형성되지 않는다.

또한 정주 인프라의 미비는 청년과 핵심인력의 유입을 가로막는 주요 원인이었다. 의료, 교육, 문화, 주거 등 생활 기반이 갖춰지지 않은 지역에 기업만 유치한다는 발상은 현실성이 떨어진다. 수도권 외 지역의 청년 인구 유출률이 지속적으로 상승하고 있는 것도, 단순한 고용의 문제가 아니라 삶의 질과 장기적 정착 가능성에 대한 회의에서 비롯된 결과다.

결국 이러한 문제의 핵심은 중앙 주도 계획과 지역 수요 간의 비대칭 구조에 있다. 특구 지정 및 산업 배치는 정치적 상징성과 단기 실적 위주로 기획된 측면이 강했으며, 지역 주민, 산업계, 교육기관과의 충분한 사전 협의가 생략되었다. 지역의 문제를 중앙이 설계하고, 지역은 이를 단순 집행하는 구조 속에서는 진정한 지방시대는 실현될 수 없다.

앞으로의 정책 방향은 수요기반 하향식(bottom-up) 접근으로의 전환이 핵심이다. 지역이 주도적으로 산업 전략과 인재 양성 모델을 설계하고, 중앙은 이를 지원하고 연계하는 구조로의 재설정이 필요하다. 주민참여형 의제 발굴, 지역 기업과의 공동기획, 지역대학의 전략적 동반자화 등이 그 기초가 되어야 한다. 중앙의 역할은 통제자가 아니라, 조정자이자 후방지원자로 변화해야 한다. 지역의 문제는 지역이 가장 잘 알고 있으며, 그 해법 역시 현장에서부터 출발해야 한다.

산업과 고용의 미결합: 투자 중심에서 일자리 중심으로

한국의 지역 산업정책은 오랜 기간 산업단지 조성이 기업 유치라는 물리적 개발 중심의 프레임에 갇혀 있었다. 그러나 산업단지가 들어섰다고 해서 곧바로 지역 고용이 창출되는 것은 아니다. 실제로 많은 산업단지가 조성된 이후에도 일자리로 이어지지 못하는 구조가 반복되었으며, 이는 단순히 기업을 유치하는 데만 집중하고, 고용의 내용과 지속 가능성에 대한 정교한 고려가 부족했기 때문이다. 즉, 산업과 고용이 구조적으로 분리된 채 추진되어 온 것이 한국 지역 고용정책의 고질적 문제였다.

이러한 문제는 산업 유형과 고용 구조의 불일치에서 기인한다. 예컨대 일부 첨단 제조업이나 자동화 비중이 높은 업종은 입주 기업 수에 비해 고용유발 계수가 낮아, 실질적인 일자리 창출 효과는 제한적이었다. 한국고용정보원이 2023년 분석한 자료에 따르면, 최근 5년간 신설된 산업단지의 평균 고용유발 효과는 계획 당시 추정치의 58%에 그쳤으며, 특히 지방 중소도시의 경우 청년층과 여성 고용 창출에서 부진한 실적을 보였다. 이는 단순히 산업을 유치한다고 해서 지역 주민의 일자리가 늘어나는 것이 아니라는 점을 명확히 보여준다.

또한 고용의 질과 지속가능성에 대한 고려 부족도 문제였다. 고용이 창출되더라도 대부분은 비정규직, 단기계약직 또는 간접고용 형태로 제공되어 지역의 노동시장 안정성과 삶의 질 개선으로 이어지지 못했다. 예를 들어, 모 지역에 조성된 자동차 부품산업단지에서는 납품업체 중심의 저임금 단순노동 일자리가 대부분을 차지했고, 이는 청년층의 유입보다는 오히려 외부 노동력에 의존하는 결과를 초래했다. 결국 고용의 수뿐만 아니라 질과 정착 가능성까지 포괄적으로 설계되지 않으면, 산업과 고용의 결합은 실현되기 어렵다.

이제 지역 산업정책은 투자 중심에서 고용 중심으로의 패러다임 전환이 필요하다. 산업단지를 계획할 때부터 해당 업종의 직무 유형, 요구 역량, 교육훈련 시스템, 정주 인프라까지를 통합적으로 고려하는 직무 기반 산업단지 설계가 요구된다. 지역대학 및 직업훈련기관과 연계한 수요기반 인재 양성, 중소기업과의 협력형 고용모델, 장기 고용 유도형 인센티브 체계 등은 필수적이다. 산업은 고용의 토대이며, 고용은 산업의 지속가능성을 결정짓는 핵심 요소다. 양자의 결합을 설계하지 않는 개발은 일시적 건설에 그칠 뿐, 지역의 미래를 열지 못한다.

인재양성과 일자리 미스매치

지역 고용정책의 실효성을 가로막는 핵심 병목 중 하나는 바로 인재양성과 일자리의 구조적 미스매치다. 많은 특구와 산업단지가 조성되었지만, 해당 지역 내 대학, 전문대, 폴리텍 등 교육기관이 양성한 인재가 실제 입주 기업이 요구하는 직무와 연결되지 못하는 사례가 빈번히 발생하고 있다. 특히 중소기업이 다수를 차지하는 지역형 특구에서는 이러한 인력 수급 불균형이 더욱 심각하게 나타난다. 고급기술 인재는 수도권이나 대기업 중심지로 유출되고, 지역에 남은 인재는 기업 수요와 역량의 불일치로 취업에 실패하거나 단기 일자리에 머무는 악순환이 반복되고 있다.

이러한 미스매치는 수요 미반영 교육체계에서 비롯된다. 지역 대학과 직업훈련기관은 여전히 중앙정부의 학사제도나 표준 커리큘럼에 따라 운영되는 경우가 많고, 지역 산업계와의 상시적 협의나 공동과정 운영은 미약하다. 예컨대 기계, 전기, 화공 등 일부 전통 기술계열은 공급이 과잉되지만, 반도체 장비 유지보수, 이차전지 품질관리, 스마트팩토리 운영 등 실제 기업이 요구하는 신산업 직무는 교육과정에 제대로 반영되지 않는다. 2024년 고용노동부 통계에 따르면, 지역 소재 중소기업의 67.2%가 '필요 인력을 지역 내에서 충원하지 못한다'고 응답했으며, 이는 단순 인력 부족이 아닌 직무 역량 미비에서 기인한 문제다.

또한 고급 인재의 이탈과 지역 정착 실패도 중요한 과제다. 특성화고, 전문대, 폴리텍 등에서 직업 교육을 받은 청년들이 지역 내 일자리와 연결되지 못하고 수도권으로 떠나는 이유는 단지 임금 수준 때문만은 아니다. 근무환경, 복지, 경력경로, 정주여건 등 종합적 조건이 취약해 머물 가치를 느끼지 못하기 때문이다. 반대로 기업 입장에서도 신기술을 다룰 수 있는 인재가 부족해 생산성 향상이나 고부가가치화에 제약을 받는다. 이처럼 양측의 기대가 엇갈리는 구조에서는 고용은 결코 지속가능하지 않다.

따라서 향후 지역 고용정책은 직무 중심 인재양성 체계의 구축으로 방향을 전환해야 한다. 지역산업 맞춤형 직무 분석에 기반한 공동 교육과정 운영, 기업 현장 실습과 연계된 트랙제 도입, 캠퍼스형 산단과 같은 물리적·제도적 연계모델이 적극 추진되어야 한다. 더 나아가 지역 중소기업이 일정 기간 고급기술 인력을 장기 고용할 경우 인건비 지원이나 연구개발 매칭 사업과 연계하는 방식의 인재 정착형 고용 인센티브도 도입할 필요가 있다. 인재와 일자리가 연결되지 않으면 산업은 성장할 수 없고, 지역도 지속가능하지 않다. 이제 고용의 관건은 교육이 아니라 조응이며, 고용의 품질은 연계의 깊이에서 결정된다.

정주여건과 인프라의 부족

지역 특구 정책이 일자리 창출에 집중되면서 종종 간과된 것이 바로 정주여건과 생활 인프라의 질이다. 많은 지역 특구가 일정 수준의 산업단지 조성이나 기업 유치에는 성공했지만, 해당 지역에 거주하며 일할 수 있는 정착 기반—즉 교육, 의료, 문화, 주거와 같은 생활 인프라가 부족하여 청년층의 실제 유입으로 이어지지 않는 구조가 반복되고 있다. 특히 20~30대 고학력 청년층은 근로 조건뿐 아니라 삶의 질 전반을 고려해 지역을 선택하는 경향이 강해, 단순한 일자리 제공만으로는 이들의 이주와 정착을 유도하기 어렵다.

이러한 문제는 특히 고밀도 복합개발을 목표로 한 도심융합특구에서 두드러진다. 울산, 대전, 전주 등에서 진행된 도심재생 및 첨단산업 집적지 조성 사례에서도 일정 수준의 산업클러스터와 오피스 공간은 구축되었지만, 그 주변에 문화예술 시설, 청년 주거, 육아·교육 인프라, 여가공간 등이 뒷받침되지 않아 청년층의 정주 지속성이 낮은 것으로 나타났다. 국토연구원(2024)에 따르면, 최근 5년간 지방 대도시 내 청년층 순이탈률은 평균 4.7%에 달했으며, 이들 중 68%는 '생활환경 불편'을 이탈 이유로 꼽았다.

또한 주거 안정성의 부재도 중요한 장벽이다. 공공임대주택이나 청년 맞춤형 주거가 충분히 공급되지 않거나, 산업단지 주변의 집값 상승으로 인해 실질적인 주거 접근성이 떨어지는 경우, 청년층의 정착은 더욱 어려워진다. 특히 비수도권 지역의 경우, 원룸 중심의 협소한 주거 환경, 낮은 대중교통 접근성, 다양한 문화 콘텐츠의 부재는 고학력 청년 인재에게는 결정적인 이탈 요인이 된다. 그 결과, 일자리는 있으나 사람이 머물지 않고, 산업은 유입되었으나 지역은 비어 있는 '고용의 유령화 현상'이 발생하게 된다.

정주여건은 선택이 아니라 고용정책의 핵심 인프라다. 이제 지역특구정책은 산업과 고용을 넘어 삶의 공간을 설계하는 관점으로 전환되어야 한다. 청년이 실제로 이주하고 정착할 수 있도록, 지역 내 교육환경 개선, 청년주거 공급 확대, 공공의료 접근성 강화, 문화 콘텐츠 확충 등이 병행되어야 하며, 이들은 단순한 지원 사업이 아니라 산업단지 조성의 전제 조건으로 통합 설계되어야 한다. 특히 중앙정부의 역할은 도시 재생사업, 지역정책, 주거정책 등을 통합하는 '정주복합 패키지' 형태의 지원 모델을 제공하는 데 있다. 일자리는 이주를 유인할 수 있지만, 삶의 질만이 그 지역에 머무를 동기를 만든다. 지역이 미래가 되려면, 일과 삶이 함께 설계되어야 한다.

독일, 미국, 일본의 시사점

지역 고용 창출과 산업 고도화의 성공 사례는 단순한 기업 유치나 인프라 구축에 그치지 않는다. 독일, 미국, 일본 등 주요 선진국은 산업과 인재, 정주 여건을 통합적으로 설계하는 시스템을 통해 지속가능한 고용 생태계를 만들어가고 있다. 이들 사례는 현재 한국 지역 고용정책의 병목, 즉 산업과 고용의 분리, 인재양성과 현장수요의 미스매치, 정주 인프라 부족 문제를 해결하는 실질적 방향을 제시한다.

독일은 '산업클러스터 + 듀얼트레이닝시스템'이라는 구조를 통해 지역산업과 고용을 긴밀히 연계하고 있다. 뮌헨의 자동차산업, 슈투트가르트의 기계산업 클러스터는 지역대학, 기술전문학교와 협력하여 현장 맞춤형 기술인력을 양성한다. 청년들은 학교와 기업을 오가며 실제 작업현장에서 숙련을 쌓고, 이는 교육 종료 후 곧바로 고용으로 이어지는 구조를 만든다. 이 시스템은 단순히 고용률을 높이는 데 그치지 않고, 청년의 지역 정착률을 제고하며 기업에게는 숙련된 인재의 안정적 확보를 가능케 한다.

미국 일부 주는 스킬스 트라이앵글(Skills Triangle)이라는 삼각 협력 모델을 통해 노동력 개발 전략을 설계하고 있다. 대표적으로 테네시주의 Tennessee Reconnect는 커뮤니티컬리지, 산업계, 지방정부가 공동으로 청년 및 중장년층의 재교육 프로그램을 운영한다. 일정 수준의 기술교육을 이수하면 지역 기업에 고용되는 경로가 명확히 설정되어 있으며, 이는 교육-고용 간 단절을 해소하는 데 효과적이다. 특히 교육과 경제개발, 고용정책을 하나의 정책체계로 통합한 점은 한국의 부처별 분절적 접근과는 대조적이다.

일본은 지방소멸 위기를 대응하기 위해 지방창생(地方創生) 전략을 추진하며, 특정 지역을 거점으로 인재 유치, 창업 생태계 조성, 정주 인프라 강화 등을 패키지형으로 설계하고 있다. 후쿠오카시는 스타트업 특구로 지정되어 창업 지원, 정주 인센티브, 지역대학 혁신을 유기적으로 연결한 전략을 운영 중이며, 이로 인해 젊은 층의 지역 회귀와 기업 유치가 동시에 이루어지고 있다. 이는 지역에서 일하고, 살고, 성장할 수 있는 구조가 설계될 때만이 실질적인 인구 유입과 고용 지속성이 가능하다는 것을 보여준다.

이들 사례가 주는 교훈은 분명하다. 성공적인 지역 고용전략은 산업단지 하나, 교육기관 하나, 기업 하나만으로 가능하지 않다. 산업 전략과 인재 양성, 정주 인프라, 제도적 인센티브가 통합적으로 기획되어야 하며, 그 설계는 중앙이 아니라 지역 주도-중앙 지원 방식으로 이뤄져야 한다. 단편적 지원을 넘어 생태계 중심으로 접근할 때, 지역 고용은 비로소 지속 가능해질 수 있다.

한국형 지역산업 고용전략의 방향

한국의 지역 고용정책은 이제 구조적 대전환이 필요한 시점에 도달해 있다. 지금까지의 정책이 개별 특구 조성, 단기 일자리 창출, 파편화된 훈련 중심으로 추진되어왔다면, 앞으로는 산업 구조의 변화와 인구 이동, 디지털·탄소 전환이라는 거대한 흐름을 반영한 광역 단위 통합 전략으로 재편되어야 한다. 이를 위해 다음 세 가지 방향이 핵심 축이 된다.

첫째, 광역단위 산업고용전략 체계화를 통해 메가리전 기반의 통합적 기 획 필요하다. 이제는 기초 지자체 수준의 개별 특구나 산업단지를 넘어서, 부울경(부산·울산·경남), 충청권, 동남권 등 광역경제권을 단위로 산업 발전과 고용 수급 전망을 통합한 전략 수립이 필요하다. 광역 단위의 노동시장 분석, 핵심 산업의 공급망 및 인력 수요 분석, 전환산업 대응을 위한 재훈련 계획까지 아우르는 지역 고용청 수준의 전략 컨트롤 타워가 필요하다. 특히 산업 구조 전환에 따라 실직자와 이직자를 대상으로 한 직무 전환 훈련 프로그램을 통합 계획에 포함시켜야 하며, 이들 계획은 지방정부 주도하에 중앙정부와 협업하는 방식으로 재구성되어야 한다.

둘째, 기업 중심 인재양성 협약제를 도입하고, 직무기반 산학협력을 고도화해야 한다. 산업단지나 특구에 입주한 기업들이 실제 필요로 하는 인재와 지역 교육기관이 배출하는 인재 사이의 미스매치를 해소하기 위해, 'LEA(Local Employment Agreement, 지역고용협약제)'를 법제화할 필요가 있다. 이 협약은 입주기업, 지자체, 대학 및 직업훈련기관이 함께 체결하며, 해당 기업의 직무 분석을 기반으로 맞춤형 교육과정을 설계하고 일정 교육 수료 후 채용까지 연계하는 구조를 갖는다. 독일의 듀얼트레이닝시스템과 미국 테네시주의 Reconnect 프로그램처럼, 기업이 훈련과정 설계에 주도적으로 참여하고, 지자체는 재정과 인프라를 지원하는 '책임공유형 인재양성 생태계'가 만들어져야 한다.

정주 생태계 중심의 고용 유인 전략을 통해 삶의 질을 높이는 복합거점 육성해야 한다. 고용전략이 단지 투자유치에 머무르면, 산업은 남고 사람은 떠나는 이탈구조가 반복된다. 앞으로는 청년층과 기술인재가 지역에 정착할 수 있는 정주 생태계 구축이 고용 유인의 핵심 전략이 되어야 한다. 이를 위해 문화, 교육, 의료, 보육, 청년주거 등 정주 여건이 복합적으로 갖춰진 도심융합형 복합거점을 집중 육성하고, 해당 지역의 브랜드 가치를 높이는 전략이 병행돼야 한다. 후쿠오카의 스타트업 특구 사례처럼, 창업 지원과 삶의 질을 동시에 확보하는 도시형 고용전략이 지역 유입을 견인할 수 있다.

결국 한국형 지역 고용전략의 핵심은 '산업-인재-정주'의 삼각 구도를 통합 설계하는 데 있다. 이는 단지 행정 구역을 넘어서는 광역 단위의 협력과 거버넌스를 요구하며, 산업과 고용정책, 교육과 도시계획이 분절되지 않고 유기적으로 작동하는 정책 생태계를 만들어야 한다는 것을 의미한다. 지역이 경쟁력을 갖기 위해 필요한 것은 대기업 한두 곳이 아닌, 사람과 일, 삶이 함께 성장할 수 있는 구조다. 한국의 지역 고용정책은 이제 그 방향으로 나아가야 한다.

요약

지역산업 연계 고용정책은 단순한 기업유치나 특구 지정만으로는 실질적 효과를 낼 수 없다. 산업-고용-교육-정주의 연계 전략이 필요하며, 지역주도의 광역단위 전략체계 수립과 통합적 정책 설계가 관건이다. 글로벌 사례에서 보듯 지속가능한 지역 일자리는 기업, 사람, 생활환경을 동시에 엮는 시스템에서 탄생한다. 한국형 특구정책은 이제 물리적 공간을 넘어 '일자리 생태계'를 설계하는 단계로 나아가야 한다.

당신의 생각은?

1. 기존 경제특구 정책의 성과와 한계는 무엇이며, 이를 개선하기 위해 어떤 방식의 지역주도 고용 전략이 필요할까? 단순한 세제혜택을 넘어 일자리와 인재양성 연계, 정주 기반 구축이 필요하다는 문제의식에 대해서 생각해 보자
2. 광역단위의 산업전환에 따른 고용충격을 완화하기 위한 중앙-지방 간 역할분담은 어떻게 이루어져야 할까? 산업구조 변화에 따른 실직자 대책, 재교육 시스템, 기업 유치 지원에 대해 중앙정부와 지방정부 간 권한·재정 분담에 대해 생각해 보자.

정책제언

1 지역 기반 광역 일자리전략본부 설치 및 메가리전별 고용거버넌스 구축

부울경, 충청권 등 광역단위별로 고용수급 전망과 산업전환 계획을 기반으로 통합 거버넌스를 구성하여 특화전략을 수립해야 한다. 이를 통해 정책 중복을 방지하고, 거시적 일자리 이동을 유도할 수 있다.

2 기업 참여형 인재양성-고용 연계제도(L-EA) 법제화

특구 내 기업이 요구하는 직무 기반 인재양성 프로그램을 설계하고, 이에 따라 지방대·직업학교와 협약을 체결하는 제도를 도입할 수 있다. 이는 지역 내 인재의 정착률을 높이고, 기업의 투자 지속성을 제고하는 데 기여할 수 있다.

3 정주기반 중심 복합거점 집중 육성 및 생활 SOC 통합 지원

도심융합특구를 모델로, 문화시설·공공의료·보육 등 생활 인프라와 함께 청년창업 공간을 복합 설계가 필요하다. 특화 클러스터에 정주 기반을 통합 제공함으로써 지역 유입인구 확대 및 장기 정착을 유도해야 한다.

2장

일의 시간, 돈의 가치

임금과 근로시간을 다시 묻다

한국 노동시장은 장시간 노동, 낮은 임금 만족도, 노동시장 이중구조 등의 복합 문제에 직면해 있다. 주 4일 근무제 도입 논의는 삶의 질 향상과 생산성 제고라는 기대 속에, 산업별 적용 가능성과 노동계·경영계의 우려가 교차하는 이슈다. 최저임금 결정체계는 단일 기준의 경직성과 사회적 합의 부족으로 반복되는 갈등을 낳고 있으며, 업종별·지역별 차등화 등 재구조화가 필요하다. 정부가 추진 중인 근로시간제도 개편은 유연성을 높이려는 시도지만, 과로사회 우려와 실질적 선택권 보장이 핵심 쟁점이다. 특히 포괄임금제는 임금의 투명성과 초과근로 보장 문제로 비판받고 있으며, 제도의 남용을 막기 위한 명확한 가이드라인과 근로시간 기록의 디지털화가 요구된다. 결국, 일의 시간을 조정하고 돈의 가치를 바로 세우는 것은 단순한 제도 변경이 아니라, 새로운 노동 철학과 사회적 합의를 설계하는 일이다.

한국 노동시장 이슈와 과제

다시, 한국 노동시장 출발점에 서다

2023년 윤석열 정부가 '노동시장 개혁 원년'을 선언했을 때, 그 방향성은 분명했다. 디지털 전환, 인구 고령화, 글로벌 공급망 재편이라는 구조적 변화 앞에서, 한국의 경직된 노동시장을 유연하게 재구조화하고 대기업·정규직 중심의 이중구조를 완화하겠다는 의지였다. 근로시간 제도 개편, 직무급 중심 임금체계 도입, 플랫폼 노동자 보호 확대 등의 의제는 세계적인 흐름과도 궤를 같이했다. 하지만 2023년 기준 정규직 대비 비정규직 임금은 여전히 30% 이상 낮았고, 고용 형태별 복지 격차도 좀처럼 개선되지 않았다. 내용만으로는 제도 개혁이 작동하지 않는다는 현실이 선명해졌다.

이후 2년의 전개는 개혁의 방식이 얼마나 중요한지를 보여주는 역설의 연속이었다. 사회적 대화는 사실상 단절되었고, 정책 추진은 노사정 간 불신을 심화시켰으며, 궁극적으로는 2025년 4월 대통령 탄핵이라는 정치적 격랑과 맞물렸다. 현장과의 괴리, 절차적 정당성의 결여, 일방적 강행이 어떤 파국을 초래하는지를 한국 사회는 뼈아프게 경험했다. 신뢰를 배제한 개혁은 오래가지 못한다는, 낡지만 잊혀졌던 교훈이 다시 소환된 셈이다.

현재, 우리는 다시 출발점에 서 있다. 중요한 것은 '무엇을' 바꿀 것인가와 더불어, '어떻게' 바꿀 것인가이다. 개혁은 대상이 아니라 과정이고, 전략이 아니라 관계다. 정책의 설계와 집행에서 포용성과 협의가 중심이 되어야 한다. 노사정이 다시 마주 앉을 수 있는 공론의 장을 복원하고, 이해관계자 간 타협을 전제로 한 점진적 이행이 필요하다. 이제 필요한 것은 기술적 해법이 아니라 사회적 신뢰이며, 개혁의 성공은 더 많은 사람을 설득하고 함께 가는 능력에 달려 있다.

글로벌 흐름과 한국의 현실: 유연성과 안정성의 균형

노동시장의 유연성은 이제 생존을 위한 필수 조건이다. AI와 디지털 기술은 산업의 구조를 급속히 재편하고 있으며, 고령화와 청년 인구 감소는 노동 공급 측면에서 이미 심각한 압박을 가하고 있다. 이와 같은 다중 구조적 충격 속에서 과거의 경직된 노동제도로는 미래를 대응할 수 없다. 그러나 단순한 유연성 확대는 오히려 불안정한 고용을 양산할 수 있다. 생애주기별 사회안전망, 고용보험 및 소득보전, 재교육과 직무전환 지원체계 없이 유연성만 강조하는 방식은 지속가능하지 않다. 문제는 속도가 아니라 균형이다.

덴마크는 유연안정성(flexicurity)의 대표 사례로, 해고는 자유롭게 하되, 실업급여와 전환교육을 통해 이직자의 생계와 미래 고용을 동시에 보장하는 시스템을 구축해 왔다. 덴마크의 실업급여는 최대 소득의 90%까지 보전되며, 급여 수급자는 직업훈련 참여를 전제로 실질적인 노동시장 재진입을 유도받는다. OECD의 고용보호지수(EPL Index)에 따르면, 덴마크는 2024년 기준 유연성과 안정성 양 측면에서 가장 이상적인 모델로 평가된다. 이는 단순히 복지 수준의 문제가 아니라, 국가가 일하는 사람의 전 생애 경로를 설계 가능한 구조로 만드는 데 집중하고 있다는 점에서 시사점이 크다.

독일은 하르츠 개혁을 통해 유연화를 추진하면서도, 노동시장 통합을 위한 적극적 정책을 병행하였다. 2003년부터 도입된 이 개혁은 비정규직 확대와 함께 실업자 대상 직업훈련, 구직지원 시스템을 강화하였고, 그 결과 2024년 고용률은 80%에 달했다. 특히 독일은 연대임금 정책과 산업별 협약체계를 바탕으로 노동시장 불평등을 억제하고 있으며, 청년 실업률은 6.2%로 EU 평균의 절반 수준에 머물러 있다. 반면 한국은 플랫폼 노동자와 고령자의 노동시장 진입을 유도하면서도 아직까지 직무전환·재취업 교육과 소득보전 장치는 취약한 실정이다. 일본은 계속고용 제도를 법제화하고, 고령자의 건강관리, 직무 재설계 등을 통해 65세 이상 고용률을 25.1%(2023년 기준)까지 끌어올렸다. 이는 같은 해 한국의 17.3%보다 훨씬 높은 수치로, 제도적 뒷받침과 기업 내부 혁신의 결합이 만들어낸 결과다.

결국, 한국의 노동시장도 더 이상 '정규직 보호 vs 비정규직 양산'이라는 이분법을 넘어서야 한다. 유연성과 안정성은 양립할 수 있으며, 이를 실현하는 핵심은 노동시장 제도와 사회안전망, 직업훈련, 그리고 사회적 합의라는 네 축의 정합성이다.

한국 노동시장의 구조적 병목: 이중구조와 사회적 이동성 저하

한국 노동시장의 이중구조는 이제 단순한 격차의 문제가 아니라, 사회 전체의 이동성과 성장 가능성을 제약하는 구조적 병목으로 작동하고 있다. 대기업 정규직과 중소기업·비정규직 간 임금·복지·경력경로 격차는 OECD 평균을 상회하며, 청년층의 좋은 일자리 쏠림 현상은 중소기업의 인력 공백과 높은 이직률로 이어지고 있다. 이는 기업의 지속가능한 성장뿐 아니라 노동자의 경력 설계와 직업 안정성에도 심각한 영향을 미친다. 무엇보다 입사 시점에 따라 평생 노동조건이 고착되는 구조는 사회적 연대 기반을 약화시키고, 세대 간 불균형을 고착화하는 요인이 되고 있다.

2024년 기준 통계청 자료에 따르면, 300인 이상 대기업 정규직의 평균 연봉은 약 9,840만 원, 5인 미만 중소기업 비정규직은 3,420만 원으로 무려 2.9배에 달한다. 이 격차는 단순한 연봉의 차이를 넘어, 복리후생, 직업 안정성, 승진 경로, 직무교육, 연금 수급 가능성 등 전 생애에 걸친 노동의 질 차이로 구조화되어 있다. 특히 중소기업 종사자의 절반 이상은 근로자 직업훈련을 한 번도 받아본 적이 없다는 조사결과는, 노동시장의 내적 이동성이 얼마나 제한되어 있는지를 보여주는 방증이다. 이러한 격차는 청년층의 중소기업 진입을 가로막고, 궁극적으로는 사회 전체의 생산성 저하로 이어진다.

이러한 문제 인식을 바탕으로 정부는 직무급제 도입, 근로시간 선택제 확대, 플랫폼 노동자 보호 강화 등을 추진해 왔다. 하지만 정책 설계와 실행 과정에서 몇 가지 결정적인 한계가 드러났다. 첫째, 노동시장 개편의 직접 대상인 노동계와의 실질적 협의가 부족했고, 노사정위원회는 형해화된 기구로 전락했다. 둘째, 정책의 정합성과 실행력에 있어 중소기업 현실에 대한 고려가 미흡했으며, 현장 실증과 정책 실험이 동반되지 않았다. 셋째, 시민사회와의 소통 부족은 노동시장 개편에 대한 사회적 공감대 형성을 가로막았다. 결국 정책은 제도의 변화로 이어지지 못하고, 신뢰 없는 개혁이라는 부정적 인식만 남겼다. 노동시장 구조개혁은 더 이상 속도의 문제가 아니다. 지금 필요한 것은 정교함과 신뢰, 그리고 포용이다.

노동개혁의 실패 원인: 속도, 방식, 신뢰의 삼중 한계

윤석열 정부가 2023년 '노동시장 개혁 원년'을 선언하며 내건 개혁 방향은 시대적 요구에 부합하는 듯했으나, 노동개혁은 그 추진 방식에서 결정적인 한계를 드러냈다. 정부는 노동시장 유연화, 직무급제 도입, 플랫폼 노동자 보호 등 명분 있는 의제를 제시했으나, 그 실행에 있어 과도한 속도, 일방주의, 공론 부족이라는 삼중의 실패 요소가 겹치며 결국 신뢰를 잃었다. 그 결과, 개혁은 사회적 합의에 기반한 변화가 아니라 갈등과 불신을 확대시키는 정책 실패로 귀결되었다.

첫 번째 한계는 속도 중심의 개혁이다. 69시간제 개편안은 충분한 사회적 논의나 시범 적용 없이 급작스럽게 발표되었고, 특히 MZ세대를 중심으로 한 노동자들의 강한 반발을 불러일으켰다. 정책의 현실 적합성과 실행 가능성을 검증하는 절차 없이 선언-강행으로 이어진 방식은 사회적 수용성을 확보하지 못했다. 두 번째는 일방주의적 추진 방식이다. 개혁안의 기획과 설계 단계에서 노동계, 전문가, 시민사회의 의견이 배제되었고, 심지어 노사정위원회조차 실질적인 논의기구로 기능하지 못했다. 제도의 변화는 곧바로 삶의 변화로 이어지는 만큼, 정책 설계에 참여한 주체들의 정당한 이의 제기와 조율이 필수였지만, 이러한 조정 기제는 작동하지 않았다.

세 번째이자 가장 본질적인 한계는 정당성과 신뢰의 결여였다. 개혁 과정에서의 공론화 부족, 의사결정의 불투명성, 비민주적 절차는 정책 그 자체의 타당성을 흐리게 만들었고, 결국 민주노총과 한국노총이 공동 총파업에 나서는 등 사회적 저항이 폭발했다. 정책 실패의 대가는 컸다. 노동정책이 아니라 민주주의 절차가 무너졌다는 인식은 곧바로 국정 운영 전반에 대한 신뢰 붕괴로 이어졌고, 2025년 4월 대통령 탄핵이라는 정치적 파국을 초래했다. 이 사건은 노동개혁이 단순한 제도의 문제가 아니라, 사회적 합의와 민주주의의 기반 위에서만 실현 가능한 복합적 과제임을 다시금 일깨운다. 정당성 없는 개혁은 개혁이 아니라 갈등의 다른 이름일 뿐이다.

미래 전략: 세 가지 경로와 그 조건

현재, 한국의 노동시장 구조개혁은 다시 분기점에 서 있다. 대통령 탄핵이라는 정치적 충격 이후, 노동개혁의 정당성과 추진 방식에 대한 사회적 재검토가 본격화되고 있으며, 향후 우리가 어떤 전략을 선택하느냐에 따라 한국 사회의 고용 질과 산업경쟁력의 향방은 근본적으로 달라질 것이다. 실질적 선택지는 세 갈래로 압축된다. 점진적 개혁, 보호 중심 경로, 그리고 구조개혁 지연의 교착 상태다. 각각은 고유한 기회와 한계를 가지고 있으며, 그 선택에는 전제 조건과 부작용에 대한 냉정한 판단이 필요하다.

첫 번째 경로는 포용적 유연성을 바탕으로 한 점진적 개혁 모델이다. 이는 유럽형 유연안정성(flexicurity)을 준거모델로 삼아, 사회적 대화와 제도적 신뢰를 기반으로 노동시장 구조를 재편하려는 접근이다. 구체적으로는 연장근로 총량 제한과 건강권 보호장치를 병행하여 장시간 노동 문제를 해결하고, 직무급 도입 시에는 노사 합의 기반과 시범사업을 확대함으로써 수용성과 실효성을 높여야 한다. 또한 플랫폼노동자, 특수고용직, 비정규직 등 비정형 고용군에 대한 보호 장치를 강화하고, 적극적 노동시장정책(ALMP)을 통해 직업훈련 인프라를 확대해야 한다. 이러한 점진적 전략은 노사정 대화를 정례화하고 온라인 시민참여 플랫폼을 도입함으로써 정책 설계의 민주성과 정당성을 회복할 수 있다는 점에서 가장 지속 가능한 경로로 평가된다.

두 번째 경로는 노동자 보호를 중심으로 한 규제 강화 모델이다. 이는 개혁 추진의 정당성 확보에 실패한 이후 정치권이 선택할 수 있는 단기적 대응 경로로, 노동자의 권익 보호를 위한 강제 입법을 중심에 둔다. 비정규직 차별금지법 제정, 플랫폼노동자에 대한 근로자성 인정 확대, 감정노동 보호법 및 직장 내 괴롭힘 금지 조항 강화, 그리고 5인 미만 사업장에 대한 근로기준법 전면 적용 등이 포함될 수 있다. 이 경로는 단기적으로는 취약계층 보호에 효과가 있을 수 있으나, 규제 중심의 접근은 기업의 고용 유연성을 저해하고, 청년층의 진입시장 경직화를 심화시킬 수 있다. 장기적으로는 생산성 향상과 혁신 유인을 약화시키며, 노동시장 내부의 유연 대응 능력을 감소시킬 위험도 존재한다.

마지막 경로는 노사정 갈등과 정치적 혼란 속에서 구조개혁이 장기 지연되는 교착 상태다. 이는 선택이라기보다는 무선택의 결과로 나타나는 위험 시나리오로, 현장 혼란은 지속되고, 제도 개편은 반복적인 유보와 후퇴 속에서 표류하게 된다. 이 경우 대기업-중소기업, 정규직-비정규직 간 격차는 더욱 고착화되고, 사회적 이동성과 고용의 질은 하향 평준화된다. 국제 경쟁에서도 후발 국가에 비해 상대적 열위를 면치 못할 것이며, 청년 세대의 사회 진입 지연과 고령층의 불안정노동 확산 등 전 세대적 고용위기가 현실화될 수 있다.

결국 어느 경로를 택하든, 핵심은 정당성과 실효성을 갖춘 실행 체계의 복원이다. 지금 이 시점에서 필요한 것은 빠른 개혁이 아니라 '올바른 전환'이며, 사회적 신뢰 위에 설계된 노동정책만이 미래세대의 노동 안정성과 국가경쟁력을 동시에 보장할 수 있다.

플랫폼 노동자와 새로운 고용형태 대응

2025년 현재, 한국의 플랫폼 노동 종사자는 약 260만 명에 달한다. 이는 전체 취업자의 약 9%에 해당하는 규모로, 이미 하나의 주요 고용형태로 자리잡았다. 그러나 이들 대다수는 기존 노동법과 사회보험 체계 바깥에 위치해 있으며, 고용계약이 아닌 위·수탁 계약 또는 개인사업자 형태로 처리됨에 따라 산재보험, 고용보험, 국민연금 등 기본적 사회보장제도의 보호를 받지 못하고 있다. 특히 배달·운송, 온라인 콘텐츠, 가사서비스 분야에서의 고용불안, 소득 변동성, 알고리즘 기반의 통제 강화는 새로운 유형의 '디지털 프레카리아트(digital precariat)'를 양산하고 있다는 비판이 거세지고 있다.

유럽연합(EU)은 이에 대해 2023년 '플랫폼 노동자 지침(Directive on Platform Work)'을 통해 법적 근거를 마련하였다. 이 지침은 사용자의 통제 조건이 일정 수준 이상이면 노동자성을 추정(presumption)하는 원칙을 도입했고, 계약 형식이 아닌 실질적 종속성을 기준으로 근로자 보호를 확대하였다. 프랑스 대법원은 2020년 우버 운전자의 사용자-종속 관계를 인정하여 산재보험과 실업급여 적용 판결을 내린 바 있으며, 스페인과 벨기에도 유사한 입법을 완료했다. 이러한 변화는 플랫폼 노동을 혁신의 영역이 아닌 규범의 영역으로 끌어들였다는 점에서 의미가 크다.

한국도 이제는 단편적 시혜적 조치가 아닌, 구조적 제도 개편을 본격화해야 할 시점이다. 첫째, 플랫폼 종사자 보호를 위한 특별법 제정이 필요하다. 특수형태근로종사자와 프리랜서를 포괄하는 제3의 고용범주를 명확히 하고, 노동자성과 사용자성의 판단 기준을 법제화해야 한다. 둘째, 사회보험의 단계적 당연적용을 확대하고, 저소득 플랫폼 종사자를 위한 보험료 지원 및 소득파악 인프라를 정비해야 한다. 셋째, 알고리즘 통제의 투명성 확보와 이의제기 절차 마련을 통해 디지털 기반의 노동 통제가 헌법적 권리와 충돌하지 않도록 해야 한다. 넷째, 플랫폼 기업에 대한 사용자 책임 부과를 통해 '책임 회피형 경영'이 아닌 '참여적 고용모델'로 전환을 유도해야 한다. 플랫폼 노동의 제도화를 위한 이 네 축이 결합될 때, 우리는 유연성과 보호가 공존하는 미래형 노동시장을 설계할 수 있을 것이다.

직업훈련과 재교육: 인력 전환의 허리

AI 도입과 산업구조 전환의 가속화는 한국 노동시장에 전례 없는 인력 미스매치를 유발하고 있다. 한쪽에서는 청년 구직자들이 전공과 직무 간의 불일치로 인한 구직 실업에 고통받고, 다른 한쪽에서는 중장년층이 기존 기술의 낙후화로 인해 직무 전환의 기회를 찾지 못한 채 노동시장 주변부로 밀려나고 있다. 한국고용정보원 조사에 따르면, 2024년 기준 국내 청년층 실업률은 7.1%에 달했고, 50대 이상 구직자 중 40%는 "이전 직무와 유사한 일자리를 찾기 어렵다"고 응답한 바 있다. 이러한 이중 위기를 극복하기 위해서는, 직업훈련과 재교육을 노동시장 '허리'로 재정립하는 전략이 필수적이다.

핀란드는 '국가 직업훈련 포털(National Competence Service)'을 통해 선도적인 모델을 구축하고 있다. 이 시스템은 개인의 직무 역량을 진단하고, 경력 전환 경로를 설계한 뒤, 적절한 훈련 프로그램을 추천·연계하는 구조를 갖추고 있다. 국민은 자신의 데이터를 기반으로 맞춤형 교육을 선택할 수 있으며, 이는 국가 인력정책과 연계된 지능형 훈련 매칭의 대표적 사례로 꼽힌다. 싱가포르는 '스킬스퓨처 크레딧(SkillsFuture Credit)' 제도를 통해 전 국민에게 교육비를 지급하고 있으며, 이를 통해 2023년 기준 전 세대의 약 65%가 최소 1회 이상 재교육 프로그램에 참여했다. 이 두 사례는 학습의 권리가 노동전환의 핵심 기반이 될 수 있음을 입증하고 있다.

한국도 이제 양적 공급 중심에서 질 중심의 재교육 체계로 전환할 필요가 있다. 첫째, 직업계고와 전문대학의 구조조정을 통해 지역산업과 연계한 실무교육 체계를 정비하고, 기업과의 협업을 통해 현장 맞춤형 커리큘럼을 도입해야 한다. 둘째, 직업훈련기관에 대한 품질관리 및 성과평가 체계를 도입하여 실효성 있는 프로그램만이 지원을 받을 수 있도록 개선이 필요하다. 셋째, 중소기업 재직자 및 전직 예정자 대상의 재교육 예산을 대폭 확대해야 한다. 노동시장의 전환기는 위기이기도 하지만, 직업훈련 시스템이 촘촘하게 작동한다면 그것은 곧 사회 전체의 업그레이드 기회가 될 수 있다.

다시 '사회적 합의'로

노동시장 개선은 다시 시작되어야 한다. 그러나 이번에는 그 방식이 전혀 달라야 한다. 과거의 일방적 추진, 정쟁화된 의제 설정, 폐쇄적인 결정 구조는 2025년의 정치적 파국을 초래했다. 그 교훈은 분명하다. 진정한 개혁은 '무엇을'보다 '어떻게'의 문제이며, 개혁이 성공하려면 정보의 투명한 공개, 시민의 실질적 참여, 노사정 협의 구조의 재설계, 그리고 정책 실험을 통한 현장 검증이 병행되어야 한다. 다시 말해, 개혁의 출발점은 신뢰이고, 신뢰는 정당한 과정에서 비롯된다.

지속가능한 노동시장은 유연성과 보호, 효율과 정의, 성장과 분배의 균형 속에서만 구현될 수 있다. 디지털 전환과 인구 고령화, 글로벌 공급망의 재편은 한국 사회에 근본적인 노동구조 전환을 요구하고 있다. 그러나 이러한 거대한 변화 앞에서 우리는 단순한 속도 경쟁이 아닌, 사회적 설계 능력을 갖추어야 한다. 고용형태의 다양화, 직무 중심의 인사제도, 생애주기별 노동정책, 그리고 새로운 사회안전망 체계는 모두 대화와 협력, 조율을 통해 설계되어야 한다. 이 구조 없이는 그 어떤 제도도 현장에서 작동하지 않는다.

정답은 없다. 그러나 올바른 방향은 있다. 그것은 바로 정당한 과정을 통해 모두가 참여하고, 함께 책임지는 방식이다. 개혁이 권력의 도구가 아닌, 사회적 연대의 기초가 될 때, 우리는 다시 신뢰를 회복하고 미래를 설계할 수 있다. 노동개혁은 단지 노동의 문제가 아니라, 민주주의와 사회적 연대의 회복이라는 더 큰 질문에 대한 응답이 되어야 한다. 노동시장, 우리는 다시 길 위에 서 있다. 그리고 이번에는, 함께 가야 한다.

요약

윤석열 정부의 노동개현은 사회적 합의와 절차적 정당성을 확보하지 못해 실패로 귀결되었다. 특히 근로시간 개편과 직무급 도입 과정에서 노사정 대화의 부재는 사회적 신뢰를 붕괴시켰고, 이는 대통령 탄핵이라는 정치적 위기로 연결되었다. 이제 한국은 포용적 유연성을 기반으로 한 점진적 개혁 경로를 새롭게 설계해야 한다. 덴마크, 독일, 일본 등의 사례는 사회적 대타협을 통한 유연성과 안정성의 균형이 개혁의 핵심임을 시사한다. 앞으로는 플랫폼 노동자 보호, 직업훈련 강화, 비정규직 사각지대 해소를 포함한 통합 전략이 필요하다.

당신의 생각은?

1. 한국형 유연안정성 모델 구축을 위해서는 덴마크식의 자유로운 해고와 전환 지원이 가능한 환경이 마련되어야 하는데, 현행 제도와 문화 속에서 현실적인 구현이 가능한가? 구체적인 제도적 보완방안은 무엇이어야 하는가?
2. 플랫폼 노동자 보호는 노동자성 인정, 사회보험 적용, 알고리즘 투명성 보장 등 다양한 차원을 포함한다. 이들 권리 보장은 혁신성과 충돌하지 않고 병행될 수 있는가? 병행을 위한 제도적 중재 방안은?

정책제언

1 노사정 대화 구조의 실질화와 의제 공론화 시스템 구축

모든 노동시장 주요 정책은 노사정위원회 등 공식 사회적 대화기구를 통해 사전 합의와 절차적 정당성 확보 후 입법 및 실행을 원칙으로 삼아야 한다. 이는 노동정책의 신뢰도와 지속가능성을 높이고, 사회적 갈등과 불확실성을 최소화하는 효과를 가져올 것이다.

2 유연성과 보호의 균형을 반영한 제도설계 원칙 확립

노동시장 제도 개편 시에는 유연성과 보호 간 균형을 유지하는 원칙을 제도적으로 명문화해야 한다. 예컨대 근로시간 유연화에는 건강권 보호와 연장근로 상한 장치가 반드시 병행되어야 하며, 직무급 전환도 노동자 참여와 현장 실태를 반영한 맞춤형 설계가 필요하다. 이러한 균형 원칙은 기업의 경영 유연성과 노동자의 삶의 질을 동시에 보장할 수 있는 지속가능한 개혁의 기반이 된다.

3 비정형·플랫폼 노동자 보호를 위한 법·제도 정비

플랫폼 종사자, 특수고용 노동자 등 비정형 고용계층을 위한 별도 보호체계를 구축해야 한다.근로자성 판단 기준 확대, 사회보험 적용범위 확장, 계약서 작성 의무화, 집단교섭권 인정 등의 제도 개선이 필요하며, 디지털 경제의 고용 생태계 변화에 맞춘 법적 틀을 조속히 마련해야 한다. 이는 형평성과 포용성을 높이는 동시에, 새로운 고용형태의 지속 가능성을 뒷받침할 수 있다.

주 4일 근무, 미래를 위한 선택인가, 모험인가

노동시간을 묻다

대한민국의 노동시간은 여전히 세계 최상위 수준이다. 2024년 기준으로 우리나라의 연간 평균 노동시간은 약 1,874시간으로, OECD 평균(1,742시간)을 150시간 이상 초과했다. 이는 독일(1,343시간)이나 네덜란드(1,361시간)와 비교하면 무려 연간 500시간 이상 더 일하는 셈이다. 이러한 과로 중심의 노동문화는 저출산, 건강 악화, 삶의 질 저하 등 다양한 사회문제를 야기하고 있으며, 이로 인해 주 4일제는 단순한 노동시간 단축을 넘어 인간다운 삶을 위한 구조개혁 담론으로 자리 잡고 있다.

하지만 주 4일제의 전면 도입은 산업과 기업에 따라 다르게 작용한다. 일부 대기업과 IT기업들은 유연근무제 확대, 업무자동화, 비대면 업무환경 등을 활용해 시범운영에 나서고 있으나, 중소기업이나 제조업 중심의 업종에서는 인력부족과 비용 부담, 노동강도 심화에 대한 우려가 크다. 또한 동일 임금을 유지한 채 근무일을 줄일 경우, 기업의 생산성과 서비스 질 유지 방안, 공공서비스 공백 대응책 등도 필수적으로 논의돼야 한다. 최근 한국노동연구원의 조사에 따르면, 노동자 62.4%가 주 4일제 도입에 긍정적 반응을 보인 반면, 사용자 측에서는

68%가 시기상조라고 답했다.

주 4일제는 단순한 제도 변화가 아니다. 이는 한국 사회가 앞으로 어떤 노동 가치를 추구할 것인가, 노동과 삶의 균형을 어떻게 재설계할 것인가에 대한 총체적 물음이다. 디지털 전환과 인공지능 도입이 일의 성격 자체를 변화시키고 있는 지금, 우리는 양보다 질의 노동, 성과 중심의 시간 재편을 모색할 수 있는 결정적 기로에 서 있다. 주 4일제가 선택이 아닌 필연이 되기 위해서는, 사회적 대화와 정책 실험, 업종별 맞춤형 전환 전략, 복지·고용안전망 확충이 선행되어야 한다. 노동시간 단축은 곧 노동의 미래를 묻는 질문이며, 그에 대한 답은 신뢰와 연대를 기반으로 한 사회적 합의 속에서만 가능하다.

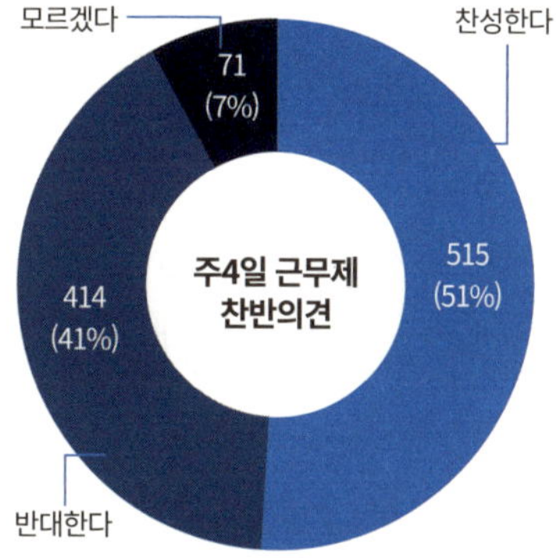

그림2. 주4일 근무제 찬반의견

자료: 한국리서치(2021)

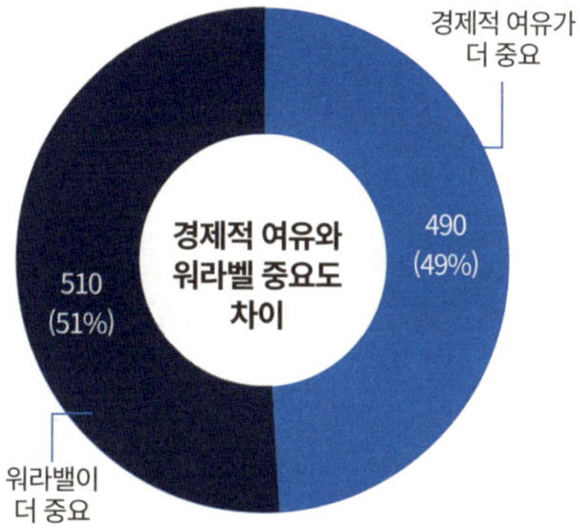

그림3. 경제적 여유와 워라밸 중요도 차이

자료: 한국리서치(2021)

노동의 재구성, 삶의 재설계

노동시간 단축을 향한 사회적 요구는 단지 피로의 문제를 넘어서고 있다. 2025년 3월 헤럴드경제 조사에 따르면 국민의 58%가 주 4일제 도입에 찬성한다고 밝혔으며, 특히 20대~40대의 지지율이 높게 나타났다. 이는 단순히 여가의 확대를 넘어서 삶의 우선순위와 정체성의 전환을 의미한다. 과거에는 '일이 삶을 규정'했다면, 이제는 '삶이 일의 방식을 결정'하려는 움직임이 본격화되고 있다. 이는 노동에 대한 패러다임의 전환이자, 미래세대가 요구하는 새로운 사회계약의 형태다.

실제 기업의 실험도 이러한 흐름을 뒷받침한다. SK텔레콤은 2023년부터 '월 2회 금요일 자율휴무'를 시범 도입했고, 직원 만족도는 14% 상승, 이직률은 8개월간 30% 감소하는 결과를 얻었다. 이는 단기적 복지 확대 차원이 아니라, 인재 유지와 조직 몰입도 향상이라는 경영 전략의 일환으로 해석할 수 있다. 포스코 ICT의 4.5일제 또한 같은 맥락이다. 금요일 오후 자율활용 도입 이후 팀당 과업 완결률이 10% 증가하며, 생산성과 자율성의 균형이 가능하다는 실증적 사례를 보여줬다. 이처럼 일부 선도 기업은 노동시간 재편을 비용이 아닌 경쟁력으로 바라보고 있다.

문제는 이러한 변화가 일부 대기업과 지식서비스 업종에 한정되어 있다는 점이다. 전국 단위의 보편 정책으로 전환되기 위해서는 업종별 맞춤형 제도 설계와 중소기업 지원, 디지털 인프라 확대, 직무재설계 툴 보급이 병행되어야 한다. 동시에 주 4일제가 고임금 정규직에만 국한되지 않도록, 비정규직·플랫폼 노동자·현장직 노동자들을 포괄할 수 있는 사회적 안전망 확충과 법·제도 정비가 필수적이다. 결국, 주 4일제는 단지 근무일수를 줄이는 문제가 아니라, '일의 방식과 사람의 삶을 어떻게 다시 설계할 것인가'에 대한 공동체적 해답을 요구하고 있다.

생산성 제고와 조직문화 혁신

생산성 제고는 단순한 효율의 문제가 아니라 일의 방식 전환의 문제다. 오늘날 기업의 생산성 제고는 더 이상 단순한 업무 효율 개선이나 시간 단축을 의미하지 않는다. 디지털 전환과 하이브리드 근무환경의 확산 속에서, 생산성은 '얼마나 많이 일하는가'보다는 '어떻게 일하느냐'에 초점이 맞춰지고 있다. 마이크로소프트, IBM, SAP 등 글로벌 선도기업들은 디지털 툴 기반의 협업체계, 실시간 데이터 기반 의사결정, 직무 중심의 유연한 팀구성 등을 통해 성과 중심의 생산성을 추구하고 있다. 이러한 변화는 단순한 기술 도입을 넘어, 일하는 방식 전반의 구조적 전환을 요구한다.

조직문화는 생산성을 끌어올리는 숨은 인프라다. 아무리 첨단 시스템을 도입하더라도 구성원이 자율성과 책임감을 느끼지 못한다면 성과는 제한적일 수밖에 없다. 실제로 맥킨지의 조사에 따르면, 심리적 안정감과 수평적 커뮤니케이션이 잘 구축된 조직일수록 혁신성과가 평균 2배 이상 높은 것으로 나타났다. 구글의 프로젝트 아리스토텔레스는 조직의 성과를 좌우하는 가장 중요한 요인으로 '심리적 안전감'을 꼽았으며, 이는 신뢰에 기반한 조직문화가 곧 생산성을 결정짓는 요인임을 시사한다. 조직문화는 생산성을 끌어올리는 보이지 않는 시스템인 셈이다.

생산성과 조직문화는 서로를 강화하는 전략적 파트너다. 생산성과 조직문화는 대립되는 개념이 아니라, 상호 강화적인 관계다. 예컨대 넷플릭스는 자유와 책임을 핵심 조직 가치로 삼아 자율성을 극대화하면서도, 그 자율이 성과와 연결되도록 성과관리 체계를 정교하게 설계했다. 이는 구성원에게 창의성과 몰입을 유도하고, 동시에 조직 차원에서는 탁월한 성과를 이끌어내는 선순환 구조를 형성한다. 한국 기업들 역시 성과 중심의 생산성과 심리적 안전감 중심의 문화를 이분법적으로 나누기보다, 양자의 통합적 조율을 통해 지속가능한 혁신을 추구해야 한다.

혁신의 지속 가능성은 '사람 중심의 생산성'으로 귀결된다. 장기적인 관점에서 조직이 지속가능한 성과를 창출하기 위해서는 단기 실적 중심의 관리 방식에서 벗어나야 한다. 최근 ATD(미국인재개발협회)와 SHRM(미국인사관리협회)은 공통적으로 '인간 중심의 생산성'(human-centric productivity)을 미래 조직의 핵심 키워드로 제시하고 있다. 이는 단지 복지 강화나 유연근무 확대에 그치는 것이 아니라, 구성원의 성장, 워라밸, 참여적 리더십, 경력 설계까지 통합한 총체적 접근을 의미한다. 결국 생산성 제고의 궁극적인 방향은 '사람을 위한, 사람에 의한 혁신'이어야 한다.

인재 유치와 소비 진작

주 4일제는 단순한 노동시간 조정이 아니라, 기업의 고용 전략과 국가경제에까지 영향을 미치는 포괄적 제도 변화로 작용하고 있다. 특히 '삶 중심 일'을 중시하는 MZ세대의 가치관 변화는 기업 인사담당자들에게 새로운 숙제를 던지고 있다. 뱅크샐러드는 2022년부터 전사적 주 4일제를 시행한 이후 개발자 채용 지원률이 3배 증가했으며, 우아한형제들 또한 파일럿 도입 이후 신규 입사자들의 제도 만족도가 92%에 달해, 근무환경 혁신이 인재 유치 경쟁력의 핵심 요소로 작용하고 있음을 보여준다. 이처럼 주 4일제는 기업 브랜딩, 조직문화, 채용 선순환을 동시에 유도하는 전략적 복지로 재조명되고 있다.

여가시간의 증가는 단순한 개인 만족도를 넘어서 국가경제에도 긍정적 파급효과를 미친다. LG경제연구원은 주 4일제가 시행될 경우 연간 민간소비가 약 2.1조 원 증가할 수 있다고 분석했으며, 이는 주로 문화, 관광, 레저 분야에서의 소비 확대를 통해 지역경제 활성화와 일자리 창출에 직결될 수 있다. 일본 도요타의 사례에서도 4일제 전환 이후 인근 지역의 주중 소비 증가가 확인된 바 있다. 이는 곧 여가 확대가 내수진작과 고용확대로 이어지는 선순환 구조를 만들어낼 수 있다는 점에서, 주 4일제가 단지 '노동정책'이 아닌 '경제정책'의 일환으로 접근되어야 함을 시사한다.

그러나 이러한 긍정적 효과는 정책 설계와 실행의 정교함에 따라 좌우된다. 노동시간 단축이 소비 확대와 고용 선순환으로 이어지기 위해서는, 대체 인력 충원에 대한 중소기업 지원, 문화·여가 산업의 인프라 확충, 시간제 일자리의 질적 개선 등이 병행되어야 한다. 또한 자율적 제도 도입이 아닌 법제화 논의로 전환될 경우, 기업 규모와 업종 특성을 고려한 단계별 로드맵 마련이 필수적이다. 주 4일제는 단지 쉬는 날이 늘어나는 문제가 아니라, '어떻게 일하고 소비하며, 지속 가능한 경제를 구축할 것인가'에 대한 총체적 사회계약의 일부다.

비용 증가와 업무 강도 심화

주 4일제 도입은 노동자에게 더 많은 여유와 삶의 질 향상을 약속하는 동시에, 기업에게는 실질적인 비용 증가와 경영 불확실성이라는 부담으로 작용한다. 한국경제연구원(2023)에 따르면 주 4일제가 전면 도입될 경우 기업의 연간 인건비는 평균 12.3% 증가할 수 있으며, 특히 인력 여력이 부족한 중소기업은 대체 인력 확보, 자동화 투자, 유연근무 시스템 마련 등의 대응이 쉽지 않아 사업 지속성 자체가 위협받을 수 있다. 이는 노동시간 단축이 모든 기업에 동일한 방식으로 작동하지 않음을 보여주며, 업종별·규모별 차등 접근과 재정적 지원이 병행되어야 함을 시사한다.

또한, 주 4일제가 시간 단축이 아닌 업무 재분배로만 작동할 경우, 오히려 노동강도를 심화시킬 수 있다는 역효과도 지적된다. 벨기에의 사례처럼 법적으로 주 4일제를 선택할 수 있는 근로자 청구권 제도를 도입했지만, 실상은 하루 10시간 근무로 이어지면서 피로도와 스트레스가 오히려 증가했다는 평가가 있다. 이처럼 명목상 근무일 수는 줄어들어도 실제 노동 강도와 체감 피로는 증가할 수 있으며, 이는 노동자의 건강권을 위협하고 생산성에도 악영향을 미칠 수 있다.

결국 주 4일제가 성공적으로 정착되기 위해서는 일의 양뿐 아니라 '일의 방식'까지 함께 재설계되어야 한다. 업무 단순화, 디지털 도구의 활용, 팀 단위 협업 체계 강화 등 조직 운영 방식의 전환이 동반되어야 하며, 단기적 성과보다 장기적 생산성과 조직 몰입도 향상이라는 목표 아래 체계적으로 설계돼야 한다. 특히 중소기업을 대상으로 한 직무 재설계 컨설팅, 대체 인력풀 지원, 정부의 사회보험 분담 확대 등이 병행되지 않으면, 주 4일제는 기업 간 양극화를 심화시키는 제도로 전락할 위험이 있다. 주 4일제는 일하는 방식을 바꾸는 일이며, 단순한 휴무 정책이 아닌 산업 정책의 한 축으로 바라봐야 할 때다.

산업별 이질성과 운영 불일치

주 4일제는 매력적인 노동정책처럼 보이지만, 산업별 특성과 운영 현실을 간과할 경우 오히려 서비스 질 저하와 조직 불안정을 초래할 수 있다. 특히 제조업, 서비스업, 의료·돌봄 등 교대근무가 필수이거나 고객 접점이 핵심인 업종은 근무일수 단축 자체가 곧 운영 차질로 연결될 수 있다. 예를 들어, 병원, 항공, 콜센터, 물류 산업 등에서는 24시간 대응체계를 유지하면서 근무일을 줄이려면 인력 확충과 교대제 재설

계가 전제되어야 하며, 이는 막대한 인건비와 조직 운영 비용을 수반하게 된다. 단순히 하루를 덜 일하는 방식은, 이들 산업의 연속성과 긴급성을 보장하는 구조와 충돌할 수밖에 없다.

스웨덴 고텐버그시의 공공병원에서 실시된 6시간 근무제 실험은 이러한 현실을 잘 보여준다. 해당 병원에서는 의료진의 스트레스가 줄고 병가율이 낮아지는 등 긍정적 효과가 있었지만, 결국 운영비가 20% 증가했고 예산 초과로 인해 장기적 지속이 불가능하다는 결론이 내려졌다. 이는 노동시간 단축이 단순한 복지 정책이 아니라, 서비스 유지를 위한 구조 혁신과 운영 효율화를 전제로 할 때만 가능하다는 점을 시사한다. 단축된 시간 안에 동등한 성과를 요구하는 압축근무 방식으로는 산업별 현실과 괴리가 발생할 수밖에 없다.

따라서 주 4일제는 산업별 이질성을 전제로 한 유연한 정책 설계가 필요하다. 일괄적인 법제화보다는 업종별 시범사업, 교대제 개편 컨설팅, 공공부문부터의 선도적 도입을 통해 점진적 확산을 꾀하는 방식이 바람직하다. 동시에 디지털 기술 도입, 인공지능 기반 업무 자동화, 원격 근무 전환 등 운영 혁신과 병행하지 않으면 단축된 노동시간은 공백이 아닌 부담으로 전가될 수 있다. 주 4일제는 근무일수의 문제가 아니라, 업무 방식과 조직 설계의 전면적 재구조화를 요구하는 과제이며, 그 성공은 기술적 혁신과 정책적 정밀성에 달려 있다.

국가 제도 유형 특징 및 교훈

세계 각국은 주 4일제 도입을 둘러싼 다양한 실험을 통해 제도적 가능성과 한계를 검증하고 있다. 아이슬란드는 2015~2019년 사이 전체 노동자의 1%가 참여한 공공부문 중심 시범사업을 통해, 노동시간을 줄이면서도 생산성이 유지되거나 오히려 증가한 사례를 보여주었다. 이후 이 경험은 제도 확산의 기반이 되었으며, 노동시간 단축이 반드시 경제적 손실로 이어지지 않는다는 실증적 근거로 주목받고 있다. 영국은 2022년 민간 중심의 대규모 6개월 실험을 통해 61개 기업 중 92%가 제도 지속 의향을 밝히며 이직률 감소, 조직 몰입도 향상 등의 긍정적 효과를 입증하였다. 이들 국가는 점진적 시범 도입과 성과 검증을 통해 제도적 수용성을 넓혀가고 있다.

반면 일본과 벨기에의 사례는 주 4일제의 도입이 자동적으로 긍정적 결과로 이어지지 않음을 경고한다. 일본은 선택적 주 4일제를 허용하고 있지만, 실제 도입률은 10% 미만으로 제한적이다. 이는 제도의 취지는 좋았지만, 기업문화와 노동시장 구조의 제약으로 인해 확산에 실패한 사례로 평가된다. 벨기에는 법적 권리를 부여하는 형태로 '4일 근무 청구권'을 도입했지만, 하루 10시간 노동이라는 현실로 인해 피로도 증가와 노동계의 반발을 초래하였다. 이는 단순한 근무일수 단축이 아니라, 하루 노동강도와 직무 설계까지 포괄하는 종합적 접근이 필요하다는 점을 시사한다.

한국은 산업별 이질성과 기업 규모에 따른 역량 격차가 크기 때문에, 주 4일제를 일률적으로 법제화하기보다는 산업군·기업형태·고용형태에 따라 유연한 맞춤형 도입 전략이 핵심이다. 공공부문에서의 선도적 실험, 중소기업 대상 운영비 보전 지원제도, 디지털 기반 업무 혁신과 결합된 직무 재설계 등이 병행되어야 제도의 실효성을 담보할 수 있다. 해외 사례는 한 가지 모델이 아닌, 제도 설계와 실행 맥락의 정합성이 핵심임을 보여준다. 한국 역시 속도보다 정교함을 중심에 두고, 사회적 합의와 실험 기반 정책 추진을 통해 점진적 도입과 사회적 수용성을 확대해야 한다.

포용적이고 점진적으로

주 4일제는 단일한 해법이 아닌, 맞춤형 전환 전략이 요구되는 복합적 과제다. 제도의 일괄적·전면적 도입은 산업 간 이질성과 기업별 여건을 고려할 때 제도적 충격과 사회적 저항을 초래할 수 있다. 따라서 한국은 먼저 시범사업을 통해 직무 특성, 조직 형태, 산업군별 효과를 정밀 분석하고, 정책적 리스크를 사전에 진단하는 전략이 필요하다. 이를 위해 정부는 주 4일제 실험 플랫폼을 조성하고, 민간기업, 공공기관, 지방정부 등이 자율적으로 참여할 수 있도록 재정 인센티브, 법제도 가이드라인, 노사협의 모델 등을 종합적으로 지원해야 한다. 단순히 법으로 강제하기보다 현장에서 실험하고 성과를 공유하는 방식이 바람직하다.

특히 업종별·기업규모별 차등 전략이 핵심이다. 서비스업과 돌봄노동처럼 교대와 고객 접점이 핵심인 업종은 운영 연속성을 전제로 한 교대제 재설계가 필요하며, 제조업과 중소기업에는 자동화·디지털화 지원, 탄력근무제 도입 가이드, 직무재설계 툴킷 보급이 필요하다. 스타트업은 인력 유연성과 창의성 확보를 목표로, 전통 중소기업은 안정성과 비용 부담 완화를 목표로 각각 다른 제도 설계가 이뤄져야 한다. 이와 동시에 중소기업에는 인건비 보전, 자동화 전환 비용 지원, 직무전환 교육훈련 등의 정책적 인프라가 제공되어야 하며, 이는 산업 고도화와 병행 추진되어야 지속가능성을 확보할 수 있다.

궁극적으로 주 4일제는 모든 이에게 동일한 제도가 아니라, 각기 다른 조건에 맞춘 실험을 통해 만들어가는 한국형 사회적 모델이어야 한다. 여기에는 노동시장 이중구조의 해소, 비정규직 보호, 직무 전환 훈련, 산업별 일자리 질 향상 등 광범위한 노동정책이 병행돼야 하며, 정책의 방향은 포용적이고 점진적이어야 한다. 지금 필요한 것은 선언적 도입이 아닌, 실험과 학습, 조정과 설계가 가능한 정책 생태계다. '어떻게 일할 것인가'에 대한 한국 사회의 대답은, 다양성과 현실성 속에서 점진적으로 완성되어야 한다.

사회적 대화와 참여형 정책 설계

주 4일제 도입은 단순한 제도 설계를 넘어, 한국 사회의 노동문화와 제도 신뢰, 그리고 민주적 거버넌스의 수준을 가늠하는 리트머스 시험지다. 노동시간 단축의 효과와 부작용은 노동자, 사용자, 국가 모두에게 영향을 미치기 때문에, 이 제도의 지속 가능성을 담보하려면 광범위한 사회적 논의와 합의가 필수적이다. 이를 위해 노사정 협의체가 핵심 플랫폼으로 기능해야 하며, 단순히 상징적인 협의가 아닌, 비용과 편익, 전환 경로와 보호장치에 대한 실질적 공론장이 마련되어야 한다. 정부는 중립적 조정자이자 정책 촉진자로서, 균형 잡힌 설계를 유도하고 사회적 신뢰를 회복하는 역할을 수행해야 한다.

특히, '참여형 정책 설계'는 제도 도입의 수용성과 정당성을 높이는 결정적 요소다. 기존의 노사 중심 논의구조를 넘어서, 시민사회단체, 여성단체, 청년세대, 중소기업 경영자 단체 등 다양한 이해관계자들이 논의에 참여할 수 있어야 한다. 예컨대 청년층은 일과 삶의 균형을, 여성은 돌봄과 경력유지 문제를, 중소기업은 비용과 인력 운용 문제를 중심으로 다양한 제안을 내놓을 수 있다. 이들의 목소리는 주 4일제가 특정 계층을 위한 제도가 아니라 모두를 위한 사회적 제도로 정착하는 데 중요한 기반이 된다.

결국 주 4일제의 핵심은 제도 도입 그 자체가 아니라, 어떻게 논의하고 설계하며 실험할 것인가에 있다. 정책의 정당성은 일방적 입법이나 행정명령에서 나오지 않는다. 다양한 사회 주체들의 참여 속에서 만들어지는 과정의 민주성이 곧 제도의 실효성과 지속가능성을 결정짓는다. 디지털 전환, 인구구조 변화, 삶의 질에 대한 인식 전환이 동시에 일어나고 있는 지금, 우리는 단순히 노동시간을 줄이는 것이 아니라, 새로운 사회계약을 설계하고 있는 셈이다. 그 설계는 반드시 개방적이고, 참여적이며, 공론화된 방식으로 완성되어야 한다.

디지털 전환과 업무 혁신 병행

주 4일제의 성공 여부는 단지 노동시간의 물리적 단축에 있지 않다. 오히려 핵심은 어떻게 더 적은 시간 안에 동일하거나 더 나은 성과를 낼 수 있는가에 있으며, 이는 곧 디지털 전환과 업무 방식의 근본적 혁신과 직결된다. 업무 프로세스의 디지털화, 협업 방식의 스마트화, 조직문화의 유연화가 뒷받침되지 않으면, 근무일수 감소는 곧 생산성 저하, 업무강도 증가, 고객 서비스 질 저하로 이어질 위험이 크다. 따라서 주 4일제는 단순한 시간 조절 정책이 아니라, 업무 혁신을 유도하는 촉진자 역할을 해야 한다.

이를 위해 기업과 정부는 디지털 협업 도구 도입, 스마트워크 인프라 구축, 재택근무 및 하이브리드 근무제의 제도화 등을 병행 추진해야 한다. 예컨대, 실시간 문서 협업, 업무 자동화 툴, 프로젝트 관리 플랫폼 등의 도입은 물리적 출근 시간 단축에도 불구하고 팀 간 협업과 업무 추적의 효율을 보장할 수 있다. 또한 재택 및 유연근무제는 주 4일제와의 결합을 통해 업무 연속성과 개인 자율성 간 균형을 확보할 수 있는 유력한 수단이다. 실제 독일, 핀란드, 네덜란드 등은 근무시간 단축을 디지털 전환 정책과 연계함으로써 생산성 하락 없이 제도 정착에 성공한 바 있다.

특히 중소기업과 전통 제조업 등 디지털 역량이 취약한 기업에는 정부의 맞춤형 기술 지원, 업무 혁신 컨설팅, 교육 훈련 프로그램이 함께 제공되어야 한다. 주 4일제는 결국 '덜 일하는 방식'이 아니라 '다르게 일하는 방식'을 설계하는 과정이며, 디지털 전환은 그 변화의 기반이자 촉매제다. 따라서 주 4일제 논의는 단지 근무일수나 임금 조정의 문제가 아닌, 한국 산업 전반의 생산성 패러다임을 새롭게 쓰는 계기로 삼아야 한다. 조직문화와 기술이 함께 혁신되지 않는 한, 제도는 형식만 남고 실질은 퇴보할 것이다.

선택과 책임, 그리고 공동체적 지혜

주 4일 근무제는 단순한 시간 단축 정책이 아니다. 그것은 노동의 본질을 되묻고, 삶의 방식의 재정렬을 요구하며, 사회적 연대의 구조를 다시 설계하는 미래형 사회계약이다. 이 제도는 단지 하루 덜 일하는 문제가 아니라, 일과 삶의 균형, 기술과 인간의 조화, 효율성과 공정성 사이의 균형을 새롭게 정의하려는 집단적 시도다. 그 가능성은 이미 국내외 다양한 실험을 통해 확인되고 있지만, 이를 제도화하고 일상화하기 위해선 무엇보다도 신중한 준비와 단계적 접근, 그리고 사회적 신뢰 기반의 합의 구조가 필수적이다.

주 4일제의 도입은 선택의 문제이기도 하지만, 그 선택에는 책임이 따른다. 효율성과 비용의 균형, 노동강도 관리, 산업별 특수성 고려, 기술·제도적 기반 구축 등 수많은 조건이 충족되어야 비로소 가능성은 현실로 전환된다. 실패를 감당할 수 있는 실험 공간, 유연하게 조정 가능한 정책 구조, 사회적 대화와 참여가 제도화된 거버넌스 없이는 제도의 안착은 불가능하다. 이 모든 요소는 단순한 정책이 아니라, 하나의 공동체적 선택으로서의 사회계약을 요구한다. 노동자와 기업, 정부와 시민 모두가 책임을 공유하는 방식으로만 이 제도는 지속 가능하다.

우리는 지금 "덜 일하고도 잘 살 수 있는 사회"를 꿈꾸고 있다. 그러나 그러한 사회는 결코 자동적으로 오지 않는다. 준비된 사회만이, 유연성과 신뢰, 학습과 연대의 토대 위에 그것을 현실로 만들 수 있다. 주 4일제는 단지 하루를 덜 일하자는 구호가 아니라, '어떻게 살아갈 것인가'에 대한 전 사회적 성찰이다. 선택은 이미 시작되었고, 이제 필요한 것은 그 선택을 견디고 완성해낼 공동체의 지혜와 용기다.

요약

주 4일 근무제는 한국 사회의 노동시간 문제, 삶의 질 개선, 생산성 향상, 인재 유치 등 다양한 기대효과를 지닌 대안으로 주목받고 있다. 그러나 중소기업의 비용 부담, 산업별 적용 가능성의 차이, 서비스업 운영 차질 등의 현실적 한계도 분명하다. 해외 사례는 가능성과 함께 경계도 제공하며, 이를 통해 한국은 시범 사업과 사회적 합의 기반의 점진적 접근이 필요함을 시사한다. 단순한 법제화보다는 맞춤형 제도 설계와 디지털 전환이 병행될 때, 주 4일 근무제는 미래사회의 실현 가능한 전략이 될 수 있다.

당신의 생각은?

1. 주 4일 근무제가 현실적으로 중소기업에 미치는 영향은 무엇인가? 정부 지원이 충분하더라도, 중소기업의 구조적 한계를 극복하기 위한 방안은 무엇이며, 중소기업 고용 구조는 어떻게 변해야 하는가?
2. 주 4일 근무제가 산업별, 직종별로 적용 가능성이 다를 때, 국가 정책은 일률적 접근과 맞춤형 설계 중 어느 방향을 택해야 하는가? 직무 특성에 따라 격차가 커질 경우, 형평성 확보를 위한 보완 장치는 무엇이 될 수 있는가?

정책제언

1 시범 도입 중심의 단계적 정책 시행

전 산업 일괄 적용이 아닌, 직무 특성과 기업 여건을 고려한 시범사업 중심 접근이 필요하다. 이에 따른 효과 분석 결과를 정책화하는 구조가 중요하다.

2 중소기업 대상 맞춤형 지원 패키지 마련

인건비 보전, 디지털화 지원, 인력 재배치 컨설팅 등 패키지형 정책 설계를 통해 주 4일제 도입 부담을 줄여야 한다. 특히 지역 기반 산업에는 특화 지원이 필요하다.

3 디지털 기반 스마트워크 인프라 구축 확대

노동시간 단축의 실효성을 높이기 위해 업무 효율화 및 협업 환경 혁신이 병행돼야 하며, 정부는 이에 필요한 기술 지원과 교육 프로그램 확대에 적극 나서야 한다.

최저임금 결정체계의 한계와 재구조화를 위한 정책 제언

생존권 보장과 지급능력 한계의 정면 충돌

2026년 최저임금 결정을 위한 최저임금위원회의 첫 전원회의가 시작되며, 한국 사회의 핵심 쟁점 중 하나인 최저임금 문제가 다시 본격적인 사회적 논의 테이블 위에 올랐다. 올해 최저임금 인상률은 1.7%로 역대 두 번째로 낮은 수치를 기록하면서 저임금 노동자들의 생계에 대한 우려가 커지고 있는 가운데, 내년도 인상 수준은 물가상승률, 경제성장률 둔화, 정치권 교체기 등의 복합적 변수가 얽혀 한층 더 치열한 논쟁이 예고된다. 특히 노동계는 단신 생계비가 월 250만원을 넘길 것으로 추산되는 상황에서, 현행 최저임금 월급(209시간 기준)이 209만원 수준에 불과하다는 점을 강조하며, 실질임금 감소가 심화되고 있는 저임금 노동자의 생존권 보호를 핵심 요구로 내세우고 있다. 이에 따라 노동계는 단순한 금액 인상뿐 아니라 특수고용직·플랫폼 노동자에 대한 적용 확대라는 구조적 변화까지 포함한 주장을 예고하고 있다.

반면 사용자 측은 경기 둔화와 글로벌 불확실성, 특히 미중 갈등 심화와 보호무역주의 강화로 인한 수출 타격 가능성을 경고하며, 중소기업 및 자영업자의 임금 지급 여력을 최우선적으로 고려해야 한다는 입장이다. 사용자위원은 국내외 경기 불확실성과 함께, 고금리·고물가

환경이 영세 기업의 비용 부담을 가중시키고 있어 고용 유지조차 어려운 현실을 강조한다. 내년도 최저임금 심의는 단순한 숫자 협상이 아니라, 고용 유지와 노동자 생계 사이의 균형을 어떻게 설정할 것인가에 대한 사회적 선택이 될 가능성이 높다. 특히 정권교체기라는 정치적 변수 속에서, 최임위의 결정은 새로운 정부 노동정책의 향배를 가늠하는 신호탄이 될 것으로 전망된다.

노사 갈등의 구조화된 반복: 제도 불신의 출발점

2025년 한국의 최저임금이 시급 1만 원을 돌파하며 제도 도입 37년 만에 상징적 이정표를 넘겼지만, 그 결정 과정에서 드러난 구조적 문제와 제도에 대한 사회적 불신은 오히려 더 깊어지고 있다. 최저임금위원회는 법적으로 노·사·공익위원이 대등한 비율로 구성되어 있으나, 현실적으로는 노사 간 대립 구도가 심화되면서 공익위원이 실질적인 결정권을 행사하는 구조가 고착되고 있다. 특히 공익위원의 기준 설정과 판단 과정이 불투명하다는 점에서, 어느 한쪽도 결과에 책임을 지지 않는 '책임의 비정치화' 현상이 반복되고 있으며, 이는 사회적 신뢰 기반을 약화시키는 주요 요인으로 작용하고 있다.

통계에 따르면 1988년 최저임금제 도입 이후 노사 간 자율 합의로 결정된 사례는 고작 7회에 불과하다. 최근 5년간은 사용자 측이 매년 '동결 또는 최소 인상'을, 노동계는 '최소 생계비 보장'을 내세우며 대립하고 있고, 이로 인해 협의는 형식화되고 공익위원 중심의 일방 결정이 반복되고 있다. 특히 '심의촉진구간'이라는 개념을 활용한 인상률 범위 제시는 타협이라기보다 일종의 정치적 절충으로 기능하면서, 제도적 명분은 있으나 실질적 합의는 사라진 형국이다. 이러한 구조는 최저임금제도의 근본 취지인 사회적 합의에 기반한 최저선 설정 기능을 유명무실하게 만들고 있으며, 이해당사자 모두에게 제도에 대한 불신을 심화시키고 있다.

가장 큰 문제는 이 제도의 결과가 노동시장 전반에 걸쳐 실질적 영향을 미치고 있다는 점이다. 고용주 측에서는 공익위원이 일방적으로 정한 인상률이 영세 자영업자의 현실을 반영하지 못한다며 제도 자체를 부정하고 있으며, 노동계는 실질 생계비와의 괴리를 이유로 인상 저임폭에 지속적인 불만을 제기하고 있다. 특히 소상공인의 경우, 정부 지원은 단기적이고 비현실적이며, 제도에 따른 부담은 고스란히 시장 내 비용 전가와 고용 축소로 이어지는 악순환을 경험하고 있다. 결과

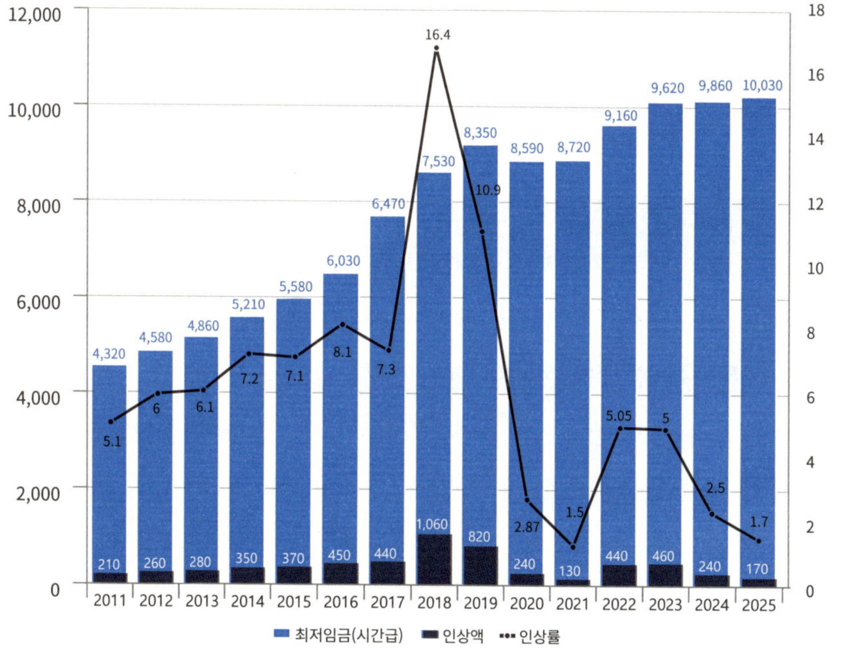

그림4. 연도별 최저임금 결정현황

출처: 최저임금위원회(2025)

적으로 한국의 최저임금제도는 노사 갈등의 반복 프레임 속에서 정책 조정 기능보다는 사회적 갈등 재생산 기제로 전락하고 있는 실정이며, 향후에는 최저임금위원회의 구조 개편, 사회적 대화기구와의 연계, 지표 기반의 투명한 결정 모델 구축이 병행되어야 제도적 신뢰를 회복할 수 있을 것이다.

최저임금의 현실: 선의를 넘어서는 구조적 논의 필요

2024년 기준 비혼 단신 근로자의 월평균 실태 생계비는 241만 원으로, 이는 전년 대비 9.3% 상승한 수치다. 기초 생계비의 급등은 단순히 통계상의 수치가 아니라 저임금 노동자들의 삶을 직접적으로 압박하고 있다. 기혼자, 특히 자녀가 있는 가구의 경우 통계청 자료에 따르면 4인 기준 월 생계비는 360만 원을 상회하고 있어, 현재의 최저임금 수준으로는 근본적인 생활이 불가능하다는 비판이 힘을 얻는다. 이에 따라 노동계는 2026년 최저임금을 24.7% 인상한 시급 1만2000원으로 요구하고 있으며, 이는 단순한 임금 인상을 넘어 삶의 질 보장을 위한 사회적 요구로 이해될 수 있다.

그러나 최저임금 인상 요구가 곧바로 사회 전체의 이익으로 연결되기에는 산업현장의 현실이 만만치 않다. 중소기업중앙회에 따르면 중소기업의 평균 영업이익률은 2024년 기준 2.1%에 불과하며, 자영업자의 평균 대출금은 1억2000만 원을 상회한다. 이는 이자 상환만으로도 매출의 상당 부분이 소진되는 구조이며, 인건비 상승이 이들에게는 즉각적인 생존 위협으로 작용한다. 특히 자영업자들은 코로나19 이후 인건비 외에도 식자재비, 전기요금, 배달수수료, 임대료까지 중첩된 비용 부담에 시달리고 있다. 이러한 상황에서 급격한 최저임금 인상은 고용 축소와 폐업 증가로 이어질 수 있다는 우려가 설득력을 얻고 있다.

인건비 의존도가 높은 업종에서는 최저임금 1% 인상조차 매출 구조를 뒤흔드는 요인으로 작용한다. 편의점, 음식점, 미용업, 카페, 학원 등은 이미 한계 비용구조에서 운영되고 있으며, 가격 인상 여력이 적어 인력 감축이나 영업시간 축소 등으로 대응할 수밖에 없다. 이는 다시 소비자의 불편, 노동자의 고용불안, 서비스의 질 저하로 이어지는 악순환을 형성한다. 결국 최저임금 논의는 단순한 '금액 조정'이 아닌, 고용·복지·산업구조를 아우르는 사회적 구조개혁의 일부로 재정의되어야 한다. 선의의 제도로 머물 것이 아니라, 업종별·지역별 차등적용, 사회보험과 연계된 보완정책, 임금보조제 등 복합적 설계가 동반되어야 지속가능성을 담보할 수 있다.

최저임금의 그늘: 자영업 위기와 제도 밖 노동의 현실

2025년 최저임금 인상 논의는 저임금 노동자 보호라는 대의명분 속에 진행되고 있지만, 현실에서는 자영업자와 미조직 노동자들의 구조적 한계가 날로 뚜렷해지고 있다. 특히 원재료비, 전기료, 배달수수료 등 고정비 상승과 더불어 인건비 인상까지 겹치며 자영업자들은 생존 위기에 직면해 있다. 한국은행에 따르면 2023년 1분기 기준 자영업자 대출 잔액은 1033조7000억 원으로 매 분기 사상 최대치를 경신하고 있으며, 연체율도 2%대에 육박하고 있다. 이러한 압박 속에 자영업자들은 인건비를 줄이기 위해 직원 고용을 포기하거나 키오스크 등 자동화 장비로 대체하는 사례가 급증하고 있으며, 그 결과 통계청은 지난해 '직원 없는 자영업자' 수가 426만 명에 달해 직원이 있는 자영업자의 3

배에 이른다고 발표했다.

이 같은 구조는 폐업 증가로도 연결되고 있다. 소상공인 공제회에 따르면 2025년 5월 기준 노란우산공제 폐업 공제금 지급 건수는 약 4만8000건으로 전년 대비 약 50% 증가했다. 이는 단순한 경제 순환의 문제가 아니라 고용 기반이 붕괴되고 있다는 신호로 볼 수 있다. 특히 서비스업 중심의 일자리는 청년, 여성, 경력단절자 등의 주요 진입통로인데, 이 분야가 무너질 경우 노동시장 진입장벽은 더욱 높아질 수밖에 없다. 이러한 일자리 파괴는 결국 소비 위축, 자영업 도산, 취업난 심화로 이어지는 악순환을 낳고 있으며, 단순한 임금정책의 문제를 넘어 한국 경제의 고용 생태계 전반에 중대한 균열을 야기하고 있다.

한편, 최저임금의 보호조차 받지 못하는 제도 밖 노동자들의 현실도 심각하다. 통계청 자료에 따르면, 2022년 기준 최저임금 미만 수령자는 275만6000명으로 전체 임금근로자의 12.7%에 달하며, 업종별로는 농림어업(36%), 숙박음식점업(31%), 5인 미만 사업장(30%) 등에서 집중되고 있다. 더욱이 논의 테이블에도 오르지 못하는 플랫폼 종사자, 특수형태근로자, 프리랜서 등 비전형 노동자는 2022년 기준 668만 명으로 증가 추세다. 이들 중 상당수는 평균 시급 7300원 수준에 머무르며 법적 보호도, 사회적 논의도 받지 못하고 있다. 최저임금 논의는 '누가 보호받고, 누가 배제되는가'라는 구조적 질문 없이는 결코 완성될 수 없다. 이제는 단순한 인상률보다, 적용 범위의 확대와 사각지대 해소를 중심으로 한 포괄적 개혁 논의가 절실한 시점이다.

고용의 축소와 초단기 일자리 증가라는 역설

최저임금 인상의 취지는 저소득층의 삶의 질 개선과 노동의 정당한 대가 보장에 있다. 하지만 실제 고용현장에서는 인건비 상승에 대한 대응으로 사업주가 근로시간을 줄이거나 계약 구조를 세분화하는 방식으로 고용 전략을 바꾸는 사례가 증가하고 있다. 이는 최저임금 인상이 오히려 전체 고용의 축소와 시간 단위 쪼개기 고용의 확산이라는 역설적 결과로 이어지고 있음을 시사한다. 특히 소상공인이나 자영업자 등 영세 고용주일수록 고정비 부담을 회피하려는 유인이 강하며, 이에 따라 기존의 상시·전일제 일자리가 점점 초단기·임시형으로 대체되고 있다.

실제 통계청 자료에 따르면, 주당 1~14시간만 일하는 초단기 취업자는 2024년 말 기준 157만7000명으로 전체 취업자의 5.6%를 차지해 역대 최고치를 기록했다. 이는 2018년의 109만5000명에서 무려 44% 증가한 수치이며, 증가 속도와 규모 모두 주목할 만하다. 특히 이들 중 상당수가 청년, 고령자, 경력단절 여성 등 노동시장에서 구조적으로 취약한 계층에 집중되어 있다. 즉, 사회적 보호가 더 필요하거나 지속 가능한 고용을 통해 생활 기반을 형성해야 할 이들이 불안정한 단시간 일자리로 몰리고 있는 것이다. 이는 단순한 고용 통계의 숫자 문제가 아니라, 노동시장 구조의 지속 가능성과 계층 간 격차 확대라는 본질적 문제로 연결된다.

이러한 고용 형태의 전환은 쪼개기 알바, 주휴수당 회피, 초단기 채용 등 다양한 방식으로 현실화되고 있다. 사용자는 법적 기준을 준수하되, 고용비용 최소화를 위해 전략적으로 근로시간과 계약 기간을 제한한다. 그러나 이는 단기적으로는 비용 절감일 수 있어도, 중장기적으로는 노동자의 경력 형성 단절, 사회보험 사각지대 확대, 소비력 약화 등 악영향을 초래한다. 결과적으로 '최저임금이 오를수록 양질의 일자리는 줄고, 초단기 불안정 일자리만 늘어난다'는 구조적 모순에 직면하게 된다. 이러한 현실은 단지 최저임금 제도의 수정이 아니라, 고용보험과 근로시간 제도, 직무 중심 임금체계, 영세사업장에 대한 정책 지원 등과 연동된 총체적 노동시장 개혁을 필요로 한다.

OECD 수준의 최저임금, 그러나 제도적 사각지대는 여전

2025년 기준, 한국의 최저임금은 중위임금 대비 약 62%로 OECD 국가 중 상위권에 위치한다. 이는 최저임금 제도의 소득분배 기능과 저임금 노동자 보호 기능 측면에서 정책 목표의 정당성과 성과를 입증하는 지표로 볼 수 있다. 실제로 OECD 평균이 약 55% 수준이라는 점을 감안할 때, 한국은 상대적으로 공격적인 인상 기조를 유지해왔다. 그러나 이러한 수치가 실제 노동시장 전반의 실질적 보호 효과로 이어지는지는 별개의 문제다. 최저임금이 법률상 존재하는 기준에서 현실적으로 집행되고 준수되는 제도가 되기 위해서는 수준 못지않게 적용의 범위와 집행의 실효성이 중요하다.

2024년 고용노동부와 한국노동연구원의 분석에 따르면, 최저임금보다 낮은 임금을 받는 미만율 근로자는 약 276만 명으로 전체 임금근로자의 12.6%에 달한다. 이 중 절반 이상이 5인 미만 소규모 사업장에 집중되어 있으며, 최저임금 위반으로 고용노동부에 신고된 건수는 연간 1600건 이상이다. 이처럼 위반 비율이 높음에도 실제 처벌이나 시정으로 이어지는 경우는 매우 제한적이다. 이는 제도가 존재하더라도 현실적으로 제 기능을 하지 못하고 있다는 방증이며, 특히 사각지대에 놓인 노동자들의 고통이 지속되고 있다는 점에서 심각한 사회적 비용을 야기한다.

법적 사각지대의 근본 원인은 이중적이다. 첫째, 사업주의 법규 준수 인식 부족과 영세사업장의 구조적 한계가 있으며, 둘째로는 근로자

측의 권리 인식 부족과 신고 부담이 크다. 특히 초단기·임시직 노동자나 이주노동자, 여성 등 취약계층의 경우, 근로계약조차 구두로 이뤄지는 사례가 많고, 법적 절차를 밟을 여유나 정보 접근성이 부족하다. 결과적으로 최저임금 제도의 형평성과 실효성을 확보하기 위해서는 제도의 금액 논의에서 집행력 논의로 중심축을 이동해야 한다. 현장감독 강화, 집단소송 및 행정벌제 도입, 공익법률지원 확대, 디지털 기반의 임금 신고 시스템 구축 등 보다 실질적인 집행 기반이 마련되어야만 최저임금이 명목이 아닌 현실의 권리로 기능할 수 있다.

지표 없는 결정 기준: 데이터 기반 부족과 현실 괴리

최저임금법은 명목상으로 생계비, 유사 근로자 임금, 노동생산성, 소득분배율 등 다양한 지표를 종합적으로 고려하도록 하고 있다. 그러나 실제 결정 과정에서 이들 요소는 체계적으로 계량화되기보다, 노사 양측의 정치적 공방과 갈등 조율 수단으로 기능하고 있다. 특히 2025년 심의에서 공익위원들이 제시한 '경제성장률 + 소비자물가상승률 - 취업자 증가율'이라는 산식은 언뜻 통계 기반처럼 보이지만, 각 항목의 선정 이유나 가중치 부여 원칙이 불분명하여 신뢰성에 한계를 드러냈다. 결과적으로 '과학적 기준 없이 감정과 정치가 앞선다'는 비판이 반복되고 있으며, 이는 최저임금 결정의 정당성과 예측가능성을 떨어뜨리는 주된 요인이다.

이에 반해 주요 선진국들은 데이터 기반의 다층적 분석을 통해 최저임금 결정의 정합성과 사회적 수용성을 높이고 있다. 예를 들어, 독일 최저임금위원회(Mindestlohnkommission)는 노동시장 내 임금 분포 변화, 취약계층 고용 동향, 생산성 추이 등을 포함한 10여 개의 세부 통계지표를 지속적으로 모니터링하고, 독립적인 노동경제학자와 연구기관이 작성한 보고서를 토대로 논의를 진행한다. 또, 미국 캘리포니아 주는 산업별 패널 데이터(panel data)를 활용해 특정 업종의 고용 충격과 소득 분포에 미치는 영향을 사전 예측하고, 이를 통해 인상률을 조정하거나 유예하는 시뮬레이션 기반 정책을 채택하고 있다. 이는 최저임금이 단지 법적 최소선이 아니라 노동시장 전체에 미치는 경제적 파급력을 과학적으로 진단하고 설계하는 방식을 보여준다.

한국도 이제는 정치적 균형점 찾기 중심의 구조를 넘어, 데이터 기반의 합리적 의사결정 구조로 전환해야 할 시점이다. 생계비, 실질임금, 노동비용, 고용률 등 각종 지표의 표준화·공식화는 물론, 업종별·지역별 노동시장 특성을 반영할 수 있는 정교한 통계 시스템과 전문가 평가 체계가 뒷받침되어야 한다. 이를 통해 최저임금 논의는 비로소 감정적 대립의 장이 아닌 사회적 합리성의 결과로 기능할 수 있을 것이다. 궁극적으로 이는 임금정책에 대한 신뢰 회복과 사회적 갈등의 장기적 완화로 이어지는 구조적 기반이 된다.

업종별 차등 적용 해결책인가, 또 다른 불평등의 씨앗인가

최저임금 제도 논쟁에서 최근 사용자 측이 가장 강하게 요구하는 사안은 업종별 차등 적용이다. 이는 업종마다 상이한 지불능력과 수익 구조를 감안해, 특히 도소매업, 음식숙박업, 개인서비스업 등 인건비 비중이 높은 저부가가치 업종에는 인상 충격을 완화하자는 현실론적 접근이다. 중소기업중앙회와 자영업 단체들은 최저임금의 일률적 적용이 형평성이 아니라 불공정으로 작용하고 있다며, 실질적 생존권 보장을 위해 차등적용이 불가피하다고 주장한다. 특히 인건비 외의 원자재비, 임대료, 플랫폼 수수료 등 다양한 비용 압박 속에서 인건비마저 급등할 경우 인력 축소와 폐업이 불가피하다는 호소가 잇따르고 있다.

반면 노동계는 업종별 차등 적용이 저임금 노동자에 대한 구조적 낙인을 고착화할 수 있다는 점에서 강하게 반대하고 있다. 특정 업종에 대해 낮은 최저임금을 고시하면, 그 업종 노동자는 사회적으로 가치가 낮은 노동자로 인식되기 쉬우며, 이는 직무에 대한 인식뿐만 아니라 직업선택에도 부정적인 영향을 미친다. 실제로 프랑스와 독일 등의 사례에서도 고용유형에 따른 한정적 차등은 존재하지만, 업종 자체를 기준으로 한 전면적 차등은 찾아보기 어렵다. 독일의 미니잡(Mini-Job) 제도는 노동시간과 소득 상한을 기준으로 적용되는 별도 경로이며, 이는 오히려 과세·보험 체계에 연동된 정교한 제도적 틀 안에서 운용된다. 따라서 한국처럼 업종별 차등 적용을 직접적으로 법제화하는 것은 임금정책의 예측 가능성과 사회적 납득도를 떨어뜨릴 가능성이 높다.

보다 현실적인 대안은 일시적 차등 감액 혹은 적용 유예 제도 도입이다. 예컨대 최저임금이 급격히 인상될 경우, 도소매업이나 음식숙박업 등 일정 업종에 대해 최대 1년간 90% 수준으로 한시 적용을 허용하는 방안이다. 이는 급변하는 제도 변화로 인한 충격을 일정 부분 흡수하되, 장기적으로는 통합적 임금체계를 지향한다는 점에서 정책 일관성과 형평성을 동시에 추구할 수 있는 절충안이다. 궁극적으로 중요한 것은 차등 자체의 시행 여부가 아니라, 그것이 노동시장의 포용성, 생산성 개선 유도, 고용 유지라는 목적에 부합하는 방식으로 설계되고 집행될 수 있느냐이다. 임금제도는 사회 전체의 신뢰 자산이며, 단기 생존과 장기 형평을 동시에 고려한 정교한 정책 설계가 절실하다.

최저임금의 결정구조 개편 필요성과 시점 조정

최저임금제 논의에서 최근 사용자 측의 핵심 요구는 업종별 차등 적용이다. 이는 업종 간 지불능력 차이를 반영하여 고용유지 가능성을 높이고, 특히 도소매·음식숙박업과 같은 저부가가치 업종의 생존을 도모하자는 취지에서 비롯된 것이다. 중소기업중앙회 등 사용자 단체는 최저임금의 획일적 적용이 고용 축소와 폐업으로 이어질 수 있다고 주장하며, 차등 적용이야말로 현실적인 타협안이라고 강조한다. 특히 이들은 고정비 구조가 취약하고, 인건비 비중이 높은 업종일수록 타격이 크다는 점을 근거로 든다. 이 주장은 코로나19 이후 지속된 비용 상승, 인구 감소에 따른 소비 위축 등 복합 위기를 겪는 자영업자들에게 일정 수준의 설득력을 얻고 있다.

그러나 노동계는 업종별 차등 적용이 궁극적으로 노동시장 내 불평등을 구조화할 위험이 크다고 지적한다. 특정 업종에 대해 낮은 최저임금이 공식화될 경우, 해당 업종 종사자들이 사회적으로 덜 가치 있는 노동으로 간주될 수 있다는 것이다. 이로 인해 해당 업종에 대한 사회적 기피 현상이 심화되거나, 동일 노동에 대한 차별적 대우가 고착화될 수 있다. 실제로 2022년 고용노동부 실태조사에 따르면, 음식숙박업 종사자의 17%가 최저임금 미만을 수령한 것으로 나타났으며, 이는 차등 적용이 도입될 경우 사각지대 확대 가능성을 더욱 높인다. 유럽 일부 국가에서의 제한적 사례—예를 들어 독일의 미니잡 제도—는 업종이 아닌 노동시간과 고용유형에 따른 분류로, 한국과 같은 전면적 업종 차등 모델과는 본질적으로 다르다.

보다 현실적인 절충안으로는 일시적 차등 감액 혹은 적용 유예제가 제시될 수 있다. 예컨대 최저임금이 급격히 인상되는 경우, 일정 조건을 충족하는 업종에 대해 최대 1년간 90% 수준의 임금을 한시적으로 적용하는 방식이다. 이는 업종 간 부담 차이를 고려하면서도 제도적 일관성과 장기적 형평성을 유지할 수 있는 유연한 대응책이다. 중요한 것은 제도 설계와 집행 과정에서 노동권 보장과 지불능력 보완이라는 두 가치를 조화롭게 통합하는 정책 조율 능력이다. 차등 적용은 수단일 수 있으나, 목적은 상생 가능한 임금 구조라는 점을 잊어선 안 된다.

사회적 대화 없이는 지속 가능한 임금 정책 없다

최저임금 논쟁은 단순히 연간 인상률을 둘러싼 수치 싸움에 그치지 않는다. 이는 한국 노동시장 전반의 구조적 병목과 고용 생태계의 비효율성이 집약된 문제다. 예컨대, 정규직과 비정규직 간의 격차, 대기업과 중소기업 간 생산성 차이, 자영업자 과잉 진입, 사회보험 미가입자 증가, 취약계층의 소득안정망 부재 등은 모두 최저임금제도의 효과와 수용성에 직접적인 영향을 미친다. 결과적으로 최저임금의 '적정 수준'은 하나의 기술적 문제이지만, 그것을 둘러싼 고용·복지·노동시장 제도 전반은 정치적·사회적 조율이 필수적인 과제가 된다.

이러한 상황에서 가장 중요한 것은 사회적 대화다. 노사정이 단순한 대표자 간 협상에 그치지 않고, 다양한 계층과 산업의 이해관계를 반영하는 포괄적 협의 구조로 진화해야 한다. 특히 청년층, 여성, 외국인 노동자, 플랫폼 종사자, 중장년층 등 고용 취약계층의 경험과 목소리가 정책 설계에 실질적으로 반영되어야 한다. 이들은 단순히 취약한 수혜자가 아니라, 변화하는 노동시장 구조에서 가장 먼저 영향을 받는 집단이며, 그들의 현실이야말로 최저임금 제도의 방향성과 한계를 동시에 드러내는 지표다.

MZ세대를 중심으로 나타나는 새로운 노동가치관은 최저임금 논의에도 깊은 영향을 미치고 있다. 과거의 생계형 일자리 중심에서 벗어나, 공정한 처우, 유연근무, 실질임금의 의미 있는 개선, 조직문화의 투명성 등이 중요한 판단 기준이 되었다. 따라서 정책당국은 단지 인상률 조정에 그치지 않고, 최저임금이 상징하는 일의 가치와 사회적 연대의 의미를 새롭게 설계해야 한다. 이를 위해서는 정책 수립 과정에서 시민참여형 플랫폼, 지역별 대화기구, 산업별 협의체 등 다양한 소통 채널을 활성화해야 한다. 지속 가능한 임금정책은 단지 "얼마를 줄 것인가"의 문제가 아니라, "어떻게 함께 살아갈 것인가"라는 사회적 합의의 문제이기 때문이다.

요약

최저임금을 둘러싼 논쟁은 단순한 숫자의 문제가 아니라, 한국 사회의 노동시장 구조, 자영업 생태계, 통계 기반의 정책결정 문제 등 복합적 요소가 얽힌 구조적 과제이다. 노동자와 자영업자 모두 '을'의 입장에서 맞서고 있는 상황에서, 사회적 대화를 통한 상생 방안 모색이 절실하다. 단순한 인상 혹은 동결 논리를 넘어, 제도적 사각지대 해소, 통계기반 개선, 그리고 현실 반영의 결정시점 개편이 필요하다. OECD 상위권에 진입한 한국의 최저임금 수준에 걸맞는 책임있는 집행구조와 제도 운영이 요구된다.

당신의 생각은?

1. 최저임금 결정구조가 현재처럼 공익위원 중심의 방식으로 유지될 경우 제도의 공정성과 사회적 수용성은 어떻게 변화할 것인가? 대안적인 참여 구조는 어떤 방식으로 설계되어야 할까?
2. 업종별 차등 적용은 경제적 현실을 반영할 수 있는 타협안인가, 아니면 저임금 업종의 낙인을 고착화시키는 제도적 차별인가? 사회적 합의 가능성을 높이기 위한 전제 조건은 무엇인가?

정책제언

1 최저임금 결정구조의 다자 협의체화

기존의 노사공익 27인 체제 대신, 소상공인·청년노동자·자영업자 등 다양한 이해당사자가 참여하는 다자적 협의체로 전환해야 한다. 이를 통해 정책 설계 단계에서부터 현실을 반영한 타협 구조를 구축하고, 결정 과정의 정당성과 수용성을 높일 수 있다.

2 최저임금 산정기준의 데이터 기반 명문화

최저임금 결정에 활용될 지표(생계비, 노동생산성, 중위임금, 소득분배율 등)를 통계청 주도로 표준화하고 공식 산식으로 명문화해야 한다. 이를 통해 지표 기반의 예측 가능성을 높이고, 정치적 논쟁 대신 통계적 합리성을 바탕으로 한 정책 결정을 유도할 수 있다.

3 차등 적용의 한시적 유예제 도입

업종별 차등 적용이 필요할 경우, 일정 기준을 충족한 영세 업종에 대해 한시적으로 감액 적용하는 방식의 유예제를 도입해야 한다. 다만 이는 자동 종료 조건과 재평가 주기를 명확히 설정해 상시화 방지하고, 노동자 보호와 고용 유지 간의 균형을 추구해야 한다.

정부 근로시간제도 개편 논의와 쟁점

근로시간제도 개편, 무엇이 문제인가: 철학과 현실 사이의 간극

한국은 세계 최장 수준의 노동시간을 기록해온 나라다. OECD에 따르면 2024년 기준 한국의 연간 평균 노동시간은 1,874시간으로, OECD 평균(1,742시간)을 크게 상회했다. 이러한 배경 속에서 정부는 기업의 생산성과 글로벌 경쟁력을 확보하기 위해 근로시간 유연화 방안을 꺼내 들었다. 주 52시간제 유연화, 선택근로제 단위기간 확대, 탄력근로제 단위 기간 조정 등이 대표적이다. 하지만 이러한 방향은 "더 유연하게 일한다"는 말보다 "더 길게 일하게 될 수 있다"는 불안으로 읽히고 있다. 특히 2023년 발표된 주 69시간제 개편안은 MZ세대의 거센 반발을 불러왔고, 정부는 해당 정책의 전면 재검토를 선언했다.

근로시간 유연화는 글로벌 노동시장의 흐름과도 맞닿아 있다. 미국, 독일, 북유럽 국가들은 원격근무와 유연근무제를 확산시키며 노동생산성과 삶의 질을 동시에 추구하고 있다. 그러나 이들 국가에서는 장시간 노동을 제한하는 강력한 법적 장치와 노동자 대표의 실질적 협상력이 제도적 기반이 된다. 반면 한국은 여전히 장시간 노동-저임금의 구조가 완전히 해소되지 않은 상태에서 유연화만을 추진할 경우,

노동 강도 강화와 과로 위험이 현실화될 수 있다. 특히 실노동시간의 80% 이상을 실제 초과근로가 차지하고 있는 일부 산업에서는 노동자 보호 장치가 취약한 실정이다.

문제의 핵심은 단순한 시간의 배분이 아니라 노동의 질과 통제력이다. 근로시간을 얼마나 일하느냐보다, 누가 그 시간을 통제하느냐가 핵심 쟁점이다. MZ세대가 반발한 것도 장시간 노동을 자율로 포장하는 시도에 대한 불신 때문이다. 따라서 제도의 방향은 노동자의 선택권과 협상력을 제도화하는 방향이어야 하며, 장시간 노동을 사전에 예방할 수 있는 안전장치와 실효성 있는 근로시간 기록 및 감시체계, 초과근로수당 지급의 투명화가 병행되어야 한다. 근로시간 개편은 단순한 유연화가 아니라 '일의 방식'에 대한 사회적 합의를 반영해야 한다. 지금 필요한 것은 제도 자체보다 '신뢰 기반의 일하는 문화'다.

세계는 어떻게 일하고 있는가: 글로벌 흐름과의 괴리

전 세계 노동정책의 방향은 단축과 분산이라는 키워드로 수렴되고 있다. 유럽을 중심으로 한 선진국들은 근로시간을 줄이면서도 생산성을 높이고, 노동자의 삶의 질을 보장하는 데 집중하고 있다. 네덜란드는 주당 평균 노동시간이 30.3시간으로 OECD 최단을 기록했으며, 독일은 35시간제를 중심으로 파트타임과 시간제 근로가 확산되어 있다. 프랑스는 2000년부터 법정 노동시간을 35시간으로 제한했고, 벨기에는 2022년부터 주 4일제 선택권을 법제화했다. 이러한 제도들은 삶의 질과 노동의 지속 가능성을 중심으로 구성된 것이다.

반면, 한국은 2024년 기준 연평균 근로시간이 1,874시간으로 여전히 장시간 노동국가다. 이는 OECD 평균보다 주당 5시간 이상 긴 수준으로, 노동자의 건강과 일·가정 양립, 창의적 노동 여건을 심각하게 저해하는 구조다. 특히 제조업, 건설업, 서비스업 등 노동집약적 산업에선 여전히 주 60시간 이상 근무가 비일비재하다. 이와 같은 노동 패턴은 단지 개인의 문제가 아니라, 기업의 생산 방식과 노동시장 설계, 사회적 가치 체계의 결과다.

세계는 지금 '디지털 노동권'이라는 새로운 개념을 제도화하고 있다. 프랑스는 2017년부터 연결 차단권(the right to disconnect)을 법제화하여 업무시간 외 이메일 응답 의무를 금지했고, 독일, 이탈리아, 캐나다 등도 유사 제도를 도입했다. 또한 노동시간을 단축하는 대신 초과노동에 대해 자동적 보상(자동 초과근무 수당, 휴식시간 보장)을 법으로 규정하는 움직임도 확산 중이다. 이러한 국제적 흐름은 단지 복지정책이 아니라, 고부가가치 산업으로 전환하는 지속가능한 경제 모델의 일환이다. 글로벌 공급망에 연동된 한국 산업 역시 이러한 흐름과의 정합성을 확보하지 못할 경우, 인력 이탈과 국제 경쟁력 저하라는 이중 리스크에 직면할 수 있다.

경직된 규제와 인적자원 경쟁력: 고용정책 패러다임의 전환이 필요하다

4차 산업혁명과 글로벌 공급망 재편은 민간 부문의 기술혁신과 고용전략 전반에 깊은 영향을 미치고 있다. 디지털 전환과 산업 자동화에 대비하기 위해서는 유연한 인력운용과 지속적인 직무 재설계가 핵심인데, 한국은 여전히 경직된 노동규제와 정책 불확실성으로 인해 민간의 참여 동력이 약화되고 있다. 특히 비정규직 규제 강화, 최저임금 급격한 인상, 근로시간 단축 등의 정책은 노동시장 이중구조 해소라는 장기 목표에도 불구하고, 단기적으로는 중소·중견 제조업의 고용 여력을 급격히 위축시키는 부작용을 초래하고 있다. 2025년 현재 한국 제조업의 30%가량이 부실 징후를 보이고 있으며, 보호무역주의 확산과 환율·원자재 불안정성 등이 복합적으로 작용하면서 고용 유지는 갈수록 어려운 과제가 되고 있다.

노동시장 내 구조적 문제는 세계 경쟁력 지표에도 명확히 반영된다. 유럽 경영대학원 인시아드(INSEAD)와 글로벌 인재 공급기업 아데코(Adecco)가 공동 발표한 2024년 세계 인적자원 경쟁력지수(GTCI)에서 한국은 총 133개국 중 32위, OECD 38개국 중 24위에 머물렀다. 특히 핵심 세부지표인 노사협력(24위), 해외인재 유입 및 여성 고용 비중 등 '매력도' 부문(33위), 직업교육과 평생학습 등 '인재 성장성'(25위), 노동생산성과 기술역량 등 '숙련도'(28위)는 모두 하위권이었다. 이는 양질의 인재를 유치·유지하는 역량뿐 아니라, 기존 노동력을 고도화하는 구조에서도 한국이 제약을 받고 있음을 시사한다.

결국 고용정책의 패러다임 전환이 필요하다. 지금의 규제 중심 고용정책은 오히려 기업의 혁신 인재 채용과 유지, 그리고 고용의 질적 개선을 방해하는 요인으로 작용하고 있다. 노동시장 유연화는 단순한 해고 자유화가 아니라, 직무 재배치, 재교육, 유연근무, 성과보상체계의 고도화와 같은 유연안정성(flexicurity) 중심 전략으로 접근해야 한다. 민간기업이 직업훈련과 인재양성에 투자할 수 있도록 인센티브를 제공하고, 노사관계의 협업 기반을 재정립하며, 외국인 고급인재와 경단여성 등 잠재인력을 적극 활용할 수 있는 제도 기반을 마련해야 한다. 인적자원이 경쟁력의 핵심이라는 점을 인식한다면, 고용정책은 규제가 아닌 성장형 인프라로 설계되어야 할 때다.

노동시장 유연화: 단순한 시간의 문제가 아니다

근로시간 유연화는 더 이상 "얼마나 오래 일할 것인가"의 문제가 아니다. 그것은 노동을 구성하는 방식, 즉 일의 설계, 통제 권한, 시간에 대한 주권이 누구에게 있는가에 관한 본질적인 논의이다. 정부가 제시하는 유연화 방안이 사용자의 재량 확대에 무게중심을 둔다면, 그것은 장시간 노동의 합리화로 귀결될 가능성이 높다. 유럽이 추구하는 유연화는 효율성과 자율성의 조화, 곧 노동자가 자신의 삶과 노동을 재구성할 수 있는 실질적 선택권을 보장하는 구조이다. 지금 한국에 필요한 것도 바로 이런 질적 유연성이다.

이를 위해 다음과 같은 제도적 요소가 필수적이다. 첫째, 연속근로 제한 및 최소 휴식시간 보장이다. EU 근로시간지침은 연속근로 6시간 시 30분, 12시간 시 1시간의 휴식을 의무화하고 있으며, 주 1회 최소 24시간 이상의 연속휴식을 규정하고 있다. 한국도 근로기준법상 하루 11시간 연속휴식을 권고하고 있지만, 실효성 있는 강제규정은 미비하다. 둘째, 포괄임금제의 남용을 방지하기 위한 요건 강화가 필요하다. 현재 포괄임금제를 악용해 초과근로를 사실상 무제한 허용하는 관행은 제도적 허점을 이용한 합법적 과로 구조를 만들고 있다.

셋째, 노동시간 기록의 디지털화 및 실시간 통제체계 구축이 중요하다. 독일, 덴마크, 일본 등은 스마트 워크 도입과 함께 전자근로기록 시스템을 의무화하고 있으며, 이를 통해 기록되지 않은 노동과 그림자 노동을 줄이고 있다. 마지막으로, 임금보전 원칙의 확립, 특히 동일노동-동일임금은 유연한 시간제 근로 확산의 기반이 된다. 근로시간 단축이 임금 삭감으로 이어지지 않도록, 직무기반 임금체계와 생산성 연동형 보상제도가 병행되어야 한다. 진정한 유연화는 시간을 쪼개는 것이 아니라, 노동을 새롭게 배치하고 정의하는 일이다. 노동의 미래는 선택이 아닌 설계의 문제이며, 그 주체는 단연코 노동자여야 한다.

MZ세대가 바꾸는 노동의 가치: '오래'보다 '잘' 일하는 시대

한국의 노동시장이 변화하는 흐름의 중심에는 MZ세대가 있다. 이들은 단순한 세대교체가 아니라, 노동에 대한 근본적인 인식의 전환을 이끌고 있다. '일은 곧 생존'이라는 관점에서 벗어나, '일은 나의 삶과 성장의 일부'라는 철학이 이들의 선택을 지배한다. 실제로 LG전자 사무직 노조를 중심으로 한 새로고침노동자협의회는 정부의 근로시간 유연화 개편안이 장시간 노동을 합리화한다며 비판했고, 포괄임금제 폐지, 건강권 보장, 실노동시간 기반 보상 등 구체적인 대안을 제시했다. 이는 전통적인 노동단체의 틀을 넘어선, 노동의 재정의 움직임이라 할 수 있다.

MZ세대는 노동시장의 새로운 수요자이자, 글로벌 경쟁 환경 속의 주체이다. 이들은 더 이상 채용시장에 수동적으로 응하는 존재가 아니라, 자신을 선택할 기업을 고르는 소비자적 노동자다. 구글, 마이크로소프트, 세일즈포스 등 글로벌 기업들이 앞다투어 하이브리드 워크, 디지털 웰빙, 워라밸 인프라를 제도화하고 있는 이유도 여기에 있다. 한국 기업들도 이러한 흐름을 인식해, 재택·유연근무제, 복지 포인트제, 심리상담 제도 등을 도입하고 있으나, 여전히 실무 차원에 머무르고 있는 경우가 많다. 제도적 패러다임 전환 없이는 인재 유출을 막기 어렵다.

근로시간제도 개편 역시 MZ세대의 노동가치를 중심축에 두어야 한다. 핵심은 자율성과 책임, 협의에 기반한 설계다. 법·제도는 최소한의 기준이 되어야 하며, 현장의 다양성과 개인의 선택이 존중되는 방향으로 유연화가 진화해야 한다. MZ세대는 단순히 임금이나 근로조건만이 아니라, 노동이 자신에게 어떤 의미를 갖는가, 회사가 사회에 어떤 가치를 창출하는가를 평가한다. 따라서 기업과 정부는 노동을 단순히 시간 단위의 교환이 아닌, 가치 창출의 공동 과정으로 재구성하는 데 앞장서야 한다. 노동의 미래는 MZ세대가 이끄는 새로운 질서 속에서 다시 쓰여지고 있다.

제도개선의 방향: 노동법체계와 데이터 인프라의 현대화

한국의 노동법은 1953년 제정된 근로기준법을 근간으로 유지되고 있다. 이는 전후 산업화 시대의 공장형 집합노동을 전제로 설계된 제도적 틀로, 오늘날의 디지털 기반 노동환경과는 본질적으로 괴리가 크다. 특히 원격근무, 플랫폼 노동, 프리랜서 등 고용의 경계가 모호해진 시대에는 시간 중심의 규제보다 성과, 접속, 작업단위 중심의 새로운 법적 기준이 요구된다. 근로시간제도 역시 물리적 출퇴근을 기준으로 한 '사업장 개념'에 기반해 설계된 만큼, 디지털 전환 이후의 노동현실을 반영하기엔 근본적 한계가 있다.

첫째, 노동법 체계의 구조적 재정비가 시급하다. 현행법은 전일제 고용, 고정적 근로시간, 물리적 사업장 존재를 전제로 설계되어 있어, 플랫폼 종사자나 온라인 기반 노동자는 보호에서 배제되기 쉽다. 이에 따라 영국의 근로자(worker) 개념처럼 정규직과 자영업자 사이의 중간지대를 포괄하는 제3의 고용지위 도입이 필요하다. 또한 미국과 독일처럼 직무 중심의 노동법 체계를 확대하여, 고용형태와 무관하게 실질적인 사용종속성에 따라 법적 보호가 가능하도록 해야 한다.

둘째, 노동시간·노동조건 기록의 디지털화와 데이터 기반 감시체계가 필수적이다. 일본은 2019년부터 기업에 전자출퇴근 시스템 도입을 의무화하고 있으며, 유럽연합은 2019년 ECJ 판결을 통해 기업에 근로시간 실시간 기록 시스템을 요구하고 있다. 한국도 IT 기반 스마트워크 확산에 맞춰, 실노동시간·휴식시간·성과정보를 디지털로 기록·분석하고 공공기관이 이를 표준화할 수 있도록 국가 노동데이터 플랫폼을 구축해야 한다. 이는 노동감독의 효율성 제고는 물론, 초과근로의 자동보상, 직무 기반 보상체계 정착 등에도 활용될 수 있다.

셋째, 유연성 속의 규범 강화다. 노동법의 목적은 단순히 보호가 아닌 공정한 거래 질서 확립이어야 한다. 근로계약의 개념을 재정립하고, 사용자와 노동자 간 정보 비대칭을 해소하는 표준계약서, 알고리즘 노동의 통제 투명성 확보 등 규범적 장치가 병행되어야 한다. 디지털 시대의 노동은 더 이상 물리적 장소와 시간에 얽매이지 않는다. 따라서 제도 역시 장소 없는 노동, 시간 없는 계약을 전제로 하는 구조로의 재설계가 요구된다. 노동법체계의 현대화는 더 이상 선택이 아닌 필연이며, 그것이야말로 미래세대와 디지털 시대를 위한 새로운 사회계약의 시작이다.

디지털 기반의 통합형 임금·직무 데이터베이스 구축

미래형 노동정책은 직무, 시간, 고용형태의 경계를 넘는 데이터 기반의 통합 관리 체계에서 출발해야 한다. 현재 한국은 고용형태의 다변화, 직무구조의 세분화, 근로시간의 유연화가 빠르게 진행되고 있지만, 이에 대한 종합적·정량적 데이터 시스템은 미비한 상황이다. 특히 플랫폼노동자, 프리랜서, 특수고용직 등은 통계조차 제대로 포착되지 않아 정책 사각지대에 놓여 있다. 미국 노동통계국(BLS)이 제공하는 산업별·직종별 임금·근로시간·복지정보 통합 플랫폼은 한국이 참고해야 할 선진 모델이다.

첫째, 직무 중심 임금체계로의 전환이 절실하다. 연공서열에 기반한 임금구조는 산업 전반의 유연성을 저해하고, 고령화에 따른 임금-생산성 불일치를 초래한다. 독일, 네덜란드, 일본 등은 직무·성과 중심의 임금 데이터베이스를 기반으로 노동시장을 재설계해왔다. 한국도 이에 맞춰 직무별 난이도, 책임도, 시장가치를 반영한 임금정보 체계를 구축하고, 이를 토대로 공공부문부터 직무급 전환을 유도할 필요가 있다. 이때 필요한 것이 국가직무정보시스템의 구축이다.

둘째, 노동시간 및 근무형태의 다양화를 반영한 유연근로법의 신설이 필요하다. 주 52시간제는 정형근로자 중심으로 설계되어 있어, 하이브리드 근무, 선택적 재택근무, 탄력적 출근제 등 디지털 환경에서 발생하는 다양한 근무방식을 충분히 포섭하지 못한다. 이를 보완하려면 기존 근로기준법 체계 밖에서 유연근로계약법 또는 디지털근로계약법 등 새로운 법적 틀을 제정하고, 유연근무의 유형별 요건·보호기준·계약안전장치를 체계화해야 한다.

셋째, 플랫폼 노동자 및 특수고용 종사자에 대한 별도의 보호법제 확립이 중요하다. 한국은 여전히 이들 노동자를 자영업자로 분류하고 있으나, 실질적으로는 사용자에게 종속된 준노동자에 가깝다. 유럽은 이들을 위한 별도의 사회보험, 산재보상, 계약 투명성 기준을 마련하고 있으며, 미국 캘리포니아주는 AB5법을 통해 일정 기준을 충족하는 플랫폼 종사자를 직접고용 대상으로 보고 있다. 한국 역시 고용보험과 산재보험의 포괄 적용, 계약 구조의 표준화, 데이터 기반 직무 리스크

분석 등을 포함한 디지털 플랫폼 종사자 보호법제를 조속히 마련해야 한다.

노동의 변화를 뒷받침하는 것은 결국 보이지 않는 인프라, 곧 제도와 데이터다. 국가가 앞장서 산업별·직종별 노동 데이터를 통합·표준화하고, 그 결과를 정책·노사협약·임금결정 구조에 연결하는 체계를 만들 때, 비로소 한국은 미래형 노동정책의 기초를 갖출 수 있다. 지금이 그 체계적 기반을 마련할 결정적 시점이다.

정년연장, 직무급제, 임금격차: 노동시장 구조개혁과의 연계

근로시간제도의 개편은 단순히 시간의 문제를 넘어서, 노동의 가치와 보상구조에 대한 전면적인 재정립과 연결된다. 동일한 시간을 일하더라도 직무의 난이도, 책임도, 기술 수준이 다르면 당연히 보상도 달라야 한다. 이는 연공서열 기반의 임금체계를 직무·성과 중심으로 개편하겠다는 정부의 방향과도 맞닿아 있다. 특히 고령자 정년연장과 청년층 고용창출이라는 두 개의 정책 목표를 동시에 달성하기 위해선, 임금체계의 유연화와 공정화가 반드시 수반되어야 한다. 단순히 정년만 늘릴 경우 고임금 고령자 중심 구조가 고착화돼 기업의 청년 채용 여력이 줄어드는 역효과를 낳을 수 있다.

이에 따라 직무급제의 확산은 구조개혁의 관문이자, 고용 연계 정책의 핵심 고리다. 독일과 일본은 직무급을 기반으로 고령자의 임금은 하향 조정하되, 적합 직무로 재배치하는 방식으로 고용을 유지하고 있으며, 청년층에게는 시장가치를 반영한 초기 직무급을 통해 진입기회를 넓혀왔다. 한국도 2024년부터 일부 공공기관에서 직무급 시범운영을 확대하고 있으나, 민간 부문은 여전히 연공급 중심의 인사관행이 지배적이다. 특히 중소기업은 직무분석 역량 부족, 보상기준의 부재, 노사 갈등 우려 등으로 직무급 도입에 어려움을 겪고 있다.

이를 해소하기 위해 정부는 직무분석·설계에 필요한 디지털 도구와 가이드라인을 체계화해야 한다. 예컨대 국가직무표준(NCS)과 연계한 직무급 설계 매뉴얼, 직종별 직무난이도 평가 툴, 직무별 공공임금 정보 포털 등을 통해 기업의 인사제도 설계 비용을 줄이고, 표준화를 유도할 수 있다. 더 나아가 대기업-중소기업 간 직무·임금 비교 공시제를 도입하면, 임금격차의 구조적 원인을 가시화하고 산업별·직종별 공정한 임금수준 설정에도 기여할 수 있다. 이는 단지 통계 개선이 아닌, 노동시장 이중구조 해소의 핵심 메커니즘이다.

근로시간, 임금체계, 정년제도는 따로 움직이는 개별 기제가 아니라, 하나의 고용구조 안에서 긴밀히 맞물린 종합체계다. 노동정책은 이들 요소의 '통합 설계'를 통해 유연성과 형평성을 동시에 달성해야 하며, 이를 위한 사회적 대화와 제도 혁신이 지금 반드시 요구된다.

요약

한국의 근로시간제도 개편은 단순한 시간 조정이 아니라, 일하는 방식 전체를 재구성하는 구조 개혁의 일환이다. 디지털 전환과 인구 고령화가 중첩되는 시점에서 유연성과 보호의 균형이 핵심이며, 특히 MZ세대의 노동 가치관 변화는 제도 설계의 중심에 있어야 한다. 글로벌 흐름에 부합하는 노동정책 개편, 직무 중심 임금체계 확산, 중소기업의 제도설계 역량 강화 등이 병행되어야 제도 변화의 실효성이 확보될 수 있다.

당신의 생각은?

1. 근로시간 유연화는 노동자의 자율권을 확대하는가, 사용자의 재량권을 강화하는가? 정부의 개편 방향이 노동자의 선택권을 실질적으로 보장하고 있는지, 제도 설계의 균형성과 실효성에 대해 생각해볼 필요가 있다.
2. MZ세대의 노동 가치관은 기존 제도와 어떻게 충돌하는가? 젊은 세대의 삶의 질, 정신적 건강, 노동조건에 대한 감수성을 고려한 노동정책은 어떻게 가능할까?

정책제언

1 포괄임금제 및 초과근로 규제 강화

연장근로는 반드시 사전합의와 명확한 보상을 전제로 해야 하며, 포괄임금제의 요건을 명문화하고 위반시 제재를 강화해야 한다. 근로시간 상한선을 초과하는 초과노동에 대해서는 건강보호 의무를 명시적으로 부여할 필요가 있다.

2 국가직무정보 시스템 구축 및 공개임금정보 확대

산업별·직종별 임금, 근로조건, 직무정보를 통합하는 국가 시스템을 마련해 정책 수립과 기업의 HR설계에 활용토록 해야 한다. 이를 통해 직무급 확산, 임금 투명성 제고, 인재배치 효율성도 제고될 수 있다.

3 중소기업 임금체계 구축 지원과 공공 컨설팅 강화

직무별 임금정보 데이터와 맞춤형 컨설팅을 제공하는 공공 지원체계를 구축하여, 중소기업의 인사·노무관리 역량을 체계적으로 강화해야 한다. 특히 다수의 최저임금 준거 중소기업에 대한 단계적 직무급제 도입 로드맵이 필요하다.

포괄임금제
어떻게 개선해야 하나

포괄임금제, 문제는 '존재'가 아닌 '운영'이다

한국의 포괄임금제는 오랜 기간 관행이라는 이름 아래 묵인되어 왔다. 실제로 고용노동부가 2023년 발표한 자료에 따르면, 5인 이상 사업장 중 약 43.7%가 포괄임금제를 도입하고 있으며, 이 중 상당수가 서면 합의나 구체적 연장·야간노동 시간 기재 없이 임의로 수당을 포함시키고 있다. 특히 IT, 광고, 금융 등 고소득 전문직뿐 아니라 편의점·물류업계 등 저임금 단순직종에도 폭넓게 확산되어 있다는 점은 제도의 변질과 남용이 심각한 수준에 이르렀음을 보여준다. 이는 결과적으로 공짜 야근과 과'를 양산하는 구조적 장치로 작동하고 있으며, 노동자 권익 침해와 더불어 기업의 장시간 노동 의존도를 고착화시키고 있다.

그러나 제도의 존재 자체를 일률적으로 부정하는 접근은 현실 대응력에 한계를 가진다. 예컨대 탄력적 근로시간제나 재량근로제 대상이 되지 않는 직무 중에서도 근로시간 산정이 곤란한 경우가 실재하며, 이 경우 합리적으로 설계된 포괄임금제는 일정한 유연성을 제공할 수 있다. 문제는 투명하고 정당한 운영 여부다. 현재처럼 구체적 기준 없이 총액 지급만을 명시한 포괄근로계약서는 법적 안정성은 물론, 노동자 보호의 기능도 결여되어 있다. 이에 따라 2022년 대법원은 포괄임금제가 유효하려면 초과근로 발생 가능성과 그 시간에 대한 명확한 사전합의가 있어야 하며, 그렇지 않으면 무효로 판단된다는 기준을 제시한 바 있다.

이제 필요한 것은 제도 폐지냐 유지냐의 이분법적 선택이 아니다. 핵심은 '어떻게 설계하고 통제할 것인가'이다. 첫째, 고위험·남용 직군에 대해 포괄임금제 적용을 제한하고, 사전 고용노동부 심사를 도입할 필요가 있다. 둘째, 노동시간 기록 의무화와 실근로시간 대비 수당 지급 실태에 대한 정기적 감독이 강화되어야 한다. 셋째, 표준 포괄근로계약서와 같은 가이드라인을 마련해 노사 간 정보 비대칭을 줄여야 한다. 포괄임금제가 장시간 노동을 은폐하고, 임금 착취의 도구가 되지 않도록 운영의 투명성과 책임성을 제도적으로 담보하는 것이야말로 실효성 있는 개선의 출발점이다.

포괄임금제란 무엇인가: 제도의 탄생과 법적 위치

포괄임금제는 근로계약 체결 시 연장·야간·휴일 근로수당을 사전에 정액 포함시켜 급여에 통합지급하는 임금 산정 방식이다. 법률에 명시된 제도는 아니지만, 대법원은 일정 조건 하에 이를 유효한 계약 방식으로 인정해왔다. 대표적으로 대법원 2008년 판례(2006다83030)는 "정상적인 근로시간 산정이 곤란한 직무에 한해, 명확한 산정기준과 근로자 동의, 지급된 임금의 정당성"이 충족되는 경우 포괄임금제를 허용할 수 있다고 판단하였다. 즉, 이는 원칙적으로 예외적 상황에서만 인정될 수 있는 합리적 유연성 장치로 도입된 것이다.

하지만 한국 노동현장에서 포괄임금제는 제도 본래의 취지와 달리 관행이라는 이름 아래 광범위하게 적용되고 있다. 실제로는 근로시간 산정이 충분히 가능한 직종에도 적용되며, 법적 요건을 갖추지 않은 계약서가 난무한다. 고용노동부의 2023년 점검 결과에 따르면, 조사 대상 사업장의 56.2%가 포괄임금제를 활용하고 있었고, 이 중 절반 이상이 연장·야간수당 항목 및 계산기준을 구체적으로 명시하지 않은 것으로 드러났다. 이는 노동자의 실 근로시간과 무관하게 고정급만 지급되는 결과로 이어지며, 과로와 임금체불의 제도적 기반이 되고 있다.

이처럼 법적 판례로 조건부 인정된 포괄임금제가 실무에서 광범위하게 남용되는 구조는 법과 현실 간 괴리를 보여준다. 특히 사무직, 서비스직, 감시·단속적 근로자 등 '시간 추적이 어렵다'는 명분 아래 광범위하게 확산된 포괄임금제는, 실제로는 시간 추적이 가능함에도 불구하고 기업의 인건비 절감 및 행정 편의 수단으로 오용되고 있다. 이제는 존재의 정당성이 아닌 운영의 정당성을 중심으로 포괄임금제의 남용을 방지하고, 법적 요건의 실질 이행을 강제하는 제도적 정비가 시급하다.

청년층이 먼저 고통받는 구조

포괄임금제의 가장 큰 피해자는 바로 청년층이다. 2024년 한국노동연구원의 조사에 따르면, 20대 청년 근로자 중 무려 61%가 "자신이 포괄임금제 적용 대상인지 모른다"고 답했다. 특히 스타트업, IT, 크리에이티브 업계 등 비교적 유연한 조직문화와 성과 중심 인사철학을 내세우는 사업장에서 이 제도는 근로시간을 무력화하는 도구로 활용되는 경향이 강하다. 성과 압박과 업무 몰입이라는 이름 아래 실질적인 초과근로가 일상화되지만, 이에 대한 수당은 별도 지급되지 않는 구조가 고착화되고 있다. 이는 청년층에게 포괄임금제가 곧 공짜 야근을 의미한다는 인식을 각인시키고 있다.

청년 노동자들은 사회 진입 초기 단계에서부터 장시간 노동과 초과근로 수당 미지급에 무방비로 노출되어 있다. 고용노동부가 2023년 실시한 표본조사에 따르면, 포괄임금제를 도입한 사업장에서의 주 평균 연장근로시간은 무려 11시간 30분에 달한다. 이는 주 52시간제의 한계를 사실상 무력화시키는 수치로, 법정 근로시간과 실제 근로시간 간 괴리를 방치하는 구조적 요인이 되고 있다. 더욱이 이 같은 과로 구조가 경력 초반부터 반복되면, 직무 소진(burnout)과 이직률 상승, 장기적 커리어 불안정 등 노동시장의 지속가능성 전반에도 악영향을 미칠 수 있다.

결국 포괄임금제의 남용은 단순한 근로조건 악화의 문제를 넘어, 청년층의 노동 경험 전반을 왜곡시키고 있다. 합법의 외피를 쓴 불합리한 근로계약이 초기 노동시장 진입자의 기준점을 낮추고, 건강권과 임금권 보호의 사각지대를 양산하고 있다는 점에서 문제의 심각성은 더욱 크다. 청년노동을 보호하기 위해서는 포괄임금제 적용 시 고용노동부 신고제 또는 사전심사제 도입, 수당 산정 기준의 표준화, 청년 대상 근로조건 교육의 제도화 등이 시급히 병행되어야 한다. 제도의 유연성을 빌미로 청년층의 권익이 희생되어선 안 된다.

경영계의 현실: 업무 특성상 필요한 경우도 있다

포괄임금제를 전면 부정하는 접근은 현실의 복잡성을 놓칠 우려가 있다. 특히 창의성과 자율성이 중시되는 직무—예컨대 소프트웨어 개발, UI/UX 설계, 마케팅 전략 기획 등—에서는 업무량과 집중도가 일시적으로 몰리는 경향이 있으며, 근로시간을 분 단위로 계측하는 것이 오히려 비효율로 이어질 수 있다. 이러한 환경에서는 일정 수준의 유연성과 재량을 담보한 포괄임금 방식이 실무상 효율성을 높이는 수단이 될 수 있다는 것이 경영계의 입장이다. 그러나 문제는 이러한 유연성이 임의성과 착취로 전도될 위험이 상존한다는 점에 있다.

글로벌 사례를 보면, 포괄임금제와 유사한 제도가 운영되더라도 철저한 제도적 보완 장치를 동반하고 있다는 점에서 차이가 있다. 일본은 2019년부터 연봉 1,075만 엔(한화 약 9,500만 원) 이상 고소득 전문직에 한해 화이트칼라 이그젬션(White-collar exemption) 제도를 도입했다. 기획, 분석, 연구 등의 직무에 대해 근로시간 규제를 면제하되, 적용 대상은 고성과자로 엄격히 제한되며, 자발적 동의와 더불어 정기 건강검진, 잔업 실태 보고, 심야노동 제한 등의 안전장치가 필수적으로 적용된다. 이는 단순한 행정 편의가 아닌, 성과 중심 유연근로제로서의 구조적 완결성을 갖춘 사례로 평가받는다.

국내 역시 성과 중심 보상체계와 유연근무의 필요성을 부인할 수 없다면, 포괄임금제가 단순 임금 산정 방식을 넘어 책임성과 투명성을 중심으로 재설계되어야 한다. 이를 위해서는 첫째, 포괄임금제 적용 대상을 엄격히 제한하고, 둘째, 연봉 수준·직무 특성에 따른 차등 요건을 마련하며, 셋째, 실근로시간 추적이 가능한 디지털 시스템과 결과 기반 평가 지표를 병행하는 등 제도적 견고성을 확보해야 한다. 포괄임금제를 운영할 경우, 그것이 면죄부가 아닌 '관리 의무'의 시작임을 분명히 해야 한다.

포괄임금제, 규율 없는 유연성에서 제도화된 예외로

정부는 2024년을 기점으로 포괄임금제 개선에 본격적으로 착수하고 있다. 고용노동부는 포괄임금제를 공짜 야근과 장시간 노동을 유발하는 5대 불법 근로관행 중 하나로 분류하고, 그 오남용에 대한 집중 단속 대상으로 지정했다. 그러나 정부의 접근은 전면 금지가 아니라, 오히려 제도의 존재를 인정하되 운영의 법적 타당성과 투명성을 높이려는 방향에 방점을 두고 있다. 이는 포괄임금제가 현실 노동환경에서 일정한 필요성을 갖고 있다는 점과 동시에, 그간 방치되어온 자의적 운영을 바로잡겠다는 의미다.

고용노동부가 제시한 3대 개선 원칙은 다음과 같다. 첫째, 정당한 사유 없이 포괄임금 계약 체결을 금지하고, 둘째, 근로시간의 기록 및 관리의무를 사업주에게 강화하며, 셋째, 적용 직무에 대한 명확한 기준을 담은 가이드라인을 마련하겠다는 것이다. 이에 따라 고용부는 2024년 하반기부터 실태조사를 통해 업종별, 직무별 오남용 유형을 분류하고 이를 바탕으로 표준계약서, 고시 개정, 점검 매뉴얼 등을 순차적으로 도입할 예정이다. 이러한 정책은 단속 중심의 사후 대응에서 예방 중심의 구조 개선으로 전환하려는 시도로 평가할 수 있다.

다만 정책 방향이 제시되었다고 해서 현장에서 곧바로 효과가 나타나는 것은 아니다. 포괄임금제 남용이 광범위하게 퍼져 있는 만큼, 제도 개선은 구체적인 실행력과 노사 간 이해조정 메커니즘 없이 성공하기 어렵다. 정부의 가이드라인이 단순한 권고에 머물지 않고, 중소기업·스타트업에도 현실적으로 적용 가능한 표준 계약 시스템과 교육 훈련이 병행되어야 하며, 위반 시에는 제재와 함께 분쟁 조정 절차가 신속히 작동할 수 있는 인프라 구축이 병행되어야 한다. 포괄임금제 개선은 단속과 계도만으로는 불충분하며, 노동현장의 관행을 바꾸는 제도적 설계와 집행 역량이 그 성패를 가를 것이다.

포괄임금제는 편의인가, 착취인가

포괄임금제는 본래 근로시간 산정이 어려운 특정 직무에 대해 연장·야간·휴일수당 등을 포함한 일정 금액을 지급함으로써 행정 효율성과 예측 가능성을 도모하던 제도였다. 그러나 법률에 명시된 기준 없이 판례 중심의 관행으로 자리잡은 탓에, 점차 다양한 업종으로 확대되며 본래 취지를 이탈해왔다. 특히 1980~90년대 고도성장기에는 편의와 비용 절감이라는 명분으로 확산되었지만, 최근에는 그 이면에 구조적 착취와 법정수당 회피라는 심각한 문제점이 드러나고 있다.

최근 포괄임금제는 디지털 산업과 스타트업에서 더욱 광범위하게 운영되고 있다. 자율과 창의성이라는 이름 아래 실질적인 장시간 노동이 당연시되고 있으며, 직무 몰입이나 성과 중심 문화가 실은 정규 노동시간 외의 과도한 노동을 당연시하는 압박으로 이어지고 있다. 2024년 한국노동연구원 실태조사에 따르면 20대 미만 청년 노동자의 62%가 자신이 포괄임금제 적용 대상인지조차 모른 채 초과근무를 하고 있는 것으로 나타났다. 이는 단지 제도의 남용을 넘어, 법적 보호 장치의 공백과 고용주-근로자 간 정보 비대칭의 심각성을 보여준다.

이제 포괄임금제를 단순히 '폐지 vs 존치'의 이분법으로 접근할 것이 아니라, ‘정당한 보상’과 ‘투명한 기준’이라는 두 축을 중심으로 제도 재설계를 논의해야 한다. 근로시간의 디지털 관리 강화, 사전합의 절차의 의무화, 업종 및 직무별 예외 기준의 명확화 등이 병행되어야 하며, 특히 청년층을 중심으로 노동권 교육과 고지 의무를 강화하는 법적 장치가 필요하다. 제도의 편의성이 진정한 노동가치의 존중으로 이어지기 위해서는, 포괄임금제의 본질을 다시 묻는 사회적 성찰이 선행되어야 한다.

국회는 금지를, 경영계는 자율을, 정부는 개선을 택할 것인가?

국회에는 포괄임금제를 전면 금지하거나 강력히 제한하는 내용을 담은 다수의 법안이 계류 중이다. 특히 플랫폼 노동자와 청년층 등 노동시장 내 약자 보호를 명분으로 한 제도 폐지 요구는 정치권과 시민사회에서 꾸준히 확산되고 있다. 한국노총·민주노총 등 주요 노동단체는 공짜 야근의 제도적 근거를 없애야 한다며 포괄임금제 전면 폐지를 강력히 주장하고 있다. 이는 근로자의 정당한 보상과 노동권 회복이라는 가치를 전면에 둔 사회적 요구다.

반면 경영계는 유연성과 예측가능성의 균형이 무너질 경우, 특히 프로젝트 단위로 운영되는 산업 및 직무에서 불필요한 행정적 비용 증가와 창의성 저해가 발생할 수 있다고 우려한다. 대한상공회의소와 한국경영자총협회는 포괄임금제가 특히 IT, 기획, R&D 직무에서 필수적 유연성을 보장해 온 제도라고 주장하며, 일괄 금지는 조직문화의 퇴행을 불러올 수 있다고 반박한다. 성과 중심 문화와 업무 자율성이 포괄임금제와 반드시 충돌한다고 보긴 어려우나, 기업의 임금 설계 재량을 과도하게 제한할 경우 부작용이 발생할 수 있다는 점은 현실적 고려 사항이다.

이처럼 국회·노동계·경영계의 입장이 극단적으로 엇갈리는 상황에서 정부가 택할 수 있는 해법은 제도 전면 폐지나 방임이 아닌 개선에 있다. 핵심은 단순한 유연성이 아니라 합리적 예측가능성과 정당한 초과보상이 조화를 이루는 제도적 설계다. 정부는 표준 포괄임금 계약서 도입, 직무 및 업종별 적용 기준 마련, 사용자 고지 의무 강화, 분쟁 발생 시 입증책임 전환 등의 개선책을 통해 균형 있는 접근을 시도하고 있다. 이는 제도의 오남용은 막되, 기업의 운영 자율성은 일정 부분

인정하는 실용적 절충안이며, 이제 남은 과제는 그 제도화의 정밀도와 실행력에 달려 있다.

해외는 어떻게 해결하고 있는가?

포괄임금제의 문제를 선진국들은 어떻게 해결하고 있을까. 공통된 방향은 근로시간의 투명한 기록, 초과근로의 명확한 보상, 그리고 성과 기반 보상 체계로의 전환이다. 즉, 임금을 정액화하거나 일괄 지급하는 대신, 노동 시간과 성과를 구분하여 각각 정당하게 보상하는 제도 설계가 주류를 이루고 있다.

유럽연합(EU)은 2003년부터 근로시간지침(Working Time Directive)을 통해 주 최대 48시간 원칙을 법제화하고, 모든 초과근로에 대해 보상을 명문화하고 있다. 특히 2019년 유럽사법재판소는 스페인의 노동자 소송을 계기로 "모든 사용자는 근로시간을 디지털 방식으로 기록·보존해야 할 의무가 있다"는 판결을 내리며, 전자기록 시스템의 의무화를 유럽 전역으로 확대했다. 이는 포괄임금제의 법적 여지를 원천적으로 차단하는 구조다.

독일은 근로시간의 기록과 임금의 투명성을 확보하기 위해 전자근로시간관리(EAV: Elektronische Arbeitszeitverwaltung) 시스템을 전면 도입했다. 법적으로도 포괄임금제는 인정되지 않으며, 창의직군과 고소득자에 대해서는 별도 성과계약(Pay-for-performance)이나 성과급 체계로 보상 시스템을 설계한다. 이는 자율성과 성과중심 보상의 균형을 제도적으로 보장하는 방식이다.

일본은 한때 포괄임금제 오남용으로 과로사가 사회문제로 부상하자, 2019년 '화이트칼라 이그젬션 제도'를 도입해 연봉 1,000만 엔 이상 고소득 전문직에 한해 근로시간 규제를 면제했다. 단, 이는 전면 면제가 아닌 조건부 예외로, 건강검진 의무, 연속휴식시간 보장 등 보완장치가 법적으로 병행된다. 일반직에 대해서는 포괄임금제를 엄격히 제한하고 있으며, 오히려 고정 초과수당의 사전 명시와 사용자 책임 강화를 중심으로 법제화가 강화되고 있다.

프랑스는 디지털 전환과 함께 근로시간 단위 기반의 성과 보상 체계를 구축하고 있다. 특히 컨설팅, IT, 디자인 등 고유연직군에서는 포괄임금제를 폐기하고, 자동근로시간 기록 시스템과 성과목표 기반 계약서를 병행한다. 이는 기업의 유연성을 보장하면서도 초과근로 착취를 방지하는 투명한 고용 시스템으로 평가받고 있다.

결국 해외 선진국의 공통된 방향은 "자율성과 유연성은 정당한 보상이 전제될 때에만 정당화될 수 있다"는 원칙 아래, 포괄임금제가 아닌 성과 계약, 디지털 관리, 법적 보완장치를 통해 제도 개선을 실현하고 있다는 점이다. 이는 한국이 제도 개편 과정에서 참고해야 할 핵심적 시사점을 제공한다.

제도 개선을 위한 정책적 선택지

포괄임금제에 대한 제도 개선 논의는 단순한 찬반을 넘어, 어떤 방식으로 제도를 다듬을 것인가에 관한 정책적 선택의 문제다. 제도 폐지를 주장하는 쪽은 근로자 권익을, 유지를 주장하는 쪽은 조직 유연성을 우선시하지만, 양자의 극단을 피하고 제도의 정당성과 실효성을 동시에 확보하는 절충점이 필요하다. 현재 고려되는 세 가지 정책 방향은 각각의 장단점과 구조적 함의를 갖는다.

첫째, 전면 폐지 방안은 도덕적 명분은 크지만 현실 적용에는 제약이 많다. 포괄임금제 자체가 잘못이라기보다는, 그 운용과 감독의 부실이 문제의 핵심이라는 점에서 제도 자체를 일괄 금지하는 것은 지나치게 급진적이다. 특히 IT, R&D, 기획, 디자인 등 고자율·고성과 직무에까지 일률적으로 적용될 경우, 조직 운영이 경직화되고 프로젝트 중심 산업의 경쟁력도 약화될 수 있다. 또한 중소기업의 경우 고가의 근로시간 관리 시스템 도입과 관련한 행정적 부담 및 비용 부담도 무시할 수 없다.

둘째, 현행 유지 방안은 제도의 오남용을 사실상 방치하는 결과로 이어진다. 실제로 포괄임금제를 운영하는 기업 중 상당수가 연장·야간·휴일 근로시간의 명확한 기록이나 별도 명세 없이 기본급에 포함이라는 방식으로 급여를 지급하고 있다. 이러한 현실은 노동시장 내 신뢰 기반을 붕괴시키고, 특히 청년층과 비정규직 등 취약계층에게 구조적 피해를 초래하며, 장기적으로는 법적 분쟁과 사회적 갈등의 누적으로 이어질 수 있다.

셋째, 가장 현실적인 대안은 조건부 허용과 엄격한 관리 모델이다. 구체적으로는 포괄임금제가 허용 가능한 직무와 산업군을 명확히 제한하고, 사용자는 근로시간을 디지털 방식으로 의무 기록하도록 하며, 청년·플랫폼 노동자 등 정보취약 계층에 대한 사전 고지 및 동의 절차를 강화하는 방식이다. 더불어 '표준 포괄임금 계약서' 제정, 위반 시 사용자의 입증책임 강화, 수당 항목 명세서 제공 의무화 등은 제도의 합법적·공정한 운영을 유도할 수 있다. 이는 해외 주요국들이 택한 절충모델과도 궤를 같이한다.

결국 제도의 존폐가 아니라 제도의 신뢰 회복이 관건이다. 조건부 허용과 투명한 운용 기준 확립은 사용자에게는 예측 가능성을, 근로자에게는 정당한 보상을 제공하는 공정한 유연성의 실현 경로이며, 한국 노동시장의 제도적 신뢰 회복을 위한 가장 현실적 해법이 될 것이다.

디지털 전환 시대, 임금은 성과와 시간의 복합 지표가 되어야

디지털 전환과 업무 자동화의 가속화는 전통적인 임금 결정의 패러다임을 근본적으로 흔들고 있다. 과거에는 근로시간이라는 양적 지표가 임금의 핵심 기준이었지만, 오늘날의 노동환경에서는 성과, 기여도, 창의성, 자율성 같은 질적 요소들이 새롭게 주목받고 있다. 이러한 흐름은 1시간 더 일하면 1시간 더 받는 방식의 단선적 임금 체계로는 더 이상 설명할 수 없다. 이에 따라, 임금체계 역시 하이브리드형 모델로 전환되어야 하며, 포괄임금제 역시 이러한 방향에서 구조적 재설계가 필요하다.

하이브리드 임금모델은 고정급(기본연봉), 유동급(성과 및 초과근로수당), 비금전 보상(워크라이프밸런스, 유연근무제, 복지 등)의 세 요소로 구성되며, 각 요소의 비중은 직무와 산업군에 따라 유연하게 조정되어야 한다. 예컨대 R&D나 기획 부서에서는 성과급과 비금전 보상의 비중이 높고, 생산직이나 고객 응대 직무에서는 초과근로 보상과 고정급의 비율이 높을 수 있다. 이는 단지 얼마나 오래 일했는가가 아니라, 어떤 가치를 창출했는가를 중심으로 재편하는 임금 시스템의 진화다.

무엇보다 이러한 체계의 전제는 근로시간 기록의 투명성 확보다. 성과 중심 임금체계가 임금 착취나 초과노동 은폐의 도구가 되지 않기 위해서는, 초과근로와 성과 보상이 분리되어 평가되고, 모두 기록될 수 있는 시스템이 필요하다. 디지털 기반의 근로시간 기록 시스템, 표준화된 성과 평가 기준, 포괄임금 대상자의 권리 고지 및 계약서 의무화는 하이브리드 모델의 핵심 인프라다. 결국 제도의 목적은 일한 만큼 정당하게 받는 사회'를 넘어, '가치를 창출한 만큼 공정하게 평가받는 사회를 구축하는 데 있다. 포괄임금제의 미래는 바로 이 새로운 임금 정의와 구조를 얼마나 선도적으로 수용하느냐에 달려 있다.

기업과 정부의 역할: 신뢰와 기술 기반의 뉴 거버넌스

포괄임금제의 구조적 문제를 해결하고, 노동의 가치를 제대로 보상하기 위해서는 제도 개선을 넘어 기업과 정부의 역할 재정립이 절실하다. 디지털 전환 시대의 노동정책은 규제 중심의 통제 모델을 넘어, 신뢰 기반의 기술적 인프라와 정책적 유인을 중심으로 설계되어야 하며, 이를 '뉴 거버넌스' 전략으로 재개념화할 필요가 있다.

기업은 우선적으로 근로시간 전자기록 시스템(E-Timesheet)을 도입해 초과근로 여부를 실시간으로 추적·기록해야 한다. 이는 단순한 행정절차가 아니라, 임금 지급의 정당성과 노동시간 관리의 투명성을 확보하기 위한 기반 인프라다. 아울러 임금명세서에 초과수당 포함 여부를 명확히 기재하고, 정기적으로 검토·통보하는 내부 시스템을 마련해야 한다. 선진국에서는 이미 영국과 네덜란드를 중심으로 블록체인 기반 임금기록 시스템이 확산되고 있으며, 정산의 투명성과 분쟁 예방 효과가 입증되고 있다. 이는 근로자 신뢰를 회복하고, 인재 유치에도 긍정적 영향을 미치는 ESG적 경영 전략으로 작동한다.

정부의 역할은 정보 불균형 해소와 정책적 유인을 통한 인프라 확산에 있다. 포괄임금제 적용 실태에 대한 정기 실태조사와 고위험 직무군에 대한 집중 추적체계를 마련해 정책의 사각지대를 줄여야 한다. 특히 디지털 기반의 근로시간기록제(e-Work Log)를 도입한 사업장에 대해 컨설팅을 제공함으로써 제도 확산을 유도할 수 있다. 또한, 중소기업의 기술 도입을 위한 국고 보조 프로그램을 마련함으로써 형평성과 현실성을 동시에 확보해야 한다.

결국 노동의 디지털화는 단순한 기술의 문제가 아닌 노동 신뢰의 재구성 문제다. 기업이 선제적으로 책임을 다하고, 정부가 공공 인프라를 구축하며, 양자가 협력하여 보상은 명확하게, 기록은 투명하게라는 원칙을 제도화할 때, 포괄임금제 개혁은 단순한 제도 정비를 넘어 노동정의의 실현이라는 거대한 전환점이 될 수 있다.

갈등의 제도에서 '신뢰의 프레임'으로

포괄임금제를 둘러싼 논의는 여전히 '폐지냐, 존치냐'의 이분법에 갇혀 있다. 그러나 이 제도는 단순히 존재 자체가 문제가 아니라, 어떻게 운영되고 관리되느냐의 규율 문제다. 포괄임금제가 악용되는 현실은 개념의 오류가 아니라 운용의 불투명성, 기록의 부재, 보상의 불공정성에서 비롯된 것이다. 따라서 이제는 포괄임금제를 갈등의 제도가 아니라, 신뢰 기반의 유연한 임금체계로 재설계할 시점이다.

제도의 핵심은 명확한 보상과 예측 가능한 구조다. 임금의 구성은 고정급과 초과급, 성과급을 직무 특성에 맞게 분리하고 명문화해야 하며, 근로시간 기록은 디지털 시스템을 통한 투명한 관리가 필수가 되어야 한다. 동시에 성과 평가 역시 객관성과 타당성을 갖춘 기준에 따라 운용되어야 한다. 이 세 요소가 정교하게 맞물릴 때, 포괄임금제는 더 이상 공짜 야근의 구조가 아니라, 성과와 자율이 결합된 신뢰의 제도로 작동할 수 있다.

한국 노동시장이 다음으로 넘어야 할 과제는 유연성을 유지하면서도 공정성을 보장하는 균형 모델을 구축하는 일이다. 근로시간 단축,

직무성과 중심 임금체계, 디지털 전환이 맞물린 지금, 포괄임금제는 이 모든 변화를 담을 수 있는 조정의 그릇이 되어야 한다. 즉, 이제 포괄임금제는 사라질 제도가 아니라, 다시 설계되어야 할 제도다. 갈등을 키운 제도에서 신뢰를 축적하는 구조로, 포괄임금제의 다음 진화는 한국 노동시장 거버넌스의 품격을 가늠할 기준이 될 것이다.

제도 개선을 위한 5대 원칙

포괄임금제 개선은 단순히 하나의 임금 산정방식을 규제하는 차원을 넘어, 노동의 가치와 시간의 정당한 보상을 어떻게 정의할 것인가라는 보다 근본적인 질문과 맞닿아 있다. 법적 요건의 강화만으로는 지속가능한 개선이 어렵고, 임금체계와 노동관계의 구조적 개편이 병행되어야 한다. 이에 따라 제도 개선을 위한 다음의 5대 원칙은 단속 위주의 접근을 넘어서 철학적 재설계와 정책 실효성을 함께 담보할 수 있는 방향으로 설정되어야 한다.

첫째, 업무 특성별 허용범위 기준 마련이다. 포괄임금제는 일률적 허용이 아닌, 직무 특성 중심의 차등적 적용 원칙이 필요하다. 예컨대 IT 개발, UX 기획, 연구개발 등 자율성과 성과 중심의 직무는 예외적으로 허용하되, 단순 반복작업이나 제조업 생산직, 사무보조 등은 원칙적으로 금지해야 한다. 산업별·기업규모별로 세분화된 가이드라인은 제도의 예외성을 정당화하는 중요한 기준이 될 수 있다.

둘째, 근로시간 기록·관리 의무화이다. 유럽연합(EU)은 2025년부터 전 회원국에 근로시간 전자기록 시스템 의무화를 도입하고 있으며, 독일 연방노동법원 역시 "사용자는 근로시간을 정확히 기록할 의무가 있다"고 명시했다. 한국도 e-Timesheet와 같은 디지털 기록 시스템을 기반으로, 5인 이상 사업장부터 점진적으로 기록 의무를 확대하고, 포괄임금제를 적용하는 경우 별도 보고 의무를 부과하는 방식으로 제도 정착을 도모할 수 있다.

셋째, 근태기록과 개인정보 보호 간의 균형이 필요하다. 전자기록이 감시와 통제의 수단으로 변질되지 않도록, 근로자의 사전 동의와 정보접근 권한을 보장하고, 데이터 보호 원칙을 명확히 해야 한다. 사측의 일방적 수집과 분석은 오히려 구성원의 불신을 자초할 수 있으며, 기록의 투명성과 독립성 확보가 신뢰 기반 운영의 핵심이다.

넷째, 청년·신입 보호장치 강화가 요구된다. 사회초년생이 포괄임금제에 노출될 경우 불균형한 정보 격차로 인해 손해를 입을 수 있으므로, 해당 계약 체결 시 사용자는 반드시 포괄임금 항목을 구분한 임금명세서 제공과 사전 교육 의무를 이행해야 한다. 위반 시 과태료나 행정처분을 병행하여 실효성을 높여야 한다.

다섯째, 사회적 대화 기반의 지속적 논의가 핵심이다. 포괄임금제 문제는 노사 간의 이해 충돌이 첨예한 사안인 만큼, 다양한 주체가 참여하는 협의체를 통해 제도 개선의 방향을 정기적으로 점검하고, 성과 중심 임금체계로의 전환과 근로시간 유연화 전략을 연계하는 구조적 논의가 병행되어야 한다. 포괄임금제의 미래는 제도의 존치 여부가 아닌, 운영의 투명성과 노동의 공정성을 어떻게 재구조화하느냐에 달려 있다. 지금 필요한 것은 단속이 아니라, 설계의 정교함과 제도의 품격이다.

근로의 미래를 위한 제도 진화

포괄임금제는 시대의 변화에 따라 폐기되어야 할 낡은 제도인가, 아니면 새롭게 진화해야 할 노동 유연성의 한 방식인가? 오늘날 이 질문은 단순한 법적 논쟁을 넘어, 근로의 본질과 노동시장의 재편 방향을 묻는 근본적 과제로 떠오르고 있다. 디지털 전환과 주 52시간제 정착, 원격 근무와 유연근로제의 확산, 그리고 MZ세대를 중심으로 한 노동가치관의 변화는 기존의 근로시간 중심 패러다임을 빠르게 무력화시키고 있다. "근로시간 = 성과"라는 등식은 더 이상 현실을 설명하지 못한다.

이러한 변화 속에서 포괄임금제는 단순히 폐지할 대상이 아니라, 재설계와 정교화의 대상으로 접근해야 한다. 핵심은 이 제도가 과거처럼 공짜 야근의 도구로 남아서는 안 된다는 것이다. 포괄임금제가 현장의 유연성과 노동자의 자율성을 지원하는 제도로 자리매김하려면, 투명한 기준과 책임 있는 운영, 그리고 강력한 감독 체계가 동반되어야 한다. 이는 곧 근로자 보호와 경영 유연성 간의 균형이라는 정책적 목표와도 맞닿아 있다. 노동자는 공정한 대가를 받고, 기업은 예측 가능한 인건비 구조 안에서 경쟁력을 확보할 수 있어야 한다.

포괄임금제의 미래는 폐지냐 존치냐의 이분법적 선택에 달려 있지 않다. 오히려 중요한 것은 제도의 목적과 작동방식에 정당성과 투명성이 확보되느냐는 점이다. 근로시간을 정확히 기록하고, 수당 산정 기준을 명시하며, 직무별·업종별로 차등 적용 기준을 마련하는 등 사회적 감시와 내부 규율이 가능한 체제로 재설계해야 한다. 제도는 언제나 현실을 따라가야 한다. 이제 포괄임금제는 20세기의 유산이 아닌, 21세기형 성과 중심 유연근로제로 거듭나야 한다. 그것이 노동의 미래를 지키는 길이며, 기업의 지속가능성을 보장하는 해답이 될 것이다.

요약

포괄임금제는 근로시간 산정이 어려운 직무에 한해 제한적으로 인정되는 제도이나, 현실에서는 공짜 야근의 수단으로 오용되는 사례가 많다. 청년층과 노동계는 법적 금지를 주장하지만, 경영계는 직무 특성상 유연성이 필요하다는 입장이다. 제도의 폐지보다는 명확한 적용 기준 마련, 근로시간 기록 의무화, 청년 보호 강화 등으로 개선해야 한다. 특히 디지털 전환에 따라 노동시간이 아닌 성과 중심의 보상체계로의 전환 논의가 필요하다. 포괄임금제는 이분법적 논쟁이 아닌, 정교한 사회적 대화와 제도적 설계를 통해 진화해야 할 시점이다.

당신의 생각은?

1. 포괄임금제는 폐지되어야 하는가, 아니면 개선되어야 하는가? 단순히 폐지를 주장하는 입장과, 현실적 필요성을 인정하면서도 제도적 보완을 강조하는 입장 사이에서, 어떤 기준으로 제도의 존치 여부를 판단할 것인가?
2. 디지털 전환 시대에 노동시간 중심의 보상 체계는 유효한가? 창의성과 자율성이 중시되는 업무환경에서 여전히 시간 중심 보상이 유효한가? 포괄임금제는 이를 유연하게 반영하는 수단인가, 아니면 과거형 제도인가?

정책제언

1 직무별 포괄임금제 적용기준 마련

단순직, 감시직, 반복업무군에 대해서는 원칙적으로 포괄임금제 금지를 명문화하고, 창의형 직무나 프로젝트 단위 업무에는 예외를 설정하는 분류체계를 법제화해야 한다.

2 근로시간 기록의무 및 표준화된 E-Timesheet 시스템 구축 지원

5인 이상 사업장을 대상으로 단계적으로 전자기록 시스템을 보급하고, 중소기업에게는 시스템 도입 비용을 정부가 일부 지원하여 행정 부담을 완화해야 한다.

3 청년·초년근로자 보호장치 법제화

포괄임금제를 적용하려면 필수적으로 사전 교육, 상세 임금항목 고지, 명세서 교부가 의무화되어야 하며, 위반 시 사용자에게 법적 책임을 부과하는 조항을 마련해야 한다.

3장

일의 틈, 삶의 격차

한국 노동의 구조를 다시 보다

노동시장 이중구조 문제 어떻게 해결할 것인가

한국 자동차산업의 구조적 과제와 상생 방향

근로시간 개선과 노동 유연화를 위한 선결 과제

화이트칼라 이그젬션 도입과 노동생산성

직장 내 괴롭힘 근절, 제도와 존중 없는 조직 문화의 전환 없이 불가

실업급여 제도 개선 방안

첨단산업 인력 미스매치 해소: 한국의 구조적 도전과 정책적 전환점

한국 노동시장은 정규직과 비정규직, 대기업과 중소기업 간 격차가 고착된 이중구조 속에 불평등이 심화되고 있다. 이를 해소하기 위해선 고용 안정성·임금·복지 수준을 연결하는 제도적 균형과 파트너십 기반의 정책 설계가 필요하다. 특히 자동차산업은 원하청 구조 속의 불균형과 고비용 구조를 개선하고, 상생적 공급망 재편으로 지속가능한 발전 모델을 모색해야 한다. 근로시간 유연화 논의는 노동자의 건강권과 실질 선택권 보장이 병행될 때에만 신뢰를 얻을 수 있다. 고소득 전문직 중심의 화이트칼라 이그젬션 제도는 생산성 향상에 기여할 수 있으나, 과도한 노동을 방지하는 명확한 기준이 선행돼야 한다. 직장 내 괴롭힘 문제는 법 제도만으로는 한계가 있으며, 존중과 심리적 안전이 보장되는 조직 문화 혁신이 전제돼야 한다. 실업급여는 노동시장 이탈을 최소화하면서 재취업을 유도하는 방향으로 재설계가 필요하다. 마지막으로, 첨단산업 인재 미스매치를 해소하려면 산학연 연계, 직무 중심 재교육, 이민정책까지 포함하는 전면적 전환이 시급하다.

노동시장 이중구조 문제 어떻게 해결할 것인가

노동시장 이중구조 심화 원인

노동시장 이중구조는 여전히 정규직과 비정규직, 대기업과 중소기업, 남녀 성별 간 격차에서 보여주고 있다. 1990년대 산업구조조정으로 기업 간 분업관계, 특히 대기업과 중소기업 간 수직적 분업 관계의 확대에 있었다. 대기업에게 경제적 이익을 집중시키는 구조를 낳았다. 대외적으로는 중국 등 개도국의 도전에 대처하고 대내적으로는 임금상승에 대처하여 약화된 가격경쟁력을 보강하기 위해 임금이 낮은 중소기업으로 생산을 이전하게 된 것이다.

해외수출의 잠식과 국내시장의 개방 등 대내외 경쟁의 위협에 직면하게 된 500인 이상의 대기업들이 경쟁력, 특히 가격경쟁력을 강화하고자하위계층의 기업들에게 생산공정의 일부를 이양하고 단가인하의 압박을 가하게 된 것이다. 얼마전 KDI에서 발표한 보고서를 보더라도 2021년 한국의 종사자 250명 이상 기업 일자리 비중은 13.9%로, 관련 통계가 있는 OECD 32개 회원국 중 가장 낮은 것으로 나타났다. 참고로 대기업이 전체 일자리에서 차지하는 비중을 따져봤을 때 OECD 평균은 32.2%다. 미국이 57.7%로 가장 높았고, 프랑스(47.2%), 영국(46.4%), 일본(40.9%) 등도 40%가 넘었다.

원청과 하청기업 사이의 비대칭적 지위에 따른 근로조건 개선

고용 이중구조 개선을 위해서는 원청과 하청의 관계 개선이 필요하다. 원청과 하청기업 사이의 비대칭적 지위는 근로조건 등의 처우 차이 또한 심각하게 만들고 있다. 고착화되는 원청과 하청의 수직적 분업구조 해법은 없을까 고민이 필요하다.

통계청 임금근로일자리 소득 수치를 보더라도 1999년 대기업과 영리기업 중 중소기업 근로자의 임금격차가 28.3%인 반면, 2021년 임금격차는 52.8%로 확대되었다. 대기업과 2차 협력업체 간의 격차는 더욱 벌어지고 있다. 특히 노동시장의 양분으로 정규직, 비정규직간 노노갈등 구조도 형성되고 있다. 자동차완성차업체나 부품회사의 숙련도는 큰 차이가 없지만 원·하청 구조에서 나타나는 특징인 강한 전속성 및 교섭력 우위가 임금격차를 만들고 있다.

여전히 힘없는 중소기업 근로자들을 어떻게 수직적인 원하청 관계를 개선하고, 그들의 목소리를 대변하면서도 일자리를 유지할 수 있을지가 가장 큰 걱정거리다. 경제활동 주체가 대기업과 양대노총만 있다고 생각하는데 중소·중견기업, 자영업자, 소상공인도 다 포함되며, 한국노총·민주노총이 아니라 다른 중소기업에 있는 노동자, 실질적으로 차별받고 있는 노동자의 상황을 충분히 반영해야 한다. 시민들도 경력이나 자격으로 인한 차이 이외 정규직이든 비정규직이든 동일노동에 동일임금을 지급해야 한다는 의견은 80% 이상이다. 출산휴가 및 산재휴가자 대체, 정해진 기간의 프로젝트사업, 계절적 수요 등 불가피한 사유에 한해 비정규직 고용을 엄격히 제한해야 한다.

임금격차 해소 방안

특히 노동시장 이중구조 문제를 가장 심화시키는 게 바로 임금 격차죠. 원청과 1, 2, 3차 하청업체 간의 임금차나 정규직과 비정규직 간의 임금차가 심각하다. 성공적인 임금격차의 해소를 위해서 정부는 산업별 직무등급을 설정하기 위한 기준을 제시해야 한다. 또한 동일직무에 대한 시장임금이 형성될 수 있도록 임금정보의 사회적 유통을 위한 인프라를 제공해야 한다. 일례로 영미권의 경우 다양한 전문가나 기관들이 단순한 임금에 대한 정보만이 아닌 개별기업들의 직무분석 결과를 토대로 산업별 직무분석 틀을 만들어 제공하고 있다.

우리나라도 정부에서 임금정보를 제공하고 있으나 분류기준이 정확하지 않고, 직급별 세부 임금정보가 제공되지 않아 기업들이 임금정책을 수립하거나 근로자 본인이 임금 수준을 비교할 때 실제 참고하기 어려운 것이 현실이다. 또한 산업별 특성을 충분히 고려해 점진적인 변화를 통해 중소기업 노동자들의 수용성을 높이기 위해 노력해야 한다.

고용비중이 감소한 계층은 500인 이상 기업들이고, 고용비중이 증가한 계층은 20인 미만 기업들이다. 중간계층 기업들은 대기업의 요구를 충족시키기 위하여 임금이 더 낮은 20인 미만의 중소기업에게 생산공정의 일부를 다시 이양한다. 임금이 낮은 20인 미만 기업에서는 생산의 하향화로 인해 창업이 늘고 저임금근로자에 대한 인력수요가 증가한다. 심지어 노동력 부족으로 외국인 노동자까지 유입된다.

1998년 사업체 수와 고용이 급등하였다가 그후 급락한 것은 외환위기를 맞아 20인 미만에서 고용조정이 발생하여 1~4인 규모로 축소되었다가 다시 정상화되었는데, 중소기업에서 창출되는 일자리는 바로 이들 계층의 기업에서 고용되는 것이므로 질이 낮아질 수밖에 없다. 20인 미만 사업체 수가 증가하고 그에 따른 고용이 확대되고, 이들의 가중치가 높아져 전체 중소기업의 평균적 위상은 하락하고 대기업과의 격차는 확대되는 것으로 나타나게 된다. 대기업의 생산방식이 자본집약화 되었다. 대기업이 노동 대신에 자본을 선택하였다는 것은 자본구입의 비용이 노동유지의 비용보다 낮았기 때문이다. 1990년대 초에 시작된 중소기업의 노동집약화가 현재까지도 여전히 진행되고 있다.

대기업 노동조합, 이른바 귀족노조들의 공개적인 갈등의 행태는 국민적 공분을 사기에 충분하다. 현대차·기아와 동일한 성과금 및 특별격려금을 요구하며 계열사 서열화 논란이 부품사로까지 확전되기도 했다. 지난해 현대차그룹이 최대 실적을 거뒀는데도 차별적 성과주의로 인해 자신들이 성과급 지급에서 제외됐다는 것이다.

반면 현대차그룹 2·3차 하청업체 노동자들은 이러한 원청의 성과급 잔치와 집안싸움을 바라볼 수밖에 없었다. 협력사의 수익성 악화 보전과 경영안정 지원을 위해 1000억 원의 상생협력기금으로 출연해 지원하고 있으나, 이는 부품 중소기업에 사업다각화, 미래차 사업화 지원을 위한 기금이지 협력업체에서 공동의 목표를 위해 일하고 있는 노동자의 임금과 성과격려금은 포함되어 있지 않다.

이중구조 개선 사례

유럽 주요국과 일본은 노동시장 이중구조 해소를 위해 유연성과 안정성의 동시 확보를 핵심 기조로 삼아 구조개혁을 추진해왔다. 독일은 2000년대 초 하르츠 개혁(Hartz Reforms)을 통해 실업급여 제도 개편과 저소득층 고용 인센티브 확대를 병행했고, 네덜란드는 유연안정성(flexicurity) 모델을 통해 단기계약과 자영업 형태의 유연노동 확산을 수용하면서도 고용보험·직업훈련을 통한 이행 안전망을 강화했다. 일본 또한 비정규직 비율이 37%에 이르는 상황에서 전면적 정규직화보다는 사회보험 가입 확대, 동일노동 동일임금 제도화를 통해 비정규직 근로조건 개선에 집중하고 있다.

이러한 구조개혁은 단순한 정규직 일자리 확대보다는 노동시장 진입 장벽을 낮추고, 기업의 고용유지 비용을 줄이면서도 최소한의 복지와 보호를 제공하는 방향으로 설계되었다. 특히 독일은 하르츠 IV 개혁 이후 고용률이 65%(2003)에서 77%(2019)로 상승했고, 네덜란드는 고용유지율 80% 이상, 전환 지원 시스템의 안정성을 동시에 확보하고 있다. 일본 역시 2021년 기준 5인 이상 사업장의 사회보험 적용률이 95%에 이르며 비정규직 보호의 제도화를 이뤄가고 있다.

이중구조 해소는 단지 정규직 확대에 그치지 않는다. 플랫폼노동자, 프리랜서, 단기근로자 등 다양한 고용형태가 증가하는 전환기의 노동시장에서는 비정규직을 인정하되 차별을 줄이고 보호를 넓히는 방식이 더욱 현실적이다. 기업 주도의 유연한 인사운영을 허용하되, 정부는 전환 지원, 직무 재교육, 법적 보호망 확충 등 제도적 안전판을 통해 사회 전체의 고용 안정성을 높여야 한다. 한국 역시 고용형태의 다양성을 전제로 한 '정의로운 전환'을 목표로 이중구조 해소 전략을 설계할 필요가 있다.

한국 노동시장의 고질적 분열

대한민국 노동시장의 가장 깊은 뿌리이자 구조적 병폐는 이중구조이다. 대기업과 중소기업, 정규직과 비정규직, 공공과 민간, 내국인과 외국인 노동자 사이에 존재하는 임금·복지·고용안정성의 격차는 단순한 소득 문제를 넘어 사회 전반의 신뢰 기반을 약화시키고 있다. 고용노동부에 따르면, 2024년 기준 대기업 정규직과 중소기업 비정규직 간 평균 연봉 격차는 2.5배 이상이며, 5인 미만 사업장의 사회보험 미가입률은 40%를 넘는다. 이 같은 격차는 청년세대의 탈노동화, 중소기업 인력난, 노동생산성의 정체 등 연쇄적 악순환을 낳고 있다.

과거 수십 년간 추진된 노동개혁은 제도적 개편을 내세웠지만, 실질적으로는 대기업 정규직 중심의 이해관계에서 크게 벗어나지 못했다. 특히 플랫폼노동자, 프리랜서, 특수고용직, 1인 자영업자 등 새로운 고용형태의 확산에도 불구하고 이들에 대한 사회적 보호는 취약한 수준에 머물러 있다. 예컨대 2023년 기준 플랫폼노동자의 산재보험 가입률은 1.7%에 불과하며, 고용보험은 대부분 적용 대상이 아니다. 이처럼 노동시장 주체의 현실이 다양화되었음에도 법·제도·정책은 여전히 과거의 정규직-상시고용 전제를 벗어나지 못하고 있는 실정이다.

지금은 담론과 구조 모두의 근본적 전환이 필요한 시점이다. 노동개혁의 목표는 단순한 유연화가 아닌, 이중구조 해소를 통한 포괄적 노동시장 재설계가 되어야 한다. 이를 위해서는 업종·규모·고용형태에 따른 사회보험 체계의 단계적 통합, 중소기업 지원 기반의 임금 및 복지격차 축소, 플랫폼·비정형 노동자의 제도적 보호 장치 마련이 핵심이다. 노동의 형식이 다양화된 시대에 과거의 고용전제를 고수하는 것은 통합도 성장도 보장할 수 없다. 이중구조를 해소하는 포괄적·통합적 노동시장 전략만이 지속가능한 사회로의 진입을 가능케 할 것이다.

노동시장 이중구조, 더 이상 방치할 수 없는 국가적 과제

한국 노동시장은 오랜 시간에 걸쳐 정규직-비정규직, 대기업-중소기업, 남성-여성이라는 구조적 이중구조를 고착시켜왔다. 특히 청년층에게 대기업 정규직과 공공부문 일자리는 좋은 일자리의 상징이 되었으며, 여전히 대기업 정규직을 향한 구직 쏠림 현상은 여전히 심화되고 있다. 그러나 이러한 일자리는 전체 고용의 14% 미만에 불과하며, 나머지 86%는 중소·중견기업, 소상공인, 자영업 부문에 분포돼 있다. 문제는 이들 다수의 일자리에서 임금 수준과 고용 안정성, 경력 발전 가능성이 현저히 낮다는 점이며, 이는 사회 전반의 신뢰 위기와 미래에 대한 불안을 증폭시키고 있다.

한국개발연구원(KDI)과 OECD에 따르면, 2021년 기준 종사자 250인 이상 기업의 일자리 비중은 한국이 13.9%로, OECD 평균인 32.2%에 한참 못 미친다. 이처럼 고용의 과도한 대기업 집중은 단지 기업 규모의 문제가 아니라, 고용의 질과 분배의 왜곡이라는 사회적 병목으로 작동한다. 중소기업은 만성적인 인력난과 낮은 생산성으로 인해 경쟁력을 잃고 있으며, 자영업과 소상공인 부문은 디지털 전환과 비용 상승으로 생존마저 위협받는 상황이다. 여성과 고령자, 플랫폼노동자 등 비전형 고용군도 구조적 사각지대에 놓여 있어 노동시장은 더욱 파편화되고 있다.

이러한 이중구조를 해소하지 않는 한, 고용 확대는 노동시장 양극화를 심화시키는 결과로 이어질 수 있다. 지금 필요한 것은 단순한 일자리 수 증가가 아니라, 좋은 일자리의 기준을 재정의하고, 그 기준에 부합하는 일자리의 질적 확대다. 이를 위해서는 정규직-비정규직 간 동일노동 동일임금 원칙의 실현, 중소기업의 임금·복지 격차 해소를 위한 납품단가 연동제와 정책금융 강화, 여성·청년·고령자의 직무 중심 고용확대 전략이 병행되어야 한다. 노동시장 이중구조는 단지 고용의 문제가 아니라 한국 사회 전체의 공정성과 지속가능성을 위협하는 구조적 위험이다. 더 이상 방치할 수 없으며, 이제는 구조적 전환이 필요하다.

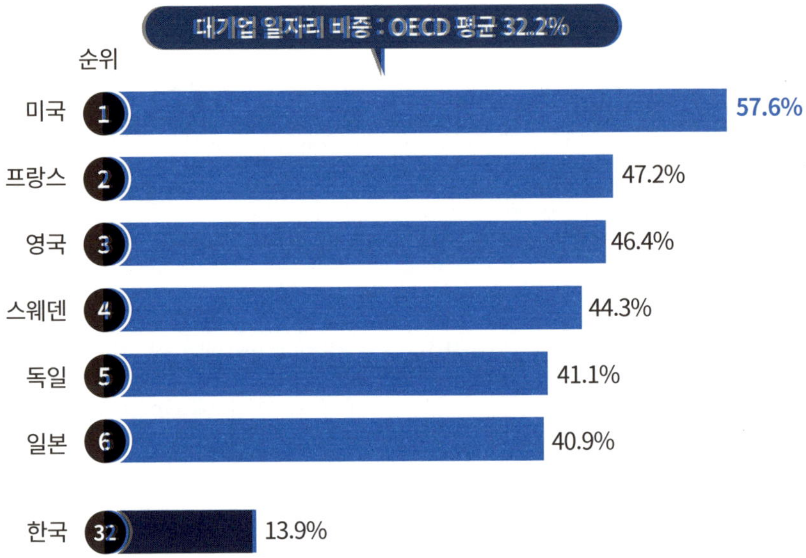

그림5. OECD 주요국 대기업 일자리 비중

출처: 한국개발연구원(KDI), 경제협력개발기구(OECD)

정규직-비정규직 격차: 노동시장 이중구조의 핵심고리

정규직과 비정규직 간의 격차는 한국 노동시장 이중구조의 가장 뚜렷한 상징이다. 고용노동부에 따르면, 2024년 기준 비정규직의 비중은 전체 취업자의 36.4%에 이르며, 이는 다시 증가세로 돌아선 수치다.

더욱 심각한 문제는 이들 비정규직 노동자의 월평균 임금이 206만 원으로 정규직(382만 원)의 54% 수준에 불과하다는 점이다. 이와 함께 국민연금·건강보험 등 사회보험 가입률은 30%포인트 이상 낮고, 퇴직금 지급률과 유급휴가 사용률에서도 큰 차이를 보인다. 노동조합 조직률 또한 정규직의 11.8%에 비해 비정규직은 2.2%에 불과해 집단적 권익 대변조차 어려운 구조다.

이러한 격차는 단순히 고용형태의 차이를 넘어서, 노동자의 삶의 질 전반에 중대한 영향을 미친다. 정규직은 상대적 안정성과 승진 가능성, 주택·금융·복지 등 사회적 자원 접근에서 유리한 반면, 비정규직은 언제든 해고될 수 있는 불안정한 지위에 놓이며 장기적 경력계획이나 자산 형성의 기회를 갖기 어렵다. 특히 2030세대의 비정규직 진입 비중이 높아지는 현실은 노동계층 간 이동 가능성을 제한하고, 계층 고착화를 심화시키는 요인이 된다.

따라서 비정규직 문제는 단순한 고용정책이 아니라 복지, 교육, 산업정책과 긴밀히 연계된 종합적 구조개혁의 대상이다. 먼저 상시·지속 업무에 대한 비정규직 사용 제한을 엄격히 적용하고, 동일가치노동-동일임금 원칙을 현실화하는 법적 기반을 강화해야 한다. 나아가 고용형태에 무관한 사회보험 전면 적용, 퇴직급여제도와 유급휴가의 포괄적 확대, 노동조합 설립 지원 등 보호장치 강화가 병행되어야 한다. 이중구조 해소는 정규직의 권리 축소가 아닌, 비정규직의 권리 확대를 통해 실현돼야 하며, 그것이야말로 지속가능한 노동시장의 출발점이다.

대기업-중소기업 격차

한국 노동시장 이중구조의 또 다른 축은 대기업과 중소기업 간의 격차다. 2025년 기준, 300인 이상 대기업에 종사하는 근로자는 전체 취업자의 10.6%에 불과하지만, 이들이 창출하는 부가가치는 전체 기업의 60%를 넘어선다. 그만큼 자본과 기술, 인력, 거래기회가 대기업에 집중되어 있다는 의미이며, 이는 곧 노동조건의 양극화로 직결된다. 통계청에 따르면 대기업과 중소기업 간 평균 임금 격차는 1.9배 이상이며, 복지제도, 연수기회, 안전설비, 직무경로 등 거의 모든 영역에서 중소기업은 상대적 열세에 놓여 있다.

특히 이 같은 격차는 청년층의 구직행태에 결정적인 영향을 미치고 있다. 2025년 고용노동패널조사에 따르면, 중소기업에 첫 취업한 청년의 2년 내 이직률은 61.3%에 달하며, 이는 대기업 이직률의 두 배를 넘는다. 청년들이 중소기업 취업을 꺼리는 가장 큰 이유는 낮은 임금과 고용 불안정성이며, 이로 인해 중소기업은 만성적인 인력 부족과 고숙련 인력 확보 실패라는 구조적 악순환에 빠져 있다. 반면 대기업은 상대적 안정성과 높은 보상으로 구직자 쏠림 현상을 유발하고, 이는 노동시장의 왜곡과 사회적 불균형을 더욱 심화시킨다.

이러한 격차 해소를 위해서는 단순한 인센티브를 넘어 구조적 정책 전환이 요구된다. 첫째, 중소기업의 생산성 향상을 위한 기술개발 지원, 직무교육 확대, 디지털 전환 투자가 병행돼야 하며, 둘째, 동일노동-동일임금 원칙에 기반한 납품단가 연동제와 하청-원청 간 임금·복지 격차 해소 정책이 실질적으로 시행되어야 한다. 셋째, 대기업의 사회적 책임 확대와 함께 중소기업과의 상생협력 모델 구축이 법제도 차원에서 뒷받침돼야 한다. 대-중소기업 격차 문제는 한국 경제의 지속

가능성을 좌우할 핵심과제이며, 중소기업이 경쟁력 있는 일자리가 되는 구조적 생태계 조성이 시급하다.

원청-하청의 하도급 불균형

한국 제조업의 근간을 이루는 하도급 구조는 장기간에 걸쳐 원청기업 중심의 수직적 지배 관계를 고착화시켜왔다. 공정거래위원회에 따르면 2024년 한 해 동안 접수된 하도급 불공정거래 관련 신고 건수는 3,200건을 넘었으며, 이 중 다수는 단가 후려치기, 납기 지연, 계약서 미작성 등 명백한 법 위반 사례였다. 이러한 불공정 관행은 원청의 이익을 극대화하는 대신, 하청과 그 이하 단계 협력업체에 리스크와 비용을 일방적으로 전가하는 구조를 형성한다. 특히 중소 제조업체들은 기술력과 품질을 갖추고 있음에도, 정당한 대가 없이 반복되는 단가 인하와 불안정한 거래 조건에 시달리고 있다.

이와 같은 하도급의 다단계 구조는 단순한 유통구조의 비효율을 넘어, 산업 전체의 생산성 및 혁신 역량을 갉아먹는 구조적 한계로 작용한다. 특히 고부가가치 부품을 공급하는 2차, 3차 협력사일수록 기술 탈취, 납품단가 미인상, 발주 불확실성에 더 취약하다. 이로 인해 중소기업은 장기적인 연구개발이나 생산성 향상에 투자할 여력을 잃고, 하청 노동자들은 상대적으로 낮은 임금과 열악한 근로조건에 놓이게 된다. 실제로 2023년 기준 3차 협력사 노동자의 연평균 임금은 원청 대비 48% 수준이며, 산업재해율은 두 배 이상 높게 나타났다.

원하청 간 구조 개편은 산업의 지속가능성과 노동시장 공정성 확보를 위한 핵심 과제다. 이를 위해 첫째, 납품단가 연동제의 실질적 적용과 법적 강제력이 강화되어야 하며, 둘째, 하도급 계약서 작성 및 사전 교부의 의무화, 전자계약 시스템 확대 등을 통해 투명한 거래 관행이 정착되어야 한다. 셋째, 공정거래법과 하도급법의 이중적 집행체계를 일원화하여 규제 사각지대를 없애고, 반복 위반 기업에 대한 제재 수준을 실효성 있게 강화해야 한다. 원청 중심의 불균형한 산업 생태계를 개선하지 않고서는, 중소기업 자립도, 산업 전환 속도, 노동자의 삶의 질 어느 것도 개선되기 어렵다.

이중구조가 초래한 경제·사회적 역설: 인력 미스매치의 심화

한국 노동시장의 이중구조는 단지 소득과 복지의 격차를 넘어서, 경제 전반의 자원배분 효율성마저 훼손하고 있다. 2025년 현재, 대졸 청년 구직자의 74%가 공기업이나 대기업 취업을 희망하지만, 이들이 실제로 진입 가능한 자리는 전체 일자리의 15%에 불과하다. 이와 동시에 중소기업, 지방 제조업체 등에서는 구직자 부족에 시달리고 있다. 산업통상자원부 발표에 따르면 2025년 중소제조업체의 숙련인력 부족률은 23.8%로 역대 최고치를 경신했으며, 이로 인해 수주 취소나 납기 연장, 생산성 저하 등의 문제가 연쇄적으로 발생하고 있다.

이러한 상황은 단순한 노동 수급의 불일치라기보다는, 일자리의 질적 격차에서 비롯된 구조적 문제다. 청년층은 불안정한 고용, 낮은 임금, 부족한 경력경로 등의 이유로 중소기업이나 비정규직을 회피하게 되고, 사회 전반에는 특정 일자리로 쏠림현상이 강화된다. 특히 수도권 집중과 대기업 중심의 성장 전략이 지속되면서, 지방과 중소기업의 매력도는 상대적으로 더욱 하락했다. 이는 단순히 일자리가 없는 것이 아니라, '있지만 선택되지 않는 일자리'가 양산되는 구조로 이어진다.

인력 미스매치 해소는 노동시장 이중구조의 해소 없이는 불가능하다. 첫째, 중소기업의 고용 질 제고를 위한 임금 보조, 복지 지원, 직무훈련 연계가 병행되어야 하며, 둘째, 공공 취업정보 시스템의 질적 개선을 통해 적재적소 매칭이 가능하도록 해야 한다. 셋째, 청년층 대상의 직업인식 교육과 커리어 다양성 존중 문화 확산도 중요하다. 이중구조로 인해 발생한 고용의 역설은 단지 기업의 문제가 아니라, 사회적 신뢰와 미래 세대의 노동참여에 직결된 문제다. 국가적 차원의 종합 대응 없이는, 고용은 늘어나도 노동은 비어 있는 시대가 계속될 것이다.

생산성 정체의 뿌리: 수직적 산업구조가 가로막은 혁신 생태계

한국 경제가 직면한 가장 심각한 구조적 과제 중 하나는 생산성 정체다. 2025년 현재, 한국의 시간당 노동생산성은 OECD 평균의 88% 수준으로 여전히 하위권에 머물고 있으며, 특히 중소기업의 총요소생산성(TFP)은 대기업의 42.5%에 불과하다. 이는 단지 기술력 부족이나 규모의 경제 부재 때문이 아니다. 구조적으로 고착된 원하청 중심의 수직적 거래 구조, 혁신의 사다리를 차단하는 불공정한 산업 생태계가 본질적 원인이다. 원청은 원가절감 압력을 하청에 전가하고, 하청은 생존을 위해 R&D나 인재육성에 투자할 여력을 잃는다.

이와 같은 구조는 단순한 기업 간 불균형을 넘어, 한국 산업 전체의 혁신 역량을 저해하는 고질적 병목이다. 실제로 2024년 기준 중소기업의 연구개발 투자 비중은 대기업의 5분의 1 수준에 불과하며, 신제품 개발을 위한 전략적 인재 확보도 거의 이뤄지지 않고 있다. 이로 인해 중소기업의 혁신 역량은 점점 축소되고, 생산성 정체는 지속되며, 산업 전반의 경쟁력이 약화된다. 유능한 청년 인재들이 중소기업을 기피하는 현상은 단순히 임금 문제가 아니라, 장기적인 경력 성장과 조직의 혁신 가능성 부족이라는 근본적 신호다.

생산성 회복과 혁신 역량 확충을 위해서는 무엇보다 산업 생태계의 수평적 전환이 필수다. 첫째, 하청기업이 독립적 기술 축적과 시장 진입을 할 수 있도록 원청 중심의 통제구조를 완화해야 하며, 둘째, 중소기업의 R&D에 대한 직접지원과 인재육성 세제 혜택을 확대해야 한다. 셋째, 민간-공공 협력 기반의 오픈이노베이션 플랫폼을 통해 기업 간 협업 생태계를 구축하고, 상생을 전제로 한 산업정책을 강화해야 한다. 생산성의 정체는 기술의 문제가 아니라 구조의 문제다. 위에서 눌러 혁신을 막고, 아래에서 인재를 잃는 현재의 구조를 벗어나지 않는 한, 한국의 산업은 더 이상 성장의 속도를 낼 수 없다.

선진국의 이중구조 해소 노력: 통합적 노동시장으로의 전환

노동시장 이중구조는 한국만의 문제가 아니다. 하지만 독일, 네덜란드 등 주요 선진국들은 이 구조적 불균형을 방치하지 않고, 제도적·정책적 장치를 통해 노동시장을 통합적으로 재설계하는 데 성공해 왔다. 이들의 공통점은 유연성과 안정성의 동시 추구, 그리고 중소기업과 비정규직에 대한 제도적 보호를 핵심 원칙으로 삼았다는 점이다.

독일은 대표적으로 산별노조 중심의 공동결정제도(Mitbestimmung)를 통해 기업 규모와 무관하게 동일 업종 내 근로조건을 표준화하는 데 성공했다. 이 덕분에 정규직과 비정규직 간 임금 격차는 OECD 평균 대비 가장 낮은 수준으로 유지되고 있다. 또한, 독일의 미텔슈탄트(Mittelstand)라 불리는 강소기업 중심 산업구조는 고용의 질과 기술

혁신을 동시에 지탱하고 있다. 정부는 하청구조의 수직화를 억제하고, R&D 비용에 대한 세액공제, 지역 대학 및 노동조합과의 협력체계 구축을 통해 중소기업도 혁신 주체로 기능할 수 있는 생태계를 조성했다.

네덜란드는 유연안정성(Flexicurity) 모델을 제도적으로 정착시킨 대표 사례다. 네덜란드는 비정규직을 배제하거나 정규직화에만 집중하기보다, 부분정규직(part-time with full rights)이라는 개념을 도입해 법적 지위와 사회보장 혜택을 정규직 수준으로 보장했다. 예컨대 사회보험 자동 가입제도, 동일 임금 원칙, 교육훈련과 재취업 지원 제도는 고용형태에 관계없이 모든 노동자의 삶의 질을 보장하고 있다. 이를 통해 기업은 유연한 인력 운용이 가능하고, 노동자는 사회적 안전망 속에서 고용 전환과 커리어 발전을 도모할 수 있게 되었다.

이들 사례는 노동시장의 양극화 해소가 단순히 비정규직을 줄이거나 최저임금을 올리는 문제에 그치지 않는다는 점을 시사한다. 구조적 개혁은 고용형태 간 격차 해소, 중소기업의 혁신역량 강화, 사회적 대화를 통한 공정한 제도 설계가 유기적으로 맞물릴 때 비로소 효과를 발휘한다. 한국도 이제는 부분적인 규제완화나 보완책을 넘어서, 노동시장 전체를 하나의 생태계로 통합하려는 거시적 접근이 필요하다.

수직적 하도급 구조에서 수평적 협력구조로

한국 제조업의 경쟁력 이면에는 오랫동안 유지되어 온 수직적 하도급 구조가 자리 잡고 있다. 그러나 이 구조는 '단가 인하 → 원가 절감 압력 → 하위 협력업체 부담 전가'라는 구조적 악순환을 고착화하고 있으며, 결과적으로 중소기업의 자율적 투자와 혁신을 제약하고 산업 전반의 생산성을 저해하는 결정적 요인이 되고 있다. 하위 협력사는 독립된 사업 주체가 아닌 원청의 비용조절 수단으로 전락하고, 이는 노동조건 악화, 기술 축적 지연, 인력 유출 등의 문제로 이어진다.

이 같은 하도급 구조를 수평적 협력체계로 전환하기 위해서는 복수거래 허용, 직거래 인센티브, 지역 협력 클러스터의 세 가지 전략이 핵심이다. 첫째, 복수거래 허용제도의 실질적 정착이 필요하다. 하청업체가 하나의 원청기업에 종속되지 않고 복수의 거래선을 확보할 수 있도록, 계약서 작성 의무화와 전속거래 신고제도 정비가 병행돼야 한다. 이는 하위 업체의 협상력을 높이고, 납품단가 결정과 계약 조건의 투명성을 확보하는 출발점이 된다.

둘째, 기술력 있는 중소기업에 대한 직거래 인센티브 확대가 중요하다. 단순한 하도급 관계가 아니라, 상호 이익을 공유하는 동반자 관계로의 전환이 가능하도록, 일정 수준 이상의 기술을 보유한 중소기업에는 대기업과의 직접 계약을 유도하는 인센티브—예컨대 세제 혜택, R&D 공동지원, 공공입찰 가점제도—가 마련돼야 한다. 납품단가 연동제는 이러한 구조개편의 기초 인프라로 작동해야 한다.

셋째, 지역 기반의 수평적 협력 클러스터 확산이 필요하다. 지역별로 대기업-중견기업-중소기업이 함께 기술, 인력, 데이터를 공유하는 지역 산업생태계를 구축하면, 하도급 중심의 위계적 관계를 넘어선 연대 기반 협력 모델이 가능해진다. 이는 단순한 거래구조 개선이 아니라, 산업의 지속가능성과 지역균형 발전을 함께 실현하는 전략적 접근이다. 수직적 지배가 아닌 수평적 파트너십, 그 전환이야말로 한국 제조업의 새로운 생존 방식이자 미래형 산업정책의 핵심이다.

비정규직의 제도권 통합: 차별 금지에서 사회보험 의무화까지

비정규직 문제는 단순한 정규직 전환의 문제가 아니다. 2025년 현재 한국 노동시장에서 프리랜서, 특수고용직, 플랫폼노동자 등 비정형 고용이 확대되는 가운데, 제도권 보호에서 배제된 이들에 대한 권리 보장은 더욱 시급한 과제가 되었다. OECD 평균 대비 한국의 비정규직 임금 수준은 여전히 낮고, 사회보험 사각지대는 심각한 수준이다. 이에 따라 동일노동-동일임금, 사회보험 자동가입, 직무기반 노동시장 설계라는 세 가지 방향을 중심으로 제도권 내 포섭 전략을 본격화해야 한다.

첫째, 표준근로계약서 의무화 및 신고제 강화가 필요하다. 현재까지는 특고·플랫폼노동자에 대한 계약 체계가 사실상 자율에 맡겨져 있고, 그 결과 계약서 부재, 과도한 책임 전가, 분쟁 시 법적 보호의 부재가 빈번하다. 이를 개선하기 위해 모든 고용형태에 적용 가능한 표준계약서 양식을 마련하고, 공인노무사의 확인을 받아 신고하는 구조적 장치를 의무화해야 한다. 이는 근로관계의 법적 기반을 명확히 하여, 분쟁 예방과 공정한 계약 문화를 확산시키는 기초가 된다.

둘째, 사회보험 자동가입 및 플랫폼사업자의 공동부담 의무화가 핵심이다. 네덜란드, 덴마크 등의 사례처럼 수익자 부담 원칙에 기반해, 고용계약 여부와 무관하게 일정 소득 이상이면 자동으로 국민연금, 건강보험, 고용보험이 적용되도록 해야 한다. 특히 플랫폼기업에 대해서는 단순한 중개자 역할이 아니라 고용 창출의 수익자이자 사용자로서의 책임을 부과해야 하며, 이를 위해 플랫폼노동자에 대한 보험료의 일정 비율을 사업자가 부담하는 구조를 법제화해야 한다.

셋째, 직무 단위의 노동시장 재설계가 장기적으로 요구된다. 근로

계약의 단위를 현재의 사업장 중심 구조에서 직무 중심으로 전환함으로써, 동일한 업무에 대해 고용형태와 무관하게 동일한 보수, 근로시간, 복지 조건을 보장할 수 있다. 이는 임금체계의 공정성뿐 아니라, 중장기적으로 직무기반 직무이동의 활성화, 유연안정성 기반의 경력경로 설계, 산업별 인력 수급조절 체계로 확장될 수 있다.

비정규직 보호는 이제 선택이 아닌 사회통합의 필수 인프라다. 제도적 포섭을 통한 평등한 노동시장 구축 없이, 지속가능한 고용구조도, 건강한 사회도 존재할 수 없다. 이제는 어떤 고용형태냐가 아니라 어떤 노동이냐에 주목하는 시스템 전환이 시급하다.

중소기업의 최적규모화와 생산성 제고

한국 중소기업의 낮은 생산성과 임금 수준은 단지 경영자 개인의 역량 부족 때문이 아니다. 문제의 본질은 최적 규모에 도달하지 못한 영세성, 분절된 내수시장, 투자와 인재 유치의 제약이라는 구조적 병목에 있다. 2025년 현재, 국내 중소기업의 평균 노동생산성은 대기업의 37% 수준이며, 임금은 절반 이하로 집계되고 있다. 이는 고부가가치 산업으로의 진입, 장기 투자, 우수 인력 확보를 가로막는 핵심 제약 요인이다. 따라서 중소기업을 작아서 약한 기업이 아닌, 작지만 강한 기업으로 전환하기 위한 생태계 구축이 필요하다.

첫째, 규모의 경제 실현을 위한 정책금융의 전략적 투입이 요구된다. 성장 가능성이 입증된 중소기업을 대상으로 매출 연동형 자금지원 제도, 스마트공장 설비공유 플랫폼 구축, 공동물류 및 공동R&D 시스템 등을 도입해야 한다. 단순한 대출이 아니라 성장 단계에 따른 맞춤형 지원 패키지를 통해 적정 규모의 확대를 유도하고, 투자 리스크는 정부와 민간이 공동 분담하는 방식이 바람직하다. 이를 통해 시장의 분절성과 규모의 한계를 동시에 극복할 수 있다.

둘째, 직무 기반의 청년-중소기업 매칭 플랫폼 활성화가 중요하다. 단순한 고용 알선이 아니라, 디지털 기반의 직무 스펙 매칭 시스템과 지역기반 직무훈련센터를 연계하여 수요자 맞춤형 구인·구직 시스템을 강화해야 한다. 특히 청년층의 직업 선호와 중소기업의 실제 수요 간 간극을 줄이기 위해, 직무별 역량 평가, 커리어 트랙 정보, 인턴십 연계 훈련 등 종합적인 채널이 마련되어야 한다.

셋째, 혁신 중소기업에 대한 인증제도와 세제 인센티브 확대가 필요하다. 독일의 Mittelstand처럼 일정 기준 이상의 기술력, 고용 안정성, 지속가능성을 충족하는 중소기업을 '우수기업'으로 인증하고, 이에 대해 기술인력 고용 시 세액공제 정부 조달 우대, 기술보증기금 우선 지원 등의 종합적 혜택을 제공해야 한다. 이는 잘하는 중소기업이 더 잘할 수 있는 환경을 조성하는 제도적 기반이 된다.

중소기업의 위기는 곧 산업의 위기이며, 중소기업의 혁신은 곧 국가 경쟁력의 회복이다. 한국 경제는 이제 중소기업 중심의 생산성 혁신 모델 없이는 지속가능성을 담보할 수 없다. 정책의 중심축을 보호에서 역량 강화로, 기업의 전략을 생존에서 성장으로 전환할 시점이다.

노동시장 공론화와 사회적 합의 메커니즘

한국 노동시장의 이중구조는 기업의 고용전략이나 근로자의 선택만으로 해소될 수 있는 문제가 아니다. 이는 대기업 중심 산업구조, 공공부문 인사정책, 직업교육 시스템, 노동에 대한 사회문화적 인식이 복합적으로 얽힌 국가적 과제다. 따라서 이를 해결하기 위해서는 일방적 규제나 조율이 아닌, 공론화와 사회적 합의 기반의 거버넌스 전환이 요구된다. 특히 기존 노사정 대화 구조의 한계를 극복하고, 지역 단위 실험과 제도화로 이어지는 유연한 합의 메커니즘이 절실하다.

첫째, 경직된 중앙 노사정위원회의 구조개편이 선행되어야 한다. 현행 노사정협의체는 정규직 중심, 특히 대기업·공공부문 노조 위주로 구성되어 있어 플랫폼노동자, 청년, 소상공인, 자영업자 등 노동시장 내 보이지 않는 다수의 목소리를 반영하지 못하고 있다. 이를 해결하기 위해 확장형 사회적 대화기구로의 전환이 필요하며, 참여 주체를 고용형태와 사업 규모에 따라 다양화하고, 분야별 분과 협의체 및 온라인 공론장 도입 등을 통해 의제 접근성과 대표성을 높여야 한다.

둘째, 지역 기반의 노사정 거버넌스를 활성화해야 한다. 노동시장 이중구조는 수도권과 지방, 대기업과 중소기업 간 격차와도 밀접하게 연결되어 있다. 이에 따라 광역경제권 단위로 지역 산업고용성장위원회를 구성하고, 이 위원회를 중심으로 지역의 대학·직업훈련기관, 중견·중소기업, 지방정부가 공동으로 일자리 창출과 직무훈련, 고용연계 정책을 협의·설계하는 구조를 제도화할 필요가 있다. 이는 지역 차원의 상생형 노동시장 구축이라는 국가적 목표와도 부합한다.

셋째, 정책실험과 시범모델 제도화가 동반되어야 한다. 이중구조 해소는 단일한 해법이 존재하지 않기에, 정답을 강요하기보다 가능성을 실험하는 접근이 필요하다. 예컨대 플랫폼노동자 사회보험 가입, 중소기업 동일노동-동일임금 실험, 직무급제 도입 등의 이슈를 특정 지역 또는 산업군에서 시범 실시하고, 성과를 바탕으로 전국 확산하는 정책 실험소(policy lab) 모델이 유효하다. 이는 사회적 논쟁을 줄이고, 현장 기반의 신뢰를 높이는 제도적 장치가 될 수 있다.

결국 노동시장 이중구조 해소는 거버넌스의 혁신이 전제되어야만 가능하다. 다양한 주체가 참여하고, 지역 기반에서 논의되고, 정책실험을 통해 축적되는 사회적 합의 메커니즘만이 한국 노동시장을 지속가능하고 통합적인 방향으로 이끌 수 있다. 지금 필요한 것은 목소리 큰 자만의 대화가 아니라, 모든 노동을 존중하는 참여형 공론의 장이다.

새로운 고용 패러다임, '포용적 유연성'으로

2025년의 한국 사회는 디지털 전환과 인구구조 변화라는 '이중 전환기'를 동시에 맞고 있다. 한편에서는 인공지능, 자동화, 플랫폼 노동의 확산이 전통적인 노동구조를 무너뜨리고 있고, 다른 한편에서는 급속한 고령화와 저출산이 노동력 공급의 기반 자체를 흔들고 있다. 이러한 전환은 노동시장에 상반된 요구를 던진다. 즉 더 유연해져야 하며, 동시에 더 포용적이어야 한다. 기존의 노동정책이 유연성과 안정성 중 하나에 치우쳤다면, 이제는 이 두 가지를 동시에 추구하는 새로운 포용적 유연성(inclusive flexibility) 패러다임으로의 이행이 요구된다.

포용적 유연성은 고용형태가 아니라 노동의 내용과 결과에 따라 보호를 제공하는 방향으로 노동정책의 전환을 촉구한다. 정규직이냐 비정규직이냐, 자영업자냐 플랫폼 노동자냐 하는 외형적 구분이 아니라, 어떤 직무를 수행하고 어떤 성과를 내는지에 따라 동일한 사회적 권리가 보장되어야 한다. 동시에 구조적 취약계층에 대한 차등적 개입도 필요하다. 법·제도가 모든 노동자에게 똑같이 적용되는 것을 넘어, 불균형을 해소하기 위해 청년·여성·고령자·플랫폼노동자에 대한 선제적 지원과 보호를 강화해야 한다. 이는 형평성보다 정의에 가까운 접근이며, 단기 처방이 아닌 중장기 전략이다.

무엇보다 중요한 것은 산업 간 협력과 연계의 거버넌스를 제도화하는 것이다. 지금까지의 노동시장은 기업 간, 업종 간, 고용형태 간의 분할과 경쟁에 의해 움직여 왔다. 그러나 앞으로의 노동시장에서는 연결과 상생, 공동의 생존 전략이 필요하다. 이를 위해 지역 단위의 일자리 연합, 산업 간 직무 이동 프로그램, 교육기관-기업-정부 간 훈련 연계 체계 구축이 중요하다. 즉 산업 생태계 전체의 지속가능성을 노동정책의 관점으로 전환해야 하는 시점이다.

결국 노동시장 이중구조의 해소는 제도만으로 이뤄지지 않는다. 그것은 노동에 대한 사회적 인식, 기업의 인사전략, 정부의 정책 설계, 노사정 간 협력 방식 모두의 구조적 전환을 의미한다. 포용적 유연성은 단순한 개혁의 수단이 아니라, 이중 전환 시대에 한국 사회가 생존하기 위한 전략적 기조이며, 이는 고용의 미래를 결정짓는 핵심 열쇠가 될 것이다.

요약

한국 노동시장의 이중구조는 정규직-비정규직, 대기업-중소기업, 원청-하청 간의 다층적 격차로 고착되어 있다. 이는 청년 미취업, 중소기업 인력난, 산업 생산성 저하 등 다양한 역설을 야기한다. 독일·네덜란드 등 선진국의 사례처럼 수평적 산업생태계와 유연안정성 모델 도입이 필요하다. 한국형 개혁 전략으로는 하도급 구조 개편, 비정규직 보호 강화, 중소기업 최적화, 사회적 합의 거버넌스 개편 등이 필요하다. 결국 노동개혁의 핵심은 '형태의 평등'이 아니라 '내용의 공정성'이다.

당신의 생각은?

1. 비정규직의 제도권 통합은 '정규직화'만으로 가능한가? 고용의 다변화가 불가피한 시대에 정규직 전환 외의 방식으로 비정규직을 어떻게 제도권으로 흡수할 수 있을까? 사회보험, 근로계약, 노조 참여의 범위를 어디까지 확장할 수 있을까?

2. 대기업-중소기업 간 분업구조는 어떻게 수평화할 수 있는가? 단순한 하도급 규제만으로 구조를 바꿀 수 있을까? 시장 경쟁 체제에서 중소기업의 협상력을 높이기 위해 필요한 정책수단은 무엇이며, 실제 기업들은 얼마나 이를 수용할 준비가 되어 있는가?

정책제언

1 플랫폼노동자 포함형 사회보험 통합 체계 구축

특수고용직, 프리랜서, 플랫폼노동자도 자동가입되는 국민연금·고용보험 시스템을 구축한다. 부담은 플랫폼 기업과 사용자가 공동으로 분담하도록 하고, 소득 파악을 위한 디지털 세무시스템을 연계해야 한다.

2 납품단가 연동제 전면 도입과 복수거래 보장 법제화

납품단가를 원재료 가격에 연동해 자동 조정하도록 하고, 하청기업이 복수의 대기업과 거래할 수 있도록 독점적 전속계약을 금지하는 법률 개정을 추진해야 한다. 이를 통해 중소기업의 교섭력을 제고한다.

3 청년-중소기업 간 직무기반 매칭 플랫폼 국가 주도 운영

직무 중심의 온라인 고용 플랫폼을 구축해 청년 인재와 중소기업을 연결한다. 지역거점별 맞춤형 훈련센터와 연계하여 중소기업의 직무기술 수요에 맞춘 인력공급을 지원해야 한다.

한국 자동차산업의 구조적 과제와 상생 방향

임금협상의 겉과 속: 최대 인상이 내포한 양면성

2024년 현대자동차 노사는 다시 한 번 파업 없이 임금 및 단체협약을 타결했다. 겉으로 보기엔 평화롭고 성공적인 타결이다. 기본급 11만 2000원 인상, 성과급 500%와 정액 1800만 원, 여기에 주식 25주까지 포함된 조건은 신입사원 기준으로 연봉 9000만 원을 상회하는 수준이다. 현대차 조합원들의 평균 임금 상승 효과는 약 5012만 원에 이르며, 이는 전년도에 비해 1000만 원 이상 증가한 수치다.

이러한 결과는 현대차의 경이적인 실적과 맞물려 있다. 2023년 현대차의 매출은 162조6636억 원, 영업이익은 15조1269억 원으로 역대 최대치였다. 1인당 매출액은 107만 달러에 달하며, 이는 도요타(76만 달러)나 테슬라(74만 달러)를 크게 웃도는 수치다. 매출 실적과 생산성 지표에서 현대차는 명실상부한 글로벌 자동차 기업으로 자리매김했다.

그러나 문제는 그 이면에 있다. 높은 임금과 성과급이 대기업 정규직 노동자에 국한되어 있고, 이를 함께 이룬 협력업체, 특히 2·3차 하청업체 노동자들에게는 그 혜택이 돌아가지 않는다는 데 있다. 현대차의 경이적인 수치는 단지 현대차 정규직 노동자의 노력만으로 이룬 결과가 아니다. 그러나 현재의 보상구조는 그 공을 지나치게 협소한 범위로 귀속시키고 있다.

이러한 격차는 산업계 내부뿐 아니라 국민 정서와도 괴리를 낳는다. 임금협상 소식이 전해질 때마다 "또 차값이 오르겠구나", "하청업체는 더 힘들어지겠구나"라는 반응이 언론 기사 댓글란에 반복되는 것은 단순한 감정의 표출이 아니다. 산업구조의 불균형에 대한 깊은 불신이 반영된 것이다.

구조적 격차의 고착화: 원하청 수직 분업체계의 한계

한국 자동차산업은 그 어떤 산업보다 정교하고 고도화된 분업체계를 갖추고 있다. 그러나 이 체계는 효율이라는 이름 아래 오랫동안 원청 중심의 수직 구조로 작동해왔다. 현대차의 부품 조달 체계를 살펴보면 1차 협력업체는 물론이고, 2·3차 협력업체까지 현대차의 직접적 영향력 하에 놓여 있다.

문제는 이러한 수직 구조가 위로는 보상 집중, 아래로는 비용 전가의 구조를 고착화시킨다는 점이다. 실제로 현대차의 전속 1차 협력 중소기업은 현대모비스 등 주요 계열사에 비해 영업이익률이 56%p 낮다. 비전속 중소기업보다도 낮은 경우가 많고, 2차 협력사는 이보다도 12%p 더 낮다. 납품 단가 인하 요구가 지속되면서, 단가는 줄어들고 생산원가는 상승하는 이중 압박이 하청업체의 수익성을 악화시키고 있다.

더욱 문제인 것은 이러한 구조가 인건비에도 반영되어 있다는 점이다. 동일한 작업 강도와 기술을 요구받는 하청업체 근로자들은 현대차 정규직에 비해 절반 수준의 임금을 받으며, 복리후생 역시 크게 열악하다. 일부 3차 협력사 근로자의 연봉은 현대차 신입사원 성과급의 절반에도 미치지 못한다.

이러한 격차는 단순한 기업 간 이익 배분의 문제가 아니다. 고용 안정성, 숙련 유지, 기술 축적, 산업 생태계 지속 가능성 등 자동차산업 전반의 경쟁력을 잠식하는 구조적 문제다. 지금의 수직 분업구조는 하청업체가 원청의 '위험방지 장치'로 기능하는 구조이며, 리스크는 외주화되고, 보상은 내부화되고 있다.

고도화된 기술산업에 걸맞은 수평적 생태계 전환 필요

현대자동차의 고부가가치화 전략은 전동화, 자율주행, 커넥티드카, 소프트웨어 중심 자동차로의 전환과 궤를 같이한다. 이는 제조 기반 산업이라기보다 기술 집약적 산업의 성격을 띠기 시작했다는 의미다. 그러나 현재의 수직적 산업 생태계는 이러한 전환에 걸맞은 수평적 파트너십을 구축하지 못하고 있다.

선진국의 사례는 다르다. 독일의 BMW는 Cluster Supplier Model을 통해 주요 부품 협력업체와 공동기술개발, 위험 분담형 계약, 상생기반의 R&D 협력을 수행하고 있다. 일본의 도요타는 케이레이츠(Keiretsu) 구조 안에서 협력업체에게도 장기계약 기반의 안정성과 이익공유를 보장하며, 특히 ESG 평가 및 공동 안전협력체계를 강화하고 있다.

미국의 GM은 Tier-N Inclusive Innovation Platform을 통해 1차 협력사뿐 아니라 2·3차 협력사에게도 공동개발 기회를 부여하고, 정부 지원과 연계한 상생 인센티브 구조를 설계하고 있다. 특히 중소협력사에 대한 ESG 평가 기반 금융지원을 확대하며 산업 생태계 전반의 지속 가능성을 제고하는 정책을 병행하고 있다.

한국 자동차산업도 이러한 흐름에 주목해야 한다. 단순한 협력이 아니라, 전략적 파트너십 기반의 수평적 협업 모델이 산업 전환기 대응을 위해 필수적이다. 이는 단기적인 임금협상보다 더 본질적인 경쟁력의 문제이며, 지속가능한 산업 생태계의 기초를 다지는 일이다.

촉탁계약직 확대: 노동시장 유연성인가, 고령 인력 재활용인가

이번 임금협상에서 주목할 만한 또 하나의 합의는 촉탁계약직 제도의 확대이다. 기존에는 정년퇴직 후 1년간 한시적으로 재고용되던 숙련 근로자들이, 앞으로는 2년까지 계약직으로 일할 수 있게 되었다. 이는 고령화 시대에 발맞춘 숙련인력 재활용의 측면에서 긍정적으로 평가될 수 있다. 고령 노동자가 단순히 퇴출되는 것이 아니라, 일정 기간 더 고용되어 기술과 경험을 전수할 수 있는 기회를 보장받는 구조다.

그러나 이 또한 이중 노동시장 구조를 강화할 수 있다는 우려를 낳는다. 정규직으로서의 고용보장은 끝났지만, 동일한 업무를 계약직 형태로 지속하게 되는 구조가 자칫 유연한 착취로 전락할 수 있다. 재고용된 촉탁직에게 부여되는 업무범위나 책임, 임금조건은 명확히 규정되어야 하며, 단순한 비용절감 수단으로 왜곡되어서는 안 된다.

일본의 토요타는 '엔지니어 에메리투스 제도'를 통해 퇴직자와 젊은 기술자 간의 멘토링 관계를 공식화하며, 고령자의 숙련을 조직지식으로 전환하는 시스템을 구축하고 있다. 이는 단순한 재고용이 아닌, 산업 내 지식 유산의 관리라는 관점에서 접근하고 있다는 점에서 시사하는 바가 크다.

한국도 고령화 시대에 대응하는 방식으로 노동시장 유연화를 고려해야 하지만, 그것이 고용불안이나 비정규직 전환으로 연결되지 않도록 사회적 관리가 필요하다. 숙련노동자는 자산이며, 이들의 활용은 노동비용 절감이 아닌 지식확산과 생산성 향상이라는 목적 아래 이루어져야 한다.

고용세습, 복지 확대 요구: 내부노조의 정당성과 국민 신뢰의 충돌

2024년 기아자동차의 임단협 교섭 과정에서 불거진 고용세습 조항 및 퇴직자 차량 할인제도 복원 요구는 국민적 공분을 불러일으켰다. 조합원 직계 가족 우선채용, 장애 가족 우대채용 요구 등은 노동조합 내부에서는 복지 확대로 이해될 수 있지만, 외부에서 보기에는 폐쇄적 이익집단의 특권화로 비칠 소지가 크다. 특히 청년실업률이 6.8%(2024년 기준)로 높은 상황에서, 대기업 내부의 기득권 세습처럼 비치는 행태는 노조의 사회적 신뢰를 저해할 수 있으며, 노동운동의 공공성을 훼손하는 요인으로 작용한다.

국내 대기업 노조가 정당한 권익 요구를 넘어서 사회적 책임을 수행하기 위해서는, 국제적 기준과의 괴리를 줄이는 노력이 병행되어야 한다. 예컨대 독일 폭스바겐 노조는 퇴직자 발생 시 동일 수만큼 청년을 신규 채용하는 세대교체형 채용 모델을 정착시켰고, 프랑스 르노노조는 산업별 직업훈련위원회 참여를 통해 청년과 비정규직의 직무 역량 강화에 앞장서고 있다. 이처럼 복지 요구가 조합원만을 위한 폐쇄적 혜택이 아니라 산업 내 고용 생태계와 연계될 때, 노조는 사회적 연대의 주체로 자리매김할 수 있다.

기아차 노조 사례는 향후 한국 노동조합이 어떠한 사회적 프레임에 따라 정당성을 확보하거나 상실할지를 가늠케 하는 대표적 사례다. 노조의 복지 확대가 정당성을 갖기 위해서는 그 효과가 사회 전체에 긍정적 외부효과를 제공하는 방식으로 설계되어야 한다. 예를 들어, 조합원 자녀 우선채용 요구 대신, 직업훈련 연계 프로그램, 청년 멘토링, 사회봉사 참여 등을 조건으로 하는 제안이라면 개인복지와 공공선이 조화를 이루는 지속가능한 사회적 합의로 발전할 수 있다. 노조가 스스로의 권리를 넘어 사회적 신뢰 자산을 키워나가는 방식으로 진화할 때, 노동운동은 더 넓은 지지와 연대를 확보할 수 있다.

사회적 임금의 관점에서 본 국민정서와 자동차산업

2025년 현대자동차의 임금협상은 국민 다수에게 이질감과 피로감을 동시에 안겨주고 있다. 성과급 5,000만 원, 신입사원 연봉 9,000만 원이라는 숫자는 많은 청년들에게 현실과 동떨어진 별세계의 이야기처럼 느껴진다. 특히 같은 자동차산업 내에서도 2차·3차 협력업체에서 일하는 노동자들은 절반 이하의 급여, 열악한 복지, 불안정한 고용 속에 놓여 있어 이 격차는 단순한 소득 차이를 넘어 노동시장 전반의 신뢰 위기로 이어진다. 이러한 상황에서 제기되는 국민 정서는 단지 부러움이나 질투가 아니라, 시장의 성과가 공정하게 분배되고 있는가에 대한 근본적 문제제기다.

이럴 때 중요한 것은 시장임금과 사회적 임금이라는 두 개념의 균형이다. 시장임금은 기업의 수익성과 노동자의 생산성을 기준으로 산정되지만, 사회적 임금은 해당 산업이 사회 전체에 끼치는 파급효과, 공공자원 사용 정도, 산업 내 구조적 형평성을 반영한 개념이다. 한국 자동차산업은 국가의 산업정책, R&D 세제 혜택, 기반시설 투자 등 다양한 공공자산의 토대 위에서 성장해왔다. 이 점에서 자동차산업의 임금정책은 단지 기업과 노동조합 간의 사적 계약이 아니라, 공공성과 사회적 책임을 함께 고려해야 할 공공적 사안이다.

현대차의 높은 임금 자체가 문제는 아니다. 문제는 그 임금 구조가 산업 내 배타적이고 비대칭적이라는 점이다. 완성차 기업의 이익이 납품업체와 하청 노동자에게는 전달되지 않고, 원청의 협상력만으로 성과가 집중될 때, 산업 생태계는 장기적으로 지속가능성을 잃게 된다. 이를 해결하기 위해서는 성과공유제의 도입, 협력업체 대상 인센티브 연동제, 공공조달 연계 상생기준 도입, 임금격차 공시제도와 같은 제도적 장치가 필요하다. 동시에 노조와 기업은 윤리적 리더십을 통해 우리만 잘 살자는 인식을 넘어서, 산업 공동체 전체의 공존 전략을 고민해야 한다.

결국 사회적 임금의 관점은 임금을 소득이 아니라 신뢰와 연대의 분배기준으로 재정의하는 데 있다. 자동차산업은 한국경제를 견인해 온 핵심 축인 만큼, 그 임금정책은 한 산업의 문제가 아니라 사회 전체가 함께 설계해야 할 공적 기준이다. 이를 통해 노동시장 이중구조를 완화하고, 산업 간 상생을 유도하는 사회적 대화 기반의 분배정책이 절실히 요구된다.

국내외 상생협약 모델: 재구조화는 가능한가

2024년 상반기, 현대차와 기아는 '자동차산업 상생협력 확산 협약'을 체결하며 120억 원 규모의 공동사업을 발표했다. 복리후생, 산업안전, 인력양성 등 2·3차 협력업체를 지원하는 이 사업은 산업 내부의 구조적 격차를 완화하려는 실질적 시도라는 점에서 주목받았다. 그러나 상생협력의 성공은 한 번의 약속이 아니라, 지속 가능한 제도화와 규범화에 달려 있다. 이 같은 민간 주도의 상생 모델이 산업 생태계 전반으로 확산되기 위해서는 강제력 있는 법적 구조와 정책 연계가 반드시 뒤따라야 한다.

정부가 추진 중인 납품대금 연동제와의 연계는 그 첫걸음이 될 수 있다. 단가 후려치기를 막고, 협력사의 원자재비·인건비 상승분을 가격에 반영할 수 있도록 법제화된 구조를 마련하는 것은 상생의 전제조건이다. 여기에 더해, ESG 기반 공급망 평가제도의 법제화는 더욱 구조적이고 지속가능한 방식이다. 납품단가, 근로조건, 환경안전, 기술 협력 정도 등을 종합적으로 평가해 대기업의 공급망 책임을 강화하고, 이를 정부의 각종 인센티브—예컨대 조달 우대, 금융지원, 세제 감면—와 연결해야 한다. 상생이 도덕이 아닌 시장규칙이 되도록 전환하는 작업이 핵심이다.

해외 사례는 이미 이러한 구조적 접근이 효과를 발휘하고 있음을 보여준다. 일본의 '중소기업 고도화법'은 대기업이 중소기업과의 거래에서 기술이전, 고용안정, 자금지원 등의 구체적 방안을 제출하도록 의무화하고 있으며, 해당 계획의 실행 여부는 정기적으로 점검된다. 독일의 '협력기업 인증제도'는 상생경영을 실천하는 기업에 정부조달 참여 시 가산점을 부여하는 방식으로, 기업의 사회적 책임 이행을 제도적으로 유도한다. 이러한 구조적 장치는 상생이 곧 기업 경쟁력이 되는 환경을 조성하며, 단순히 미담 사례가 아닌 정책 인프라로 작동한다.

결국 한국 자동차산업의 상생 모델이 구조화되기 위해서는, 공정거래 기반, ESG 제도화, 정부 인센티브 연계라는 세 가지 축이 정립돼야 한다. 민간의 자발적 협약을 제도와 정책이 뒷받침하고, 산업 전반으로 확산시킬 수 있는 국가 차원의 상생 생태계 재설계가 요구된다. 이는 단지 중소기업을 보호하는 장치가 아니라, 한국 제조업 전체의 지속가능성을 확보하는 핵심 전략이다.

산업의 지속 가능성과 정의로운 성장

2024년 현대자동차 노사의 임금협상은 파업 없이 타결되었고, 역대급 성과금과 복리후생 확대라는 외형적 성과를 남겼다. 그러나 그 이면에는 깊은 구조적 균열이 남아 있다. 대기업 정규직 중심의 고임금·고복지 체계는 자동차산업 내 다른 다수 노동자들과의 격차를 더욱 부각시키고 있으며, 국민 일반의 삶과의 거리감은 점점 벌어지고 있다. 특히 2차·3차 협력업체 노동자, 정규직 외 비정형 고용 노동자, 지역 하청공장의 근로자들은 이러한 협상의 수혜에서 사실상 배제된 상태다. 이는 단지 임금의 문제가 아니라, 한국 자동차산업의 구조적 불균형과 국민적 신뢰의 훼손을 반영하는 심각한 신호다.

자동차산업은 단순한 제조업이 아니다. 자율주행·전동화 기술이 접목된 미래산업이자, 전국 수천 개의 중소기업과 지역경제를 떠받치는 거대한 생태계다. 현대차의 성장은 기술혁신과 품질경쟁력에 힘입은 것이지만, 그 기반에는 공공 인프라, 정부의 R&D 지원, 수많은 협력사의 땀과 노동이 있었다. 정당한 임금은 필요하지만, 그 보상이 특정 계층에만 집중되고, 구조적 이익 배분 메커니즘이 결여된다면 이는 결코 지속가능한 성장이 될 수 없다. 진정한 공정한 분배는 성과가 조직 내부에서만 나눠지는 것이 아니라, 산업 전체와 국민사회로 환류되는 구조에서 실현된다.

따라서 지금 필요한 것은 협상 방식의 문제가 아니라 산업 구조 자체의 재설계다. 원청-하청 간 수직적 분업구조에서 수평적 상생모델로의 전환, 성과공유제와 납품단가 연동제를 통한 이익의 확산, 대기업 중심 임금체계에 ESG 기반의 사회적 책무를 결합하는 임금공시제, 기술혁신과 고용안정이 조화를 이루는 인력전환 프로그램 등이 제도화되어야 한다. 이처럼 상생과 책임이 결합된 구조적 틀 위에서만 정의로운 성장이 가능하다. 산업의 미래는 수치로만 증명되지 않는다. 누가 그 성과를 누리고, 어떻게 함께 살아가는가에 따라 그 지속가능성은 결정된다. 지금이야말로 성과보다 구조를 이야기할 때다.

요약

2024년 현대차 노사 임금협상은 무파업 타결과 역대급 성과급 지급이라는 긍정적인 성과를 보였으나, 그 이면에는 원하청 간 임금격차와 구조적 불균형이 고착화되고 있다는 비판이 있다. 특히 하청업체와 중소 협력사의 낮은 수익성과 임금 수준은 산업 전체의 지속 가능성을 위협하고 있다. 복지 확대와 노동시장 유연화 요구는 국민 정서와 충돌하며, 사회적 신뢰 회복이 중요한 과제로 대두된다. 선진국의 수평적 협업모델과 제도적 상생구조 사례는 우리에게 많은 시사점을 제공한다. 이제는 성과의 독점이 아닌 공유를 중심으로 한 산업 생태계 재구조화가 필요하다.

당신의 생각은?

1. 자동차 산업의 수직적 원하청 구조를 수평적 협력 구조로 전환하기 위해 가장 효과적인 제도적 접근은 무엇인가? 독일, 일본, 미국 등 선진국 사례에서 시사점을 얻어 국내 산업 정책으로 옮길 수 있는 방안은 무엇이며, 기업과 정부, 노동조합은 각각 어떤 역할을 수행해야 하는가?
2. 성과급 중심의 보상체계가 내부 구성원에게는 유효할 수 있으나, 국민 정서와 협력업체 근로자들의 인식과 충돌할 때 어떤 조율 전략이 가능한가? '사회적 임금'의 관점에서 대기업의 고임금 체계와 산업 생태계 전반의 형평성을 어떻게 조화시킬 수 있을지, 제도적 보완 방안을 논의해보자.

정책제언

1 중소 협력업체와의 납품단가 연동제를 의무화 및 ESG 상생지수 도입

납품단가 현실화를 법제화하고, 원청기업의 ESG 평가에 '협력사와의 거래 공정성'을 핵심 지표로 포함시켜 인센티브와 연계해야 한다. 이는 단가인하 악순환을 끊고, 공급망 전반의 신뢰를 높일 수 있다.

2 자동차 산업 내 '공동복지기금' 제도 도입 및 법제화

원청이 성과급의 일정 비율을 '산업공유복지기금'에 출연해 2·3차 협력업체 근로자들의 주거·자녀교육·산업안전 복지사업에 활용하고, 상생협약을 재정적으로 뒷받침하는 구조 마련이 중요하다.

3 정년퇴직자 재고용 제도는 숙련인력 멘토링 중심으로 재설계

단순 재고용을 넘어 기술이전과 후속세대 교육에 기여할 수 있도록 공식 멘토링 트랙을 설계하고, 이를 인사평가 및 산업자격체계와 연계. 고령자 재고용이 산업지식의 자산화로 이어질 수 있어야 한다.

근로시간 개선과 노동 유연화를 위한 선결 과제

노동의 미래를 다시 묻다

한국의 노동시장 개혁 논의는 유연화라는 이름 아래 새로운 국면을 맞이하고 있다. 윤석열 정부가 제안했던 근로시간 제도 개편안은 연장근로 한도를 월·분기·반기·연 단위까지 탄력적으로 조정할 수 있도록 하여 주당 최대 근로시간이 사실상 69시간에 이를 수 있는 구조를 제시하고 있다. 이는 산업 현장의 생산성 유연성 요구에 부응한다는 점에서 기업 측의 환영을 받고 있지만, 노동자의 건강권과 삶의 질을 위협할 수 있다는 비판도 거세다. 특히 2024년 기준 한국의 연평균 노동시간은 1,874시간으로, OECD 평균인 1,716시간을 크게 상회하고 있으며, 장시간 노동 구조가 이미 고착화된 현실에서 더 큰 피로 사회로의 전환을 우려하는 목소리가 커지고 있다.

노동시간 유연화의 실효성을 확보하려면 최소 세 가지 조건이 충족되어야 한다. 첫째, 노동자의 건강권 보호 장치 강화다. 세계보건기구(WHO)와 국제노동기구(ILO)는 주당 55시간 이상 근무 시 뇌심혈관계 질환 위험이 급격히 증가한다고 경고한 바 있으며, 이에 따라 연속 11시간 이상의 휴식권 보장과 실질적인 근로시간 상한제가 병행돼야 한다. 둘째, 노사 간 신뢰를 기반으로 한 투명한 근로시간 기록 시스템 구축이 필수다. 디지털 타임시트(e-timesheet)와 블록체인 기반 노동기록 인증제 도입을 통해 시간외 노동의 실태를 상시적으로 점검할 수 있어야 한다. 셋째, 중소기업의 제도 대응력 강화다. 인력과 행정 여력이 부족한 중소·영세 사업장에는 표준운영 매뉴얼, 정부의 컨설팅 지원, 인센티브 제도가 함께 마련되어야 한다.

무엇보다 중요한 것은 세대 간 노동 가치관의 균형 조율이다. MZ세대를 중심으로 일의 의미, 워라밸, 자율성에 대한 감수성이 강해진 상황에서, 단순한 시간 유연성은 오히려 조직에 대한 불신을 키울 수 있다. 따라서 유연화 논의는 단지 기업의 탄력성 확보 수단이 아니라, 노동자의 삶과 권리를 조화시키는 새로운 사회계약으로 설계되어야 한다. 이를 위해서는 정책 설계 단계에서부터 노사정이 참여하는 사회적 대화가 상시화되어야 하며, 산업별·직종별로 세분화된 유연근무 모델을 마련해 나가는 것이 바람직하다. 대한민국은 지금, 장시간 노동의 관성에서 벗어나 건강하고 지속가능한 노동의 미래를 선택할 수 있을 것인가의 갈림길에 서 있다.

한국형 근로시간제 개편안의 핵심 구조

2023년 정부가 발표했던 근로시간 제도 개편안의 핵심은 기존 '주 단위' 연장근로 관리 체계를 탈피하여, 노사합의 시 월·분기·반기·연 단위로 유연하게 연장근로 시간을 배분할 수 있도록 허용한 데 있다. 기존 주 12시간의 연장근로 한도를 월 기준(4.35주)으로 환산하면 최대 52시간까지 연장근로가 가능해지며, 연간 기준으로는 최대 624시간까지 확대된다. 여기에 11시간 연속 휴식시간 규정을 유보하거나 적용하지 않을 경우, 실제로는 주당 최대 69시간 근무가 가능하다는 점에서 논란의 불씨가 커지고 있다. 이러한 구조는 IT, 제조, 건설업처럼 단기 노동수요 변동이 큰 업종의 수요 대응을 위한 제도로 기획됐지만, 과로사 기준(주 60~64시간)을 넘는 수준이라는 점에서 노동계와 보건 전문가의 비판을 동시에 초래했다.

정부는 이 제도 개편의 실익으로 연단위 총 연장근로 시간을 약 30%까지 감축할 수 있다는 점을 강조한다. 특정 시기에 집중 근무하고 이후 장기 휴식을 취할 수 있다는 유연한 운용 논리는 분명 산업별 생산성과 자율성 확보에 도움이 될 수 있다. 특히 프로젝트 기반 산업이나 비정기적 주문형 생산체계에서 인력 배분의 효율성을 극대화하는 데 기여할 수 있다는 점은 일정 부분 설득력을 갖는다. 그러나 이러한 유연화가 현실적으로 작동하기 위해서는 전제가 필요하다. 현장의 실제 노동 강도, 노동자의 자율적 선택권, 기업의 관리 역량, 그리고 노사 간 신뢰 수준을 모두 고려하지 않으면, 이는 곧 장시간 노동의 제도적 면죄부로 기능할 위험이 크다.

따라서 한국형 근로시간제 유연화 개편은 실행의 구조적 전제에 달려 있다. 첫째, 연속 휴식시간 제도의 실효성 확보가 필수다. 단순 선택이 아니라 일정 조건 하에서 강제적 휴식이 보장될 수 있어야 하며, 연장근로 상한 기준을 실제로 관리할 수 있는 감독 체계가 갖춰져야 한다. 둘째, 투명한 근로시간 기록 시스템과 노사협의체의 실질적 작동이 뒷받침되어야 하며, 중소기업에는 이에 대한 행정·재정적 지원이 병행되어야 한다. 마지막으로, 제도 설계와 집행 과정에 있어 세대 간 노동 인식의 차이, 특히 MZ세대가 지닌 일·생활 균형에 대한 기대와 직업 선택 기준 등을 정책적으로 반영할 필요가 있다. 단순한 시간 단위 변경이 아닌, 노동의 질과 건강을 함께 고려하는 포괄적 접근이 없다면 이번 개편안은 오히려 노동시장의 양극화와 피로도를 심화시키는 기제로 전락할 수 있다.

정책 추진의 배경과 의도: 유연성과 총량관리의 절충

한국은 전통적으로 장시간 노동에 기반한 경제성장을 지속해왔지만, 그 부작용 역시 누적되어 왔다. 독일(1,340시간), 네덜란드(1,440시간), OECD 평균(1,716시간) 등 선진국과 비교하면 무려 500~600시간 이상 많은 상황이다. 동시에 연차 소진율, 병가 사용률 등 법정 휴식 제도 이용률도 최하위권에 머무르고 있어, 총량 과다와 휴식 결핍이 동시에 존재하는 노동 구조가 고착화되어 있다. 이러한 현실 속에서 정부는 기존의 단순한 노동시간 감축 접근에서 벗어나, 총량은 줄이되, 분배는 유연하게라는 정책적 기조를 통해 새로운 해결책을 제시하고자 했다.

정책의 핵심 의도는 분명하다. 산업별 노동수요의 변동성에 대응하면서도, 연간 총 노동시간은 관리 가능하도록 설계한 것이다. 주 단위가 아닌 월·분기·연 단위의 연장근로 조정 허용은, 특정 시기에는 집중적으로 일하고 다른 시기에는 장기간 휴식을 취하는 방식으로 실질적인 워라밸 개선과 기업의 인력 운영 효율성을 동시에 도모하려는 시도다. 특히 프로젝트 중심 산업이나 계절성이 강한 업종에서는 일정한 수요 예측 하에 집중근무와 유급장기휴가 형태의 대응이 가능하다는 점에서 일정 부분 합리성이 있다. 이는 최근 유럽 일부 국가에서 시도되고 있는 주 4일제, 집중근무제 모델의 변형형으로도 볼 수 있다.

그러나 이러한 제도의 설계가 작동하기 위해서는 몰아서 쉬는 것에 대한 확고한 보장과 신뢰가 전제되어야 한다. 실제로 노동계와 청년층은 제도 도입의 의도가 몰아서 쉬기가 아니라 몰아서 일하게 하기로 변질될 가능성을 크게 우려하고 있다. 기업이 장시간 노동을 요구한 뒤 휴식을 보장하지 않거나, 수당 지급의 모호성을 악용할 경우 과로와 임금 체계의 불투명성은 심화될 수 있다. 특히 직장 내 권한 불균형과 노동자의 협상력 취약성이 여전히 존재하는 국내 기업 문화에서는 노사 자율이라는 명분이 실질적 자율이 되기 어렵다는 지적도 설득력을 가진다. 결국 유연화 정책이 성공하기 위해서는 신뢰 기반의 사회적 대화, 보장된 휴식제도, 엄격한 근로시간 감시 체계, 그리고 투명한 임금 구조 개편이 동반되어야 한다. 그렇지 않다면 이번 제도 개편은 장시간 노동의 새로운 제도적 이름에 불과하게 될 것이다.

주요 선진국의 유연근로시간제 운영 사례

근로시간 유연화는 단순히 근로시간을 늘리거나 줄이는 문제가 아니라, 노동자의 건강권과 고용안정성을 동시에 확보할 수 있는 제도 설계의 문제다. 이러한 관점에서 볼 때, 한국이 제시한 근로시간 총량 유연화 모델은 선진국들의 제도와 유사한 외형을 띠고 있으나, 그 실행 조건과 사회적 기반에서는 여전히 간극이 크다. 독일, 프랑스, 일본의 사례는 이 간극을 좁히기 위한 정책적·제도적 조건이 무엇인지 보여주는 중요한 시사점을 제공한다.

먼저 독일은 타임뱅크(Time Bank)로 대표되는 노동시간저축제(Arbeitszeitkonto)를 운영한다. 초과근무시간은 시간 단위로 계좌에 적립되고, 노동자는 이를 추후 장기휴가나 육아휴직, 조기퇴직 등 다양한 형태로 자유롭게 사용할 수 있다. 이는 단순한 초과근무 수당 지급을 넘어선 시간 기반의 삶의 자율성 회복 메커니즘이라 할 수 있다.

특히 기업은 경기 침체 시 노동시간을 줄이면서도 해고 없이 고용을 유지할 수 있어, 노동 유연성과 고용 안정이라는 두 가지 목표를 모두 달성할 수 있다. 이는 노동자에게 믿고 맡길 수 있는 유연성이 작동하는 전제하에 제도가 실효성을 가지는 대표적 사례다.

프랑스는 법정 주 35시간제를 중심으로 초과근로에 대한 강력한 제한 체계를 갖추고 있다. 초과근무는 원칙적으로 보상휴가(Compensatory Rest)나 법정 추가수당으로 철저히 환산되며, 주당 근로시간은 특별한 사유 없이는 48시간, 예외적으로도 60시간을 초과할 수 없다. 이처럼 강력한 노동감독 체계와 제도적 사전허가 절차는 노동자의 초과근무가 남용되지 않도록 방지한다. 이러한 구조는 한국의 근로시간 개편안에서 우려되는 '몰아서 일하고 쉬지 못하는' 상황을 예방할 수 있는 중요한 제도적 안전장치로 참고할 만하다.

일본은 고도전문직 제도를 도입하여 일부 특수직무에 한해 근로시간 규제를 완화하는 대신, 일반 직군에 대해서는 주 52시간제를 엄격히 적용하고 있다. 특히 일본은 중소기업에도 의무적인 ICT 기반 근로시간 기록 시스템을 도입해 모든 사업장이 실시간으로 노동시간을 관리할 수 있도록 정부가 전담 앱과 기술 지원을 제공하고 있다. 이는 디지털 기술을 활용한 근로시간 투명성 확보라는 측면에서, 한국의 전자기록 관리제도(e-Timesheet) 및 근로시간 공시제 논의와도 궤를 같이 한다.

결국, 이들 사례가 공통으로 보여주는 핵심은 유연화가 성공적으로 작동하기 위한 전제가 명확하다는 점이다. 노동자의 선택권 보장, 정부의 제도 관리 역량, 노사 간 신뢰에 기반한 상호 규율, 그리고 실질적인 휴식 보장이 결합될 때 유연성은 과로의 위험이 아니라 삶의 균형으로 기능할 수 있다. 한국형 유연근로제 역시 이러한 국제적 기준과 제도적 보호 장치를 적극적으로 반영할 때 비로소 '노동의 미래'를 긍정적으로 다시 설계할 수 있을 것이다.

제도개편이 작동하기 위한 세 가지 전제

근로시간 유연화 제도가 장시간 노동의 제도화가 아닌 진정한 유연안정성 모델로 기능하기 위해서는, 제도 도입 자체보다 그 운영 기반의 정비가 관건이다. 특히 근로시간의 기록과 보상 메커니즘, 연장근로의 자율적 환산 시스템, 협의력이 취약한 노동자 보호체계가 마련되지 않는다면, 유연화는 특정 계층에게만 유리한 불균형 제도로 작동할 위험이 크다.

포괄임금제는 그간 연장·야간·휴일근로 수당을 고정급여에 포함시킨다는 이유로 실제 근로시간에 대한 통제와 보상이 실질적으로 무력화되어 온 제도다. 이 제도가 유지되는 한, 아무리 근로시간 유연화를 제도화해도 현장에서는 무기명 장시간 노동이 일상화될 위험이 크다. 이에 따라, 독일과 네덜란드처럼 블록체인 기반 임금명세 시스템을 활용해 초과근로에 대한 정당성과 지급 내역을 기록·보증하고, 한국도 전 사업장에 대해 전자기록 기반의 근로시간 관리 시스템 의무화를 단계적으로 확대해야 한다. 특히 포괄임금 적용 사업장에 대해서는 근로시간 실적과 임금의 연동 여부를 주기적으로 점검하고 보고하도록 법제화해야 한다.

근로시간 유연화의 궁극적 목표는 단기 초과노동의 보상과 장기 재충전의 선순환 구조 구축에 있다. 이를 위해 근로자가 자율적으로 연장근로시간을 적립하고, 이를 육아휴직·장기휴가·학습휴가 등으로 전환할 수 있는 근로시간저축계좌제의 제도화가 핵심이다. 다만 이 제도의 정착을 위해서는 기업이 자발적으로 도입할 수 있도록 세제 감면, 정부지원금 지급, 나아가 ESG 경영지표 반영 등 다층적 유인체계가 마련되어야 한다. 이는 단순한 복지 확대가 아니라, 노동생산성 향상과 조직 내 유연성 강화를 위한 지속가능한 경영전략의 일부로 자리 잡아야 한다.

노사합의를 전제로 하는 유연근로제는 현실적으로 노조가 없는 중소기업, 플랫폼노동자, 특고직군 등에서 근로자의 실질적 협의권이 작동하기 어렵다. 따라서 제도 도입이 오히려 형식적 자율로 전락하지 않도록 정부 주도의 중소기업 공동노사협의체 플랫폼을 마련해야 하며, 외부 전문가의 중재 기능과 전담 공익노무사의 파견 제도를 통해 비정규·취약노동자도 참여 가능한 협상구조를 제도화할 필요가 있다. 특히 5인 미만 사업장처럼 노동법 사각지대에 있는 구조에서는 공익적 중재 및 감독체계가 실질적인 보호장치로 기능해야 한다.

요컨대 근로시간 유연화 제도는 그 자체로 목적이 될 수 없다. 정밀한 관리와 보장 장치가 병행될 때 비로소 유연성은 권리가 되고, 선택이 될 수 있다. 이 세 가지 구조적 기반은 한국형 유연근로제도의 성패를 가르는 결정적 분기점이 될 것이다.

유연화의 이름으로 과로를 재정의할 것인가?

근로시간 유연화는 독일, 프랑스, 일본 등 주요 선진국에서도 활발히 논의되고 있으며, 그 자체로 시대적 흐름이자 정책적 과제이다. 그러나 그 출발점은 명확하다. "더 오래 일하게 하자"가 아니라 "더 건강하게, 더 지속가능하게 일하게 하자"는 철학에 기반해야 한다. 유연화는 생산성의 향상 수단이자 동시에 노동자의 삶의 질을 개선하기 위한 제도여야 하며, 그렇기에 근로시간 단위의 변화만으로는 충분하지 않다. 제도의 설계뿐 아니라 그 이면에 깔린 사회적 규범, 기업문화, 노사 간 신뢰 수준이 함께 개편되어야 비로소 제도다운 제도가 작동한다.

문제는 유연성이 현실에서 자칫 기업의 재량으로만 작동할 위험이다. 특히 포괄임금제가 광범위하게 적용되고, 연장근로에 대한 실질적 보상과 통제가 미흡한 한국의 노동시장 구조에서는 자율적 유연성이 강요된 장시간 노동으로 전이될 가능성이 크다. 실제로 노동계는 정부의 근로시간 개편안을 합법적 과로 정당화로 비판하며 강하게 반발하고 있다. 이는 단순한 법 제도 차원의 갈등이 아니라, 근로시간을 바라보는 사회적 가치와 신뢰의 붕괴를 반영한 것이다. 유연성은 법령 조문만으로 성립되지 않으며, 근로자에게도 실질적 선택의 자유와 거부할 수 있는 권리, 그리고 보호받을 수 있는 제도적 울타리가 확보될 때에만 신뢰 기반 위에서 작동할 수 있다.

지금 한국에 필요한 것은 또 하나의 장시간 노동제가 아니다. 필요한 것은 근로시간을 둘러싼 사회적 규범의 전환과, 디지털 기반의 관리 시스템, 그리고 노사정 공동의 거버넌스 체계다. 근로시간의 유연화가 건강권·휴식권·삶의 질 개선과 결합할 때, 그것은 미래형 제도가 될 수 있다. 반면 노동자의 통제력 없이 사용자의 계획만 반영된다면, 이는 유연화가 아니라 또 다른 방식의 과로 구조로 전락할 것이다. 결국 성공적인 제도 개편은 기술, 제도, 신뢰의 삼위일체가 동시에 작동할 때 비로소 가능하다. 유연화의 이름으로 과로를 재정의할 것인가, 아니면 새로운 노동사회계약을 체결할 것인가. 지금 우리는 그 갈림길에 서 있다.

요약

근로시간 개편은 단순히 노동시간을 늘리려는 것이 아니라, 유연하게 분산해 일과 삶의 균형을 추구하려는 구조적 시도이다. 그러나 건강권 보장, 근로시간 기록 투명성, 중소기업 대응력 확보 등의 전제가 부족할 경우 과로체제를 정당화할 수 있다는 우려가 크다. 특히 MZ세대는 사용자의 재량 확대가 아닌 자율과 삶의 질을 중시하며 제도개편에 비판적이다. 독일·프랑스 등 주요국의 사례처럼 신뢰 기반 제도 설계와 포괄임금제 정비, 저축계좌제 도입이 함께 이뤄져야 지속가능한 유연근로제 운영이 가능하다.

당신의 생각은?

1. 근로시간 유연화의 사회적 신뢰 확보를 위해 어떤 방식의 노사 대화 메커니즘이 필요할까?
2. MZ세대가 요구하는 '일과 삶의 균형'은 제도적 유연성과 어떻게 조화될 수 있는가?

정책제언

1 근로시간저축계좌제 도입 및 장기휴가 활성화 정책

연장근로시간을 휴가로 적립해 안식월, 육아, 재충전 등 다양한 방식으로 활용 가능하게 하여, MZ세대의 자기시간 권리를 보장하고 기업의 유인도 확대한다.

2 근로시간 전자기록 시스템 전면 도입 및 포괄임금제 공시 의무화

디지털 기반 근로시간 관리 인프라 구축으로 연장근로의 투명성과 공정성 확보, 포괄임금제의 오남용 방지를 통해 제도 신뢰도를 높인다.

3 중소기업 노사합의 지원 인프라 확충

노조가 없는 중소기업의 경우 외부 공익노무사 중재제도, 공동협의체 플랫폼, 정부 차원의 모범 합의안 제공 등을 통해 협의 기반을 보완해야 한다.

화이트칼라 이그젬션 도입과 노동생산성

경직된 제도, 경쟁력을 옥죄다

한국의 노동시간 제도는 여전히 산업화 시대의 균질화된 사고에서 벗어나지 못하고 있다. 2024년 기준 한국의 연평균 노동시간은 1,874시간으로, 여전히 OECD 평균인 1,716시간을 크게 상회하고 있다. 그러나 문제는 단순한 장시간 노동이 아니라, 획일적 규제 구조에 있다. 특히 디지털 전환과 글로벌 공급망 재편이 가속화되면서, 반도체·AI·바이오 등 고부가가치 산업에선 집중적이고 유연한 시간 운용이 필수적이다. 이와 같은 산업은 주기적으로 몰입형 노동이 필요하며, 일률적 시간 규제는 오히려 경쟁국 대비 신속한 전략 실행과 기술 대응을 지연시키는 요인이 되고 있다.

해외 주요 경쟁국들은 이미 고소득·고숙련 전문직에 대해 근로시간 제한을 유연화하고 있다. 미국은 연방 노동기준법(FLSA)에서 연봉 기준을 충족하는 전문직에 대해 화이트칼라 이그젬션을 적용해 초과근로 수당 규제에서 제외하고 있으며, 일본은 2019년 도입한 고도프로페셔널제도(高度プロフェッショナル制度)를 통해 연봉 1,075만엔 이상 고숙련 직무자에 대해 근로시간 규제를 면제하고 있다. 이는 시간의 자율

성을 부여함으로써, 고숙련 인력이 자신의 창의성과 몰입도를 극대화할 수 있는 여지를 제공한다는 점에서 혁신 산업과의 궁합이 탁월하다.

반면 한국은 반도체, AI, 스타트업, 디자인·크리에이티브 등 몰입형 노동이 요구되는 영역에서도 주 52시간제를 획일적으로 적용하고 있다. 이는 R&D, 설계, 긴급 프로젝트가 일상화된 산업에서 탄력적 근무와 고성과 중심의 시간 운영을 어렵게 만든다. 특히 국내 반도체 기업은 대만 TSMC의 3교대 R&D 팀 운영, 미국 NVIDIA의 자율근무 기반 몰입형 혁신 문화 등과 비교할 때, 제도 기반에서 글로벌 경쟁력의 발목이 잡힌다는 지적이 많다. 이제 한국도 산업별·직무별 특성을 고려한 화이트칼라 유연근로제 도입을 검토할 시점이며, 그 핵심은 단순한 규제 완화가 아니라 자율성과 책임이 조화를 이루는 제도적 설계에 있다.

화이트칼라 이그젬션 제도의 개념과 필요성

화이트칼라 이그젬션(White-Collar Exemption) 제도는 고소득 전문직 또는 관리직에 대해 근로시간 규제를 면제하는 제도로, 업무의 자율성과 책임성을 기반으로 성과 중심 문화를 조성하는 제도적 장치다. 미국은 2024년부터 연 소득 10만7,432달러(약 1억4,000만 원) 이상인 고소득 근로자에게 이 제도를 적용하고 있으며, 법정근로시간이나 초과근로수당 지급 의무에서 제외되는 대신 성과에 기반한 보상과 평가가 핵심이 된다. 이는 단순히 노동규제를 완화하는 것이 아니라, 창의성과 전문성이 요구되는 직군의 몰입형 업무환경을 제도적으로 뒷받침한다는 데에 핵심 의의가 있다.

화이트칼라 이그젬션 제도가 창출하는 효과는 세 가지로 요약된다. 첫째, 근로시간보다는 성과에 따라 평가·보상이 이루어져 자율성과 책임감이 동시에 증진된다. 둘째, 프로젝트 기반 집중 근무가 가능해져 R&D나 제품 출시 직전의 몰입기가 필요한 기업에게는 생산성과 효율성 향상의 기반이 된다. 셋째, 자율성과 유연성을 중시하는 고숙련 인재를 유치·유지하는 데 결정적인 역할을 하며, 이는 기업의 장기 경쟁력에도 직접적으로 연결된다. 실제로 미국 실리콘밸리의 테크기업 다수는 이 제도를 바탕으로 고성과 인재를 확보하고 있으며, 근무시간보다 일의 완성도와 창의성에 무게를 두는 조직문화를 유지하고 있다.

한국은 여전히 모든 직군에 획일적으로 주 52시간제를 적용하고 있어, 벤처기업·스타트업·R&D 중심 기업들이 요구하는 성과 중심·시간 유연 구조와는 제도적 괴리가 존재한다. 특히 기술기반 혁신기업이나 지식서비스 업종에서는 성과가 시간과 비례하지 않으며, 문제 해결 과정에서 예상치 못한 몰입시간이 발생하는 경우도 빈번하다. 이러한 특성을 제도적으로 고려하지 않을 경우, 글로벌 인재 유치의 경쟁력에서 뒤처질 수밖에 없다. 한국도 산업별 직무 특성과 연계해 고소득·고책임 직무군에 대한 근로시간 유연제도를 단계적으로 도입하고, 그에 맞는 성과평가 기준과 노동자 보호장치를 병행할 필요가 있다.

스타트업, 유연성이 생존이다

스타트업에게 있어 시간은 곧 생존이다. 창업 2~3년 차 기업은 제품·서비스의 시장 검증과 자금 유입 속도가 사업의 명운을 결정하며, 이 시기의 업무는 예측 불가능성과 고강도 몰입이 반복된다. 소수 인력이 다수 역할을 감당하고, 야간·주말 근무가 프로젝트 마감이나 투자 유치 준비 과정에서 빈번히 요구된다. 그러나 한국의 현행 근로시간 제도는 이러한 현실과는 전혀 맞지 않는 경직된 틀을 유지하고 있다. 특별연장근로 인가나 탄력근로제 활용은 요건이 까다롭고 행정적 부담이 커, 민첩한 사업운영이 필수인 스타트업에는 실질적인 제약으로 작용한다.

무엇보다 스타트업 근로자는 전통 제조업과는 다른 동기구조를 갖는다. 고정급보다 스톡옵션, 기업 성장에 따른 보상 등 성과 중심 인센티브가 주요 유인이다. 이들은 단순히 시간을 팔기 위한 노동자가 아니라, 기업의 성패에 직접적으로 참여하는 책임 있는 동료이자 창조자이다. 자율적으로 몰입형 근무를 선택하는 경향이 크며, 실제로 실리콘밸리나 텔아비브의 스타트업들은 이 같은 고밀도 근무 문화를 혁신의 에너지로 활용하고 있다.

화이트칼라 이그젬션 제도는 이 같은 스타트업의 현실과 문화를 제도적으로 정당화하고 보호하는 기반이 될 수 있다. 이는 단순히 무제한 근무를 허용하는 수단이 아니라, 고소득·고책임 전문직에 대해 자율적 근로시간 설계를 인정하고, 성과 중심의 유연노동 생태계를 제도 안으로 끌어들이는 방식이다. 스타트업의 생존은 유연성에 있고, 유연성의 제도화 없이는 책임도 지속가능하지 않다. 한국 역시 스타트업과 혁신기업의 특수성을 반영한 근로시간 유예 제도를 마련하고, 이를 화이트칼라 이그젬션이라는 명확한 틀로 구체화할 필요가 있다. 이는 과로 정당화가 아닌 성과와 책임의 균형을 제도적으로 보장하는 첫걸음이 될 것이다.

선진국은 어떻게 유연성과 보호의 균형을 맞추는가

화이트칼라 이그젬션과 유연근로 제도는 단지 많이 일할 수 있는 권리를 보장하는 것이 아니다. 선진국들은 자율과 보호를 동시에 구현하며, 근로자의 창의성과 기업의 생산성을 제도적으로 조화시키고 있다.

일본, 영국, 독일은 각기 다른 방식으로 이를 실현하며 한국에 중요한 정책적 시사점을 제공한다.

일본은 2019년부터 시행된 고도 프로페셔널 제도를 통해 고소득 전문직(연간 1,075만 엔 이상)에게 근로시간 제한을 면제하고 있다. 적용 대상은 금융, 전략기획, R&D 등 고성과 기반 직무이며, 철저한 사전 서면 동의와 건강검진·휴식보장 등 보호장치가 병행된다. 이는 단순한 시간 유연화가 아니라, 자율에 기초한 성과 보상 체계를 제도화한 사례로, 일본 내에서도 기업의 혁신역량 제고와 우수 인재 유치에 긍정적 효과를 주고 있다.

영국은 EU 근로시간지침(Working Time Directive)과 달리 자발적 '옵트아웃(opt-out)' 조항을 통해 주당 48시간을 초과하는 근무를 허용한다. 이는 법정근로시간을 초과하더라도 근로자의 명시적 동의가 전제되며, 기업은 장기 프로젝트나 위기 대응 등 특정 시기 일시적 과중업무에 유연하게 대응할 수 있다. 영국의 방식은 노동자에게도 실질적 선택권이 부여되는 제도 설계로, 단순한 규제 완화가 아닌 선택 가능한 자율성을 보여준다.

독일은 근로시간 유연화의 대표적 모델로 근로시간 저축계좌제(Arbeitszeitkonto)를 운영한다. 초과근무 시간은 통상 임금 대신 시간계좌에 적립되어, 추후 유급휴가나 단축근로로 전환 가능하다. 이 제도는 기업에는 생산성과 인력 유연 운용이라는 이점을, 노동자에게는 장시간 노동의 부작용을 최소화하면서도 유연한 생애 근로시간 관리를 가능케 한다. 특히 독일은 산업별 단체협약을 통해 제도를 구체화하고 있으며, 노사 신뢰를 기반으로 한 협의 시스템이 뒷받침되고 있다.

이들 사례는 하나같이 자율성과 보호의 동시 구현, 업무 특성 기반의 제도 설계, 그리고 사회적 신뢰와 투명성이라는 공통된 원칙을 갖는다. 한국도 산업별·직무별 특수성을 반영한 근로시간 유연화 제도를 설계할 때, 이러한 요소들을 제도 설계의 중심 원리로 삼아야 한다. 화이트칼라 이그젬션의 도입은 단지 시간제한 면제가 아니라, 노동시장 유연성과 근로자 권익 보호 간의 균형 위에서 출발해야 한다.

화이트칼라 이그젬션 도입을 위한 법적·제도적 조건

화이트칼라 이그젬션 제도의 도입은 단순한 조항 신설을 넘어 노동시간 체계 전반의 유연성과 정교화를 요구한다. 특히 디지털·지식집약 산업이 확대되고 있는 현재, 시간에 대한 규제가 오히려 경쟁력을 억제하고 있는 현실을 고려할 때, 제도 개선은 보다 전략적이고 다층적으로 접근되어야 한다. 이를 위해 한국은 다음과 같은 세 가지 법적·제도적 조건을 병행적으로 추진할 필요가 있다.

첫째, 근로시간 총량제 도입이 핵심이다. 현행 주 단위의 근로시간 규제(주 52시간)는 고강도 프로젝트나 급박한 제품 출시 주기와 맞지 않아 산업의 유연성을 제한한다. 이에 따라 월 또는 연 단위의 근로시간 총량(예: 월 180시간, 연 2,160시간)을 설정하고, 근로자와 사용자가 합의한 범위 내에서 자율 조정이 가능하도록 해야 한다. 독일, 덴마크 등은 이미 연간 근로시간 총량을 기준으로 하되, 일간·주간 탄력 운용을 인정하고 있어, 근로시간의 전주기 관리체계로 진화하고 있다.

둘째, 재량근로시간제의 직무 범위 확대가 필요하다. 현재 한국의 재량근로시간제는 R&D, 정보처리, 디자인, 언론 등 일부 직군에 국한되어 있어 실질적 효과가 제한적이다. 일본은 고도 프로페셔널 제도를 통해 경영기획, 전략, 투자, 인사관리 등 고부가가치 직무 전반으로 확대 적용하고 있으며, 이는 현대 지식산업 구조에 더 부합한다. 한국도 이와 유사하게 직무 중심의 제도 재설계를 통해, 실제로 시간보다 성과가 중심이 되는 업무군에 자율권을 부여해야 한다.

셋째, 스타트업과 벤처기업에 대한 예외적 제도 유예 및 맞춤형 제도 적용이 필요하다. 창업 3년 이내 기업의 경우, 업무 특성상 급변하는 시장 대응과 불확실성 대응이 중요하며, 인가를 받아야 하는 특별연장근로 제도는 너무 경직되어 실효성이 낮다. 따라서 자체 근로시간 조정계획서 신고제 등 간소화된 신고방식을 통해 제도적 유예를 제공하고, 최소한의 공적 관리 하에서 자율성을 인정하는 틀이 필요하다. 이는 벤처기업의 생존 가능성을 높이는 동시에, 법의 사각지대에서 방치되기 쉬운 비공식 장시간 노동을 제도권으로 유입하는 효과도 기대할 수 있다.

결국, 화이트칼라 이그젬션 제도의 도입은 단순한 규제 면제가 아니라, 성과 중심 유연노동 체계로의 전환을 위한 전면적 리디자인이다. 이를 위해서는 총량기반 시간관리, 직무 중심 제도 확장, 혁신기업 맞춤형 유예제도라는 3대 구조개혁이 유기적으로 결합되어야 하며, 그 중심에는 '신뢰를 기반으로 한 자율의 제도화'라는 원칙이 자리해야 한다.

신뢰 기반의 거버넌스와 병행되어야

근로시간 유연화, 특히 화이트칼라 이그젬션 제도의 도입은 단순한 규제 완화가 아니다. 자율이 신뢰로 이어지지 못할 경우, 그것은 곧 자발적 과로라는 구조적 착취로 전락할 위험이 있다. 자율과 보호는 반드시 동시에 작동해야 하며, 제도의 정당성은 그 운영의 투명성과 사회적 신뢰에서 비롯된다. 유연화 제도가 성공적으로 작동하기 위해서는 디지털 기술, 성과보상 체계, 건강권 보호라는 세 축이 병행되어야 한다.

첫째, 전자기록 기반의 근로시간 관리 시스템 도입이 필수적이다. 단순한 출퇴근 기록이 아니라, e-timesheet, 블록체인 기반 임금기록 시스템 등을 통해 근로시간과 업무성과를 정밀하게 추적하고 검증할 수 있어야 한다. 이러한 디지털 기반은 근로자의 자기결정권을 보장함과 동시에, 사용자의 책임과 규율을 강화하는 이중 신뢰 장치로 작용한다. 실제로 네덜란드, 영국 등은 블록체인 임금관리 플랫폼을 실험하며 제도적 신뢰 기반을 확장하고 있다.

둘째, 성과 연동 보상체계의 정비가 요구된다. '근로시간 = 보상'이라는 등식에서 벗어나, 업무 성과·기여도에 따른 보상이 이루어져야 자율 근로가 의미를 가진다. 이는 단순 성과급 확대가 아니라, 직무의 복잡성과 결과의 질을 평가할 수 있는 정량·정성 평가기준의 정교화를 의미한다. 특히 스타트업이나 창의직군의 경우, 단기성과보다 중장기 목표에 연동된 보상이 중요하며, 이를 제도적으로 설계할 필요가 있다.

셋째, 건강권 보호장치의 병행은 유연화 제도의 지속가능성을 좌우한다. 일본의 고도 프로페셔널 제도처럼, 일정 시간 이상 연속근로 제한, 최소 휴식시간 보장, 피로누적 모니터링 등의 의무적 건강관리 조항이 포함되어야 한다. 특히 고소득·고성과 직군은 쉬지 않는 노동에 노출될 위험이 크기 때문에, 국가 단위의 건강진단, 정신건강 평가 등 예방적 보호장치가 제도에 내장되어야 한다.

결국 유연화는 자율성과 제도적 신뢰가 결합된 거버넌스 시스템 위에서만 기능할 수 있다. 노동시장 유연화는 시대적 요구이지만, 그것이 새로운 불평등의 구조로 이어지지 않도록 하는 제도 설계의 정교함이야말로 정책의 성패를 가르는 핵심이다. 한국이 지금 필요한 것은 단지 규제 완화가 아니라, 디지털 신뢰·성과 중심 문화·건강권 보호라는 삼각축을 갖춘 책임 있는 유연화 모델이다.

요약

한국의 경직된 근로시간 제도는 혁신성과 유연성을 요구하는 첨단산업과 스타트업에 큰 제약으로 작용하고 있다. 미국, 일본, 영국 등은 고소득 전문직에 대해 근로시간 규제를 완화하거나 자율화를 통해 생산성과 대응력을 높이고 있다. 한국도 화이트칼라 이그젬션과 근로시간 총량제 등 제도 개선이 시급하며, 신뢰와 투명성 기반의 유연한 제도 설계가 필요하다. 이는 산업 경쟁력 강화와 함께 근로자의 권익 보호라는 두 마리 토끼를 잡기 위한 구조개혁의 시작점이 될 수 있다.

당신의 생각은?

1. 근로시간 유연화가 과연 자율성과 착취의 경계를 어떻게 구분할 수 있는가? '자율'이라는 이름으로 장시간 노동을 강요받지 않도록 하기 위한 제도적 장치는 무엇이 되어야 하는가?
2. 고소득 전문직에 대한 근로시간 면제가 노동시장 전체의 불평등을 심화시키지 않는가? 이그젬션 도입이 특정 계층만의 특권으로 작동하지 않기 위해 필요한 보완책은 무엇인가?

정책제언

1 화이트칼라 이그젬션 도입을 위한 근로기준법 제50조·제53조 개정

고소득 전문직에 한해 자율근무를 인정하고, 자발적 선택과 성과 보상 체계를 명문화해야 한다. 이를 통해 초과근로에 대한 자발성과 책임을 제도적으로 인정할 수 있다.

2 벤처기업 전용 유연근로 특례 신설

창업 3년 이내 기업에 대해 특별연장근로 요건을 간소화하고, 자체 근로시간 운영 계획 제출로 대체할 수 있도록 한다. 생존 초기의 스타트업에 실질적 자율성을 부여해야 한다.

3 전자기록 기반 노동시간관리 시스템의 의무화 및 보조금 지원

투명한 근로시간 기록 시스템(E-timesheet, 블록체인 등)의 도입을 의무화하고, 도입 비용은 중소·벤처기업에 대해 정부가 지원함으로써 실효성을 높인다.

직장 내 괴롭힘 근절, 제도와 존중 없는 조직 문화의 전환 없이 불가

사건 하나가 드러낸 조직의 민낯

2024년 상반기, 개통령이라는 친근한 대중적 별명으로 널리 알려진 인물이 직장 내 괴롭힘 가해자로 지목되며 한국 사회는 깊은 충격에 빠졌다. 해당 사건은 온라인 구직 플랫폼을 통해 최초로 제보된 후, 유사한 경험을 공유하는 제보가 잇따르면서 단순한 개인의 일탈을 넘어 사회적 구조의 문제로 확산되었다. 피해자는 정신질환 진단과 함께 가스라이팅, 사생활 침해, 모욕적 언행 등 심각한 인권 침해를 겪었다고 호소했고, 이는 근로기준법 제76조의2에 명시된 '업무상 적정 범위를 넘는 괴롭힘'의 기준에 정확히 부합한다. 그럼에도 불구하고, 조직의 대응은 침묵과 미온적 태도로 일관하며 제도적 무력감만을 증폭시켰다.

이 사건은 두 가지 점에서 우리 사회가 직면한 구조적 문제를 보여준다. 첫째, 괴롭힘은 단순한 개인 간 갈등이 아니라 지속적이고 위계적인 권력 남용이라는 점에서 구조적 성격을 지닌다. 특히 스타트업·미디어·문화산업처럼 상명하복보다는 창의와 자율을 강조하는 조직일수록, 내부 통제가 약화되면 오히려 개인 권력이 비공식적으로 강화되는 역설이 발생한다. 둘째, 다수의 직장인들이 해당 사건을 "남의 일이 아닌 나의 일"로 받아들였다는 사실은, 직장 내 괴롭힘이 예외가 아닌 일상적 경험이라는 현실을 반영한다. 실제로 고용노동부가 발표한 2023년 직장 내 괴롭힘 실태조사에 따르면, 직장인의 16.3%가 최근 1년 내 괴롭힘을 경험했으며, 피해자 중 절반 이상이 문제 제기를 포기한 것으로 나타났다.

이제 한국 사회는 직장 내 괴롭힘을 더 이상 사적 불화로 치부할 것이 아니라, 조직의 구조적 책임과 제도적 대응 미비의 결과로 인식해야 한다. 피해자의 입을 막는 침묵의 문화, 미온적인 HR 대응, 그리고 공익제보자에 대한 2차 가해까지 이어지는 악순환의 고리를 끊기 위해서는 다음과 같은 전환이 시급하다. 조직 내부에 독립적인 신고·보호 체계를 구축하고, 사내 괴롭힘 조사 및 대응 의무를 법제화하며, 반복적 가해자에 대해 형사처벌 수준의 강력한 제재를 도입해야 한다. 직장 내 괴롭힘은 더 이상 개인의 문제도, 일시적 사건도 아니다. 그것은 신뢰받는 노동환경이 가능하냐는 대한민국 직장문화의 근본적 질문이다.

공기처럼 소모되는 존재였던 기상캐스터

최근 한 방송사의 기상캐스터들이 잇따라 제기한 직장 내 괴롭힘 피해는 많은 이들의 충격과 공감을 불러일으켰다. 피해자들의 고백에 따르면, 일부 간부는 다년간 기상캐스터들을 비정규직이라는 이유로 인격적으로 무시하거나 업무 외 요구, 모욕적 언행, 사적 심부름을 강요했으며, 이는 단순한 불쾌감의 수준을 넘어 명백한 인권 침해로 이어졌다. 그들은 출근해 원고를 받아 방송을 하고 퇴근하는 사이클 안에서, 존재하되 존중받지 못하는 노동자였다.

특히 주목해야 할 점은, 이들이 모두 외주 계약직 형태로 고용된 방송 노동자라는 점이다. 형식상 비정규직이며, 사내 공식 조직에 포함되지 않은 이들은 실질적으로는 방송국 내부에서 지휘·감독을 받고 있었음에도 불구하고, 공식적인 보호 장치에서 소외되어 있었다. 이는 단지 인사구조상의 회색지대 문제가 아니라, 구조적 괴롭힘이 작동할 수 있는 통로가 제도적으로 열려 있었음을 의미한다.

더욱이 기상캐스터들의 고용형태 자체가 법적 사각지대에 놓인 방송 비정규직 구조의 전형이었다는 점은, 단지 지적받은 한 방송사만의 문제가 아니라 방송 산업 전반의 괴롭힘과 배제 메커니즘을 보여주는 상징적인 사건이라 할 수 있다. 이들은 정규직 아나운서와는 달리 조직 내 의사결정 구조에 접근할 수 없고, 인사권 보호 장치도 없으며, 심지어 휴게공간조차 명확히 배정받지 못한 상태였다. 공적 공간에서 일하면서도 사적 지위에 머물러야 했던 이들의 취약성은, 조직 내부 위계와 차별적 문화가 그대로 외부 용역 구조에도 전이되었음을 시사한다.

방송사는 공적 책무를 수행하는 기관인 동시에, 수많은 프리랜서와 외주계약직들이 함께 일하는 복합 고용구조의 집합체다. 따라서 직장 내 괴롭힘 예방 체계 역시 비정규직, 외주근로자, 프리랜서를 모두 포괄하는 조직문화 개선 정책으로 확장되어야 한다. 또한 사용자의 '직접 고용' 여부와 관계없이 실질적인 지휘·감독이 이루어지는 구조라면 사용자에게 산업안전 및 인권보장 책임을 부과하는 방식의 법적 정비가 필요하다. 이는 단지 한 방송사의 일회성 문제를 넘어, 노동존중 사회로 나아가기 위한 헌법적 책무이기도 하다.

고용의 구조적 딜레마로 인한 차별과 직장내 괴롭힘 증가

대학에서도 재정 위기로 비정규직이 확산되면서 고용의 구조적 딜레마로 인해 차별과 직장내 괴롭힘이 발생하기도 한다. 정부 재정지원도 엄격한 평가와 구조조정 압박 속에 선택적으로 이루어지고 있으며, 등록금은 2009년부터 사실상 동결 상태로, 대학 자체 수입 기반은 15년 이상 정체되어 왔다. 이에 따라 상당수 대학들은 인건비 부담을 줄이고, 재정 건전성 지표를 맞추기 위해 정규직에 대한 임금인상도 한계가 있었으며 비정규직과 무기계약직 인력을 확대하는 전략을 선택할 수밖에 없었다.

대학은 지식의 전당이자 사회적 정의를 논하는 최후의 보루로 여겨진다. 그러나 그 울타리 안에서 일하는 모든 사람이 같은 존중과 권리를 누리고 있는지는 별개의 문제다. 교수, 직원, 학생 사이의 관계 만큼이나, 정규직과 비정규직 사이의 보이지 않는 경계선 또한 깊고 견고하다. 특히 최근 몇 년간 반복적으로 제기되는 사례들은 이러한 단면을 적나라하게 보여준다. 비정규직은 종종 "필수적이지만 교체 가능한 존재"로 취급된다.

이들은 계약갱신의 불확실성, 업무 외 요구, 모욕적 언행, 노동조건 악화를 묵묵히 견디며 일한다. 그리고 문제를 제기하면, 더 쉽게 배제되거나 고용이 끊어지는 경우가 빈번하다. 대학은 단순한 지식 생산기관이 아니다. 그곳은 사회정의, 공정성, 인권 존중이라는 가치를 현실에서 구현하는 모델이어야 한다. 만약 대학이 구성원의 고용형태에 따라 존엄을 차등 적용하고, 약자를 침묵시키는 문화를 용인한다면, 그 자체로 대학의 존재 이유를 부정하는 셈이다. 비정규직 노동자, 특히 교육과 연구의 최일선에 있는 이들의 존엄을 보장하는 일은 단지

한 집단의 권익 신장 문제가 아니라, 대학이라는 제도가 사회적 신뢰를 유지하기 위한 필수적 과제인 것이다.

괴롭힘은 비정상적 행동이 아닌 '일상적 조직문화'의 산물인가

직장 내 괴롭힘은 더 이상 예외적 사건이나 일부 '문제 인물'의 일탈로 볼 수 없다. 직장갑질119의 2023년 조사에 따르면, 직장인 세 명 중 한 명(33.3%)이 최근 1년 내 괴롭힘을 경험했다고 응답했으며, 유형도 모욕·명예훼손(22.2%), 부당지시(20.8%), 폭언·폭행(17.2%), 업무 외 강요(16.1%), 따돌림·차별(15.4%) 등 다층적으로 나타난다. 이는 괴롭힘이 다양한 형태로 반복·은폐되며, 일상적 조직문화 속에 내재된 비공식 권력의 작용으로 기능하고 있음을 시사한다. 즉, 괴롭힘은 조직 내 상호작용의 한 양태가 되어버린 구조적 문제이며, 피해자를 향한 정당하지 않은 힘의 행사이자 무형의 통제 기제로 작동한다.

문제는 이러한 행위가 문화의 이름으로 정당화되고 있다는 점이다. "신입이라 겪는 통과의례", "조직에 적응하라"는 말들은 괴롭힘을 개인의 적응 문제로 환원시키며, 가해자 중심의 조직 관행을 재생산한다. 피해자조차 자신을 탓하며 문제 제기를 주저하게 되는 심리적 함정 속에 빠지게 되고, 결국 괴롭힘은 조직 내에서 가시화되지 않는 통제 장치로 고착화된다. 이처럼 공식 제도는 형식적으로 존재하지만, 비공식 문화는 오히려 이를 무력화시키는 상황이 적지 않다. 괴롭힘은 단지 개인 간 갈등이 아니라, 조직 구조와 문화의 복합적 산물이며, 이를 방치할 경우 조직 전체의 병리로 발전하게 된다.

괴롭힘이 초래하는 결과는 피해자의 고통에 그치지 않는다. 지속적인 괴롭힘은 이직률 증가, 업무 몰입도 저하, 조직 신뢰 붕괴로 이어지며, 장기적으로는 기업의 생산성과 경쟁력을 약화시키는 구조적 위험요인으로 작용한다. 특히 고숙련 전문직이나 창의직군의 경우, 심리적 안정과 조직 내 신뢰가 핵심 동력인 만큼, 괴롭힘은 인재 유출과 조직 쇠퇴를 가속화할 수 있다. 따라서 괴롭힘은 노동권 보호의 문제를 넘어, 지속가능한 조직운영과 경영 전략의 중심에 위치해야 한다. 단기적 HR 대응이 아니라, 조직문화 전반의 정비와 권력작용의 투명화, 그리고 실질적 구제 시스템 구축이 병행되어야 할 시점이다. 괴롭힘이 아니라, 신뢰가 일상이 되는 조직문화로의 전환이 필요하다.

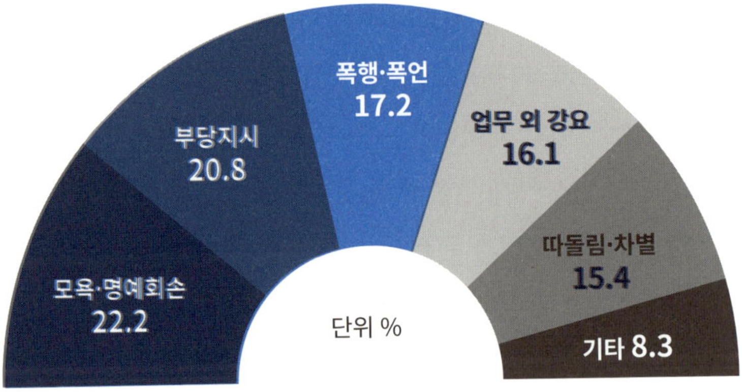

그림6. 직장 내 괴롭힘 유형 및 비율

출처: 직장갑질119(2023)

법은 있지만, 현실은 멈춰 있다

2019년, 한국은 근로기준법을 개정하여 '직장 내 괴롭힘 금지 조항'을 신설했다. 이는 OECD 국가 중 유례없이 늦은 도입이었지만, 최초로 괴롭힘을 법적으로 정의하고 사용자에게 조사·보호·징계 의무를 부여한 점에서 큰 진전이었다. 법에 따르면, 사용자는 조직 내 괴롭힘 발생

시 지체 없이 진상을 조사하고, 피해자 보호조치와 가해자에 대한 징계를 취해야 하며, 이를 위반할 경우 과태료 또는 형사책임을 질 수 있다. 그러나 법 시행 이후 5년이 지난 지금, 제도는 여전히 현장에서 '작동하지 않는 법'으로 머물러 있다.

고용노동부에 따르면 하루 평균 27.5건의 직장 내 괴롭힘이 신고되고 있으나, 이 중 51%만이 처리 완료되고 있으며, 28%는 '법 위반 없음', 21%는 '취하'로 종결된다. 다시 말해, 전체 사건의 85.5%가 실질적인 시정조치 없이 끝난다. 특히 중소기업이나 사내 인사권이 집중된 조직에서는 조사가 형식적으로 이뤄지고, 피해자 보호보다는 '무마'나 '침묵'이 우선되는 경우가 다반사다. 신고자가 되레 불이익을 당하거나 '문제 인물'로 낙인찍히는 현실은, 직장 내 괴롭힘 제도를 정의 구현의 수단이 아니라 또 다른 고립의 출발점으로 전락시킨다.

문제의 핵심은 법의 유무가 아니라 실행의 구조다. 직장 내 괴롭힘 예방 제도는 법적 정의와 절차를 갖추었지만, 독립적인 조사기구의 부재, 피해자 보호 시스템의 미비, 신고자 불이익 방지 장치의 부재, 기업 내부의 인식 부족이라는 4중 병목에 갇혀 있다. 특히 민간기업에서는 인사권자와 가해자가 동일한 구조 속에 있거나, 내부 감사가 경영진의 입김을 받는 구조로 인해 실질적인 조사와 시정이 어렵다. 결국 현재의 제도는 의무는 존재하지만 책임과 견제가 없는 시스템으로, 괴롭힘 피해자를 보호하기엔 턱없이 부족한 실정이다.

이제 필요한 것은 단순한 규정의 보완이 아니다. 법이 살아 움직이기 위해서는 노사공동의 괴롭힘 예방·조사 위원회 설치 의무화, 공익신고자 보호법과의 연계 강화, 피해자 상담 및 법률지원 체계의 공공성 강화가 필수적이다. 무엇보다 괴롭힘 사건을 '기업의 이미지 관리'

나 내부 기밀로 처리할 것이 아니라, 조직문화 혁신의 출발점으로 삼아야 한다. 괴롭힘 금지법은 존재한다. 그러나 지금 우리가 물어야 할 질문은, 그 법이 진짜 누군가를 지켜낸 적이 있는가다. 그리고 그 답이 '예'가 되게 만드는 것이, 바로 지금 우리에게 주어진 과제다.

침묵하는 조직: 신고 체계의 현실적 장애물

직장 내 괴롭힘을 금지하는 법은 분명 존재한다. 신고를 장려하고, 불이익 처우를 금지하며, 사용자의 조치 의무를 명시한 법령이 2019년부터 시행되고 있다. 하지만 현장의 풍경은 여전히 다르다. 괴롭힘을 인지하거나 피해를 입었음에도 불구하고, 많은 노동자들은 신고 자체를 포기하거나 침묵을 선택한다. 이는 개인의 용기 부족이 아니라, 신고 이후에 감내해야 할 위험과 비용이 지나치게 크기 때문이다. '신고하면 불이익이 따른다'는 인식은 괴롭힘보다도 더 광범위하게, 더 구조적으로 조직에 내재되어 있다.

보복에 대한 두려움은 신고를 가로막는 가장 강력한 장벽이다. 설령 신고가 이루어져도, 그 이후는 외롭고 고통스러운 싸움이 된다. 동료들은 "괜히 휘말리기 싫다"며 관여를 피하고, 인사상 불이익이나 평판 하락이 우려되는 분위기 속에서 피해자는 '문제를 일으킨 사람'이라는 비공식 낙인에 시달린다. 특히 피해자 보호 조치가 신속하고 실질적이지 않다면, 이 같은 2차 피해 가능성은 곧 신고의 사전 포기로 연결된다. 결국, 침묵은 가장 합리적인 생존 전략이 되어버린다.

기업 입장에서도 괴롭힘 신고는 불편한 진실이다. 정식으로 절차를 밟으면 독립적 조사, 가해자 징계, 피해자 보호, 후속 재발 방지 조치까지 이어져야 하는데, 이는 인사 시스템과 조직 신뢰 구조 전반에

손을 대야 하는 고비용 행위다. 이로 인해 많은 기업은 사건을 '당사자 간 오해', 커뮤니케이션의 문제로 축소하거나, 심지어 조사 자체를 피하는 방식으로 대응하려는 유인을 갖는다. 이는 법이 아무리 정교하게 설계되어 있어도, 신고-조사-보호-징계로 이어지는 선순환 고리가 작동하지 않는 이유를 설명해준다.

따라서 괴롭힘 근절은 법적 장치의 유무가 아니라, 그것이 실질적으로 작동할 수 있는 문화적 기저와 신뢰 기반 시스템의 존재 여부에 달려 있다. 이를 위해 익명성이 보장되는 독립적 외부신고 채널 구축, 신고 이후 즉각적 보호조치 및 인사평가 독립성 확보, 신고자 불이익 금지 조항의 실효성 확보를 위한 감시 기구 설치, 조직 전체를 대상으로 한 예방 교육과 권력관계 감수성 교육이 병행되어야 한다. 괴롭힘은 단지 위법 행위가 아니라, 무관심과 침묵이 허용한 결과물이다. 조직문화가 바뀌지 않으면, 법은 여전히 종이 위에서만 존재할 뿐이다.

선진국의 예방 중심 접근: 일본, 프랑스, 스웨덴 사례

일본은 2020년부터 '직장 내 괴롭힘 방지법(パワハラ防止法)'을 시행했다. 이 법은 괴롭힘을 명확히 정의하고, 모든 사업장에 예방조치 의무를 부과하며, 위반 시 노동청이 행정명령을 발할 수 있게 했다. 특히 일본은 법률에 기반하여 고용노동성이 별도의 '사업장 괴롭힘 대응 가이드라인'을 제정하여 예방 교육 의무화, 피해자 보호체계 구축, 익명 신고 시스템 도입 등을 구체적으로 제시했다. 또한 모든 기업에 괴롭힘 담당 책임자 지정을 의무화하여, 인사부서의 독립성과 전문성을 높이는 조치를 병행했다.

프랑스는 직장 내 괴롭힘을 형사범죄로 규정하며, 사용자의 예방조치 미이행 자체를 별도로 처벌하는 제도를 운영한다. 또한 노동법은 '모든 근로자는 존엄성과 인격을 존중받을 권리가 있다'는 원칙을 명문화하고 있다. 프랑스 기업들은 의무적으로 직장 내 괴롭힘 예방 매뉴얼을 갖추어야 하며, 노동감독관이 주기적으로 예방조치 이행 여부를 점검한다. 특히 피해자가 불이익을 입었다고 주장할 경우, 사용자가 불이익이 없었음을 증명해야 하는 입증 책임 전환 원칙이 적용된다. 이로써 피해자가 추가적으로 피해를 입지 않도록 제도적 방어선이 구축되어 있다.

스웨덴은 직장 내 괴롭힘을 직업병 유발 요인으로 간주하고, 노동환경관리체계(OHSMS) 안에 포함시켜 관리한다. 괴롭힘 예방 프로그램과 심리적 안전(psycho-social safety) 조성은 법적 요구사항이다. 모든 사업장은 매년 심리적 위험평가를 실시하고 결과를 정부에 보고해야 한다. 이러한 접근은 직장 내 괴롭힘을 예외적 사건이 아닌, 관리 가능한 리스크로 체계화하여 대응하는 방식을 확립했다.

선진국의 사례는 공통적으로 괴롭힘 대응을 사건 발생 이후 조치에 국한시키지 않고, 예방적 조치, 조직문화 관리, 심리적 안전성 확보, 신고자 보호구조 강화 등을 통해 구조적 대응을 병행하고 있다는 점에서 중요한 시사점을 준다. 한국도 이제는 직장 내 괴롭힘을 단순한 인사관리 이슈가 아니라, 경영 리스크 관리, 조직 신뢰 구축, 사회적 지속 가능성 확보의 차원에서 접근해야 할 시점이다.

존중 기반 조직문화: 선택이 아닌 생존의 조건

직장 내 괴롭힘은 개인의 성격적 일탈이나 감정적 충돌로 설명될 수 있는 문제가 아니다. 그것은 관리되지 않은 권력, 침묵을 강제하는 구조, 성과만을 숭배하는 조직문화가 빚어낸 구조적 결과물이다. 가해자 징계는 필수적인 대응이지만, 그것만으로는 괴롭힘을 재발하지 않게 만들 수 없다. 진정한 해결책은 조직 전체의 심리적 안전성(psychological safety) 확보, 공정한 의사소통 체계 구축, 권력 남용 방지를 위한 리더십 규범 정립 등, 근본적 문화 전환을 포함한 전사적 개혁에 있다.

미국 구글이 진행한 Project Aristotle 연구는 팀의 성과를 결정짓는 가장 강력한 요소로 심리적 안전성을 꼽았다. 이는 팀원들이 실수나 우려, 아이디어를 자유롭게 표현할 수 있는 환경이 확보되어야만 집단의 창의성과 협업이 극대화된다는 사실을 입증한다. 괴롭힘을 예방하고 존중이 작동하는 조직문화는 단순히 윤리적 가치를 실현하는 차원을 넘어, 혁신과 지속가능성의 핵심 인프라다. 특히 Z세대와 알파세대 이후의 인재들은 수직적 위계보다는 공정성과 소통, 안전한 조직환경을 중시하는 경향이 강해, 존중 기반 문화는 미래 인재 확보 전략과도 직결된다.

이제 괴롭힘은 더 이상 나쁜 몇몇의 문제가 아니다. 그것은 좋은 사람이 나쁜 조직에 들어갔을 때 벌어지는 일이기도 하다. 따라서 대응은 개인 중심이 아닌 조직 구조와 문화 전반의 재설계로 이루어져야 한다. 심리적 안전성을 조직 KPI로 반영하고, 리더십 교육에 권력 감수성과 공감 역량을 포함하며, 누구나 제보하고, 참여하고, 개선을 요구할 수 있는 열린 조직 시스템을 갖춰야 한다. 궁극적으로 조직은 "우리 안에서 누구도 침묵하지 않아도 되는가?", "우리는 존중받고 있다는 확신을 줄 수 있는가?"라는 질문에 답해야 한다.

이제 존중은 선택이 아니라 생존을 위한 전략이 되었다. 그것이 지속가능한 조직의 미래를 담보하고, 괴롭힘 없는 일터를 가능케 하는 유일한 길이다. 제도는 길을 열지만, 실천은 사람과 조직문화가 만든다. 변화는 가능하다. 문제는 우리가 그것을 어떻게 만들 것인가이다.

요약

직장 내 괴롭힘 문제는 개인의 고통을 넘어 조직의 신뢰와 국가 경쟁력까지 위협하는 구조적 과제이다. 2019년 직장 내 괴롭힘 금지법 도입 이후 제도적 토대는 마련되었지만, 조사와 처벌의 실효성 부족, 조직 내 침묵 구조, 피해자 보호 미비 등으로 현장의 변화는 미진하다. 괴롭힘 근절은 단순한 윤리의 문제가 아니라 안전하고 지속 가능한 일터를 만드는 사회적 인프라의 일부로 인식되어야 한다. 일본과 프랑스, 스웨덴 등 선진국 사례는 예방 중심의 조직문화 전환과 법 집행 강화가 병행될 때 실질적 효과를 기대할 수 있음을 보여준다. 이제는 제도적 미비를 보완하고, 존중과 신뢰를 기반으로 한 직장 문화를 정착시킬 수 있는 총체적 개혁이 필요한 시점이다.

당신의 생각은?

1. 직장 내 괴롭힘 근절을 위해 법적 규율 강화만으로 충분할까? 단순한 법률 강화가 아니라 조직문화 전환까지 이끌어내기 위해 어떤 추가적 정책 수단에 대한 논의가 필요할 것이다. 구성원의 존중과 신뢰를 실질적으로 강화할 수 있는 정책적 레버리지는 무엇일까?
2. 괴롭힘 발생 이후 대응 중심 체계에서, 예방 중심 체계로 전환하려면 무엇이 필요할까? 조직 내 예방교육 강화, 정기적 심리위험 평가, 리더십 책무성 강화 등 다양한 방안을 고려할 때, 한국적 현실에 맞는 '실질적 예방중심 모델'은 어떤 형태여야 하는가?

정책제언

1 직장 내 심리적 안전성 점검 의무화 및 인증제 도입

모든 중견·대기업 이상 사업장은 연 1회 이상 심리적 안전성 점검을 실시하고 결과를 정부에 보고하도록 해야한다. 우수 사업장에는 '심리적 안전 인증'을 부여해 사회적 신뢰를 강화하고, 미흡한 사업장에는 개선 명령과 교육을 의무화한다. 심리적 안전성 확보가 경쟁력 지표가 되도록 정책 설계를 유도해야 한다.

2 조직 내 리더십 책무성 강화: 상급자 괴롭힘 발생 시 특별관리제 도입

직급자(팀장, 부서장)에게 직장 내 괴롭힘이 발생할 경우 단순 개인 징계를 넘어서 조직문화 개선 계획 제출 및 이행을 의무조치 시행을 검토해야 한다. 일정 기간 리더십 평가에 괴롭힘 예방활동 실적을 반영하여, 리더십 책임 강화와 예방활동 참여를 촉진해야 한다.

3 정년퇴직자 재고용 제도는 숙련인력 멘토링 중심으로 재설계

사업장 내부 조사가 공정성을 잃지 않도록, 일정 규모 이상의 사업장에서는 외부 전문기관과 연계한 괴롭힘 조사 및 상담 지원 체계의 의무화가 필요하다. 피해자 보호와 사건의 객관성 확보를 통해 2차 피해를 줄이고, 공정한 사후 조치를 촉진해야 한다.

실업급여 제도 개선 방안

실업급여 제도의 딜레마: '보호'와 '의존' 사이에서

2025년 한국의 실업급여 지급액은 12조 2847억 원으로, 팬데믹 위기 상황이던 2021년과 유사한 수준을 기록하며 또 한 번의 역사적 정점을 찍었다. 고용노동부에 따르면 수급자는 약 47만 명, 이 중 반복 수급자 비율은 28.3%에 달한다. 이러한 증가는 단지 경기 불황의 일시적 현상이 아니라, 고용구조의 불안정성과 단기근로 확대, 특정 업종(예: 건설·서비스업)에서의 계절적·순환적 해고 관행이 맞물린 구조적 문제로 해석된다. 특히 플랫폼노동·프리랜서 확산과 맞물리며, 전통적인 고용 기반 보호체계가 노동의 현실을 따라가지 못하는 경향이 두드러지고 있다.

반복수급자의 사례는 제도 설계의 취약성을 적나라하게 보여준다. 2025년 기준, 24회에 걸쳐 총 9661만 원을 수령한 사례는 기여기간이 단 180일에 불과했다. 이는 현행 실업급여 요건이 고용보험 가입일 수(180일) 충족에 초점이 맞춰져 있어, 단기 취업과 퇴직을 반복하더라도 제도적 허점을 이용할 수 있음을 시사한다. 실업급여의 기본 철학은 다시 일할 수 있도록 돕는 사회적 보호에 있지만, 반복수급과 제도 악용은 오히려 노동시장 진입을 지연시키고, 일종의 수급 의존형 생계

유지를 낳는 부작용으로 작용하고 있다.

따라서 실업급여 제도의 정상화를 위해선 두 가지 축이 필요하다. 첫째, 반복 수급자에 대한 사후관리 및 직업훈련 연계 강화로 구직의지를 실질적으로 확인할 수 있는 메커니즘을 마련해야 한다. 둘째, 실업급여 지급요건을 단순 가입일수 기준이 아닌 고용 지속성과 이직 사유 중심으로 개편해야 한다. 유럽의 경우처럼, 실업급여를 수령할수록 점차 급여수준이 낮아지는 디그레시브 방식(degressive system)이나, 반복수급 시 자격 강화 등의 방식이 대안으로 검토될 수 있다. 보호와 의존 사이의 균형을 찾기 위한 제도적 정비 없이는, 실업급여 제도는 지속가능성을 위협받을 수밖에 없다.

하한액 인상의 역설: '실업급여가 더 낫다'는 구조

2025년 현재 실업급여의 하한액은 월 192만5760원으로, 이는 주 40시간 최저임금(시급 10030원)을 기준으로 근무한 후의 실수령액(약 187만4490원)을 상회하는 수준이다. 다시 말해, 최저임금을 받고 성실히 일하는 것보다 실직 상태에서 실업급여를 받는 것이 단기적으로 더 나은 소득 선택이 되는 아이러니한 구조가 현실화된 것이다. 이 구조는 저임금·단순직군에서 실업급여 수령이 노동시장 재진입보다 더 '합리적'이라는 인식을 조장할 수 있으며, 제도가 추구하는 생계 보호를 통한 빠른 재취업 유도라는 목표와 정면으로 충돌한다.

문제의 핵심은 하한액과 상한액의 불균형적 설계에 있다. 하한액은 최저임금 연동 방식으로 매년 자동 인상되지만, 상한액은 고용노동부의 행정적 판단에 따라 수시로 조정되어, 그 증가폭이 제한적이다. 2025년 기준 실업급여 상한액은 하루 66,000원(월 약 198만 원, 실제 지급액은 60% 감안 시 약 118만 8천원)에 머물고 있어, 오히려 저소득층에게 실업급여가 상대적으로 더 높은 보장 소득으로 작용하는 기형적 결과를 낳고 있다. 이는 '일 안 하고 받는 게 낫다'는 왜곡된 인식을 확산시키며, 제도에 기반한 합리적 선택(rational choice)이 노동시장 이탈이라는 역설로 귀결되는 원인을 제공한다.

이를 바로잡기 위해선 실업급여의 소득대체율 체계를 재정비하고, 하한액 기준 역시 생계보장의 목적을 넘어서지 않도록 조정할 필요가 있다. 유럽 일부 국가들은 하한·상한 격차 조정 외에도, 직전 소득과의 연동성과 수급 기간 경과에 따른 감액 제도를 통해 제도의 유인을 재설계하고 있다. 특히 청년·고령·단기근로자 등 취약계층에게는 실업급여 외에도 직무교육, 고용장려금, 사회서비스 연계 등을 병행해 실업 상태를 소득 대체가 아닌 경력 회복의 시기로 전환하는 정책 패러다임이 요구된다. 제도의 의도와 현실의 괴리를 줄이기 위한 정밀한 설계 없이는, 실업급여는 오히려 노동시장 회복의 걸림돌로 작용할 수 있다.

실업급여 반복 수급과 제도 오남용: 구조적 원인 분석

실업급여 반복 수급 문제는 단순한 개인의 도덕적 해이(moral hazard)로 치부할 수 없는 구조적 성격을 띤다. 현재 실업급여는 퇴직 전 18개월 중 180일(약 6개월) 이상 고용보험에 가입돼 있으면 수급 자격이 주어지는데, 이는 고용의 연속성과 안정성보다는 '단기 자격 충족'에 최적화된 설계다. 그 결과, 단기계약을 반복하는 노동자에게 유리한 조건이 형성되었고, 특히 건설업·서비스업·플랫폼 노동 등 계절적 수요가 잦은 산업군에서는 '계약 종료 → 실업급여 수급 → 재취업

→ 재수급'이라는 고리의 고착이 심화되고 있다.

2025년 기준 한국의 비정규직 비율은 29.7%로, OECD 평균(약 14.2%)을 두 배 이상 상회하고 있다. 이들 중 상당수는 고용계약 종료와 구직활동 사이의 간격이 반복되며 실업급여 제도를 소득 보완 수단으로 활용하고 있다. 문제는 이 과정이 단순한 생계 지원을 넘어, 일정 수준의 제도 활용 전략으로 정착되었다는 점이다. 실제로 일부 건설현장이나 단기 파견업체에서는 수급 가능한 근무일수만 맞추고 퇴직하는 관행이 암묵적으로 공유되고 있으며, 이는 제도 설계 자체가 장기 고용을 유인하지 못하는 구조임을 반증한다.

이러한 상황을 개선하기 위해서는 실업급여 수급 요건을 단순한 근속 일수 중심에서 총 근로이력 누적 기준, 직전 고용계약의 지속기간, 이직 사유의 정당성 등을 반영하는 다층적 평가체계로 개편할 필요가 있다. 독일은 실직 전 24개월 중 12개월 이상 고용을 기본 요건으로 하고 있으며, 프랑스는 최근 단기 계약 반복자에 대한 보험료율 가산(surcharge malus) 제도를 도입해 고용주의 책임도 병행 강화하고 있다. 한국 역시 고용형태 다변화에 따른 실업보험의 적정성을 재정의하고, 단기·반복 수급 구조를 원천적으로 제어할 수 있는 제도적 리디자인이 시급하다. 실업급여는 고용 연결고리로서 기능해야지, 반복적 소득 대체 수단으로 정착돼선 안 된다.

정부의 대응과 실업인정 기준 강화 조치

2025년 들어 고용노동부는 실업급여 반복 수급 문제에 대응하기 위해 실업인정 기준을 대폭 강화하고 있다. 핵심은 수급자의 적극적인 구직활동 여부를 보다 실질적으로 평가하는 방향이다. 이를 위해 재취업활동계획서의 작성 및 이행 점검을 강화하고, 형식적인 온라인 지원서 제출이나 무성의한 취업훈련 참여만으로는 실업인정을 받지 못하도록 기준을 재정비했다. 실제로 반복 수급자 중 구직의지가 불명확한 사례에 대해 실업급여 지급을 보류하거나 중단한 건수는 전년 대비 21% 증가했다는 통계도 이를 뒷받침한다.

그러나 이러한 행정적 조치는 반복 수급 문제의 증상을 통제하는 데 그칠 뿐, 구조적 원인을 제거하지는 못한다. 무엇보다 고용보험 제도 자체가 단기근로자에게 유리한 수급 요건과 소득보장 수준이 일정 직군의 임금과 역전되는 설계 문제를 안고 있는 한, 제도 악용이나 의존 가능성은 여전히 남아 있다. 또한 심사 강화는 구직자에게 심리적 낙인을 남기거나 행정비용을 과도하게 유발할 우려도 존재한다. 특히 정보격차나 문해력이 낮은 취약계층은 의도치 않게 수급이 제한될 가능성도 있어, 제도 신뢰 자체가 흔들릴 수 있다.

궁극적으로 필요한 것은 제도 운영 방식의 보완이 아닌, 실업급여 정체성에 대한 재정의다. 첫째, 수급자 맞춤형 경력관리 시스템을 구축해 반복수급자에게는 직무 재교육·직업훈련 참여를 조건화하고, 실업급여를 경력 회복 수당으로 전환하는 접근이 필요하다. 둘째, 노동시장 이탈 위험이 높은 업종에 대한 예방적 고용안정 지원—예를 들어 건설·서비스업에서의 상시 고용전환 유인 강화, 고용계약 안정화 기금 도입—등이 병행되어야 한다. 실업급여는 복지정책이 아니라 전략적 노동시장 정책이다. 단속 중심의 대응에서 벗어나 구조 개혁 중심의 중장기 정책 전환이 시급하다.

실업급여 제도 개혁의 조건: 신뢰, 책임, 검증의 정교한 결합

실업급여 제도의 지속 가능성과 신뢰 회복을 위한 해법은 단순한 지급요건의 강화가 아니라, 재취업 유도, 고용시장 구조 개혁, 그리고 엄정한 수급 관리의 삼각축이 조화롭게 작동하는 운영체계 구축에 있다. 독일, 프랑스, 미국, 영국의 사례는 실업급여를 단지 소득 보전의 수단이 아닌, 노동시장 재진입을 촉진하는 전략적 정책 도구로 활용하고 있음을 보여준다.

먼저 독일의 통합적 재취업 프로그램(Arbeitsvermittlung)은 실업자와 상담사 간의 밀착형 상담 체계를 중심으로, 초기 실업단계부터 구직 계획을 수립하고 면접·지원 활동의 이행을 지속적으로 관리한다. 구직자가 의무사항을 이행하지 않을 경우 실업급여가 중단되는 명확한 기준을 통해 수급자의 재진입 동기를 강화하면서도, 제도적 억제가 아닌 적극적 지원 방식으로 실업률을 낮추는 데 성공했다.

프랑스의 보너스-말루스(Bonus-Malus) 제도는 실업급여 수급의 반복적 구조에 고용주 책임이 있음을 제도적으로 반영한 모델이다. 단기계약 종료율이 높은 기업에 높은 고용보험료를 부과하는 반면, 안정고용 기업은 보험료 감면 혜택을 받는 구조는 고용형태의 질 개선과 반복 해고 억제를 동시에 달성하고 있다. 이는 한국의 구조적 단기고용 문제에 주는 시사점이 크다.

미국과 영국은 제도 오남용을 방지하기 위한 정밀 검증과 징벌적 제재 체계를 갖추고 있다. 미국은 고용기록과 연계된 무작위 심사를 통해 주 단위로 부정수급을 차단하며, 영국은 실업급여 부정수급 전담 조사기구(BFI)를 운영하여 수급자의 신용점수에 불이익을 줄 수 있는 제재 조치를 취하고 있다. 이는 단기적 억제보다 책임 기반 수급 문화

형성에 기여하는 제도적 장치다.

이러한 해외 사례는 한국의 실업급여 제도가 향후 지향해야 할 방향을 분명히 시사한다. 실업급여의 보호 기능을 약화시키지 않으면서도, 구직 촉진, 고용 질 제고, 제도 오남용 방지라는 세 가지 목표를 실현하려면, 신뢰(Trust)-책임(Responsibility)-검증(Verification)이 균형 잡힌 구조 속에서 작동해야 한다. 한국 역시 '단속'이 아닌 '설계'를 바꾸는 장기적 시각에서 실업급여 제도를 재구축할 필요가 있다.

고용보험 재정 건전성 위기와 정책적 리셋의 필요

2024년 말 기준 고용보험기금은 5조7000억 원의 적자를 기록하며 재정 건전성에 심각한 경고등이 켜졌다. 특히 실업급여 지출의 지속적 확대는 보험료 수입의 증가 속도를 압도하고 있으며, 수급자의 증가와 반복수급 구조가 동시에 고착화되면서 제도의 지속가능성을 크게 위협하고 있다. 이는 단지 한 해의 재정문제를 넘어, 고용보험 제도가 신뢰 기반의 사회보험으로서 기능을 상실할 수 있다는 구조적 위기를 뜻한다.

문제는 지출의 팽창만이 아니다. 실업급여의 확대와 달리, 보험료율은 고용 상황과 정치적 고려에 따라 조정이 지연되거나 한계에 직면해 있다. 이처럼 수입 구조는 경직돼 있는데 지출은 확대되는 비대칭 구조가 장기화되면 가입자의 이탈, 특히 고소득층이나 청년층의 불신을 불러올 가능성이 높다. 또한 노동시장 유입 초기에 제도를 악용하거나, 경력 단절을 제도적으로 반복하는 일부 집단이 제도 전체의 정당성을 훼손하는 악순환도 이미 나타나고 있다.

따라서 지금은 실업급여 제도 전반의 정책적 리셋이 필요한 시점이다. 첫째, 수급요건을 현행 180일 이상 근로에서 12개월 이상 기여로 강화하고, 반복수급 횟수에 대한 상한제를 도입해 제도의 책임 구조를 복원해야 한다. 둘째, 실업급여와 재취업 서비스를 통합하는 Employment-Linked UI System으로의 전환이 필요하다. 일본처럼 퇴직 후 일정 유예기간(예: 30일) 내 재취업 시 급여 일부를 보전하거나, 수급기간 중 구직·직업훈련 참여와 급여 수준을 연계하는 방식이 유효할 수 있다.

장기적으로는 현금 지급형 실업보험에서 고용유지와 재취업 촉진 중심의 고용안정망으로 전환하는 근본 설계 변화가 필요하다. 이제 실업급여 제도는 생계보장을 넘어, 노동시장의 신뢰 회복과 생산가능 인구의 전략적 재배치를 이끄는 제도로 진화해야 한다. 재정위기는 경고가 아니라 변화의 출발점이 되어야 한다.

제도개선의 핵심 원칙: 수급의 책임성과 재취업 유인의 정비

실업급여 제도는 단순한 생계보장이나 복지 전달 체계를 넘어, 노동시장의 위험을 완화하고 이직자에게 재진입의 사다리를 제공하는 사회적 연대 시스템이다. 그러나 최근 반복수급과 제도 악용 문제가 부각되고, 재정 지속 가능성에 대한 우려가 커지는 가운데, 실업급여가 노동시장에 던지는 메시지는 보호가 아닌 의존으로 왜곡되고 있다. 이 제도가 장기적으로 신뢰 기반의 정책도구로 작동하려면 책임성과 유인 설계의 균형 회복이 필수적이다.

첫째, 실업급여의 기본 철학은 일한 만큼 보호받는 구조로 재정립되어야 한다. 장기근속자에게는 더 긴 수급 기간과 높은 보장률을 적용하는 반면, 단기 반복수급자에게는 감액·수급 제한 등 차등 원칙을 도입하는 것이 필요하다. 이는 제도를 기회비용의 연장선이 아닌, 성실한 고용이력에 대한 사회적 보상으로 전환하는 효과를 갖는다. 독일의 실업보험 보험료 누적 원칙과 유사한 방식이 한국에도 적용될 수 있다.

둘째, 재취업활동 실질화는 형식적 수급 검증을 넘어서야 한다. 단순한 이력서 제출 횟수나 구직포털 로그인 기록은 현실을 반영하지 못한다. 면접 참여, 직업훈련 수강, 기술·자격증 취득 등의 행동 기반 성과지표(behavioral metrics)를 중심으로 실업인정을 판단하고, 적극적 구직자에 대해서는 추가 지원(재취업 수당, 직무전환 장려금 등)을 제공하는 구조로 전환해야 한다. 이는 제도를 감시가 아닌 유인 중심으로 전환하는 핵심적 지점이다.

셋째, 디지털 전환과 노동시장 유연화에 발맞춰 플랫폼 노동자, 프리랜서, 특수형태 근로종사자 등 비정형 고용에 대한 맞춤형 실업급여 체계가 필요하다. 한국은 이미 전체 취업자의 20% 이상이 비전형 고용에 해당하며, 이들을 기존 고용 기반 보험 체계로는 포섭하기 어렵다. 고용보험의 유연화, 소득 기준 중심의 수급 설계, 디지털 기록 기반 소득인정 방식 등이 병행돼야만 이들을 제도권 안으로 포섭할 수 있다.

결국 실업급여 제도의 미래는 보편성과 공정성의 균형에 달려 있다. 누구나 어려울 때 의지할 수 있는 안전망이면서도, 남용되지 않는 책임 구조로 설계되어야 한다. 실업급여 개혁은 생계보호와 노동시장 회복이라는 두 마리 토끼를 잡기 위한 제도적 정밀공학이 요구되는 영역이다.

요약

실업급여 지급 규모가 역대 최고치를 경신하면서 제도 전반의 지속 가능성과 도덕적 해이 문제가 심각해지고 있다. 반복 수급과 고용보험 재정 악화는 제도의 설계 오류와 노동시장 불안정성에서 기인한다. 실업급여 하한액이 높아 근로유인을 떨어뜨리는 현상이 심화되고 있으며, 이를 개선하기 위해 수급요건 강화와 기여기간 확대가 필요하다. 독일, 프랑스, 미국 등의 사례는 실업급여를 재취업 촉진 도구로 전환한 점에서 시사점을 준다. 한국도 실업급여 제도의 근본적 개편을 통해 '안전망'과 '동기부여'의 균형을 되찾아야 한다.

당신의 생각은?

1. 실업급여 하한액과 상한액의 구조는 어떻게 조정되어야 노동 유인을 유지하면서도 사회안전망 역할을 할 수 있는가?
2. 반복 수급자에 대한 차별적 제도 적용은 공정성과 도덕적 해이 방지 측면에서 어느 수준까지 가능하며 바람직한가?

정책제언

1 수급 요건 강화 및 기여기간 확대

실업급여 수급 조건을 현행 6개월에서 12개월로 상향하고, 수급횟수를 3회로 제한한 후 4회부터는 감액하는 체계를 마련한다. 이를 통해 단기 고용 남용과 반복 수급을 차단한다.

2 실업인정 기준의 실질화와 면담 제도 도입

단순한 이력서 제출이 아닌, 실질적 구직활동 및 직업훈련 참여를 요건으로 실업인정을 강화한다. 독일식 상담사 연계 재취업 면담제도 도입을 고려해야 한다.

3 재정 안정화를 위한 고용보험료 구조 개편

단기 계약 중심 산업에 보험료 가산을 적용하는 프랑스식 차등 보험료 제도를 도입해 고용안정 유인을 부여한다. 안정적인 고용을 유지한 기업에는 인센티브를 제공함으로써 고용질 향상도 도모할 수 있다.

첨단산업 인력 미스매치 해소:
한국의 구조적 도전과 정책적 전환점

인력 미스매치는 산업경쟁력의 결정 변수

대한민국의 글로벌 산업지형은 근본적 전환점에 서 있다. AI, 반도체, 이차전지, 바이오 등 이른바 국가 핵심 전략기술이 전 세계적 공급망 재편과 맞물려 각국의 전략적 경쟁요소로 부상하면서, 이를 뒷받침할 고급 인력의 확보는 더 이상 선택이 아닌 국가존립의 문제로까지 여겨지고 있다. 특히 대한민국처럼 인구감소와 청년층 유출, 고등교육의 정체라는 삼중고를 겪고 있는 나라에선 첨단산업 인력의 미스매치는 산업성장의 제약요인이자 구조적 저성장의 고착화 위험을 내포하고 있다.

감사원이 2024년 발표한 인력 수급전망에 따르면 2030년까지 디지털 분야는 91만 4천 명, 산업기술 17만 6천 명, 환경·바이오 23만 6천 명의 인력이 부족할 것으로 추정된다. 특히 AI, 블록체인, 이차전지, 시스템반도체 등 범용성이 높은 기술 분야는 국가산업 전체의 경쟁력에 직결되므로, 이 분야의 인력 공백은 단순한 일자리 미스매치를 넘어선 전략적 위기다.

양적 부족을 넘어서는 질적 미스매치 문제는 더욱 심각하다. 신입 인력의 기초역량 부족, 기업 수요와 대학 교육 간 괴리, 초급인력 과잉과 고급인력 부족의 이중구조 등 이다. 이는 단순한 수급 문제가 아니라, 산업구조 변화 속도와 교육·훈련 체계의 적응력 부재가 만들어낸 구조적 위기다.

양적 불균형과 질적 미충족의 이중 문제

오늘날 첨단기술 분야에서의 인재 부족은 단지 수급의 불균형만을 의미하지 않는다. 더 심각한 문제는 질적 미스매치이다. 이는 기업이 요구하는 기술적, 실무적 역량을 갖춘 인재의 부족을 뜻한다. 대표적으로 AI 분야의 경우, 대학원 석·박사 졸업생조차 기업이 요구하는 기초역량과 실무능력을 갖추지 못해 채용이 어려운 상황이 빈번히 발생하고 있다.

엘리먼트 AI가 2020년 기준으로 집계한 AI 인재 분포를 보면, 미국은 전체의 39.4%를 차지하고 있으며, 한국은 0.5%로 30개국 중 22위에 머물렀다. 이는 AI 관련 학술성과나 산업연계 프로젝트 경험이 상대적으로 부족하고, 연구개발 인프라나 교육 커리큘럼의 실질성이 떨어지기 때문으로 분석된다.

AI, 반도체, 이차전지 등 핵심기술 분야에서 한국의 인재경쟁력은 절대적 규모에서도, 질적 수준에서도 주요 선진국 대비 열위에 있다. 2019년 한국의 AI 논문 저자 수는 전 세계의 1.3% 수준에 불과했다. 2020년 AI 분야 전문인력 중 한국은 0.5%를 차지, 미국(39.4%)과 비교할 때 격차가 극심하다. 이차전지, 미래차 분야에서도 석박사급 연구인력 부족이 심각하다. 기업들은 국내에서 고급인재를 찾지 못해 해외 인재 영입에 나서고 있으며, 국내 주요 IT기업들도 베트남, 인도, 유럽에 연구거점을 확장하고 있다. 인재의 국내 수급 실패는 결국 산업 경쟁력 약화로 직결될 수밖에 없다.

산업 현장의 목소리: "전문인력이 없다"

현재 한국 산업현장에서 들려오는 목소리는 한결같다. "필요한 인재가 없다." 이는 단순한 구인난을 넘어, 국가산업 경쟁력의 뿌리인 전문·고급 인재 기반의 구조적 공백을 의미한다. 반도체 산업에서는 시스템 아키텍처 및 설계 전문인력이, 이차전지 기업에서는 전극·분리막 등 소재공정 최적화 기술자가, 인공지능(AI) 기업에서는 알고리즘 설계와 데이터 전처리 전문인력이 절대적으로 부족한 상황이다.

문제는 이러한 인력 부족이 단기간에 해결될 수 없는 수급의 비대칭 구조'로 고착되고 있다는 점이다. 한국의 대학·대학원 교육은 여전히 이론 중심이고, 산업현장과의 연계가 약하며, 정교한 직무기반 역량교육으로 연결되지 못하고 있다. 그 결과, 고급 인재들은 미국·유럽·일본·중국 등 주요 기술국가로 유출되고, 국내 기업들은 해외 R&D 센터 설립이나 공동연구소 구축을 통해 외국인 전문 인력을 직접 확보하는 방식으로 대응하고 있다. 예를 들어, 삼성전자는 미국 오스틴과 실리콘밸리, 현대차는 인도 방갈로르와 싱가포르에 R&D 거점을 운영 중이며, LG에너지솔루션은 폴란드와 베트남에 공동소재개발 연구소를 신설하고 있다.

이 같은 현실은 기술주권과 산업자립 측면에서 심각한 경고다. 인재 확보의 패권경쟁이 심화되는 시대에, 한국은 더 이상 내수 기반 양성만으로 대응할 수 없다. 산학연 협력형 고급인재 트랙의 제도화, 해외 전문인력의 국내 유치 인센티브 강화, 글로벌 석박사급 인재의 체류 및 정주 인프라 개선 등 전략적 정책 패키지가 필요하다. 단순히 기술인력 양성을 외치기보다, "어디서, 누가, 어떤 역량을 갖춘 사람을 필요로 하는가"에 대한 정밀한 인력 수급 매트릭스를 구축하고, 정부와 산업계, 교육기관이 공동으로 리빙랩 기반 인재 양성 플랫폼을 운영해야 한다. 지금이야말로 산업 경쟁력의 최전선에서 사람을 중심에 두는 국가전략이 절실하다.

대학교육의 산업불일치

한국의 대학 교육은 여전히 이론 중심, 주입식 강의, 정형화된 평가방식에 머물러 있으며, 빠르게 변화하는 산업 현장의 수요를 반영하지 못하고 있다. 4차 산업혁명이 요구하는 융합적 사고, 실험기반의 문제해결 능력, 팀 프로젝트와 디자인 사고 등은 일부 특화 학과나 기관에서만 제한적으로 시도되고 있을 뿐, 대학 교육 전반에 걸쳐 제도화되지 못하고 있다. 특히 산업체와의 협력은 단기 인턴십이나 산발적 산학프로젝트에 그쳐, 실제 산업에서 요구되는 실무형 역량과의 간극은 여전히 크다.

반면, 미국의 MIT, 스탠퍼드, UC버클리 등은 기업과 정규 커리큘럼을 공동 개발하고, 연구실습, 캡스톤 디자인, 장기 인턴십을 통해 이론과 실무의 연계를 제도화하고 있다. 교육은 곧 산업과의 접점이며, 학생은 졸업 전부터 직무 적응력을 갖추는 구조다. 미국은 이러한 실무 기반 고등교육을 국가전략의 핵심으로 삼고 있으며, 2021년 제정된 '미국혁신경쟁법(USICA)'을 통해 10대 핵심기술 분야(AI, 반도체, 양자과학, 바이오 등)에 약 290억 달러를 투자하고, 기술혁신국(NFT)을 중심으로 교육-산업-연구를 통합한 인재전략을 운영하고 있다.

한국은 과학기술원, AI대학원, 디지털인재양성 프로젝트 등 개별 기관 단위에서 인재 육성을 시도하고 있으나, 국가 차원의 산업별 인재 수급 로드맵이 부재하다는 점이 구조적 한계다. 예컨대 반도체 설계, AI 알고리즘, 로봇공학 등 산업별로 어떤 직무가 언제, 얼마나 필요한지를 예측하고, 해당 역량을 대학 교육과정에서 단계별로 축적할 수 있도록 정부-산업계-대학 간 공동설계체계가 마련되어야 한다. 지금은 단순히 대학을 혁신하는 문제가 아니라, 인재 주권을 지키기 위한 국가 전략의 문제다. 지속가능한 산업 성장은 결국, 제대로 된 사람을 제때, 제자리에 배치할 수 있는 교육 시스템에서 출발한다.

중장기 수요예측 실패가 만든 구인난과 구직난의 공존

한국의 인재양성 정책은 산업 변화의 속도와 방향을 따라가지 못하고 있다. 디지털 전환, 친환경 에너지, 바이오헬스, 인공지능 등 세계 경제가 구조적 전환을 겪고 있는 가운데, 한국은 여전히 과거 제조업 중심 통계자료에 근거한 사후적 수요예측에 의존하고 있다. 이러한 방식은 현재 진행 중인 산업의 질적 변화와 신기술의 융합 속도를 반영하지 못하며, 오히려 노동시장과 교육시장 간 정보의 비대칭성을 심화시키고 있다.

실제로 기업 현장은 전문성과 실무력을 갖춘 고급인재 부족을 호소하는 반면, 청년층은 졸업 후에도 직무 적합성이 낮아 양질의 일자리에 접근하지 못하고 있다. 이로 인해 구인난과 구직난이 동시에 존재하는 기형적 구조가 고착되고 있다. 이는 일시적 충돌이 아닌 구조적 정책 실패의 결과다. 반도체·AI·이차전지·로봇 등 핵심 산업에서 고용 가능한 인력의 공급이 수년째 부족한 반면, 인문사회계열 졸업생 다수는 공공기관, 교직, 행정직 등 제한된 경로에 몰리는 현상은 직무 수요와 교육 생산의 미스매치를 그대로 보여준다.

이러한 구조적 불일치를 해소하기 위해선 기존의 정태적 수요조사 방식을 탈피하고, 산업-교육 연동형 실시간 수요예측 체계를 구축해야 한다. 싱가포르의 스킬스퓨처(SkillsFuture), 독일의 예측형 직무지도(BIBB), 영국의 러닝앤워크인스티튜트(LWI) 등은 노동시장 정보를 AI 분석 및 산업계 참여 기반으로 실시간 반영하며, 미래 3~5년 단위 인력 수요에 대한 시뮬레이션 데이터를 교육정책과 직업훈련에 연계하고 있다.

한국도 산업 전환 속도에 연동된 인력 수급 예측 플랫폼, 신산업 중심의 직무별 표준 정비, 정부-산업계-대학의 데이터 공유 연계 시스템 구축이 시급하다. 과거 통계 기반의 후행적 수요예측으로는 미래 인재전쟁에서 살아남을 수 없다. 지금 필요한 것은, 변화의 속도를 선제적으로 읽고 인재양성의 방향을 리디자인하는 데이터 기반의 전략적 인재정책 전환이다. 인력은 투자 대상이 아니라, 산업을 움직이는 결정적 동력이다.

고급인력의 해외유출: 경고등이 켜진 국가경쟁력

이와 같은 미스매치는 국내 고급인력의 해외 이탈 현상으로도 이어지고 있다. 미국, 독일, 캐나다 등 선진국은 AI, 반도체, 바이오, 친환경 에너지 분야 인재를 대상으로 파격적 조건을 제시하며 적극적인 스카우트 전쟁을 벌이고 있다. 예를 들어, 독일 정부는 MINT(Mathe, Informatik, Naturwissenschaften, Technik) 인재 확보를 위해 이민절차를 대폭 간소화하고, 연구개발 인력에게 세제 혜택과 주거 지원을 제공하고 있다.

싱가포르 역시 SkillsFuture 프로그램을 통해 국민이 평생 동안 지속적으로 역량을 개발할 수 있도록 국가 차원에서 학습비용을 지원하고 있으며, 특히 첨단기술 분야에 특화된 SkillsFuture Mid-Career Pathways를 통해 40대 이상 인력도 신산업으로 전환할 수 있도록 적극 지원하고 있다. 반면, 한국은 고급 연구인력이나 엔지니어에게 충분한 성장기회와 보상체계를 제공하지 못해, 많은 인재들이 해외로 빠져나가는 상황을 막지 못하고 있다. 특히 반도체, AI, 우주항공 분야에서는 박사급 인력의 해외 유출이 가속화되고 있으며, 이는 국내 기술경쟁력 저하로 직결될 위험이 크다. 이 문제를 방치할 경우, 산업경쟁력은 물론 국가 미래성장 기반 자체가 위태로워질 수 있다.

이러한 문제를 해결하기 위해서는, 무엇보다 미래 수요 기반 예측 시스템 으로의 전환이 필요하다. 과거 데이터를 단순 투영하는 방식이 아니라, 빅데이터 분석, 인공지능 예측모델, 글로벌 트렌드 모니터링을 통해 5년, 10년 후 필요한 직무와 기술을 예측하고 이에 맞춰 인력 양성 체계를 선제적으로 설계해야 한다.

또한, 산업계, 학계, 정부 간의 트라이앵글 협력모델을 구축하여, 교육과 훈련 프로그램이 신속하고 유연하게 개편될 수 있도록 해야 한다. 이를 위해 각 부처의 칸막이를 허물고, 인재개발 거버넌스를 통합하는 것도 중요한 과제다. 나아가, 고급인력에 대해서는 단순한 채용 지원을 넘어, 연구개발 기회 확대, 경력 설계 지원, 글로벌 프로젝트 참여 등의 '성장경로 보장 패키지'를 제공함으로써 국내에 머무를 유인을 높여야 한다.

선진국의 대응전략: 산학연관 혁신 동맹

미국은 과학기술 글로벌 리더십 회복을 위해 막대한 투자와 구조적 개혁을 병행하고 있다. '미국혁신경쟁법'과 '반도체와 과학법'을 통해 기술 혁신과 인재 양성에 약 2,000억 달러를 투입하고 있다. 특히 미국 국립과학재단(NSF) 산하에 기술혁신국(TIP)을 신설해, 10대 핵심기술 분야를 중심으로 R&D와 인재 육성을 집중 지원하고 있다. 연방 STEM 교육 전략을 통해 소수자, 빈곤계층 대상 프로그램도 확대하며 포용적 인재 풀을 확보하고 있다.

독일은 고등교육기관(HAW)과 기업이 긴밀히 협력하여 이중직업훈련제도(Duales System)를 통해 실무형 인재를 양성한다. 학생들은 정규 교육과정과 병행해 기업에서 실제 프로젝트를 수행하며, 졸업 후 바로 산업현장에 투입 가능한 실무능력을 갖춘다. 특히 응용과학대학은 지역 산업계와 긴밀히 연계되어 산업수요에 맞춘 커리큘럼을 신속히 개편한다.

이스라엘은 군과 대학이 협력해 천재급 과학기술 인재를 조기에 발굴·양성하는 탈피오트 프로그램을 운영한다. 엄격한 선발과정과 실전 중심의 교육과정은 첨단 방위산업 및 스타트업 생태계 활성화에 결정적 기여를 했다. 이스라엘은 이를 통해 민간 ICT산업에서도 글로벌 경쟁력을 확보했다.

싱가포르는 성인 학습과 직업 전환을 위한 SkillsFuture 프로그램을 운영하며, 디지털 전환에 필요한 기술역량을 갖춘 인재를 양성하고 있다. TechSkills Accelerator(TeSA)는 ICT 분야 전문인력 양성을 위해 정부, 산업계, 교육기관이 함께 참여하는 플랫폼으로, 산업 수요에 따라 커리큘럼을 유연하게 조정하고 있다.

EU는 Horizon Europe 연구혁신 프로그램을 통해 과학기술 연구와 혁신인재 양성에 막대한 예산을 투입하고 있다. 유럽혁신기술연구소(EIT)는 기업, 대학, 연구소를 연결해 혁신지향적 교육과 창업 지원을 강화하고 있으며, 디지털 대전환에 맞춘 인재풀 확대를 적극 추진하고 있다.

산학연 협력의 전면적 재설계

산학연은 단순 수요-공급 관계를 넘어, 혁신적 인재를 공동으로 발굴하고 육성하는 파트너십으로 발전해야 한다. 기업은 단순 현장실습 제공을 넘어 커리큘럼 설계, 강의 참여, 프로젝트 멘토링에 적극 참여해야 하며, 대학은 산업 수요를 반영해 교육과정을 상시 개편해야 한다. 기초·전공 역량 강화를 목표로 이론과 실무를 통합한 교육과정을 설계해야 한다. AI, 반도체, 바이오, 이차전지 등 핵심 분야별 맞춤형 학위과정을 신설하고, 기업 프로젝트 기반 학습(PBL: Project-Based Learning)을 정규과정으로 편입해 실전 역량을 강화해야 한다.

서울·수도권 중심의 R&D 인프라를 탈피해, 주요 권역별로 특화된 R&D 허브와 인재 플랫폼을 조성해야 한다. 지역 대학과 연구기관, 기업이 함께 참여하는 공동연구·공동교육 체계를 구축해 지역별 산업특성에 맞는 고급인재를 육성할 필요가 있다. 산업별·기술별 미래 수요를 반영한 디지털 인력 국가로드맵을 수립하고, 이를 바탕으로 연도별 인재양성 목표와 투자계획을 체계화해야 한다. 특히 실시간 산업 수요 변화에 대응할 수 있는 동적 인재수급 예측 체계가 필요하다.

한국 대학교육은 첨단산업 인력 미스매치 해소에 있어 핵심적 역할을 담당해야 한다. 그러나 현재의 교육체계는 다음과 같은 문제를 안고 있다. 이론 중심의 파편화된 커리큘럼, 현장 실무 역량 배양 부족, 변화하는 기술 트렌드 반영 미흡, 기초학문(수학, 물리, 화학) 기반 교육 약화 등이 여전하다. 특히 AI, 반도체, 바이오, 이차전지 등 첨단기술 분야는 이론과 실무를 통합하는 심화형 교육이 필수적임에도 불구하고, 여전히 '강의+시험' 중심의 고전적 틀에 갇혀 있다.

스텐포드대학(Stanford University)은 창업·혁신 중심 커리큘럼(Stanford d.school)을 운영하며, 문제해결형 교육(PBL) 방식을 통해 학생들의 실무·창의역량을 강화하고 있다. 기업과 공동으로 Capstone Project를 진행해, 재학 중 현업 경험을 자연스럽게 쌓도록 유도한다. 독일 Fraunhofer Institute는 연구소-기업-대학이 삼각 협력체계를 구축해 학생들이 학부, 석사 과정에서부터 연구개발 프로젝트에 실질적으로 참여하도록 지원한다. 이는 고급 연구인력과 산업 인력을 동시에 육성하는 독일 특유의 강점으로 작동한다. 이러한 한국 대학교육이 이론과 실무의 이원구조를 탈피하고, 산학연 융합형 커리큘럼을 확립할 필요성을 시사한다.

한국의 고등교육기관과 직업훈련체계는 급변하는 산업 수요를 신속하게 반영하지 못하고 있다. 특히 이공계, 정보통신기술(ICT), 바이오 분야에서는 기업이 요구하는 실질적 실무능력과 대학이 제공하는 이론교육 사이의 간극이 매우 크다. 예컨대, 글로벌 ICT 기업들은 AI 엔지니어 채용 시 연구능력뿐 아니라, 특정 개발환경(예: AWS, TensorFlow)에서의 실전 프로젝트 경험을 중시한다. 그러나 국내 대학 커리큘럼은 여전히 전통적 이론 중심 교육에 머물러 있어, 졸업생들이 글로벌 시장에서 즉시 활용 가능한 역량을 갖추지 못하는 경우가 많다.

이와 대조적으로, 미국 스탠포드대학과 UC버클리 등은 산학연계를 통해 산업 현장에서 요구하는 최신 기술과 문제해결능력을 반영한 Problem-based Learning(PBL) 방식을 전폭적으로 도입하고 있으며, 졸업생들은 실질적 역량을 갖춘 상태로 산업 현장에 투입되고 있다.

한국도 산학협력 프로그램을 운영하고 있지만, 형식적 프로그램에 머무르는 경우가 많고, 기업이 실질적으로 원하는 기술과 과목 개편에 대학이 기민하게 대응하는 사례는 아직 드물다. 현재 한국은 기업과 대학, 연구소가 별도로 존재하는 수직적 인재양성 체계에 머물러 있다. 이제는 이를 허물고, 개방형 인재 플랫폼(Open Talent Platform) 구축이 필요하다. 다양한 전공과 경력, 국가를 아우르는 인재풀 관리, 프로젝트 기반 단기 실무교육 프로그램 운영, 기업-대학-연구소 공동 인증제 도입 등이 그 예이다. 특히 첨단산업 분야에서는 특정 기업만을 위한 인재 양성이 아니라, 국가적 수준의 개방형 혁신 생태계 구축이 필요하다. 미국 NSF, 유럽 EIT처럼 정부 주도하에 민간, 학계, 연구기관이 참여하는 통합 플랫폼이 마련되어야 한다. 또한 해외 고급기술 인재 유치를 위해 특화비자, 장기정착 지원, 가족 동반 혜택 등을 확대해야 한다. 국내 고급인재의 해외유출 방지와 함께, 글로벌 인재의 국내 정착을 장려하는 전략적 이민정책이 필수적이다.

국가경쟁력의 미래는 사람에 달려 있다

기술의 패권이 곧 국가의 패권을 결정짓는 시대, 핵심은 기술 그 자체가 아니라 그 기술을 구현하고 운용할 수 있는 사람, 곧 인재다. AI, 반도체, 바이오, 이차전지 등 전략 산업의 성패는 고도화된 장비나 자본

보다도, 현장과 연구를 넘나드는 실전형 인재 확보에 달려 있다. 그러나 인재는 하루아침에 양성되지 않는다. 교육-연구-산업이 긴 호흡의 연계성 위에 설계되고 운영될 때, 지속가능한 인재 생태계가 만들어질 수 있다. 지금 한국이 필요한 것은 개별 기관의 양성 노력이 아닌, 국가 차원의 패러다임 전환이다.

우선, 기업은 단순한 인력 수요자가 아니라 인재양성의 공동 생산자로 나서야 한다. 커리큘럼 공동 개발, 실무현장 기반 강의, 장기 인턴십 및 프로젝트 연계 교육, 졸업 후 Post-Training 프로그램 등은 단기 지원사업으로 그칠 것이 아니라, 제도화된 상설 교육모델로 전환되어야 한다. 반도체·AI·바이오 등 속도전 산업은 기술수명이 짧고, 응용력이 중요하기 때문에 대학의 독자적 교육설계는 한계에 부딪힐 수밖에 없다. 따라서 산업계와 대학이 공동설계-공동운영-공동평가하는 순환형 교육모델이 필수적이다. 이는 기업의 CSR이 아닌, 국가경쟁력의 투자로 인식되어야 한다.

더 나아가 정부는 산업별 인재로드맵을 수립하고, R&D 투자·세제혜택·직업훈련지원금 등 인센티브를 통합 제공하는 '국가 인재전략 패키지'를 조속히 구축해야 한다. 미국의 국가과학기술전략처럼 핵심 기술별로 인재양성 목표와 전략을 명시하고, 해당 분야의 교육기관, 연구기관, 산업계가 삼각협력체를 구성하도록 해야 한다. 이는 정책의 선제성과 통합성을 확보하기 위한 구조적 조건이다.

결국, 국가경쟁력의 미래는 기술이 아니라 사람에 달려 있다. 그리고 그 사람을 만들어내는 시스템이, 바로 교육과 산업이 맞닿는 구조다. 인재가 곧 국력이라는 말은 이제 선언이 아니라 정책의 기준이 되어야 하며, 그 기준에 맞는 실질적 실행이 바로 지금 필요한 국가전략이다. 지금은 인재양성의 질을 전환할 때다.

정부는 산업별 미래 직무지형 예측, 학과 구조 재편, 지역대학과의 연계 훈련 인프라 확대를 포함하는 '국가 인재지도'를 작성하고 이를 매년 업데이트해야 한다. 이는 AI·반도체·이차전지 등 국가전략산업뿐 아니라, 의료복지·기후대응·농생명과학 등 신성장 분야에서도 적용되어야 한다. 독일 BIBB(연방직업교육연구소)처럼 산업 변화 데이터를 바탕으로 직업 분류와 교육과정, 고용전망을 통합 관리하는 시스템이 한국에도 필요하다.

마지막으로, 대학이 사람을 키우고, 기업이 함께 성장시키는 국가 모델을 정착시켜야 한다. 이는 재정지원 확대만으로는 불가능하며, '공동설계·공동운영·공동책임'이라는 인재 생태계의 공동체적 거버넌스 구축이 핵심이다. 교육과 산업을 이분법적으로 나누는 패러다임에서 벗어나야 한다. 사람을 키우는 것이 기업경쟁력이고, 그것이 곧 국가경쟁력이라는 인식의 전환이 정책의 출발점이 되어야 한다.

한국이 기술의 종속자가 아니라 선도국가로 도약하기 위해서는, 지금 당장의 인재양성 패러다임을 바꾸는 정책적 용기와 실행의 리더십이 절실하다. 인재는 산업의 근육이 아니라, 산업을 이끄는 두뇌다. 그리고 그 두뇌는 오랜 시간, 교육과 실무가 함께 만든 결과다. 지금이 바로, 그 시스템을 다시 세워야 할 시간이다.

요약

첨단산업 분야에서 심화되고 있는 인력 미스매치는 단순한 수급 불균형이 아니라, 교육 시스템, 기업 요구, 글로벌 경쟁환경 간의 구조적 괴리에서 비롯된 것이다. 미국, EU 등 주요국은 산학연관 협력을 강화하고, 기초역량 중심의 혁신 교육체계를 마련하며, 사회적 포용성을 확대한 인재정책을 추진하고 있다. 한국도 ICT, 반도체, 이차전지 등 핵심분야에서 글로벌 수준의 질적 인재를 확보하기 위해 대학교육 혁신과 기업주도형 현장교육, 개방형 인재 플랫폼 구축에 나서야 한다. 미스매치 해소는 단순한 양적 확충이 아니라 질적 전환이며, 이를 통해 한국 산업의 미래 경쟁력을 담보해야 한다. 지금 필요한 것은 단발성 대책이 아니라, 산업과 교육을 함께 혁신하는 근본적 시스템 전환이다.

당신의 생각은?

1. 첨단산업 인재 미스매치 해소를 위해 대학교육은 어떻게 혁신되어야 하는가? 지금까지의 양적 팽창 중심 고등교육에서, 질적 심화와 산업현장 연계 중심 교육으로 어떻게 패러다임 전환을 이끌 수 있을 것인가? 기초학문 강화와 실용기술교육을 어떻게 균형있게 조화시킬 수 있을 것인가?
2. 산학연관 개방형 인재 플랫폼 구축을 위해 정부, 기업, 대학은 어떤 역할을 분담해야 하는가? 기존의 수직적 구조를 넘어, 각 주체가 인재양성의 공동주체로서 책임을 분담하고 협력하는 구조를 어떻게 설계할 것인가?

정책제언

1 산업별 맞춤형 산학연 융합 대학원 설립 지원

반도체, AI, 이차전지, 바이오 등 핵심 분야에 대해 대학-기업-연구기관이 공동 참여하는 융합형 대학원 설립을 지원해야 한다. 커리큘럼은 기업과 공동설계하고, 연구과정에서 산업현장 문제를 직접 해결하는 실습형 프로그램을 필수화할 필요가 있다.

2 개방형 ICT 인재 플랫폼 구축 및 글로벌 연계 강화

정부 주도로 ICT, 바이오, 이차전지 등 분야별 개방형 인재 플랫폼을 구축하고, 국내외 대학, 연구소, 기업 간 프로젝트 기반 인재 교류를 활성화해야 한다. 이를 통해 국내 인재의 질적 수준을 높이는 동시에 글로벌 수준의 인재네트워크를 확장할 수 있다.

3 기초학문(수학·물리 등) 강화형 대학 지원 프로그램 확대

AI, 반도체, 이차전지 등의 핵심기술은 기초학문의 탄탄한 기반 없이는 성장이 어렵다. 기초학문 전공자 양성 및 우수 연구자 확보를 위한 특별지원 프로그램을 마련하고, 기초학문 기반의 융합연구를 촉진하는 정책을 병행해야 한다.

4장

Z세대와 함께 다시 짜는 일터의 룰

Z세대의 부상과 인재전략의 재구성: 조직관리 패러다임 전환
청년 비정규직 증가와 문과생 전문직 선호 현상
기업의 HR(human resources) 패러다임의 변화와 공감채용 확산
HR Re-accumulation: 디지털 시대, 인재경영의 패러다임 대전환
조직문화의 Re-accumulation: 유연성, 포용성, 지속가능성을 향한 전환
리더십 Re-accumulation: 혼돈의 시대, 리더십의 재구성

한국 노동시장은 장시간 노동, 낮은 임금 만족도, 노동시장 이중구조 등의 복합 문제에 직면해 있다. 주 4일 근무제 도입 논의는 삶의 질 향상과 생산성 제고라는 기대 속에, 산업별 적용 가능성과 노동계·경영계의 우려가 교차하는 이슈다. 최저임금 결정체계는 단일 기준의 경직성과 사회적 합의 부족으로 반복되는 갈등을 낳고 있으며, 업종별·지역별 차등화 등 재구조화가 필요하다. 정부가 추진 중인 근로시간제도 개편은 유연성을 높이려는 시도지만, 과로사회 우려와 실질적 선택권 보장이 핵심 쟁점이다. 특히 포괄임금제는 임금의 투명성과 초과근로 보장 문제로 비판받고 있으며, 제도의 남용을 막기 위한 명확한 가이드라인과 근로시간 기록의 디지털화가 요구된다. 결국, 일의 시간을 조정하고 돈의 가치를 바로 세우는 것은 단순한 제도 변경이 아니라, 새로운 노동 철학과 사회적 합의를 설계하는 일이다.

Z세대의 부상과 인재전략의 재구성: 조직관리 패러다임 전환

Z세대의 노동시장 진입과 가치관의 구조적 전환

2020년대를 관통하는 노동시장과 조직운영의 가장 핵심적인 키워드는 Z세대의 진입이다. 1995년 이후 출생해 디지털 기술과 함께 성장한 이들은, 정보 탐색과 활용, 소통 방식, 가치 판단의 기준에 이르기까지 이전 세대와는 전혀 다른 패러다임을 형성하고 있다. Z세대는 단지 연령대의 구분이 아니라, 경제·사회·문화 전반에서 일과 삶을 바라보는 방식이 완전히 다른 집단으로 등장했다.

Z세대는 워라밸이라는 단어를 단순한 복지 개념이 아니라, 자기 정체성의 기준으로 삼는다. 조직에 속함보다는 연결됨을 중시하며, 피드백을 즉각적으로 원하고, 명확한 기준과 보상을 통해 동기부여를 느낀다. 이는 위계적이고 장기근속을 전제로 한 과거 조직문화와 충돌할 수밖에 없다. 이들은 고용안정보다 일의 의미를, 경력보다 기여도를 중시한다. 따라서 조직은 이들의 관점에 맞춰 채용, 배치, 평가, 승진, 개발 등 전 과정을 재설계해야 한다.

이러한 세대의식 변화는 글로벌 설문조사에서도 뚜렷하게 나타난다. 미국의 인재 플랫폼 레버(Lever)가 발표한 조사 결과에 따르면, Z세대 응답자의 42%는 "높은 급여보다 더 큰 의미를 줄 수 있는 조직"

을 선호한다고 답했으며, 어도비(Adobe)의 글로벌 직원 조사에서는 "업무 유연성이 보장된다면 동일한 급여라도 기꺼이 이직하겠다"고 답한 비율이 66%에 달했다.

Z세대 전문가인 제이슨 도시(Jason Dorsey)는 Z세대의 조직 관점을 다음과 같이 표현했다. "기성세대는 정체성을 아침 9시부터 오후 5시까지로 제한하지만, Z세대는 오히려 자신의 정체성이 직장 밖에서 시작된다고 믿는다." 이는 직무 자체보다는 삶의 일환으로서의 '일'을 이해하고자 하는 Z세대의 철학을 보여준다.

채용방식의 혁신—Right-Spec 채용과 기술기반 선발의 부상

Z세대는 기존의 고스펙(High-spec) 중심 채용방식과 본질적으로 충돌한다. 학벌, 기업명, 연차 등 전통적 평가 기준은 Z세대가 추구하는 경험기반 성장, 성과 중심의 인정과는 거리가 멀다. 이에 따라 채용시장에서도 적합한 스펙(Right-spec) 개념이 확산되고 있으며, 이력서보다 실제 직무능력과 실적을 중시하는 방향으로 채용방식이 변화하고 있다.

특히 테크 산업을 중심으로 포트폴리오, 코딩테스트, 프로젝트 사례 발표 등 실력 중심 선발이 보편화되고 있다. 이는 Z세대의 가치관과 기업의 효율성을 동시에 충족시킬 수 있는 채용모델로 자리잡아가고 있다. 실제로 미국의 스타트업이나 빅테크 기업들은 이력서 대신 깃허브(GitHub) 활동, 해커랭크(HackerRank) 성과를 주요 평가 지표로 활용하고 있으며, 한국의 네카라쿠배(네이버, 카카오, 라인, 쿠팡, 배달의민족)로 대표되는 IT기업들도 이를 적극적으로 도입하고 있다.

수시채용이 일반화되면서, 지원자 입장에서도 채용기회는 넓어졌지만, 기업에 대한 평가 기준은 더욱 까다로워졌다. 블라인드나 글라

스도어 같은 플랫폼을 통해 구직자들은 해당 기업의 연봉, 복지, 조직문화, 상사 유형 등을 실시간으로 확인하고, 오퍼를 비교해 의사결정한다. 이는 단순한 채용 브랜딩을 넘어 기업의 정체성이 채용성패를 가르는 시대가 도래했음을 의미한다.

조직문화의 유연화와 내부 브랜딩 전략

Z세대는 단지 조직에 속하는 것을 원하지 않는다. 이들은 조직과 연결되고 싶어 하며, 단순한 고용관계 이상의 정서적 유대감을 중시한다. 구성원으로서의 일원감은 기본이고, 자신이 몸담은 조직이 어떤 가치를 지향하며 사회에 어떤 긍정적 영향을 미치는지를 중요하게 생각한다. 이는 곧 개인의 정체성과 조직의 존재 목적이 맞닿아야 한다는 의미다.

이러한 세대적 특성은 기존의 위계 중심, 연공서열식 조직문화와 구조적으로 충돌할 수밖에 없다. 수직적 지시에 기반한 커뮤니케이션 방식, 연차 중심의 보상 체계, 제한적인 피드백 구조는 Z세대 구성원에게 소외감을 줄 수 있으며, 이는 곧 조직 몰입도 저하로 이어질 수 있다. 이에 따라 조직은 일하는 방식, 커뮤니케이션 구조, 의사결정 체계를 보다 수평적이고 유연하게 재구성할 필요가 있다.

이러한 전환의 핵심에는 내부 브랜딩 전략이 존재한다. 내부 브랜딩은 단순한 사내 슬로건이나 캠페인을 넘어서, 조직의 미션과 비전, 핵심가치를 구성원에게 진정성 있게 전달하고, 이들이 이를 체감하며 자발적으로 실천하도록 만드는 과정이다. 특히 Z세대는 상징적인 문구보다 조직이 실제로 사회적 책임을 어떻게 이행하고 있는지, ESG경영이나 지속가능성 전략이 단순한 홍보 차원을 넘어 행동으로 이어지는지를 예리하게 평가한다.

따라서 조직은 내부 커뮤니케이션을 강화하고, 다양한 참여형 프로그램을 통해 구성원들과의 쌍방향 대화를 확대해야 한다. 또한 조직의 방향성과 가치를 체화할 수 있는 경험 기반의 활동을 통해, 구성원들이 조직의 일부로서 참여하고 있다는 느낌을 받을 수 있도록 해야 한다. 이와 같은 문화적 유연성과 내적 정체성 강화는 궁극적으로 Z세대 구성원의 몰입과 자발적 성과 창출로 이어질 수 있다.

조직의 '유연성'은 구조가 아닌 '경험'의 문제

기존의 유연근무제는 주로 시간이나 장소에 초점이 맞춰져 있었다. 그러나 Z세대가 말하는 유연성은 물리적 차원을 넘는다. 이들에게 유연한 조직이란, 피드백이 열려 있고, 실수를 학습의 기회로 받아들이며, 경직된 보고체계를 넘어서 자유로운 협업과 소통이 가능한 구조를 뜻한다.

2024년 말, 글로벌 컨설팅사 맥킨지(McKinsey)는 "Z세대와 함께하는 조직문화 보고서"에서 다음과 같이 밝힌 바 있다. "Z세대는 심리적 안정감이 보장되는 환경에서 최고의 성과를 낼 수 있으며, 이를 위해서는 리더십의 수평화와 의사결정의 투명성이 핵심 요건으로 자리잡고 있다." 따라서 유연한 조직이 되기 위한 핵심 조건은 단순히 자율출퇴근이나 재택근무 같은 외형적 제도보다는, 수평적 커뮤니케이션과 참여 기반의 조직운영 방식이다.

내부 브랜딩: 직원이 곧 기업의 대변인이 되는 시대

Z세대가 조직에 합류하는 순간, 그들은 단순한 신입사원이 아닌 관찰자이자 콘텐츠 생산자로 기능한다. 사내 문화, 복지, 소통방식, 리더십

의 질까지 이들의 눈을 거쳐 실시간으로 외부에 공유되고 평가된다. 블라인드, 잡플래닛, 유튜브 숏폼 등 디지털 플랫폼은 이제 직원의 경험을 공식 커뮤니케이션 못지않은 채용 브랜딩 수단으로 바꾸어 놓았다. 그 결과, 기업은 더 이상 외부 마케팅이나 연봉 제안만으로 인재를 유치할 수 없는 시대를 맞고 있다. 직원이 곧 브랜드의 대변자이며, 채용의 성공 여부는 내부문화의 진정성에 달려 있다.

글로벌 호텔 체인 메리어트(Marriott)는 이 같은 변화를 감각적으로 활용한 사례다. 이들은 셰프 채용에 게임 요소를 도입하여, 지원자들이 가상의 요리 미션을 수행하는 방식으로 직무 역량은 물론, 브랜드 문화와의 적합도까지 자연스럽게 경험하도록 유도했다. 이른바 채용 과정 기반 브랜딩이다. 이는 단순히 재미를 유발하는 수단을 넘어, 기업의 가치와 문화를 투명하게 공유하고 그 자체를 매력적으로 느끼게 하는 전략이다.

국내 기업 중에서는 SK텔레콤이 메타버스를 활용한 가상 기업설명회를 선도적으로 운영하며 주목을 받았다. 지원자들은 아바타로 가상 사옥을 탐험하고, 실제 재직자와 대화하며 회사의 일하는 방식을 체험했다. 이는 단순한 정보전달이 아닌, 경험 중심의 신뢰 구축 방식으로 기업정체성을 전달한 사례다. 이러한 노력은 이제 선택이 아니라 필수가 되었다. 진정성 없는 외부 브랜딩은 내부 구성원의 한 마디로 무너질 수 있으며, 반대로 진정성 있는 내부문화는 자발적인 추천과 지지로 강력한 브랜드 자산이 될 수 있다.

결국, 내부 브랜딩의 핵심은 내부에서 외부로의 전환에 있다. 기업은 보여주기식 가치가 아닌, 일상적인 일터의 경험과 가치를 얼마나 정직하고 일관되게 전달하고 있느냐로 평가받는 시대에 진입했다. 조직문화 개선, 리더십 역량 강화, 피드백이 존중받는 시스템 구축 없이는 어떤 외부 마케팅도 지속성을 갖기 어렵다. 브랜드는 광고가 아니라, 내부에서 만들어지는 신뢰다. 그리고 그 신뢰는 구성원의 입을 통해 증명된다.

진정성(Authenticity)이 유일한 무기

Z세대는 기업을 선택할 때 '어디서 일할 것인가'보다 '왜 그곳에서 일해야 하는가'를 먼저 묻는다. 이들에게 중요한 것은 급여나 직무만이 아니다. 기후위기 대응에 대한 기업의 태도, CSR의 실질성, DEI(다양성·형평성·포용성) 정책의 실행 여부가 입사 결정의 기준이 되며, 이는 단지 이미지 관리 차원이 아니라 존재 이유(P에 대한 검증 과정이다. 다시 말해, Z세대에게 기업은 단순한 직장이 아니라, 가치를 실현하는 플랫폼이어야 한다.

이러한 흐름 속에서 글로벌 기업들은 내부 ESG 실천을 채용 브랜딩의 핵심 축으로 삼고 있다. 유니레버(Unilever)는 대표적인 사례다. 이들은 채용설명회에서 단순한 복지나 직무 안내보다, 플라스틱 감축 목표, 공급망의 지속가능성, 공정무역 파트너십 등 구체적이고 측정 가능한 ESG 정책을 전면에 내세운다. 이는 '당신이 이 조직에서 일하면, 어떤 사회적 가치를 함께 만들어갈 수 있는가'라는 메시지를 명확히 전달하는 방식이다. 마케팅이 아니라, 조직의 신념을 공유하는 진정성 있는 소통이다.

결국 Z세대와의 연결은 솔직한 조직문화와 의미 있는 경험 제공에서 출발한다. 연출된 홍보 영상이나 표면적인 캠페인보다 중요한 것은, 구성원이 실제로 느끼는 가치와 외부에 전달되는 메시지 간의 일치성이다. 진정성이 없는 ESG는 오히려 그린워싱이나 목적 세탁

(Purpose Washing)으로 지적받기 쉽고, 이로 인해 채용 브랜드에 타격을 입는 사례도 늘고 있다.

이제 기업은 선택해야 한다. 꾸며진 이야기로 잠시 눈길을 끌 것인가, 아니면 내부에서 우러난 경험과 실천으로 장기적 신뢰를 얻을 것인가. Z세대는 정직하지 않은 조직을 빠르게 감지하며, 진정한 가치와 맞닿은 경험에만 반응한다. 따라서 가장 강력한 채용 전략은 광고가 아니라, 일관된 실천과 구성원 경험 그 자체이다. 진정성은 포장할 수 없다. 그것은 살아 있는 문화로, 일하는 방식으로, 조직의 일상으로 체화될 때 비로소 신뢰를 낳는다. 그리고 그 신뢰가, 최고의 인재를 끌어당기는 진짜 힘이 된다.

커리어 개발과 온보딩—Z세대를 위한 설계 원칙

Z세대는 커리어를 하나의 고정된 경로가 아닌, 다양한 경험과 정체성 탐색의 여정으로 인식한다. 이들은 수직적 승진이나 연공서열 중심의 경력관보다, 횡적 이동과 다분야 경험을 통해 전문성과 개인적 만족을 동시에 추구한다. 따라서 기업이 이들을 유치하고 유지하기 위해서는 정형화된 경력경로 대신, 개인화된 커리어 설계(Personalized Path)를 제공해야 한다. 중요한 것은 일자리가 아니라 성장 가능성이며, 승진보다 중요한 것은 '내 안의 잠재력을 얼마나 실현할 수 있는가'다.

이와 관련해 대표적인 사례가 바로 구글의 맞춤형 커리어 포트폴리오 전략이다. 구글은 단일 직무와 위계 중심의 인사제도에서 벗어나, 직원이 자신의 기술과 관심 분야에 따라 기술 책임자, 제품 관리자, 연구개발, UX 설계 등 다방면으로 이동 가능한 커리어 경로를 제공한다. 예를 들어, 소프트웨어 엔지니어가 승진 대신 제품 기획이나 데이터 사이언스 분야로 이동해도 커리어 정체성을 인정받고, 그에 따른 보상과 성장기회를 지원받는 구조다. 이러한 유연한 내부 이동 시스템은 구성원으로 하여금 "떠나지 않고도 도전할 수 있다"는 감각을 제공하며, 실제로 이직률 감소와 내부 몰입도 향상에 기여하고 있다.

온보딩(onboarding) 과정에서도 Z세대를 위한 차별화가 필요하다. 이들은 단순한 업무 프로세스 학습이 아니라, 조직의 미션과 비전, 자기 성장과의 연결성을 중시한다. 효과적인 온보딩이란 첫 3개월 안에 "나는 이 조직에서 어떤 성장을 할 수 있을까?"라는 질문에 답할 수 있는 구조여야 한다.

궁극적으로 Z세대는 단지 직장을 갖기보다 의미 있는 경로를 설계하는 것에 집중하는 세대다. 기업은 그들이 조직 내에서 스스로의 미래를 그릴 수 있도록 도와야 하며, 그 길 위에 유연한 도전, 다양한 선택지, 성장 중심의 문화가 존재해야 한다. 커리어 개발은 이제 더 이상 인사부서의 기능이 아니라, 브랜드와 문화의 핵심 인프라가 되어야 할 시점이다. Z세대를 위한 조직은 곧, 누구나 자신의 '다음 경로'를 그릴 수 있는 무대를 제공하는 곳이어야 한다.

온보딩은 단기 적응이 아니라 연착륙 전략

수시채용이 일상화되면서 전통적인 대규모 공채의 집단 온보딩 효과는 빠르게 사라지고 있다. 동기라는 개념이 모호해진 지금, 입사 초기의 경험은 그 자체로 조직에 남을지를 결정짓는 핵심 요인이 되고 있다. 더 이상 온보딩은 단기 교육 프로그램이 아니라, Z세대 구성원이 안착하고 기여하며 성장하는 경험을 설계하는 장기적 전략이 되어야 한다.

실제로 한 대기업의 사례는 이 점을 단적으로 보여준다. 완전 자율좌석제 도입 이후, 신규 입사자들이 '내 자리가 없다'는 물리적 해체 경험과 '나의 역할이 불분명하다'는 정체성 혼란을 동시에 겪으며 조기 퇴사율이 증가했다. 물리적 공간조차 심리적 소속감 형성에 기여한다는 사실을 간과한 결과다. 이 사례는 입사 초기, 단순한 책상 하나가 아니라 조직 내 위치에 대한 명확한 경험이 얼마나 중요한지를 말해준다.

이에 따라 온보딩은 단순한 정보 전달을 넘어서는 경험 중심의 연착륙 전략으로 재편되어야 한다. 먼저, 신규 입사자가 조직에 기여하고 있다는 실감을 빠르게 느낄 수 있도록, 입사 초기에 1~3개월 단위의 프로젝트 기반 직무 과제를 배정하는 방식이 효과적이다. 이 과제는 단순한 연습이 아닌 실제 조직 운영에 실질적인 영향을 주는 업무로 구성되어야 하며, 결과물을 통해 성취감을 느낄 수 있도록 설계돼야 한다.

또한, 입사자 개인의 정착을 돕기 위해 1:1 멘토링 프로그램이 필요하다. 이는 단순한 업무 교육을 넘어서 직무 선배와의 정기적인 피드백 과정을 통해 조직문화에 대한 이해를 높이고, 심리적 안정감을 제공하는 역할을 한다. 이와 함께 입사자들 간의 소통을 장려하는 상시 커뮤니티를 운영해 감정 지지의 연결망을 형성하는 것도 중요하다. 입사 초기의 정보 과잉을 최소화하고 실질적인 몰입을 유도하기 위해서는, 디지털 온보딩 매뉴얼과 셀프러닝 플랫폼을 도입할 필요가 있다. 이는 단순히 규정과 시스템 사용법을 나열하는 데 그치지 않고, 체험형 콘텐츠를 통해 조직의 구조와 협업 문화 등을 실감 있게 학습할 수 있는 콘텐츠로 구성돼야 한다.

마지막으로, 입사자가 본인의 업무가 조직에 어떤 영향을 주고 있는지를 실시간으로 체감할 수 있도록 '기여 실감 설계'가 필요하다. 이를 위해 역량 대시보드나 퍼포먼스 트래커 등 시각화된 피드백 시스템을 구축함으로써, 개인의 노력과 성과가 조직 안에서 어떻게 반영되고 있는지를 직관적으로 보여줄 수 있어야 한다. 이러한 설계는 Z세대의 자기 효능감과 몰입도를 높이는 핵심적 장치가 될 것이다.

Z세대는 단순히 '회사에 다닌다'는 상태로 조직에 머물지 않는다. '내가 의미 있는 방식으로 기여하고 있는가, 그리고 나는 여기서 성장할 수 있는가'라는 주관적 체감이 곧 소속감으로 연결된다. 따라서 온보딩 전략은 이제 관계 중심, 피드백 중심, 경험 중심으로 구조화되어야 하며, 단순한 입사 교육을 넘어, 개인화된 경력 여정의 시작점이자 조직 문화의 실시간 체험 무대로 기능해야 한다.

요컨대 온보딩은 신입 직원 교육이 아니라, 조직과 사람 간의 신뢰를 축적하는 첫 번째 접점이다. 이 첫 인상이 흔들리면, 채용 비용은 물론 조직문화 전체의 신뢰 기반까지 무너질 수 있다. Z세대에게는 자리보다 의미가 중요하다. 그 의미를 설계하고 경험하게 하는 것, 그것이 바로 온보딩의 새로운 정의이자, 연착륙 전략의 본질이다.

리더십의 전환: 관리에서 조율로, 권한에서 관계로

Z세대의 조직 진입은 단지 세대교체가 아니라, 조직 리더십의 패러다임 자체를 근본적으로 변화시키고 있다. 과거의 리더십이 지시와 통제, 명령과 위계에 기반한 관리의 기술이었다면, 이제는 구성원 개개인의 자율성과 정체성을 존중하고, 상호적 관계와 정서적 공감 위에서 팀을 조율하는 리더십이 요구된다. 이는 단순히 부드러운 리더나 친절한 상사의 이미지가 아니라, 신뢰를 기반으로 한 투명한 소통과 정서적 안정, 공동의 방향성을 제시할 수 있는 촉진자형 리더십을 뜻한다.

글로벌 인재개발기관 ATD(Association for Talent Development)는 2024년 보고서를 통해 Z세대가 가장 이상적으로 여기는 상사의 특성으로 경청하는 자세, 즉각적이고 명확한 피드백, 자율적 업무 환경 설계 역량을 제시했다. 이는 단순한 의사결정권자나 실적 관리자보다, 심리적 안전과 업무 몰입을 설계할 수 있는 리더가 필요하다는 세대의 기대를 보여준다. 조직 내 리더는 이제 권위를 행사하는 존재가 아니라, 팀의 실행력을 높이는 관계의 디자이너이자 성장을 촉진하는 가이드(facilitator)로 재정의되어야 한다.

넷플릭스(Netflix)는 이러한 변화에 가장 적극적으로 대응하고 있는 기업 중 하나다. 이들은 리더 선발 기준에 있어 기술적 성취보다 협업 역량, 감정지능(EQ), 구성원 동기부여 능력을 핵심 지표로 반영하고 있으며, 팀원들이 직접 리더의 피드백 수신 태도나 정서적 리더십을 평가하는 시스템을 운영하고 있다. 팀 리더는 의사결정의 중심이 아니라, 공감의 중심에 서서 팀의 자율성과 몰입도를 끌어올리는 역할을 수행해야 한다는 조직적 합의가 제도화되어 있는 것이다.

결국, 리더십의 전환은 시대의 흐름이 아니라 생존의 조건이다. 관리자는 점점 자동화될 수 있지만, 사람을 이해하고 조율하는 리더는 대체할 수 없다. 지금 필요한 것은 명령보다 동기를 부여하고, 위계보다 관계를 설계하며, 지시보다 질문을 던지는 새로운 리더의 모습이다. 그리고 이 전환은 조직문화의 경쟁력을 좌우할 가장 중요한 축이 될 것이다.

협업 중심 거버넌스: 수평적 구조와 다세대 조직의 통합

Z세대가 추구하는 조직의 특징 중 하나는 수평성이다. 그러나 현실에서 수평적 구조는 단순히 직급 명칭을 없앤다고 실현되지 않는다. 진

정한 수평성은 의견 개진의 자유, 실패에 대한 관용, 역동적인 역할 이동이 가능해야 하며, 리더와 구성원이 서로 피드백을 주고받는 상호작용적 구조로부터 실현된다.

이와 관련해 주목할만한 사례가 있다. 스웨덴의 핀테크 기업 클라르나(Klarna)는 모든 프로젝트 팀을 스쿼드(squad) 형태로 구성하며, 매 6개월마다 구성원을 자율 배치한다. 이 구조 속에서 직원은 자신의 역량과 흥미에 따라 새로운 역할을 탐색할 수 있고, 리더는 팀 외부의 코치로 기능한다. 이는 자율성과 책임감을 동시에 부여하는 효과적 구조로 평가받는다.

다세대가 공존하는 현대 조직에서 이러한 구조는 필수다. MZ세대가 주축을 이루는 기업이라 하더라도, 조직의 상층부는 여전히 X세대나 베이비붐 세대가 차지하고 있는 경우가 많다. 이러한 세대 간의 관점 차이를 해소하기 위해서는 제도적인 교차학습 구조, 멘토-리버스 멘토링, 다세대 워크숍 등의 시도가 병행되어야 한다.

Z세대의 등장은 단순한 인력의 세대교체가 아니다. 이는 기업이 일하는 방식, 사람을 평가하는 기준, 조직의 존재 이유에 대해 본질적인 질문을 던지게 하는 전환의 계기다. 지금까지 조직은 인재를 발견하거나 선별하는 데 초점을 맞췄다면, 이제는 인재가 조직을 선택하고, 재정의하는 시대가 되었다.

이런 변화를 마주한 지금, 조직은 더 이상 이들을 변화시켜야 할 대상으로 보아서는 안 된다. 오히려 이들의 가치관을 존중하고, 함께 성장할 수 있는 플랫폼으로서의 정체성을 구축해야 한다. 유연하고 진정성 있는 조직이 미래를 견인할 수 있다. 그리고 그 변화는 이미, 우리의 문 앞에 도착해 있다.

요약

Z세대는 디지털 네이티브로서 기존 세대와 다른 가치관과 직업관을 지닌 세대로, 일의 의미와 자율성, 유연한 근무환경, 진정성 있는 조직문화를 중시한다. 이에 따라 기업은 수직적 구조와 위계 중심의 리더십 모델을 벗어나 유연하고 수평적인 조직 운영으로의 전환이 요구된다. 글로벌 선진기업들은 내부 이동성 강화, 개인화된 커리어 개발, 진정성 기반 브랜딩 전략을 통해 Z세대의 요구에 적극적으로 대응하고 있다. 수시채용과 온보딩, 커리어 설계, 리더십 운영까지 전 과정에서 Z세대 특성을 반영한 전략이 필수화되고 있다. 인재가 조직을 평가하고 선택하는 시대에, 조직은 단순한 고용주가 아닌 성장의 파트너로서 재정의되어야 한다.

당신의 생각은?

1. Z세대가 중심이 되는 시대, 기존의 위계적 리더십은 어떤 방식으로 재편되어야 하는가? 디지털 네이티브 세대에게 적합한 리더십은 어떤 요소를 포함해야 하며, 팀 내 신뢰와 자율성을 기반으로 한 수평적 리더십 모델은 조직성과에 어떤 영향을 줄 수 있을까?

2. 수시채용과 자율근무가 확산된 현실에서 신규 입사자들의 조직 몰입도를 높이기 위한 온보딩 전략은 어떻게 설계되어야 할까? 동기 없는 입사 환경에서 Z세대가 조직에 안정적으로 정착하도록 지원하기 위해 어떤 제도적, 문화적 장치가 필요할지 논의해보자.

정책제언

1 Z세대 조직문화 진단지표 개발 및 공시 제도 도입

Z세대의 가치관에 부합하는 조직문화를 측정할 수 있는 지표를 개발해 기업 스스로 자가진단하고 이를 외부에 공시하도록 유도해야 한다. 투명한 피드백 구조, 유연한 업무환경, DEI 실천도 등을 포함한 지표는 기업의 채용 브랜딩 및 조직 혁신을 동시에 촉진할 수 있다.

2 수시채용 시대에 적합한 온보딩 패키지 표준화 및 지원

초기 이직률을 낮추고 몰입도를 높이기 위해 부서별 맞춤형 온보딩 설계와 실습형 직무 교육, 디지털 멘토링 플랫폼 구축이 필요하다. 정부는 산업별 특성에 맞는 온보딩 콘텐츠와 운영모델을 개발해 민간 기업이 쉽게 도입할 수 있도록 인프라와 재정을 지원해야 한다.

3 직무 간 경력 이동성을 촉진하는 조직 설계 가이드라인 마련

Z세대는 획일적 승진보다는 다양한 커리어 경로를 선호하므로, 정부는 '내부 경력 이동성 시스템' 설계 기준을 제시하고 세제지원과 연계할 수 있어야 한다. 이는 고용유지 효과와 더불어 구성원의 조직 몰입도 향상, 인재의 장기적 성장에 기여할 수 있다.

청년 비정규직 증가와 문과생 전문직 선호 현상

청년 고용의 이중 위기: 불확실한 노동시장과 경직된 구조

현재 한국의 청년 고용은 양적 부족을 넘어 구조적 위기에 직면해 있다. 첫째는 산업과 고용 간의 구조적 미스매치다. 디지털 전환과 공급망 재편, 탈탄소화 및 기술집약 산업의 부상은 노동 수요의 중심을 빠르게 이동시키고 있다. 그러나 이 같은 전환은 산업현장의 실질적인 직무 재구성과 청년 인재의 역량 개발 사이에 괴리를 낳고 있다. 특히 반도체·AI·이차전지 등 전략산업은 높은 기술력과 숙련도를 요구하지만, 정작 청년층 다수가 진입하는 문과계열 전공에서는 이와 연결된 진로 경로가 현저히 부족하다. 이는 교육 시스템과 노동시장의 연결고리가 약화된 구조적 단면을 드러낸다.

둘째는 청년 개인의 진입장벽이다. 2023년 기준 통계청 자료에 따르면 청년(15~29세) 실업률은 7.2%로 전체 실업률(2.9%)의 두 배를 넘었다. 그러나 이보다 더 우려되는 것은 불완전고용(underemployment)의 급증이다. 같은 해 청년 고용자의 41.6%가 비정규직으로 집계되었으며, 이 중 상당수가 인턴, 계약직, 플랫폼노동, 단기근로 등으로 장기적 커리어 설계가 어려운 위치에 놓여 있다. 특히 인문사회계열 졸업자의 경우, 공무원 시험·전문직 시험 선호도가 높아지는 등 취업 자체보다는 준비의 대기 시간이 길어지고 있다는 점도 특이점이다. 이는 곧 실질적 경제활동 참가율을 떨어뜨리고, 청년층의 사회적 고립과 소득 격차를 심화시키는 요인이 되고 있다.

이에 대한 해법은 이중적 접근을 요구한다. 첫째, 직무기반 교육개혁과 청년 대상 직무전환 훈련의 대대적 확대가 필요하다. 독일의 듀얼 시스템, 일본의 직무중심 대학-기업 연계 모델처럼, 전공 중심이 아닌 직무 적합성에 기반한 실용적 경로 전환이 요구된다. 둘째, 청년을 위한 고용형태 다변화와 사회안전망 강화가 병행되어야 한다. 정규직 외의 다양한 경로(예: 디지털 프리랜서, 스타트업 창업, 사회적 기업 참여 등)에 제도적 안정성과 사회적 인정이 뒷받침될 때, 청년층의 경력 경로가 다층화될 수 있다. 지금 한국의 청년고용정책은 단기성과 지표 중심의 보완이 아니라, 고용구조와 교육시스템 전반의 재설계를 요구받고 있다.

대기업-중소기업 일자리 격차: 고용의 양극화

한국 노동시장의 고질적인 문제 중 하나는 일자리의 양극화다. 특히 고용 안정성과 임금 수준이 상대적으로 높은 대기업 일자리는 소수에게만 허용된 기회로 남아 있으며, 다수의 청년들은 중소기업이나 비정규직 일자리에 몰리고 있다. 한국개발연구원(KDI)에 따르면, 2021년 기준으로 250인 이상 대기업의 고용 비중은 한국이 13.9%로, 미국(57.6%), 프랑스(47.2%), 일본(40.9%) 등 주요국에 비해 현저히 낮다. 이는 청년층이 선호하는 '양질의 일자리'가 구조적으로 제한되어 있다는 것을 의미하며, 실제로 2024년 기준 청년층 10명 중 7명이 대기업,

공공기관, 전문직 등에 집중 지원하고 있다는 구직 플랫폼 통계도 이러한 선호 편중을 보여준다.

또한, 2016년부터 2023년까지 중소기업에서 약 253만 개의 일자리가 새로 생긴 반면, 대기업은 고작 29만 개의 일자리만을 추가하는 데 그쳤다. 중소기업 중심의 고용창출은 외형적으로는 긍정적인 수치이나, 그 대부분이 단기계약직, 파견직, 저임금 비정규직 형태라는 데에 구조적 문제가 있다. 중소기업의 이직률은 연평균 30%를 넘는 경우도 흔하며, 청년층의 중소기업 평균 근속 연수는 1.8년에 불과하다. 특히 2023년 기준 청년 비정규직 근로자의 정규직 전환율은 3년 내 약 33%로, OECD 평균 52%에 한참 못 미친다. 이는 청년들이 안정적인 커리어를 설계하기 어려운 구조적 장벽이 됨과 동시에, 중소기업 자체의 성장성과 생산성에도 악영향을 미치고 있다.

이러한 고용 양극화 문제는 단순한 기업 크기의 문제가 아니라, 기업 간 임금·복지·근로환경 격차를 구조적으로 줄일 수 있는 시스템 혁신이 필요하다는 점을 시사한다. 정부는 중소기업의 임금 지원, 직무훈련, 인력 매칭 지원을 강화하면서, 대기업과 중소기업 간 인력교류·공동채용 모델, 지역 혁신클러스터 기반 청년 고용 협약 등을 확대할 필요가 있다. 또한 중소기업이 단순한 하청기업이 아니라 독자적 기술과 브랜드를 갖춘 강소기업으로 성장할 수 있도록 하는 산업정책과 고용정책의 연계가 중요하다. 일자리의 총량보다 기회의 질적 격차를 줄이는 것이야말로 청년 고용문제 해소의 핵심 열쇠다.

문과생의 이탈과 전문직 쏠림: '지연된 경쟁'의 구조적 역설

디지털 중심의 산업재편 속에서 문과계열 졸업생들의 노동시장 이탈 현상이 뚜렷해지고 있다. 특히 문과 전공자들은 전공 불일치와 고용 미스매치, 낮은 임금 기대치라는 삼중고 속에서 생존 전략으로 전문직 시험에 몰리고 있다. 2024학년도 기준 법학전문대학원(로스쿨)의 평균 경쟁률은 10.3:1에 달했고, 공인회계사(CPA) 시험 응시자는 5년 연속 증가하여 4만 명을 넘었다. 이는 단지 특정 직업군에 대한 선호를 넘어, 안정적인 경력을 구축하기 어려운 문과계열 청년들이 노동시장 진입을 유예하고, 시험이라는 필터를 통해 새로운 자격 기반 고용 경로를 모색하는 것으로 볼 수 있다.

그러나 이와 같은 경향은 고용 구조를 경쟁의 지연으로 왜곡시키고, 교육자산이 적은 계층에게는 더 큰 장벽이 된다. 로스쿨, 회계사, 세무사 등 전문직 시험은 평균 2~3년의 준비 기간과 연간 수백만 원에 달하는 학습 비용이 필요하다. 결과적으로 고소득 가정 출신이 더 유리한 구조가 고착되고, 자산이 없는 청년들은 재도전조차 어려운 이중의 위기에 처하게 된다. 2023년 기준 로스쿨 졸업생의 취업률은 78.5%로 높지만, 이 중 상당수가 계약직이나 법률 보조업무에 머무르고 있으며, 실질적 전문직 종사자 전환율은 여전히 낮다. 고시형 시험의 진입 허들은 높아진 반면, 탈락자에 대한 재흡수 통로는 빈약해, 수많은 청년들이 노동시장 밖 경력 공백의 시간을 감내해야 하는 구조가 이어지고 있다.

궁극적으로 문과계열 청년 고용 문제는 시험제도 확대나 전문직 트랙 양산으로는 해결될 수 없다. 오히려 문과 역량의 확장성과 사회적 수요에 기반한 직무 전환 시스템이 필요하다. 예컨대 해외에서는 인문사회 전공자의 데이터 기반 정책분석가(Data Policy Analyst), 문화기획자, ESG 전문가 등으로의 전환이 활발히 이루어지고 있다. 한국도 마찬가지로 문과 전공자 대상 디지털 전환 교육, 직무 융합형 훈련 프로그램, 공공·민간부문 협력 인턴십 확대 등을 통해 문과 전공의 사회적 번역과 직무 재정의에 나서야 한다. 시험으로 몰리는 문과생들의 에너지가 지연된 경쟁이 아닌 확장된 선택으로 전환될 수 있도록 하는 구조적 리디자인이 지금 요구된다.

이공계 중심 디지털 전환의 가속과 문과생의 배제

디지털 전환은 한국 노동시장 전반에 중대한 지각변동을 일으키고 있다. 한국고용정보원에 따르면, 데이터 분석, 인공지능(AI), 클라우드 인프라, 사이버 보안 등 디지털 기반 직종의 연평균 고용 성장률은 2023년 기준 9.8%에 달한다. 특히 4차 산업혁명 기술 기반 직무는 상대적으로 고임금과 고용안정성을 보장받고 있어 청년층에게 유망한 경로로 간주되고 있다. 그러나 이와 같은 산업구조 변화는 이공계 중심의 고용 편중을 심화시키며, 문과계열 졸업생들에게는 새로운 형태의 배제를 야기하고 있다. 기술 중심 채용 기준과 전공 필터링은 디지털 전환의 수혜 범위를 제한하며, 고용 불균형을 재생산하고 있다.

문제는 이러한 현상이 단순한 전공 불일치가 아니라 노동시장 진입구조 자체의 디지털 편향성으로 이어진다는 데 있다. 디지털 역량이 곧 생산성으로 환산되는 시대에, 문과계열 졸업자들은 역량 증명 기회조차 제한된다. 이들은 실제 업무에서 충분히 학습과 적응을 통해 역할 수행이 가능함에도 불구하고, 채용 과정에서 배제되거나 사전 요건을 충족시키지 못해 탈락하는 경우가 많다. 결국, 청년 문과생은 두 갈래의 벽 앞에 선다. 하나는 진입이 어려운 디지털 일자리, 다른 하나는 불안정 고용이나 장기 시험 준비라는 우회로다. 이중의 고용불안은 구조적 자산 양극화와 맞물려 계층 간 격차까지 심화시키고 있다.

이러한 문제를 해결하기 위해선 문과계열 청년을 위한 디지털 연계 직무전환 프로그램의 체계화가 시급하다. 유럽연합(EU)의 디지털 기초역량 인증(DSC) 제도, 일본의 인문사회계 중심 DX 리스킬링 과정, 영국의 퓨처잡 아카데미처럼 문과 전공자의 디지털 수용 능력을 제고하는 브릿지 프로그램이 필요하다. 특히 데이터 리터러시, 디지털 마케팅, 정책분석, ESG 정보 관리 등 문과적 사고력과 디지털 기술이 융합되는 분야는 문과생에게 새로운 기회가 될 수 있다. 이제는 문과생의 배제를 논하기보다는, 문과생을 위한 전환과 연결의 정책적 설계가 필요한 시점이다. 노동시장은 기술이 지배하는 것이 아니라, 기술과 사람이 함께 성장할 수 있는 구조를 갖출 때 비로소 지속가능해질 수 있다.

디지털 문해력 확보를 위한 제도적 실험과 시사점

문과계열 청년의 구조적 배제 문제를 극복하기 위해 정부와 기업이 추진하는 디지털 문해력 제고 프로그램이 주목받고 있다. 삼성 청년 SW 아카데미(SSAFY), LG AI 아카데미, 네이버 부스트캠프, 카카오 멀티캠퍼스 등 국내 주요 기업이 주도하는 디지털 훈련 프로그램은 기술교육의 문턱을 낮추고 다양한 전공자에게 기회를 확대하고 있다. 특히 SSAFY는 2024년 기준 수강생의 20%가 문과계열 출신이며, 수료생의 평균 초임은 4,200만 원으로, 문과계열 일반 졸업생의 평균 초봉인 3,100만 원을 크게 상회한다. 이는 문과생도 적절한 훈련을 통해 충분히 디지털 기반 직무에 진입하고 성과를 낼 수 있다는 실증적 근거를 제공한다.

이러한 성과는 디지털 문해력을 좁은 의미의 코딩 능력이나 기술 숙련이 아니라, 문제 해결력, 데이터 해석, 협업 중심의 문과적 소통역량과의 융합으로 정의할 수 있음을 시사한다. 실제로 북유럽 국가들은 문과생의 디지털 진입을 정책적으로 설계해 성과를 내고 있다. 스웨덴의 스포티파이는 인문학 전공자를 위한 전용 코딩 부트캠프를 운영하고 있으며, 덴마크는 국가 차원의 '디지털 이해력 훈련 이니셔티브'를 통해 문과 출신 청년들이 데이터 분석, UX디자인, 디지털 커뮤니케이션 등의 직무로 진입할 수 있도록 지원하고 있다. 핀란드는 사회과학 전공자 대상 디지털 공공정책 분석 과정(Digital Public Policy Track)을 운영 중이며, 해당 프로그램의 취업률은 85%에 달한다.

한국 역시 이같은 해외 사례를 참고해 전공 불문 디지털 역량인증제 도입, 대학 내 전공융합 트랙 신설, 공공부문 디지털 직무 트레이닝 강화와 같은 제도적 실험을 확대할 필요가 있다. 특히 청년고용정책은 직무 수요에만 맞출 것이 아니라, 공급 주체의 학습 가능성과 직무 전환 의지를 제도적으로 끌어낼 수 있는 유연한 설계를 지향해야 한다. 문과생의 디지털 직무 진입은 단지 고용의 문제를 넘어서, 기술과 인간 중심 가치가 조화를 이루는 미래 노동시장 구조를 설계하는 데 중요한 열쇠가 될 수 있다.

대기업 중심 고용구조의 한계와 중소기업 혁신

대기업은 오랫동안 한국 청년 고용시장의 꿈의 직장으로 여겨져 왔지만, 그 구조적 수용능력에는 명확한 한계가 있다. 2024년 기준 삼성전자의 신입 채용 비중은 전체 채용의 42%로, 5년 전보다 15%포인트 감소했으며, 이는 경력직 중심의 인력 운용 방식이 강화되고 있음을 보여준다. 디지털 전환과 글로벌 경쟁 심화 속에서 대기업은 더 이상 대규모 신규 채용을 통해 청년 고용을 견인하기 어려운 구조다. 동시에

이로 인해 청년들의 대기업 쏠림 현상이 심화되면서, 중소기업은 구조적인 구인난과 인력 유출의 이중고를 겪고 있다.

이러한 구조를 전환하기 위해서는 중소기업의 고용 질 혁신과 성장 잠재력 발굴이 병행되어야 한다. 독일은 '히든 챔피언'으로 불리는 기술 강소기업 중심의 산업 생태계를 바탕으로, 중소기업에서도 청년층이 선호하는 안정적이고 발전적인 일자리를 제공하고 있다. 바이엘레버쿠젠에 위치한 마커도르(Markodur)사는 직원 수 300명 규모의 중소기업이지만, 자체 디지털 직무 전환 교육 프로그램을 운영하며 매년 청년 50명 이상을 정규직으로 채용하고 있다. 이는 단순한 일자리 제공을 넘어 직무 전환 가능성과 경력 성장성을 내포한 고용 경로의 전형적 사례로 주목받는다.

한국도 이러한 사례를 벤치마킹해서 스타트업, 기술벤처, 강소기업을 중심으로 한 청년 채용 연계형 훈련 프로그램을 전략적으로 확대해야 한다. 특히 산업통상자원부, 고용노동부, 중소벤처기업부 등 부처 간 협업을 통해 지역 거점 기반의 청년 고용특구를 조성하고, 정주여건(기숙사·주거비 지원), 직무 매칭 훈련, 청년-기업 간 인센티브 기반 장기근속 설계가 통합된 3단계 모델을 추진할 필요가 있다. 고용정책의 축을 대기업에서 다핵화된 중소기업 중심으로 이행하는 것은 단순한 수단이 아니라, 청년 고용의 포트폴리오를 재구성하고 미래형 산업생태계로 이행하기 위한 전략적 전환이다.

청년 고용 문제는 구조적 전환의 과제이다

현재 한국의 청년 고용 문제는 일시적 경기 침체나 개인 능력 부족의 문제가 아니다. 이는 산업구조의 디지털 전환, 대기업 중심의 채용 구조, 직무-전공 간 괴리, 그리고 중소기업의 고용 여건 악화 등이 복합적으로 얽힌 고용 생태계 전반의 구조적 병목 현상이다. 특히 문과계열 졸업생의 전문직 시험 쏠림 현상은 직무 매칭 실패와 불안정한 고용 환경이 맞물린 결과로, 노동시장 내부의 흡수력이 제한되어 있다는 방증이기도 하다. 단기적 처방으로는 해소될 수 없는 이중구조적 문제다.

따라서 해법 또한 다층적이고 전방위적이어야 한다. 첫째, 대기업 중심의 고용 정책을 다핵화된 생태계 기반으로 전환해야 한다. 글로벌 경쟁력 강화라는 이름으로 경력 중심 채용이 확대되는 상황에서, 중소·중견기업, 스타트업, 기술벤처 등을 기반으로 한 양질의 일자리 창출이 핵심이 되어야 한다. 둘째, 중소기업의 고용 질 개선이 동반되어야 한다. 단순한 채용 장려금보다는 직무 기반 훈련, 장기근속 인센티브, 정주환경 개선 등 생애주기 관점에서 청년의 정착 가능한 일자리를 설계해야 한다. 셋째, 디지털 문해력 훈련의 기회 균등화가 절실하다. 기술편향적 전환이 문과생을 구조적으로 배제하지 않도록, 인문사회 전공자를 위한 디지털 브릿지 프로그램과 융합형 직무 설계가 필요하다.

청년은 단지 준비되지 않은 인력이 아니라, 기존 시스템이 포괄하지 못한 미래 주체이다. 이들을 노동시장 밖의 존재로 치부하는 것이 아니라, 고용구조 전환의 중심에 세우는 전략이 필요하다. 청년 고용의 회복은 한국 사회의 성장, 분배, 연대의 지속가능성을 좌우하는 핵심 과제이며, 따라서 이는 단지 청년정책이 아니라 국가전략으로서의 구조개혁이어야 한다. 지금 필요한 것은 수요와 공급의 단순한 균형이 아니라, 고용 생태계의 근본적인 리디자인이다.

요약

청년 고용시장은 비정규직 증가와 대기업 일자리 부족이라는 이중 위기를 겪고 있으며, 특히 문과계열 졸업자들의 전문직 시험 쏠림 현상이 뚜렷하다. 디지털 전환 속에서 문과생들은 직무 적응에 어려움을 겪고 있으나, 정부와 기업의 재교육 프로그램이 일부 성과를 내고 있다. 한국의 대기업 일자리 비중은 OECD 최하위로, 중소기업의 질 개선과 유망 스타트업 발굴이 핵심 과제로 부상한다. 스웨덴, 일본 등 선진국 사례는 문과생의 디지털 적응 가능성을 보여준다. 청년 고용 불안정 문제는 구조적 개혁을 통한 종합 대응이 필요하다.

당신의 생각은?

1. 문과계열 졸업자의 디지털 직무 적응을 위한 직무 재설계는 어떻게 가능할까?
2. 대기업 중심 일자리 구조에서 벗어나 중소기업의 고용 질을 높이기 위한 실질적 정책은 무엇이어야 하는가?

정책제언

1 청년 디지털 전환 교육의 전공 맞춤형 확대

SSAFY, 부스트캠프 등의 프로그램을 전국 확대하고, 문과계열 전공자 맞춤형 직무 교육과 디지털 융합과정을 개설해야 한다. 이를 통해 직무 전환의 진입장벽을 낮추고, 교육과 고용을 연결하는 통합 시스템을 구축할 수 있다.

2 청년고용 연계형 중소기업 성장지원 패키지 도입

기술력과 성장성이 있는 중소기업을 대상으로 채용-훈련-정주 프로그램을 일괄 지원하고, 청년 정규직 채용 시 세제 혜택과 금융지원, 연구개발(R&D) 인센티브를 연계하여 고용의 질을 높이는 유인구조를 제공해야 한다.

3 문과계 청년 대상 '직무재설계형 전문직 연계 모델' 구축

회계, 법무, HR, 콘텐츠, 정책기획 등 문과 기반 고부가가치 직무를 대상으로 디지털 도구를 접목한 신직무군을 정의하고, 이와 관련된 마이크로디그리 및 직무 인증제도를 국가 차원에서 지원해야 한다. 이는 전통적 전문직 쏠림 현상을 완화하고, 문과계열 청년의 새로운 역할을 창출하는 기반이 된다.

기업의 HR human resources 패러다임의 변화와 공감채용 확산

저성장의 일상화와 구직시장 패러다임의 흔들림

지금의 한국 경제는 저성장의 고착화 속에서 뚜렷한 고용 불안정 국면에 직면하고 있다. 러시아-우크라이나 전쟁 장기화, 미중 무역갈등의 고정화, 중동 정세 불안정은 세계 공급망을 지속적으로 압박하고 있으며, 수출 의존도가 높은 한국 경제에 타격을 주고 있다. 산업통상자원부에 따르면 2025년 4월 수출은 전년 동월 대비 3.2% 감소했으며, 반도체와 자동차부품 등 주력 제조업 수출 부진으로 인해 제조업 취업자 수는 1년 전보다 9만7천 명 감소했다. 이는 4개월 연속 감소세로, 실물 경제 위축이 고용시장에 구조적인 악영향을 미치고 있음을 보여준다.

특히 청년층의 고용 상황은 더욱 심각하다. 통계청에 따르면 2025년 4월 기준 비경제활동인구 중 '쉬었음'으로 분류된 20대는 38만6천 명, 30대는 27만4천 명으로 총 66만 명에 달한다. 이는 같은 기간 40·50대의 '쉬었음' 인구인 61만3천 명을 처음으로 넘어선 수치다. 청년층이 구직을 포기하거나 일시적으로 노동시장 바깥에 머무는 비율이 높아지고 있으며, 이는 단순히 경기 불황에 따른 일시적 현상이 아니라 노동시장 진입 자체의 제도적·구조적 장애를 시사한다.

결국 문제는 일자리 부족만이 아니라, 기존의 직무 설계·채용 관행·산업구조 전반이 청년세대의 진입을 어렵게 만들고 있다는 데 있다. 디지털 전환과 산업의 자동화가 가속화되면서 전통적 일자리는 줄고, 새롭게 요구되는 역량과 직무는 청년들에게 충분히 안내되거나 준비되지 않은 채 고립되고 있다. 이제 청년 고용정책은 단순한 일자리 창출이 아니라, 노동시장 진입 경로의 재설계, 생애 첫 직무 경험의 보장, 그리고 직무 기반 교육·훈련과 사회적 디딤돌 정책의 통합적 접근이 요구되는 시점이다. 노동시장 패러다임 자체가 전환되고 있는 이 시기, 정부와 기업은 청년을 미래의 주체로 인정하는 구조적 해법을 마련해야 한다.

HR관리의 지각변동: 고정된 직무에서 유연한 임무로

기업의 인사관리(HR)는 단순한 인력 운영이 아닌 전략적 전환의 중심축으로 자리잡고 있다. 글로벌 HR 컨설팅사 머서(Mercer)의 최근 보고서에 따르면, 향후 5년 내 기업이 보유한 직무(job) 중 42%는 재정의가 필요하며, 약 53%는 아예 소멸할 것으로 전망된다. 이는 단지 디지털 전환이나 자동화 기술의 확산 때문만이 아니다. 일(work)의 본질, 즉 일의 의미와 일하는 방식 자체가 총체적으로 바뀌고 있다는 점에서 HR관리의 지각변동은 보다 근본적이다.

과거에는 직무기술서에 기반한 고정된 역할과 책임이 중심이었고, 인재 역시 해당 직무에 맞는 스펙을 중심으로 평가되었다. 그러나 오늘날의 HR 전략은 스킬 클러스터(skill clusters)와 임무 기반 과업(assignment-based task) 중심으로 재편되고 있다. 예컨대 프로젝트 중심의 유연한 조직 운영, 크로스 펑셔널 협업(Cross-functional collaboration), 빠른 학습과 회복탄력성(resilience)을 갖춘 인재가 기업의 핵심 경쟁력이 되고 있다. 이는 고정된 직무가 아닌, 다양한 문제 해결에 투입 가능한 적응형 인재(adaptive talent)를 중심으로 한 운영 모델이 부상하고 있음을 보여준다.

이러한 흐름은 HR의 본질적 변화를 의미한다. 기업은 이제 더 이상 정해진 인력을 뽑는 것이 아니라, 확장 가능한 잠재력을 발굴하는 방식으로 채용과 인재개발 전략을 전환하고 있다. 바로 이러한 철학에서 등장한 것이 공감채용(empathy recruitment)이다. 이는 단순히 이력서를 보는 것이 아니라, 지원자의 삶과 성장 스토리, 협업 능력, 학습의지에 주목하는 채용 철학이다. 앞으로의 HR은 직무 적합성보다 미래 기여 가능성에 기반하여 인재를 바라보는 시대로 전환되고 있으며, 그 중심에는 유연성과 공감, 그리고 조직의 가치 정렬이 자리하고 있다.

MZ세대와 인재 관리의 방향성 전환

2025년 한국의 경제활동인구 중 MZ세대(1980년대 이후 출생)의 비중은 45%를 넘어섰으며, 이들은 노동시장과 조직문화에 새로운 기준을 제시하고 있다. 디지털 네이티브이자 자기주도적 성향이 강한 이 세대는 단순한 생계수단으로서의 직업을 넘어서, 일과 삶의 의미적 연결을 추구한다. 이들은 “내가 일하는 조직이 나의 가치와 정체성에 어떤 의미를 부여하는가”를 중심에 둔 판단을 내리며, 이는 고용관계에 대한 기존 관점을 근본적으로 흔들고 있다.

2024년 한국고용정보원의 청년취업실태조사에 따르면 20~30대 구직자의 73.2%가 “조직의 문화와 가치가 나의 삶과 맞아야 지원하겠다”고 응답했다. 이는 단순히 좋은 일자리를 넘어서 함께하고 싶은 조직을 지향한다는 변화의 신호탄이다. 급여, 복지, 고용안정성과 같은 전통적 기준이 여전히 중요하긴 하지만, 정체성과 일의 의미라는 정성적 요소가 결정적 변수로 부상하고 있다. 이로 인해 기업의 인사 전략은 관리가 아닌 공감, 지시가 아닌 연결을 중심으로 재구조화되고 있다.

결국 기업에게 요구되는 것은 '일하고 싶은 조직'으로서의 브랜드, 즉 고용자 브랜딩(employer branding)의 강화이다. 이는 단순한 채용 공고나 복지 항목을 넘어, 조직이 어떤 가치를 추구하며, 직원과의 관계에서 어떤 문화를 형성하고 있는지에 대한 종합적인 메시지를 의미한다. 공감채용(empathy-based recruitment)은 바로 이런 브랜드 전략의 실천적 기제이다. 지원자의 입장에서 조직을 이해하고, 그들의 삶의 맥락에 맞는 채용 설계와 커뮤니케이션을 구축하는 것이야말로, 미래의 인재 확보와 조직 경쟁력의 핵심이 될 것이다. MZ세대가 주도하는 이 변화는 HR의 미래가 '성장의 관리'가 아닌 '가치의 동행'이라는 방향으로 전환되고 있음을 보여준다.

공감채용이란 무엇인가?

공감채용은 단순한 절차적 공정성을 넘어, 지원자의 심리와 경험을 중심에 두는 채용 전략이다. 이는 채용 과정 전반을 구직자의 입장에서 재설계하고, 정보의 투명성과 정서적 상호작용을 통해 기업-지원자 간의 사회적 적합도(social matching)를 높이려는 노력이자, 궁극적으로는 고용 브랜딩의 일환이다. 공정한 평가 도구 제공, 결과 피드백, 정보 접근성 향상 등은 이 전략의 기반 요소이며, 구직자와 기업이 서로를 납득하고 신뢰할 수 있는 채용 환경을 조성하는 데 초점이 맞춰진다.

글로벌 모범 사례 중 하나로 일본 리크루트홀딩스를 들 수 있다. 이 회사는 모든 채용 과정에서 자기평가 및 기업평가 결과를 지원자와 공유하고, AI 면접 분석 결과 역시 간단한 피드백 형식으로 제공한다. 이를 통해 지원자는 자신의 장단점을 객관적으로 파악하고, 불합격이라는 결과에도 조직에 대한 긍정적 인식을 유지할 수 있게 된다. 즉, "지원 경험 자체가 성장의 기회였다"는 감정이 기업에 대한 충성도로 전환되는 구조다.

한국에서도 공감채용의 흐름이 확산되고 있다. 대표적으로 삼성전자는 직무 중심의 블라인드 면접을 확대하는 한편, 탈락자에게도 간단한 역량 진단형 피드백을 제공하는 시범 프로그램을 도입했다. 이로 인해 불합격 이후에도 지원자 사이에서 "좋은 경험이었다"는 반응이 온라인 후기 등을 통해 자연스럽게 퍼지면서, 결과적으로 기업의 고용 브랜드에 긍정적 영향을 미치고 있다. 공감채용은 채용의 성과뿐 아니라 경험 자체를 자산으로 만드는 전략이며, 미래 HR의 핵심 경쟁력으로 주목받고 있다.

작살형 채용과 직무 중심 선발의 확대

과거 대다수 기업의 채용 방식은 일괄채용 후 배치 전환이라는 포괄적 구조였다. 일반직, 사무직, 기술직 등의 범주를 설정해 스펙을 기준으로 선발한 뒤, 입사 이후 부서를 순환하거나 전환 배치하는 방식이었다. 그러나 산업구조의 고도화와 디지털 기술 확산으로 인해, 기업은 이제 작살형 채용이라 불리는 정밀 타겟형 채용 전략을 도입하고 있다. 이는 사전에 명확한 직무정의, 직무·문화 적합성 기반의 평가, 개인화된 온보딩까지 하나의 체계로 설계되어, 인재 선발의 정확도와 조직 정착률을 동시에 높이는 전략이다.

글로벌 선진 사례로는 제약기업 노바티스(Novartis)가 대표적이다. 이 기업은 신입 채용 시점부터 부서별 스킬맵을 제공하고, 지원자 스스로 자신의 기술 역량과 직무 간 적합도를 자가 진단하도록 유도한다. 이는 구직자와 채용자 간의 정보 비대칭을 해소하고, 지원자 중심 채용 경험을 강화하는 데 기여하고 있다. 반면 한국 기업의 상당수는 여전히 입사 전 단계에서 학벌, 자격증, 어학 점수 등 '스펙 중심 필터링'에 의존하고 있어, 채용 직후 직무 미적합과 이직률 상승이라는 구조적 비용을 반복하고 있다.

실제로 통계청에 따르면 2024년 한국 청년층의 첫 직장 1년 이내 퇴사율은 38.7%로, OECD 평균인 25%를 크게 웃돈다. 이는 청년 개인의 인내 부족이나 조직 적응력의 문제로만 치부할 수 없다. 핵심은 채용 단계에서 직무 정의와 조직문화 정보의 불투명성, 정밀 평가 시스템의 부재, 진입 후 온보딩의 전략 부족 등 채용-직무-조직 연결의 실패다. 작살형 채용은 단순히 채용 기술의 고도화가 아니라, 채용을 하나의 전략 설계로 인식하고 실행하는 조직문화 전환을 요구한다. 앞으로의 채용 혁신은 HR 부서만의 과제가 아닌, 기업 전체의 '핵심 운영 전략'으로 자리 잡아야 한다.

공감채용이 가져오는 조직문화의 변화

공감채용은 단순한 채용 전략의 전환에 그치지 않는다. 이는 조직 전반의 문화, 특히 신뢰와 공정성을 기반으로 한 협업문화로의 전환을 촉진하는 문화적 인프라로 작용한다. 동일한 기준과 절차, 투명한 정보 공유 속에서 입사한 구성원들은 "나도 그 과정을 통과해 이 자리에

왔고, 다른 사람도 마찬가지다"라는 심리적 동질감을 형성한다. 이 신뢰의 공통분모는 조직 내부의 경쟁을 무력화시키는 대신, 상호 존중과 협업의 토대를 강화하며 구성원 간 갈등 가능성을 낮춘다.

더 나아가 공감채용은 조직의 성과관리 체계에도 변화를 유도한다. 채용 단계부터 평가 기준이 명확하고, 결과에 대한 피드백이 정성적으로 제공된다면, 입사 이후의 성과 평가나 보상 체계 역시 일관된 공정성 기준을 적용하게 된다. 이는 단순히 제도적 공정성을 넘어, 구성원이 체감할 수 있는 납득 가능한 평가 문화를 정착시키는 기반이 된다. 다시 말해, 공감채용은 채용에서 끝나는 것이 아니라, 입사 후의 '정체성 공유 → 성과 기준의 정합화 → 조직 내 신뢰 확산'이라는 문화적 선순환 구조를 만들어낸다.

결국 공감채용은 HR 영역을 넘어 조직 전체의 운영 철학을 바꾸는 전환점이다. 사람을 채용하는 것이 아니라, 함께 일할 관계로 수용하는 관점이 자리 잡을 때, 조직은 단순한 생산 단위를 넘어 심리적 안전과 사회적 연결을 기반으로 한 공동체로 발전할 수 있다. 디지털 전환과 불확실성이 일상화된 시대일수록, 구성원의 몰입과 자율을 이끄는 것은 규칙이 아니라 공감에 기반한 신뢰문화다. 공감채용은 그 문을 여는 첫 번째 열쇠다.

요약

한국은 저성장·저신뢰 사회에서 지속 가능한 인재전략을 마련해야 할 시점이다. MZ세대의 부상과 직무기반 HR 패러다임 변화는 '공감채용'을 새로운 기준으로 부상시키고 있다. 단순한 공정 채용을 넘어, 지원자의 경험과 조직문화의 정합성에 주목한 채용 구조가 요구된다. 글로벌 기업들은 맞춤형 피드백과 스킬 중심의 채용전략을 확산하고 있으며, 한국 기업 또한 고용 브랜딩과 정밀 채용 전략을 통해 긍정적 인재 순환을 구축해야 한다. 공감채용은 단순한 채용 방식을 넘어, 미래형 조직문화 구축의 핵심 동력이 될 것이다.

당신의 생각은?

1. 공감채용은 기업의 채용효율성에 실질적으로 기여하는가? 이직률, 직무 정착률 등 구체적 성과지표와 연결해 분석할 수 있는가?
2. MZ세대를 위한 개인화된 HR전략은 '차별화'인가 '차별'인가? 세대 맞춤형 제도와 조직 내 세대 갈등 조정의 균형을 어떻게 맞출 것인가?

정책제언

1 공정채용법을 '공감채용 가이드라인'으로 진화시켜야 한다.

기존 블라인드 채용 위주의 공정채용법에서 나아가, 직무기반 채용, 지원자 피드백 제공, 면접관 공감교육 등 요소를 포함한 실천적 가이드라인이 필요하다.

2 청년고용 지원사업에 '공감 기반 채용경험 설계' 항목 도입

청년친화 강소기업 선정 기준에 '채용 경험 만족도'와 '채용정보 접근성'을 포함하고, 기업이 공감채용 설계를 할 경우 가점 및 지원금을 제공하는 방식으로 유도해야 한다.

3 중소기업 대상 HR테크 기반 공감채용 플랫폼 구축 지원

정부 주도로 AI 면접, 직무적성 테스트, 지원자 피드백 자동화 기능을 갖춘 채용 플랫폼을 보급하고, 중소기업이 별도 비용 없이 활용할 수 있도록 SaaS 형태로 제공해야 한다.

HR Re-accumulation:
디지털 시대, 인재경영의 패러다임 대전환

HR Re-accumulation: 새로운 인재관리 패러다임의 구축

디지털 전환과 인구구조의 재편, 그리고 MZ세대의 부상은 기존 인사관리 체계를 근본적으로 흔들고 있다. 더 이상 HR은 인력을 관리하는 기능적 부서에 머물 수 없다. 최근 주요 글로벌 기업들은 HR을 '사람 중심 전략 부서'로 재정의하고 있으며, 이 과정에서 디지털 기술, 다양성, 경험 중심 성장, 그리고 지속가능성이라는 키워드를 중심으로 인재관리 체계를 혁신하고 있다. 특히 국내 기업들이 직면한 문제는 단순한 인력 부족이 아닌 적합한 인재의 부재로, 이는 곧 인재의 확보와 유지, 그리고 리스킬링의 전략적 축적이 HR의 핵심 과제로 부상하고 있음을 의미한다.

첫째, 디지털 문화 정립과 디지털 리터러시 강화는 HR 혁신의 출발점이다. 마이크로소프트, IBM, 삼성전자 등은 이미 디지털 온보딩과 하이브리드 근무문화를 표준화하며, 기술역량 내재화를 문화적으로 장착하고 있다. 실제로 2024년 기준 디지털 리터러시 관련 내부 교육 투자가 기업 연간 HR예산의 평균 18%에 달하는 것으로 나타났다. 둘째, 인재 확보 전략은 경쟁에서 경험으로 전환되고 있다. 스킬 중심 선발, 공감형 채용, 사전 프로젝트형 평가 등은 단순한 스펙을 넘어 실제 조직 적응력과 창의적 문제 해결 역량을 중시하는 흐름이다. 셋째, HR의 전략 축은 이제 단순히 '고용→교육→평가'의 일방향 경로가 아니라, 채용-온보딩-경력 성장-이직 관리까지 포괄하는 전 생애 가치사슬(Value Chain)로 재설계되어야 한다.

HR Re-accumulation은 결국 세 가지 질문을 기업에 던진다. "우리는 어떤 사람을 원하며?", "그 사람은 우리 안에서 성장할 수 있는가?", 그리고 "그가 떠난 이후에도 우리는 무엇을 남겼는가?" 디지털 기반의 유연한 업무환경, 공정성과 신뢰를 전제로 한 성과관리 체계, 성장 가능한 커리어 구조는 미래형 HR의 3대 원칙이 될 것이다. 더 이상 HR은 관리의 영역이 아니다. 지금은 축적과 재설계의 시점이다. HR의 패러다임 전환은 곧 기업의 생존 전략이다.

디지털 문화, 일하는 방식의 총체적 전환

디지털 문화란 단순히 기술을 활용하는 조직이 아니라, 기술을 중심으로 사고하고 행동하는 조직을 말한다. 즉, 기술을 도구로 여기는 수준을 넘어, 그것이 업무 방식과 조직 문화를 결정짓는 구조적 기반으로 자리잡는 현상이다. 마이크로소프트는 이를 '디지털 내재화'로 명명하며, 기술 도입이 아닌 기술 기반의 일하는 습관 자체의 전환이 중요하다고 강조한다. 오늘날의 디지털 문화는 단순한 디지털화(digitization)를 넘어, 조직의 가치관과 행동 양식을 전면적으로 재구성하는 디지털 트랜스포메이션(digital transformation)의 핵심 요소로 자리 잡고 있다.

디지털 문화의 첫 번째 요소는 기술역량의 확보다. 이는 단순한 툴 숙련도를 넘어서, 데이터 해석력, 자동화 이해, 인공지능 기반 의사결정 등 업무 전체를 기술로 설계하고 실행할 수 있는 통합적 능력을 의미한다. 둘째는 기술의 일상화로, IT 부서의 전유물이 아닌 전사적 적용과 확산이 핵심이다. 실제로 글로벌 컨설팅 기업 PwC의 2024년 보고서에 따르면, 기업 내 전 직원의 73%가 기본적인 디지털 툴 숙련도를 갖추는 것이 조직 혁신의 최소 조건으로 제시되고 있다. 셋째, 기술 기반의 혁신 장려는 실패를 허용하는 실험적 문화, 사일로를 깨는 협업 체계, 기술 주도적 창의성의 보상이 결합될 때 비로소 현실화된다. 마지막으로 넷째는 유연한 근무방식의 제도화다. 시간과 공간의 유연성뿐 아니라, 과업 단위의 자율성과 성과 중심 평가로의 전환이 디지털 문화의 완성을 이끈다.

디지털 문화는 기술이 중심이지만, 그 구현은 사람의 변화에서 시작된다. HR은 이제 디지털 문화의 정착 관리자가 아닌, 설계자이자 촉진자로 역할을 재정의해야 한다. 조직이 기술을 도입했는가보다 더 중요한 질문은, 기술이 조직의 일하는 방식을 얼마나 바꾸었는가이다. 그리고 그 변화의 깊이는 곧 조직의 미래 생존력과 직결된다.

하이브리드 시대, 조직 운영 모델의 대전환

디지털 전환과 원격·유연근무의 확산은 전통적인 조직 운영 모델의 한계를 명확히 드러냈다. 이제 조직은 단순히 업무 환경을 바꾸는 수준을 넘어, '사람-공간-프로세스'라는 세 축의 총체적 재설계가 필요하다. 하이브리드 환경에서의 성공적인 운영은 이 세 요소를 어떻게 유기적으로 통합하고 조율하느냐에 달려 있으며, 이는 곧 기업의 경쟁력과 생존력을 결정짓는 핵심 인프라로 작용한다.

첫째, 사람(people) 중심의 변화는 역할 기반이 아닌 역량 기반(human capability) 운영으로 전환되어야 한다. 기존에는 직무기술서에 명시된 역할과 책임이 인사관리의 출발점이었지만, 불확실성과 변화가 상수인 시대에는 문제 해결력, 학습 민첩성, 협업 능력 등이 조직 성과의 본질이 되고 있다. 이에 따라 관리직은 단순한 과업 조정자에서 역량 코치와 리더십 촉진자로 전환돼야 하며, 구성원에게는 자기주도적 성장을 위한 역할 자율성과 권한 부여가 병행돼야 한다.

둘째, 공간(space)은 더 이상 사무실만을 의미하지 않는다. 업무는 물리적 공간과 디지털 공간이 결합된 하이브리드 협업 플랫폼에서 수행되며, 이는 다양한 위치에서 일하는 구성원 간의 정보 접근성, 실시간 커뮤니케이션, 그리고 협업의 동등성을 보장해야 한다. 예컨대, 글로벌 기업인 아마존과 SAP는 업무환경의 디지털 격차 해소를 위해 디지털 인프라 보조금 제도를 도입하거나, AI 기반 공동작업 툴을 개발하여 비대면 협업의 생산성을 높이고 있다.

셋째, 프로세스(process)는 단순한 디지털화가 아닌, 전사적 워크플로우 혁신이 핵심이다. AI와 RPA(로봇 프로세스 자동화)를 활용한 반복 업무 제거, 클라우드 기반 협업툴 도입, 성과관리의 실시간 피드백 체계 도입은 업무의 효율성과 투명성, 공정성을 동시에 확보하는 기반이 된다. 특히 성과 중심의 업무 환경에서는 전통적인 연간 평가 대신, 성과 목표를 유연하게 조정하고 실시간 피드백을 제공하는 OKR(Objectives & Key Results) 방식이 확산되고 있다.

결국, 하이브리드 조직이란 단지 일하는 장소를 바꾸는 것이 아니라, 일하는 방식의 질을 근본적으로 재설계하는 조직이다. 사람, 공간, 프로세스의 통합적 혁신은 단순한 디지털화를 넘어, 조직의 사고방식,

리더십, 기술 활용 능력까지 아우르는 진정한 변화를 요구한다. 이 전환을 주도하는 조직만이 디지털 시대의 조직 자본을 재축적할 수 있다.

디지털 리터러시, '도구의 사용'에서 '문제의 재정의'로

디지털 리터러시는 더 이상 엑셀을 다루거나 화상회의 툴을 사용할 수 있는 능력에 국한되지 않는다. 그것은 정보의 '수집→선별→해석→재구성→문제 해결'로 이어지는 사고의 전 과정에서 디지털 도구를 활용할 수 있는 총체적 인지 역량이다. 특히, 디지털 전환이 심화되는 오늘날의 업무 환경에서는 문제 자체를 재정의하는 능력, 즉 "무엇이 문제인가"를 먼저 구조화할 수 있는 인지적 태도가 디지털 리터러시의 핵심으로 부상하고 있다.

이러한 리터러시는 세 가지 핵심 역량으로 연결된다. 첫째, 컴퓨팅 사고력(computational thinking)이다. 이는 문제를 논리적이고 절차적으로 분석하여 알고리즘 기반의 해결책을 설계하는 능력으로, 자동화 및 AI 기반 업무환경에 필수적이다. 둘째, 융합적 사고(convergent thinking)는 다양한 분야의 정보를 통합하고 연결지어 새로운 해석틀을 만들어내는 능력이다. 특히 마케팅, R&D, 정책기획 등 고부가가치 영역에서는 이 융합적 사고력이 조직 경쟁력의 중심이 되고 있다. 셋째, 창의성(creativity)은 기존의 규범을 넘어서 디지털 도구와 데이터를 기반으로 혁신적 방안을 구상하는 힘이다. 이는 단순히 예술적 발상력이 아닌, 업무 개선과 의사결정 방식 자체를 새롭게 디자인하는 조직적 창의성으로 연결된다.

기업의 대응 또한 단순한 디지털 툴 교육에서 벗어나야 한다. 구글, 시스코, 네이버 등은 이미 디지털 사고훈련(digital mindset training)을 정규화하고 있으며, 디지털 기반의 업무 시나리오 해결을 중심으로 한 문제해결형 직무교육(PBL, Problem-Based Learning)을 도입하고 있다. 2024년 기준, 글로벌 500대 기업의 65%가 디지털 리터러시를 핵심 직무역량으로 명문화했으며, 특히 리더급 교육과 신입사원 온보딩에서 그 중요성이 점점 확대되고 있다.

디지털 시대의 인재는 단순히 빠르게 배우는 사람이 아니라, 무엇을 배우고, 어떻게 활용할지를 정의할 수 있는 사람이다. 디지털 리터러시를 전략적 자산으로 인식하는 조직만이 변화의 흐름 속에서 생존을 넘어, 주도권을 가질 수 있다. HR의 역할은 이제 기술 훈련 제공자를 넘어, 사고방식의 전환 촉진자로 재정의되어야 한다.

리스킬링과 업스킬링, 미래형 조직의 생존전략

디지털 기술의 급격한 발전은 기업 내 대부분의 직무를 빠르게 재정의하고 있으며, 이는 기존의 채용-배치-퇴직이라는 인력 사이클을 무력화시키고 있다. 맥킨지에 따르면 2030년까지 현재 직무의 20~30%는 자동화되거나, 완전히 새로운 형태로 대체될 가능성이 높다. 이에 따라 HR은 단기 인력운용이 아닌 지속가능한 인재 역량 축적, 즉 리스킬링(reskilling)과 업스킬링(upskilling)의 전략화를 추진해야 한다. 이는 기술 변화에 적응하는 차원을 넘어, 조직과 개인 모두가 변화의 속도를 선도하는 생존 전략이다.

글로벌 기업들은 이를 조직문화의 일부로 정착시키고 있다. IBM은 AI 및 클라우드 기반 생태계로 전환하는 과정에서, SkillsBuild라는 전사적 재교육 플랫폼을 도입해 기술역량 격차 해소에 앞장서고 있다. 해당 프로그램은 직무 경계와 상관없이 모든 직원이 AI·데이터 분석·사이버보안 등 미래 직무에 대한 기초역량을 획득할 수 있도록 설계되었다. 국내에서도 LG CNS는 비IT 부서 직원을 포함한 디지털 전환 교육을 의무화하고 있으며, 사내 디지털 직무 전환 프로그램을 통해 연간 300여 명 이상의 인력을 내부적으로 재배치하고 있다. 이러한 리스킬링 전략은 외부 채용보다 낮은 비용으로 고숙련 인재를 확보할 수 있는 동시에, 내부 구성원의 조직몰입도까지 제고하는 장점이 있다.

나아가 리스킬링은 평가와 보상, 협업 방식까지 포괄하는 HR 정책의 재정립을 요구한다. 원격근무 환경에서는 물리적 근무태도가 아닌 성과중심의 과업 평가 체계가 작동해야 하며, 이는 디지털 협업 도구와 연계된 실시간 목표관리(OKR)와 피드백 시스템과 결합돼야 한다. 동시에 동기부여 전략 또한 차별화가 필요하다. 예를 들어, 구글은 기술 역량 향상에 따라 보상과 승진 경로가 연결되는 러닝 기반 경력 설계를 적용하고 있으며, Z세대 구성원에게는 학습 기회 자체를 리텐션 전략의 중심으로 활용하고 있다.

결국 리스킬링은 단지 교육의 문제가 아니라, 조직문화, 기술, 리더십, 인사전략이 유기적으로 연결된 '재축적 체계'의 구축을 의미한다. 빠르게 변화하는 환경에서 살아남기 위해서는 인재를 뽑는 조직이 아니라, 인재를 재설계하고 함께 성장시키는 조직으로의 전환이 필수적이다. HR의 궁극적 경쟁력은 인재를 보유하는 능력이 아니라, 인재를 끊임없이 재구성하는 능력에 달려 있다.

뉴노멀 시대의 인재상: '하이 스펙'보다 '라이트 스펙'

전통적인 스펙 중심 채용에서 실력 중심의 검증 방식으로의 전환은 더 이상 일부 기업의 실험이 아니다. 팬데믹 이후 디지털 전환이 가속화되면서, 기업은 복잡한 문제를 스스로 정의하고 해결할 수 있는 역량을 갖춘 인재를 찾고 있다. 특히 글로벌 테크 기업들은 학력이나 경력보다 '무엇을 할 수 있는가'를 판단하기 위해 기술 과제 제출, 코드 테스트, 실무 중심 인터뷰 등 실질적인 역량 검증을 강화하고 있다. 한국 기업에서도 카카오, 네이버, 토스 등은 직무 기술 평가나 포트폴리오 기반 채용을 도입하고 있으며, 일부 스타트업은 지원자의 '경험 기반 문제해결 사례'를 중심으로 면접을 진행한다.

이러한 흐름은 글로벌 기능 중심 채용 트렌드와 맞닿아 있다. 예컨대 미국의 구글, 메타, 넷플릭스 등은 이미 직무 기술 매트릭스를 기반으로 특정 포지션에 필요한 기술요건을 세분화하고, 이를 검증하는 프로세스를 정교하게 설계하고 있다. LinkedIn의 2024년 보고서에 따르면, 미국과 유럽의 상위 500개 기업 중 53%가 '학위 불문 채용'을 선언했으며, 67%는 '기능 중심 기술검증' 과정을 도입한 것으로 나타났다. 이는 단순히 채용 방식의 변화가 아니라, 인재를 바라보는 기업의 시각 자체가 스펙에서 실질 기여 능력으로 이동하고 있음을 시사한다.

한국의 채용문화 또한 이러한 방향으로 전환하고 있지만, 여전히 간판 중심의 평가가 강하게 작용하는 산업군이 많다. 향후 인재전략은 적재적소를 실현하는 역량 기반 HR 설계와 함께, 교육기관과 기업 간의 스킬 매칭 정교화, 그리고 '라이트 스펙' 인재에게도 성장 기회를 제공하는 사회적 신뢰 시스템 구축이 병행되어야 한다. 뉴노멀 시대의 진정한 인재는 더 이상 스펙이 많은 사람이 아니라, 문제를 해결하고 가치를 만드는 사람이다.

MZ세대와 Z세대의 가치관 변화: 정답보다 질문, 연봉보다 성장

MZ세대, 특히 Z세대는 기존 조직이 전제로 삼았던 인사철학의 전환을 강하게 요구하고 있다. 이들은 과거 세대가 중시했던 연봉, 직무 안정성, 기업 규모보다 일의 의미, 성장의 경험, 삶의 유연성을 우선시한다. 어도비(Adobe)의 2024년 글로벌 설문조사에 따르면, 응답자 중 무려 66%가 동일한 급여와 직무 조건이라면 유연한 일정 조정이 가능한 조직으로 이직할 의향이 있다고 응답했다. 이는 단지 복지의 문제가 아니라, 개인의 가치관과 삶의 우선순위가 조직 운영 방식과 부합해야 장기적 채용과 유지가 가능하다는 점을 방증한다.

야마구치 슈가 제시한 '뉴타입 인재' 개념은 이 변화의 핵심을 짚는다. 과거 인재상이 정답을 잘 찾는 사람이었다면, 이제는 스스로 문제를 정의하고, 맥락을 파악해 질문을 던지며, 협업 속에서 답을 만들어 가는 능력이 중요해졌다. 이러한 인재는 위계보다는 협업을, 매뉴얼보다는 맥락을 중시하며, 목적 없이 반복되는 업무에는 빠르게 이탈한다. Z세대에게 조직은 단지 생계를 유지하는 수단이 아니라, 자기 정체성과 삶의 방향성을 실현하는 플랫폼이 되어야 한다.

조직은 이제 일하는 방식과 성장하는 방식을 전면적으로 재설계할 필요가 있다. 경직된 연공 중심 구조나 근속 중심 평가체계를 넘어, 프로젝트 기반 성과 평가, 의미 있는 피드백, 직무 내 이동과 리스킬링 기회의 확대 등이 필수적이다. 나아가, 성장을 약속하는 조직만이 Z세대의 선택을 받을 수 있다. 이는 단지 세대의 취향 문제가 아닌, 지속가능한 인재 전략의 구조적 전환임을 인식해야 한다.

채용시장 경쟁의 심화와 기업의 전략: 정보의 대칭화와 인재의 주도권

채용시장의 판도가 바뀌고 있다. 과거에는 기업이 인재를 평가하고 선택하는 갑의 위치에 있었다면, 오늘날의 채용은 철저히 쌍방향 평가의 장이 되었다. 블라인드, 잡플래닛, 글래스도어 등 실시간 정보공유 플랫폼의 등장은 기업과 구직자 간의 정보 비대칭을 빠르게 해소하고 있다. 기업의 연봉 수준, 워라밸, 조직문화, 승진 속도, 경영진 리더십에 대한 내부 구성원의 리뷰가 실시간으로 확산되면서, 이제는 구직자가 먼저 기업을 평가하는 시대가 된 것이다.

이러한 정보의 대칭화는 기업에게 불편한 진실이자 동시에 기회다. 숨기려 하기보다, 투명성과 진정성으로 무장한 기업만이 신뢰를 얻고 우수 인재를 유치할 수 있다. 2024년 HR테크 리서치에 따르면, 입사 전후 정보 불일치가 퇴사로 이어지는 비율은 무려 38%에 달했으며, 그 중 절반 이상은 조직문화에 대한 실망이 주된 원인이었다. 이는 채용 성공이 단지 인재를 뽑는 데서 끝나는 것이 아니라, 브랜드 경험의 연장선에서 작동하고 있음을 의미한다.

기업은 인재를 유치하기 위해 더 이상 선택받는 입장으로 안주할 수 없다. 채용 브랜딩, 사내문화의 외부 공유, CEO의 철학과 가치관 노출 등은 더 이상 부수적 홍보가 아니라 핵심 채용 전략이다. 나아가, 구직자가 중심이 되는 시장에서는 '일하고 싶은 기업'이 되기 위한 내부 문화 혁신이 선행되어야 하며, 이는 곧 조직의 지속가능성과 직결된 전략적 과제로 이해되어야 한다. 이제 채용은 인사팀만의 과제가 아닌, 기업 전체의 경쟁력이다.

기업 브랜딩과 커뮤니케이션의 진화: 채용은 곧 브랜드의 얼굴이다

인재확보 경쟁이 심화되면서, 기업의 채용 전략은 이제 단순한 인재 선발의 기능을 넘어 브랜드 구축의 핵심 축으로 진화하고 있다. 과거에는 일자리 공고와 면접이 채용의 전부였다면, 오늘날의 채용은 기업이 가진 철학, 일하는 방식, 구성원의 삶을 구직자에게 경험하게 만드는 브랜디드 커뮤니케이션이 중심이 되고 있다. 글로벌 호텔 체인 메리어트는 실제 조리과정을 게임화한 셰프 채용 캠페인을 통해 창의성과 몰입을 유도했고, 국내 한 통신사는 메타버스 기반 채용설명회를 열어 디지털 친화적인 Z세대의 주목을 받았다.

특히 최근 주목받는 흐름은 CEO와 임원진이 직접 SNS를 통해 기업 문화를 공유하는 '브랜드 인게이지먼트(brand engagement)' 전략이다. 구직자들은 조직의 최고 의사결정자가 어떤 가치관을 갖고 있는지를 주의 깊게 살펴본다. 현대자동차, LG, 토스 등의 주요 경영진은 기업의 혁신 방향, 업무 문화, 사회적 책임 등을 직접 발신하며, 내부 메시지를 외부 이해관계자와 소통하는 다리 역할을 수행하고 있다. 이는 단지 PR이 아니라, 리더십의 공공성 시대를 반영한 소통 전략의 일환이다.

이러한 흐름은 채용 브랜딩이 곧 조직의 정체성과 지속가능성에 대한 약속임을 시사한다. 평판 플랫폼, 소셜미디어, 비대면 콘텐츠의 확산은 기업에게 있어 더 이상 숨길 수 있는 영역이 없다. 진정성 있는 문화, 구성원 중심의 경험 설계, 리더의 메시지가 조화를 이룰 때, 채용은 가장 강력한 브랜딩 수단으로 작동한다. 결국 좋은 일자리는 좋은 이야기와 믿을 수 있는 사람들이 만드는 것이다.

하이브리드 시대의 온보딩 과제: 연결·정체성·경로를 설계하라

하이브리드 근무와 수시채용이 일반화된 오늘날, 기업의 가장 큰 인사 과제 중 하나는 신규 입사자의 정착과 몰입이다. 특히 자율좌석제, 원격근무제, 유연근무시간제 등이 확산되면서 입사 초기 직원들이 "조직에 소속되었다"는 감각을 갖기 어려운 환경이 조성되고 있다. 최근 국내 대기업 A사의 사례처럼, 전면 자율좌석제를 시행한 이후 신입·경력직 이탈률이 평균보다 20% 이상 높게 나타난 것은 온보딩의 결핍이 곧 인재 이탈로 이어지고 있음을 방증한다.

이러한 이탈은 단순히 환경 적응의 문제라기보다, 입사 초기의 불확실성(uncertainty), 연결감 부재(disconnectedness), 경력 설계 불명확성(undefined career path)이라는 구조적 요인에서 비롯된다. 동료를 알아가기 어려운 환경, 비대면으로 인한 리더십과의 거리감, 내 업무의 방향성과 경력 성장 경로에 대한 부재는 모두 심리적 소속감과 주체성 결여로 이어지기 때문이다. 하이브리드 시대에는 물리적 공간보다 심리적 공간 설계가 더욱 중요해진 셈이다.

따라서 효과적인 온보딩 전략은 다음 세 가지 축을 중심으로 재정립되어야 한다. 첫째, 조직 연결성을 강화하는 구조로 예를 들어 입사 100일 프로그램, 전담 버디 제도, 부서 간 크로스온보딩 등을 통해 관계적 안전망을 촘촘히 짜야 한다. 둘째, 정체성 공유로 비대면이더라도 조직의 미션과 문화, 핵심가치를 내재화하는 콘텐츠 기반 온보딩이 필요하다. 셋째, 경력 항해 지도 제공으로 입사 직후부터 개인이 자신만의 경력 성장 로드맵을 그릴 수 있도록, 직무별 성장경로 안내, 멘토링, 리스킬링 기회를 구조화해야 한다. 온보딩은 단순히 적응의 시간이 아닌, 이 조직에 머물 이유를 확인하는 시간이다. 이 과정을 설계하지 못하면, 입사 첫 달이 곧 이직을 고민하는 시작점이 될 수 있다.

내부 이동성과 경력개발 중심의 인재 전략: 구글의 HR 혁신 사례

하이브리드 시대의 인재 유지는 단순한 보상과 복지의 문제가 아니다. 직원들이 조직 내에서 미래를 그릴 수 있는 명확한 경력 궤적을 제공받을 때, 진정한 몰입과 충성도가 발생한다. 구글은 이러한 원리를 조직 차원에서 구조화한 대표적 기업이다. 2024년부터 구글은 내부 인재를 장기적으로 유지하고 성장시키기 위해 사내 이동성과 맞춤형 경력개발을 중심으로 한 고급 인재전략을 본격적으로 시행해 왔다. 특히 개인별 기술과 관심사를 분석해 설계한 맞춤형 커리어 로드맵은 불확실성을 줄이고, 직원들이 자신의 경로를 명확하게 시각화하는 데 기여했다.

구글의 경력경로 설계는 단지 수직적 승진을 넘어 수평적 전환과 전문성 확장을 병행한다. 예를 들어 소프트웨어 엔지니어는 선임 엔지니어로 승진할 수 있을 뿐 아니라, 기술책임자(Tech Lead), 제품 관리자(PM), 데이터 분석가 등 다양한 트랙으로의 전환 기회를 가진다. 이는 전통적인 한 우물 중심의 승진 체계에서 벗어나 역할 기반 이동성(role-based mobility)을 강화하는 방향으로 작동한다. 이러한 경력 설계와 함께, 구글은 Coursera, LinkedIn Learning, 사내 워크숍 등 다양한 디지털 학습 채널과 연계하여 직무 전환과 기술 향상을 위한 학습 생태계를 구축했다.

제도의 효과는 수치로도 입증되고 있다. 구글은 2024년 1월부터 5월 사이 내부 승진률이 20% 증가했다고 밝혔다. 더 나아가 내부 설문 조사에서는 직원 85%가 조직 내 경력 전망에 대해 더 몰입하고 낙관적으로 느낀다고 응답했으며, 같은 기간 직원 유지율도 15% 향상되었다. 이는 명확한 커리어 경로, 지속적인 성장 기회, 기술 향상을 중심으로 한 구글의 인재전략이 고숙련 인재의 장기적 유지와 조직 몰입을 실현하는 핵심 열쇠임을 보여준다. 이제 경력개발은 복지의 일부가 아니라, 조직 생존 전략의 중심축이 되었다.

요약

디지털 시대의 HR 전략은 기술 도입을 넘어, 인재경영 철학의 전환을 요구한다. 디지털 문화, 디지털 리터러시, 새로운 인재상, 채용 브랜딩 전략, 온보딩 프로그램은 이제 기업 경쟁력의 핵심 요소다. 마이크로소프트, 구글 등 선도 기업의 사례는 이러한 변화를 어떻게 구조화할 수 있을지에 대한 실질적 해법을 제시한다. 특히 MZ세대와 Z세대의 부상은 조직 운영 방식과 인사 정책 전반을 재설계할 것을 요구하고 있다.

당신의 생각은?

1. Z세대의 가치관에 적합한 성과관리 제도는 어떤 방향으로 설계되어야 하는가?
2. 비대면·하이브리드 환경에서도 기업의 조직문화는 어떻게 효과적으로 공유될 수 있는가?

정책제언

1 디지털 리터러시 국가전략 수립과 민간 협력 강화

디지털 활용능력 격차는 사회적 양극화로 이어진다. 정부 주도의 '디지털 학습 여권' 제도와 함께 기업-대학-정부의 협업 구조가 필요하다.

2 온보딩 프로그램에 대한 세액공제 도입 및 표준 모델 제시

수시채용이 일반화되는 상황에서, 신규 직원의 조직 적응을 위한 온보딩 교육에 대한 투자 유인은 중요하다. 이를 위해 정부는 R&D 세액공제처럼 HR 개발에도 지원을 확대해야 한다.

3 중소기업 맞춤형 채용 브랜딩 및 평가도구 지원

대기업 대비 정보노출과 인재유치가 어려운 중소기업에는 고용브랜드 확산을 위한 채용 콘텐츠 개발, 공공평가 툴 지원 등 정책적 뒷받침이 필요하다.

조직문화의 Re-accumulation: 유연성, 포용성, 지속가능성을 향한 전환

유연성과 복원력의 시대, 조직문화가 재정의된다

최근 기업이 직면한 환경은 복잡성과 불확실성으로 점철되어 있다. 디지털 전환 가속화, 초연결 네트워크 환경, AI 기반 자동화, 지정학적 위기 등은 전통적인 조직 설계와 경영 방식을 빠르게 무력화하고 있다. 이러한 변화 속에서 조직문화는 더 이상 '소프트한 보완재'가 아니라, 위기를 이겨내는 복원력(resilience)의 근간이자 변화에 적응하는 유연성(flexibility)의 핵심 자산으로 떠오르고 있다. 특히 맥킨지 보고서(2024)에 따르면, 조직문화가 성숙한 기업은 위기 상황에서 회복력이 2.4배, 혁신성과는 3.1배 높게 나타났다. 조직문화의 Re-accumulation이 필요한 시점이다.

첫째, 민첩성과 자율성 기반의 Agile 조직으로의 전환은 새로운 조직문화의 기초가 되고 있다. 미국의 세일즈포스(Salesforce)는 기능 중심의 수직적 조직구조를 벗어나, 프로젝트 단위의 크로스펑셔널 팀 기반으로 조직을 재편하여, 의사결정 속도를 30% 이상 단축하고 구성원 만족도도 함께 제고했다. 한국에서도 삼성전자는 '셀조직 실험'을 통해 부서 간 경계를 허물고 실시간 협업 중심의 실험적 조직 모델을 확대하고 있다. 이는 위계적 보고 체계보다 구성원의 자율성과 문제

해결 능력을 중심에 둔, 민첩한 조직문화 구축의 대표 사례다.

둘째, 핵심인재의 이탈을 막고 조직 몰입도를 높이기 위한 전략으로 일-삶 균형 기반의 복합적 보상 구조가 강화되고 있다. 구글은 최근 내부 이동성 경력개발 로드맵을 도입하여 구성원이 조직 내에서 다양한 커리어 경로를 경험할 수 있도록 지원하고 있으며, LG CNS는 전 직원 대상 디지털 리스킬링 프로그램과 재택 근무 중심의 하이브리드 근무제를 정착시켰다. 2024년 한국의 2030세대 직장인 중 71.3%는 "금전 보상보다 일과 삶의 균형이 더 중요하다"고 응답해, 고성과자 유지 전략이 단순 연봉보다 복합적 가치 기반으로 이동하고 있음을 보여준다.

셋째, 조직문화는 더 이상 관리자 중심의 가치 주입이 아니라, 직원 경험(EX, Employee Experience)을 중심에 둔 디자인이 요구된다. 글로벌 기업인 어도비(Adobe)는 구성원의 웰니스 향상을 위해 '리추얼 위크(ritual week)' 제도를 도입, 1년에 두 차례 전체 프로젝트를 중단하고 회복과 재충전을 보장하는 문화를 제도화했다. 이는 단기성과가 아닌 지속 가능한 업무 몰입과 창의성을 자극하는 방향으로 조직 운영 패러다임이 이동 중임을 시사한다.

넷째, 다양성과 포용성(DEI)은 이제 글로벌 인재 확보와 조직의 지속가능성을 결정짓는 핵심 기준이다. 마이크로소프트(Microsoft)는 매년 DEI 실적을 경영진 인센티브에 연동하고 있으며, 일본의 히타치는 2025년까지 여성 임원 비율 20% 달성을 목표로 전사적 DEI 추진 체계를 강화하고 있다. 한국 기업 역시 ESG 경영과 연결된 DEI 지표의 중요성이 증가하고 있으며, 고용노동부는 2024년부터 'DEI 인증제도' 시범사업을 통해 제도적 기반 마련에 착수한 바 있다.

요컨대 조직문화는 이제 단순한 내부 정서의 문제가 아닌, 변화 대응력, 인재 경쟁력, 지속가능한 성장전략의 중심축으로 재정의되고 있다. 조직문화 Re-accumulation은 더 이상 선택이 아닌 필수이며, 2025년을 기점으로 민첩성과 복원력을 기반으로 한 문화 설계가 한국 기업의 미래를 좌우할 핵심 경영 아젠다로 자리매김하고 있다.

Agile 조직: 민첩성이 곧 경쟁력이다

불확실성과 복잡성이 상수로 자리 잡은 지금, 조직의 성패는 얼마나 빠르게 그리고 의미 있게 변화에 대응하느냐에 달려 있다. 영국의 전략 전문가 도널드 설(Donald Sull)은 조직 민첩성을 "나비처럼 날아 벌처럼 쏘는 능력"이라 정의하며, 기민한 조직은 변화의 신호를 누구보다 먼저 감지하고, 자원을 효율적으로 전환하며, 과감하게 기존 전략을 포기할 수 있어야 한다고 강조했다. 이러한 조직 민첩성은 단순한 실행력 차원을 넘어 전략적 감지능력과 자율적 실행구조를 갖춘 생존 메커니즘에 가깝다.

2025년 맥킨지 보고서에 따르면, 민첩성을 핵심 전략으로 삼는 글로벌 상위 10% 기업은 시장 변화에 대한 대응 속도가 2배 이상 빠르고, 신사업 전환의 성공률은 일반 기업 대비 1.8배 높았다. 조직 민첩성은 일반적으로 세 가지로 구분된다. 전략 민첩성은 환경 변화 속에서 기회를 포착하고, 필요 시 사업 영역에서 재빠르게 진입 또는 철수하며 자원을 재배치하는 능력이다. 포트폴리오 민첩성은 사업 영역 또는 기능 간 자산과 인력을 재구성하여 신속한 가치 재창출을 가능케 한다. 운영 민첩성은 제도, 프로세스, IT 인프라가 전략과 정합성을 갖고 유기적으로 작동하도록 만들어주는 기반 역량이다.

이러한 민첩성은 전통적 수직적 구조의 한계를 극복하고, cross-functional 중심의 수평적 조직 운영으로 전환할 때 비로소 실현된다.

최근 글로벌 선도 기업들은 팀 단위의 자율성과 책임성을 강화하며, 명령과 통제보다 협업과 실험을 중시하는 문화를 정착시키고 있다. 특히 프로젝트 중심 운영은 의사결정의 속도를 비약적으로 높이며, 전략 실행과 시장 반응 간의 시간 간극을 최소화한다.

한국 기업 중에서는 젠틀몬스터가 민첩조직의 대표적 사례로 부각된다. 젠틀몬스터는 브랜드 전략, 디자인, 기술 개발 등 다양한 분야의 전문가들을 프로젝트 단위로 엮는 자율 조직 구조를 운영하며, 급변하는 글로벌 시장에서도 독창성과 속도를 동시에 추구해 왔다. 이들은 상명하달보다 구성원 간 피드백과 실험을 중시하는 문화 아래에서, 스타트업의 민첩성과 글로벌 브랜드의 안정성을 동시에 확보하고 있다는 평가를 받고 있다. 이는 한국 기업들이 전통적 조직 패러다임을 넘어, 민첩성과 자율성 기반의 새로운 경쟁력 모델로 전환해야 함을 시사한다.

핵심인재 유지: '대퇴사의 시대'를 넘어서는 전략

코로나19 팬데믹 이후 노동시장의 새로운 표준이 된 '대퇴사(Great Resignation)'는 단순한 이직 붐이 아니라, 일과 삶에 대한 세대적 재인식의 결과물이다. 특히 MZ세대는 급여와 직위보다 일의 의미, 성장 가능성, 피드백과 연결성, 자율성과 유연성을 중시하며, 더 이상 전통적 인사관리 방식에 안주하는 기업에 미래를 맡기지 않는다. 2024년 오라클 AI@Work 설문조사에 따르면, 한국 직장인의 80%는 "향후 1년 내 이직을 고려 중"이라고 답했고, 이직 이유로 의미 없는 일, 성장 기회의 부족, 지속적인 피드백 부재가 주요 요인으로 꼽혔다. 이는 단순한 인사 정책 변화가 아니라, 조직 전체의 인식 전환을 요구하는 신호다.

첫째, 핵심인재 유지의 출발점은 커리어 경로의 시각화다. 구글은 내부 커리어 로드맵 시스템을 통해 각 직무별 성장 경로, 필요한 역량, 내부 이직 가능성 등을 명확히 안내하며 직원이 자신의 경력 경로를 시각화하고 미래를 설계할 수 있도록 지원한다. 이러한 경력 투명성은 이직률을 낮추고 조직에 대한 심리적 신뢰를 형성하는 데 결정적이다. 둘째, 멘토링과 사내 네트워크 구축도 중요하다. 세일즈포스는 고성과자와 신입 직원을 연결하는 경력 멘토링 프로그램을 운영하고 있으며, 이를 통해 구성원 간의 정체성 공유와 연대감을 강화하고 있다. 수직적 명령 체계가 아니라 수평적 관계 기반의 학습 조직 문화가 인재 유인에 효과적임을 보여주는 사례다.

셋째, 업무 자율성과 유연근무 제도 확대는 젊은 세대의 조직 몰입을 끌어올리는 핵심 수단이다. 최근 조사(잡코리아, 2024)에 따르면 Z세대의 64.5%는 리모트 워크와 자율 출퇴근이 직장 선택의 주요 기준이라고 응답했다. 이에 따라 국내에서도 카카오, 마이크로소프트코리아, NHN 등은 원격근무, 워케이션, 선택적 근무시간제 등을 조기 도입하며 이직률을 낮추고 있다. 중요한 점은 이러한 유연성이 단지 제도에 머물지 않고, 결과 중심의 성과평가 시스템과 결합할 때 조직 충성도가 높아진다는 것이다.

이제 한국 기업은 급여와 승진 중심의 전통 HR 전략을 넘어, 개인의 삶과 가치를 조직의 비전과 정렬시키는 경험 기반을 구축해야 한다. 젊은 세대는 조직에 귀속되기를 바라지 않는다. 그들은 자신의 성장이 존중받고 삶의 방향과 일의 의미가 연결되는 공간에 소속되기를 원한다. 이 기대에 응답하지 못하는 기업은 향후 인재 경쟁에서 밀려날 수밖에 없다.

웰니스와 일의 재정의: 일하는 방식의 대전환

조직문화에서 웰니스(wellness)는 이제 선택이 아닌 필수 전략으로 자리매김하고 있다. 이는 단순히 병가와 건강검진을 제공하는 차원을 넘어, 정신적 회복력, 감정적 안정, 사회적 연결성을 통합적으로 고려하는 조직 차원의 접근을 의미한다. 특히 팬데믹 이후 건강하게 일하는 법에 대한 사회적 관심이 급증하면서, 기업은 더 이상 직원의 성과만 요구하는 것이 아니라, 그들이 지속가능하게 일할 수 있는 조건을 만들어주는 것이 경쟁력의 핵심으로 인식되고 있다.

미국의 비영리단체 '4 Day Week Global'의 시범 사업에 따르면, 주 4일제를 도입한 41개 기업은 주당 근무시간을 38시간에서 33시간으로 줄였음에도 불구하고 생산성은 유지되거나 증가, 직원 스트레스는 27% 감소, 번아웃 지수는 31% 개선되는 성과를 얻었다. 이는 '더 많이 일해야 더 많은 성과를 낸다'는 기존 패러다임의 한계를 보여주며, 건강과 몰입의 균형이 조직성과와 직결됨을 입증한다.

웰니스 전략을 가장 체계적으로 운영하는 대표 사례는 세일즈포스(Salesforce)다. 이들은 사내 피트니스와 헬스장 멤버십 제공, 스트레스 관리 워크숍과 명상 트레이닝, 정신건강 워케이션 및 심리상담 프로그램, 웰니스 관련 지출에 대한 환급제도 등을 운영하고 있으며, 이러한 포괄적 웰니스 정책은 단순한 복리후생이 아닌 조직문화와 업무몰입을 통합하는 장기적 전략으로 기능하고 있다. 실제 세일즈포스는 2024년 기준 직원 만족도 90% 이상, 이직률 업계 평균 대비 40% 낮은 수치를 기록하며 웰니스의 효과를 입증하고 있다.

한국 기업도 이제 "열심히 일하면 병든다"는 인식을 전환해야 한다. 단순한 야근 금지나 휴가 장려만으로는 MZ세대의 기대를 충족시킬 수 없다. 조직 차원에서 웰니스 중심의 일 경험을 설계하고, 덜 일하고 더 건강하게, 더 집중해서 성과를 내는 문화를 구축해야 한다. 이는 근로자의 회복탄력성과 창의력을 이끌어내는 동시에, 기업의 지속가능성과 혁신 역량을 뒷받침하는 필수 조건이 될 것이다. 웰니스는 더 이상 복지의 영역이 아니라, 고성과 조직을 위한 핵심 경쟁 전략이다.

DEI의 내면화: 다양성과 포용성은 시대정신이다

DEI(Diversity, Equity, Inclusion)는 더 이상 선택의 문제가 아니라 글로벌 조직이 생존하고 성장하기 위한 필수 요건으로 자리잡았다. 다양성은 구성원의 배경, 성별, 인종, 연령, 정체성에서의 이질성을 존중하는 것이며, 형평성은 동일 출발선을 제공하고 제도적 불평등을 제거하는 과정이고, 포용성은 서로 다른 사람들이 존중받고 기여할 수 있는 조직 환경을 만드는 일이다. DEI는 선언적 가치가 아닌, 채용·보상·승진·교육·조직문화 등 전반에 구조적으로 내재화돼야 한다는 점에서, 오늘날의 시대정신으로 불릴 만하다.

넷플릭스는 DEI를 내면화한 대표적 사례다. 2021년 기준 여성 주연 콘텐츠 비율은 55%, 비백인 주연은 47%로, 이는 전통적인 할리우드 스튜디오보다 크게 앞선 수치다. 여성 감독 비율도 26.9%에 달했으며, 제작·연출·각본 등 창의 인력 전반에서 성별과 인종의 균형을 의식적으로 강화하고 있다. 미국 포춘 500대 기업의 97% 이상은 트랜스젠더 보호정책을 도입했으며, 무의식적 편견 해소 워크숍, 포용성 진단 시스템 등 실질적 제도 개선으로 이어지고 있다. 이는 단지 윤리적 요구가 아니라, 법적·경영적 요구로 자리매김하고 있다는 의미다.

한국 기업도 이제 형식적 다양성에서 작동하는 포용성으로의 전환이 필요하다. 이를 위해 첫째, 채용·평가·승진 과정에서 다양한 배경의 인재를 공정하게 발굴·육성하는 인식 전환이 요구된다. 둘째, 직장 내 DEI 지표를 구축하고 연례적으로 측정·보고하는 체계를 정착시켜야 한다. 셋째, 리더십 다양성 확대와 함께 모든 직급에 걸친 포용적 문화 교육을 제도화해야 한다. 하버드비즈니스리뷰(HBR, 2023)는 다양한 배경의 팀이 더 높은 혁신성과(2.3배)를 보인다고 분석했다. 다양성은 조직의 확장성을 키우는 전략이고, 포용성은 그 전략의 실행력을 높이는 핵심 동력이다. DEI는 '옳은 일'을 넘어 '이기는 전략'이다.

조직문화 Re-accumulation, 생존을 넘어 번영으로

오늘날 기업은 더 이상 단기 수익성과 효율성만을 추구하는 조직이 아니다. 지속 가능한 기업으로 거듭나기 위해서는 가치 기반 경영, 신뢰 중심 리더십, 건강한 일터, 다양성과 포용성, 그리고 자율성과 책임이 결합된 조직문화를 갖춰야 한다. 단편적인 변화나 표면적 제도 개선으로는 부족하다. 지금 필요한 것은 조직의 재구성이 아니라, 조직의 철학과 작동 원리를 근본부터 재정립하는 조직문화의 재축적(Re-accumulation)이다. 생존을 넘어 번영하기 위해, 기업은 이제 문화를 가장 중요한 성장 자산으로 인식해야 한다.

이러한 인식은 이미 글로벌 선도기업들 사이에서는 상식이 되었다. 예컨대 젠틀몬스터는 '예술이 곧 브랜드'라는 철학을 통해 감각적이고 파격적인 기업문화를 창조했고, 세일즈포스(Salesforce)는 Ohana라는 가족 중심의 조직문화를 통해 웰니스와 사회적 책임을 제도화했다. 구글(Google)은 심리적 안전성과 내적 동기를 기반으로 한 수평적 협업 문화를 고도화하고 있으며, 넷플릭스(Netflix)는 자유와 책임 문화 아래에서 자율성과 성과 중심의 인재정책을 운영하며 혁신을 이끌고 있다. 이들 기업은 모두 "문화가 전략을 이긴다"는 사실을 실증하고 있다.

한국 기업들 역시 문화 혁신을 조직의 핵심 어젠다로 삼아야 한다. 리더십의 철학 전환, 일 중심의 근무 환경 조성, 다양성과 포용의 제도 내면화, 그리고 구성원의 의미와 소속감 강화를 위한 피드백·보상체계 개선이 필요하다. 조직문화는 비용이 아니라 투자이며, 리스크가 아니라 '회복 탄력성의 원천'이다. 문화는 위기 속에서 조직을 지탱하고, 변화 속에서 방향을 제시하며, 구성원을 공동의 미래로 이끄는 가장 강력한 힘이다. 지금, 조직문화의 재축적은 한국 기업이 생존을 넘어 번영으로 나아가는 새로운 이정표가 되어야 한다.

요약

조직문화의 재축적은 단순한 변화가 아닌, 전략적 전환이다. 기업은 민첩성과 유연성을 중심으로 한 조직구조 개편, 핵심인재 유지를 위한 피드백 기반 HR 운영, 웰니스 중심의 일·삶 통합 전략, 그리고 다양성과 포용성(DEI)의 제도화를 동시에 추구해야 한다. 글로벌 사례는 이미 이러한 전환의 실효성을 입증하고 있으며, 한국 기업도 문화의 전환을 통해 지속가능한 경쟁력을 확보해야 한다.

당신의 생각은?

1. 민첩한 조직 운영을 위한 수평적 구조 전환은 과연 모든 산업에 적용 가능한가? 조직 문화의 이식성과 한계를 논의하라.
2. DEI 제도화를 위한 한국 기업의 현실적 장벽은 무엇이며, 이를 극복하기 위한 조직 내 문화교육의 실효성은 어떻게 평가할 수 있는가?

정책제언

1 민첩한 조직 운영 촉진을 위한 제도적 지원

정부 차원에서 스타트업·중소기업 대상의 Agile 조직 설계 컨설팅과 전문가 인력풀 운영을 지원하고, 경직된 인사제도 완화를 위한 제도 설계를 병행해야 한다.

2 웰니스 중심 조직문화 조성을 위한 세제 인센티브

기업이 직장 내 정신건강 관리 프로그램, 운동 지원, 유연근무제 운영 등에 투입하는 비용에 대해 세액 공제 혹은 복지비 항목 확대를 통해 도입 부담을 완화할 수 있어야 한다.

3 DEI 교육 의무화 및 진단지표 개발

ESG 및 지속가능경영 연계 차원에서 DEI 지표를 기업평가 항목에 포함하고, 이를 기반으로 한 교육 의무화 및 민간평가 지표를 공동 개발함으로써 문화경쟁력 강화를 촉진해야 한다.

리더십 Re-accumulation: 혼돈의 시대, 리더십의 재구성

혼돈이 상수인 시대, 리더십의 새로운 축적을 묻다

오늘날의 리더는 과거처럼 명쾌한 해답을 제시하는 존재라기보다, 복잡한 질문 속에서 의미를 탐색하고 관계를 조율하며 새로운 질서를 발명하는 존재로 진화하고 있다. 특히 팬데믹 이후 심화된 글로벌 공급망 위기, 기후위기, AI를 포함한 디지털 대전환, 그리고 MZ세대와 기성세대 간 가치 충돌은 정답이 없는 상황에서의 리더십 역량을 시험하고 있다. 이른바 영구적 혼돈(permanent disruption)의 시대, 리더는 통제를 넘어선 재축적(Re-accumulation)의 존재가 되어야 한다.

Re-accumulation은 단순한 역량 업그레이드를 뜻하지 않는다. 이는 신뢰, 감정, 관계, 목적, 통찰, 사회적 감수성을 포함한 리더십의 전면적 재정의다. 2024년 딜로이트의 글로벌 휴먼 캐피털 트렌드에 따르면, 전 세계 기업 중 72%가 조직의 목적 재정립이 경영성과에 직결된다고 응답했고, 61%는 리더가 사회적 책임을 수행할 수 있는 공감 기반 의사결정 역량을 가장 중요한 리더십 자질로 꼽았다. 이는 과거와 달리, 위기 속에서도 리더가 이해관계자 모두를 위한 가치를 창출할 수 있는 감성적 · 도덕적 능력을 요구받고 있음을 보여준다.

이제 리더는 지시에서 협력으로, 경쟁에서 공동창조로, 이익에서 영향력으로 전환하는 길 위에 서야 한다. 성과 중심의 관리자로서가 아니라, 공명하는 목적을 바탕으로 조직과 사회를 이끄는 설계자이자 의미의 전달자로 진화해야 한다. 스스로를 재축적한 리더만이 구성원과 공동체의 신뢰를 회복하고, 위기의 시대 속에서도 다음 도약을 준비할 수 있다. 혼돈은 끝이 아닌, 리더십 진화의 시작이다.

Beyond Profit to Impact: 이익을 넘어 영향력으로

이제 기업의 존재 이유는 단순한 이익 창출에 머무르지 않는다. 기후 위기, 사회적 불평등, 공급망 윤리 등 글로벌 이슈가 경영의 최전선으로 떠오르면서, 임팩트 중심 경영(Impact Leadership)은 더 이상 선택이 아닌 생존 조건이 되었다. 2024년 PwC의 보고서에 따르면, 전 세계 소비자의 76%가 가치 기반 소비를 지향하며, 직원의 64%는 "사회적 책임을 다하지 않는 기업에는 장기 근속 의사가 없다"고 응답했다. 시대는 기업에게 무엇을 벌었는가 보다 어떻게 영향력을 발휘했는가를 묻고 있다.

대표적 사례는 유니레버의 전 CEO 폴 폴먼의 리더십이다. 그는 "주주 자본주의를 넘어서 모든 이해관계자를 위한 지속가능한 미래"라는 목표 아래, 'Unilever Sustainable Living Plan(USLP)'을 출범시켰다. 이 계획은 단순한 CSR을 넘어, 제품의 환경 영향 최소화, 10억 명의 삶의 질 향상, 공급망 노동자의 생계 개선이라는 구체적 목표를 중심으로 ESG 전략을 기업의 본질적 가치에 통합시켰다. 특히 분기 실적 발표를 과감히 폐지하고 장기 전략에 집중한 결정은 단기주의에 경도된 글로벌 금융 시스템 내에서 이례적이면서도 선도적인 실험이었다.

그 결과, 유니레버는 지속가능성과 수익성의 공존을 입증했다. ESG 중심 브랜드가 전체 매출의 50% 이상을 차지하며, 브랜드 충성도와 시장 점유율 모두에서 성장을 이뤄냈다. 이는 리더가 임팩트를 중심으로 기업의 목적을 재정의할 때, 조직은 더욱 신뢰받고 지속 가능한 성장을 실현할 수 있다는 것을 시사한다. 오늘날 리더는 더 이상 '얼마나 벌었는가'가 아니라, '무엇을 변화시켰는가'로 평가받는다.

Beyond Expectations to Wholeness: 기대를 넘어 온전함으로

과거 리더는 흔히 '모든 것을 아는 전문가' 또는 '무오류의 판단자'로 묘사되었다. 그러나 21세기 불확실성의 시대에서 조직이 진정으로 필요로 하는 리더는 완벽한 존재가 아니라, 온전한 사람(whole person)이다. 감정 회복탄력성, 자기 인식, 정서적 공감 능력, 그리고 진정성 있는 소통이 새로운 리더십의 핵심 역량으로 떠오르고 있다. 2024년 Harvard Business Review는 직원들은 기술보다 리더의 진정성(authenticity)과 취약성(vulnerability)에 더 많은 신뢰를 보낸다고 분석하며, 이른바 웰니스 기반 리더십의 부상을 강조했다.

유비소프트의 CEO 이브 기예모(Yves Guillemot)는 이러한 변화를 가장 극적으로 체현한 리더 중 하나다. 사내 성희롱 사건과 권력 남용 논란이 조직 전반에 충격을 준 이후, 그는 책임을 외면하지 않고 조직 문화의 뿌리부터 다시 설계하는 데 나섰다. 차별과 배제 없는 채용 절차, 정신건강 상담과 리질리언스 트레이닝 확대, 상시 피드백 시스템 도입 등은 모두 리더의 온전함에서 비롯된 구조적 변화였다. 특히 기예모는 "내가 모든 답을 갖고 있지 않다"는 점을 공개적으로 인정하며, 구성원들의 목소리에 귀 기울이는 리더십을 실천해왔다.

그 결과 유비소프트는 위기를 기회로 전환하며 조직의 심리적 안전감(psychological safety)을 회복했고, 내부 몰입도와 생산성 역시 크게 개선되었다. 이는 리더가 스스로의 한계를 인정하고 인간적인 온전함을 드러낼 때, 조직은 더욱 자율적이고 창의적인 집단으로 진화할 수 있음을 보여준다. '강함의 시대'는 저물고 있다. 오늘날 진짜 강한 리더는 자신의 연약함조차 조직의 성장 동력으로 바꾸는 사람이다.

Beyond Command to Collaboration: 지시를 넘어 협력으로

과거의 조직은 명령과 통제, 일방향 커뮤니케이션을 중심으로 작동했다. 그러나 디지털 전환과 MZ세대의 부상은 그러한 구조에 균열을 일으키고 있다. 특히 수평적 소통, 자율성, 그리고 공동창조(co-creation)에 대한 요구는 이제 리더십의 중심축을 통제에서 협력으로 이동시키고 있다. 2025년 갤럽 보고서에 따르면, 자율과 협력을 기반으로 한 팀은 그렇지 않은 팀보다 생산성이 21%, 직원 몰입도는 34% 더 높게 나타났다. 이는 단순한 운영방식의 변화가 아니라, 리더십 패러다임의 구조적 전환을 의미한다.

글로벌 보험·컨설팅 기업 에이온(Aon)의 Aon United 이니셔티브는 이러한 협업 리더십의 대표 사례다. 기존의 제품군, 지역 본부, 기능별 조직을 통합해 전사적 협업 체계를 구축한 이 전략은, 60여 개 분절된 브랜드를 하나의 가치 네트워크로 재편했다. 이를 통해 고객 중심의 다학제 팀을 구성하고, 부서 간 정보 장벽을 해소했으며, '내 것'이 아닌 우리 것을 지향하는 조직 문화를 구현했다. 이는 단절에서 연결로, 경쟁에서 상생으로 전환한 수평적 리더십 모델이다.

IBM의 CEO 아르빈드 크리슈나 역시 전통적인 기술 중심 리더십에서 벗어나 개방형 협업(OpenCulture)을 강조하며, 파트너 생태계와의 공동 진화를 주도하고 있다. SAP, Adobe, Salesforce 등과의 전략적 파트너십을 통해 IBM은 AI 및 하이브리드 클라우드 분야에서 고객 맞춤형 솔루션을 설계했고, 단일기업의 역량을 넘어선 플랫폼 기반 경쟁력을 확보했다. 이는 리더가 내부 협업을 넘어 외부 생태계와도 수평적으로 연대하며 성장할 수 있음을 보여주는 모범 사례다.

오늘날의 리더는 더 이상 모든 것을 결정하는 사령관이 아니다. 다양한 주체를 연결하고, 신뢰를 자산으로 바꾸며, 협력의 힘으로 혁신을 설계하는 조정자이자 촉진자로서의 리더십이 필요한 시대다. 협업은 리더의 약함이 아닌, 조직의 강함을 실현하는 가장 강력한 도구가 되었다.

Beyond Control to Evolution: 통제를 넘어 진화로

통제와 일관성은 오랫동안 리더십의 핵심 덕목으로 여겨졌다. 하지만 변화가 일상이 된 오늘날, 그 기준은 더 이상 유효하지 않다. 팬데믹, 기술 혁신, 지정학적 리스크 등 예측 불가능한 변화 속에서 학습하는 조직만이 생존하고 성장할 수 있다. 2024년 맥킨지 보고서에 따르면, 변화 대응 능력과 학습 민첩성(learning agility)이 높은 조직은 신제품 성공률이 2배 이상 높고, 인재 이탈률은 평균보다 40% 낮았다. 이제 리더십의 중심은 통제에서 진화로 이동하고 있다.

이러한 진화형 리더십의 대표적 사례는 글로벌 핀테크 기업 인튜이트(Intuit)다. 인튜이트는 조직 전반에 '빠른 실패, 빠른 학습(rapid experimentation)' 문화를 정착시켰다. 직원들은 업무 시간의 일정

부분을 창의적 실험에 사용할 수 있으며, CEO와 임원진은 실패 경험을 내부 포럼에서 솔직히 공유하며 심리적 안정감을 조성한다. 또한, 유망한 사내 아이디어에 대해 과감한 자금 지원을 실행함으로써, 상명하달식 R&D가 아닌 자율 기반 혁신 구조를 구현하고 있다.

이러한 접근은 신기술 변화에 대한 적응력 향상은 물론, 고객 중심 서비스 개선에도 기여했다. 실제로 인튜이트는 최근 AI 기반 세금 신고 서비스 TurboTax Live를 통해 사용자 만족도와 시장 점유율을 동시에 끌어올렸다. 이 과정에서 반복 실험과 학습의 누적이 핵심 경쟁력으로 작동했다. 리더가 실수를 허용하고, 실험을 권장하며, 학습을 장려할 때 조직은 더 이상 지시에 따라 움직이는 집단이 아닌, 스스로 진화하는 유기체로 거듭난다.

지금 필요한 리더는 통제를 잘하는 리더가 아니라, 학습의 속도를 설계하는 리더다. 불확실한 시대에는 정답보다 학습이, 일관성보다 유연성이, 통제보다 진화가 더 강력한 리더십의 언어다.

Beyond Competition to Cocreation: 경쟁을 넘어 공동창조로

기존의 리더십은 경쟁 우위 확보에 집중되어 있었다. 그러나 오늘날 기술 주기가 짧아지고 시장이 초연결 구조로 재편되면서, 더 이상 단독 승자는 존재할 수 없다. 이제는 경쟁을 넘어 공동창조(Co-creation)의 시대다. 2025년 세계경제포럼(WEF)은 "가장 강한 기업은 경쟁자를 파트너로 바꾸고, 고객을 공동 설계자로 초대하는 조직"이라며 경쟁적 협업(coopetition)의 중요성을 재차 강조했다. 이는 리더가 단일 조직이 아닌, 생태계 전체의 전략을 설계하는 '거시적 설계자'로 진화해야 함을 의미한다.

대표 사례는 애플과 TSMC의 파트너십이다. 애플은 TSMC와의 협력을 통해 A시리즈, M시리즈 칩셋을 공동 개발하며 고유의 설계력과 생산력을 통합했다. 이는 단순한 공급계약을 넘어선 공동혁신으로, 시장의 기술 기준 자체를 새로 설정한 협업이다. 마찬가지로 테슬라는 파나소닉과의 협업을 통해 기가팩토리를 구축하며 배터리 원가 절감과 품질 제고를 동시에 달성했다. 두 기업은 서로의 경쟁자이자 파트너로서, 산업 전체의 구조를 진화시키는 생태계 주도형 리더십을 실현했다.

이제 리더는 내부 성과에 만족하는 관리자가 아니라, 고객, 파트너, 심지어 경쟁자와도 가치를 공동으로 설계하는 촉진자가 되어야 한다. 이는 제품 중심이 아닌 관계 중심의 전략이며, 단기 수익이 아닌 장기적 생존과 혁신을 위한 선택이다. 공동창조는 타협이 아니라, 새로운 가능성을 여는 전략적 진화다. 변화의 시대에 진짜 리더는 혼자서 가장 빨리 가는 사람이 아니라, 함께 가장 멀리 가는 사람이다.

리더십 Re-accumulation의 사회적 의미

리더십 Re-accumulation(재축적)은 단순한 리더 개인의 역량 개발을 의미하지 않는다. 그것은 조직 운영 방식의 패러다임 전환이며, 기업과 사회, 현재와 미래를 연결하는 구조적 변화를 뜻한다. 불확실성이 일상이 된 시대, 리더는 더 이상 강력한 통제자나 전지전능한 전문가가 아니라, 의미를 설계하는 설계자, 에너지를 순환시키는 촉진자, 공동체의 신뢰를 복원하는 연결자로서의 정체성을 새롭게 구축해야 한다. 이는 리더십을 권력에서 목적 중심으로, 통제에서 참여로, 성과 중심에서 영향력 중심으로 이행시키는 사회적 움직임이다.

이러한 리더십의 재축적은 조직문화의 지형도까지 바꾸고 있다. 기존의 상명하달식 의사결정 구조는 구성원의 자율과 창의성을 억제해왔으나, Re-accumulation은 심리적 안전감과 수평적 소통 기반 위에 세워진 참여형 문화를 전제한다. 이는 개인이 일터에서 '무엇을 성취했는가'보다 '어떻게 공감하고 연결되었는가'를 통해 리더십을 경험하게 만들며, 특히 MZ세대 구성원에게는 자기효능감과 정체성 확립의 핵심 조건으로 작용한다. 따라서 리더십 Re-accumulation은 다음 세대를 위한 새로운 리더십 모델로 작동할 수밖에 없다.

나아가 이는 기업의 지속가능성과 시민사회와의 관계에도 결정적 영향을 미친다. ESG, DEI, 사회적 가치 창출과 같은 외부 요구는 이제 리더 개인의 신념이 아니라 기업 전략의 핵심 축이며, 이 축을 관통하는 철학이 바로 영향력 중심 리더십이다. Re-accumulation은 조직 내부의 변화로 끝나지 않는다. 그것은 사회와 기업을 잇는 신뢰의 재건, 미래 세대를 위한 리더십 모델의 재정립, 민주적 조직문화의 진화를 촉진하는 거대한 사회적 전환의 이름이다. 지금, 리더십은 다시 쌓아야 할 때다. 그러나 그 축적은 권력이 아니라 공명하는 목적 위에 이루어져야 한다.

요약

기술, 기후위기, 사회 가치 변화가 일상화된 오늘날, 리더십은 Re-accumulation이 필요하다. 이는 이윤 중심의 경영을 넘어 사회적 영향력 중심으로, 지시와 통제에서 협업과 실험의 문화로 전환하는 것을 뜻한다. 유니레버, 유비소프트, IBM 등의 사례는 진정성과 공동창조에 기반한 리더십이 조직의 지속가능성과 경쟁력을 동시에 강화할 수 있음을 보여준다. 미래의 리더는 전문가를 넘어 온전한 인간으로서의 모습을 갖춰야 하며, 산업 생태계의 변화를 주도할 수 있는 전략가로 진화해야 한다. 리더십은 더 이상 개인의 자질이 아니라 조직과 사회의 집단적 진화 과정이다.

당신의 생각은?

1. 포용성과 정서적 안정 기반 리더십이 한국 조직문화에 어떻게 내재화될 수 있는가?
2. 리더십의 사회적 책임 확대가 단기적 재무성과에 어떤 영향을 미치며, 그 균형은 어떻게 설정할 것인가?

정책제언

1 공공 및 민간 리더십 교육 한국실정에 맞는 커리큘럼 설계 고도화

리더십을 기술적 역량이 아닌 심리·사회적 자질로 접근해야 하며, 이를 위한 정규 교육과정 마련이 필요하다.

2 리더십 평가지표에 ESG 성과 및 이해관계자 만족도 반영 의무화

성과 중심 평가에서 사회적 영향력 중심 평가로 전환하여, 지속가능한 경영을 촉진하는 제도적 장치를 마련해야 한다.

3 '사회적 리더십 인증제' 도입을 통한 리더십 혁신 촉진

기업 리더의 지속가능성 실천, 포용성, 공동창조 역량 등을 인증하고 공공조달 및 투자에서 인센티브 제공해야 한다.

5장

외국인 노동자 시대, 우리는 준비되었는가

외국인 인력 활용방안 마련 시급하다

외국인 인력, 초저출산·지역인구감소 시대의 국가 전략 전환

한국은 외국인에게 안전한가? 이주노동자의 구조적 산업안전 사각지대

저출산·고령화가 심화되는 한국 사회에서 외국인 인력은 이제 단순한 대체재가 아닌, 노동시장과 지역사회의 지속가능성을 좌우할 핵심 인적자원이다. 그러나 현재 외국인 인력 정책은 뚜렷한 중장기 전략 없이 단기 충원 위주로 운영되고 있어, 숙련인력 확보나 산업맞춤형 배치에 한계를 드러내고 있다. 특히 지역 중소기업과 농어촌, 돌봄·제조업 등 주요 인력난 현장에서는 외국인 인력 의존도가 급증하고 있으나, 이들에 대한 체계적인 활용 방안과 정주 지원은 매우 미흡하다. 또한, 산업 현장에서 외국인 노동자들은 언어 장벽, 불완전한 교육, 안전 매뉴얼 부재 등으로 인해 구조적 산업안전 사각지대에 놓여 있다. 화성 화재 참사에서 드러났듯, 위험은 비정규직과 외국인에게 집중되고 있으며, 이는 단순한 우연이 아니라 제도와 문화의 결과다. 이제는 외국인 인력을 '보조 노동력'이 아닌 '노동 파트너'로 인식하고, 법·제도·문화 전반의 패러다임 전환이 요구된다. 한국이 글로벌 노동력 시장에서 신뢰받는 국가로 나아가기 위해선, 안전하고 존중받는 노동환경 구축이 선결 과제다.

외국인 인력 활용방안 마련 시급하다

외국인력 활용, 더 이상 선택이 아닌 필수

2025년 현재 대한민국은 저출산과 고령화가 초래하는 충격파를 본격적으로 체감하고 있다. 올해 1분기 합계출산율은 0.65명으로 또다시 사상 최저치를 경신했으며, 생산가능인구(15~64세)는 2017년 이후 무려 8년 연속 감소세를 이어가고 있다. 2025년에는 생산가능인구가 전체 인구의 70% 이하로 내려앉으며, 인구 구조의 불균형이 경제와 사회 전반에 미치는 영향이 현실화되고 있다.

이러한 인구구조 변화는 산업 전반에 걸쳐 심각한 노동력 부족을 초래하고 있으며, 이는 단순한 고용 시장의 문제가 아니라 국가의 지속 가능한 성장 가능성 자체를 좌우하는 핵심 과제로 부상하고 있다. 특히 제조업, 건설업, 농림축산업 등 기존 산업뿐만 아니라, 신산업 분야에서도 인력난이 심각해지고 있어, 경제 구조 전반에 걸쳐 노동력 재편이 불가피한 상황이다.

이런 배경에서 외국인력 활용은 더 이상 일부 업종에 국한된 임시적 대책이 아니다. 산업 경쟁력 유지, 경제성장 지속, 지역사회 존속을 위한 국가적 차원의 중장기 전략으로 재구조화되어야 한다. 단순히 단기 충원으로 비전문 인력을 수급하는 차원을 넘어, 외국인 전문인력, 숙련기술인력, 청년 고급인재를 체계적으로 유입하고 정착시키는 전략적 인재 확보정책으로 외국인력 정책을 대전환해야 한다.

외국인력 도입 확대: 수요 급증과 공급 대응

2025년 현재, 대한민국은 외국인력 도입 규모를 한층 더 확대하고 있다. 정부는 2024년에 이어 2025년에도 역대 최대 규모를 경신하며 비전문 외국인력(E-9 비자) 도입 규모를 18만 명 수준으로 결정했다. 이는 전년도 16만5,000명 대비 약 9% 증가한 수치로, 급격히 심화되고 있는 내국인 노동력 부족 현상에 대응하기 위한 불가피한 조치로 평가된다.

특히 2025년에는 음식점업, 임업, 광업 외에도, 도시 기반 시설 유지보수, 물류·창고업, 스마트팜 농업 등 신규 산업군을 중심으로 외국인 고용 허용 업종이 추가로 확대되었다. 이는 단순히 일부 전통산업에 국한된 대응이 아니라, 산업 전반의 광범위한 인력난을 체계적으로 보완하려는 전략적 조정으로 이해할 수 있다.

대한상공회의소가 2025년 상반기에 발표한 외국인력 수급 실태 조사에 따르면, 외국인력 도입 확대 필요성에 대해 응답 기업의 92.7%가 찬성 의사를 밝혔다. 특히 중소 제조업체(94%), 농축산업(96%), 건설업(91%) 등 주요 산업 부문에서는 인력 부족이 단순한 일시적 현상이 아니라 구조적 문제로 자리 잡았으며, 내국인의 이직 증가, 청년층의 3D 업종 기피 심화, 고령화에 따른 기존 인력 이탈 등 복합적 요인이 겹쳐 심각성이 가중되고 있는 것으로 나타났다.

더욱이, 2025년 현재 국내 청년층의 경제활동참가율은 역대 최저 수준으로 하락했고, 고령층(60세 이상) 노동시장 참여율은 증가했으나, 이들이 선호하는 직종과 조건이 한정되어 있어 중간 숙련노동 수요를 충족시키지 못하고 있다. 이에 따라 정부는 외국인력 도입을 보충 수단이 아닌 구조적 인력 대체 수단으로 공식화하고, 외국인 근로자의 체류 요건, 직업훈련, 고용안정성 제고를 포괄하는 정책 패키지 마련에도 착수한 상태다.

결론적으로, 2025년 한국 산업현장은 외국인력 없이는 정상적인 생산활동이 어려운 수준에 다다랐다. 이는 외국인력 활용이 단순 인력 수급의 문제가 아니라, 향후 산업구조 개편과 지속 가능한 성장 기반 확보를 위한 핵심 전략 과제로 부상했음을 의미한다.

외국인 유학생 및 연수생 활용체계 구축

2025년 우리나라에서 대학 학위 또는 연수 과정을 이수한 외국인 유학생(D-2) 및 연수생(D-4)은 약 23만2,000명에 이른다. 이들은 한국어 기초능력과 문화 적응력, 전공 분야에 대한 교육 이력을 갖춘 인재들이지만, 학위 취득 이후 상당수가 본국으로 돌아가거나 제3국으로 이주하고 있는 실정이다. 이는 단지 취업비자 발급 요건의 문제만이 아니라, 체류 자격 제한, 한국 기업의 채용 인식, 언어능력 기준, 일자리 매칭 시스템의 미비 등 복합적인 제도적 장벽에 기인한다. 결과적으로, 고등교육을 받은 유학생을 숙련인재로 전환하지 못하는 이 구조는 국가 인력정책의 비효율성을 극명하게 드러낸다.

반면 독일은 '전문인력 이주법(FEG)'을 통해 직업훈련 이수자까지 전문인력으로 인정하고, 졸업생에 대해서는 장기 체류와 취업의 연계 경로를 법제화하고 있다. 특히 이공계 및 산업수요 기반 전공자는 체류 요건을 완화하고, 고용주와의 매칭을 유도하는 프로그램을 공공기관 주도로 운영하고 있다. 이처럼 '학위 취득→취업→정착'이라는 선순환 구조를 제도화함으로써, 독일은 국내 교육을 받은 외국인을 '해외유출'이 아닌 '내부자원화'하는 데 성공하고 있다.

한국도 이제는 유학생과 연수생을 단순 교육수혜자가 아닌 전략적 숙련인력으로 재정의해야 한다. 첫째, 이공계·IT·바이오 등 국가전략산업 관련 전공자에 대해 별도 트랙의 E-7 비자 간소화, 또는 일정 요건 충족 시 자동 체류자격 전환 제도를 도입할 필요가 있다. 둘째, 한국어 능력 기준의 현실화와 함께, 고용주-유학생 간 공공 취업매칭 플랫폼을 구축해 정보비대칭을 줄여야 한다. 셋째, 졸업 후 일정 기간 내 취업 시 정착지원금, 주거 보조, 사회적응 교육 등 유인책을 제공하고, 지방 중소기업과 연계한 정주형 고용모델을 활성화하는 것도 중요한 전략이다.

고령화, 청년인구 감소, 산업 전환의 삼중 압박 속에서 한국은 인재를 키우되 떠나보내는 체계에서 벗어나야 한다. 유학생은 잠재적 인재가 아니라, 이미 검증된 내부자원이다. 이제는 이들을 머물게 하고 함께 일하게 만드는 제도 혁신이 필요한 시점이다. 그 관점에서 외국인 유학생 활용은 고용정책이자 인구정책이며, 미래 산업경쟁력 확보의 열쇠가 될 수 있다.

부처 간 분산과 통합 부재: 외국인력 관리 체계의 일원화 필요

현재 외국인 인력 관련 정책은 출입국과 비자를 법무부, 노동시장 유입과 고용관리는 고용노동부, 다문화가정 지원은 여성가족부가 각각 담당하고 있다. 이로 인해 종합적 전략 수립과 실행력이 크게 저하되고 있으며, 외국인 근로자 관리와 지원체계 역시 중복되거나 공백이 발생하고 있다.

그러나 현재 한국의 외국인력 관리체계는 여전히 단순충원 중심, 부처별 분산적 운영, 체계적 훈련과 경력관리 부족이라는 구조적 한계를 안고 있다. 출입국관리는 법무부, 고용과 직업훈련은 고용노동부, 사회통합과 다문화가정 지원은 여성가족부가 각각 담당하는 등 정책 주체가 분산되어 있어, 종합적·전략적 대응이 어렵다. 외국인 근로자의 직업훈련은 업종별로 파편화되어 있어 실질적인 생산성 향상이나 산업 내 이동성 증진 효과를 기대하기 어렵다. 이에 따라 외국인력 도입·활용 정책은 이제 국가인구전략, 산업전환전략, 지역균형발전전략과 유기적으로 연계하여 설계해야 한다. 단순 충원 수준을 넘어서, 장기 체류형 숙련 인재 전략, 국가 필요산업 우선 유입 전략, 사회통합을 전제로 한 인력관리 전략으로 근본적 전환이 필요한 시점이다.

외국인 관련 정책이 법무부, 고용노동부, 여성가족부 등으로 분산되어 있어 통합적 정책 집행이 어려운 현 구조는 반드시 개선되어야 한다. 선진국 사례를 참고할 때, 독립적인 '외국인력청(가칭)' 혹은 '국가인력정책위원회'와 같은 전담 조직을 설치하여 체계적인 유입 관리, 고용지원, 정착지원 정책을 일원화해야 한다. 이를 통해 부처 간 칸막이로 인한 정책 비효율성을 제거하고, 외국인력 관련 법·제도를 유기적으로 정비할 수 있다.

통합적 외국인력 관리와 숙련이민 촉진

세계 각국은 고령화와 산업구조 전환 속에서 외국인력을 단순한 노동 대체자가 아닌 전략적 자원으로 활용하고 있다. 독일과 캐나다는 대표적으로 외국인 전문인력 유치를 위한 체계적이고 통합적인 숙련이민 모델을 운영하고 있으며, 이들의 정책은 단순한 체류 허용을 넘어 직업훈련, 언어교육, 정착지원, 고용매칭까지 포괄하는 '원스톱 통합 시스템'을 구축하고 있다. 반면 한국은 여전히 단기 비숙련 인력 중심의 분절된 접근에 머물러 있으며, 유학생, 연수생, 기능인력, 전문직의 활용 체계는 제도적으로 분리돼 있다. 이로 인해 숙련이민의 유입은 미미하고, 국내 교육을 받은 외국인 인재마저 유출되는 현실이 이어지고 있다.

독일은 2020년 '전문인력 이주법'을 통해 대학 졸업자뿐만 아니라 직업교육 이수자도 전문인력으로 인정하고 체류를 허용하고 있다. 연방노동청(BA)을 중심으로 고용서비스, 독일어 교육, 정착지원이 통합 제공되며, 특히 중소기업(SME)의 숙련인력 확보를 위해 지자체-고용센터-직업훈련기관의 지역 협력체계를 활성화하고 있다. 이는 숙련이민자의 조기 정착을 가능하게 하고, 중소기업의 구조적 인력난을 완화하는 데 기여하고 있다.

캐나다는 Express Entry 제도를 통해 기술·숙련·가족이민을 통합적으로 점수제 기반으로 관리하며, 이민 심사와 취업 매칭을 동시에 진행하는 구조를 갖추고 있다. 특히 고수요 직군(STEM, 의료, 농업 등)에 대해서는 우선 초청제도를 운영하고, 이민자 정착 서비스(ISC)를 통해 언어교육, 문화적응, 취업훈련까지 패키지 형태로 제공한다. 이러한 접근은 이민자의 빠른 경제 참여를 촉진하고, 다문화 환경에서도 사회통합을 실현하는 핵심 동력으로 작동하고 있다.

한국도 이제는 숙련이민 중심의 외국인력 통합 관리체계로 전환해야 한다. 첫째, 이공계 전공자, 첨단산업 직무군, 지역 제조업 수요 기반 직종에 대해 점수제 기반의 통합 숙련이민 시스템을 도입하고, 비자 발급과 고용 연계를 통합 관리하는 '외국인력 통합 플랫폼'을 구축해야 한다. 둘째, 지역 거점 중심의 정착지원 인프라를 확대하고, 중소기업과의 직접 연계를 강화하는 '지역 기반 이민협력 모델'을 제도화할 필요가 있다. 셋째, 유학생, 직업훈련 이수자, 기능인력 간 이동과 체류 전환이 가능한 일관된 경로설계가 중요하다.

숙련된 외국인력은 인구절벽 시대 한국경제의 지속가능성을 좌우할 핵심 자산이다. 단기 충원형 비숙련인력 중심의 정책을 넘어, 장기 체류 가능성과 산업 연계성, 사회통합 가능성을 기준으로 한 전략적 숙련이민체계가 절실히 요구된다. 이제는 '일손을 채우는 정책'이 아니라, '함께 성장할 인재를 유치하는 전략'으로 전환할 때다.

단순충원 중심 외국인력 정책의 한계와 전략적 전환의 필요성

한국의 외국인력 정책은 오랜 기간 생산직과 단순노무직 중심의 충원 전략으로 유지되어 왔다. 이는 고용허가제를 통해 농축산업, 제조업, 건설업 등 인력난을 겪는 업종에 외국인 근로자를 투입함으로써 단기적 수급 불균형을 완화하는 데 기여해왔다. 그러나 저출산·고령화의 구조화, 내국인의 3D 업종 기피, 첨단산업 중심의 산업 전환 속도 등을 감안할 때, 단순 충원 중심의 방식은 더 이상 지속가능한 대안이 될 수 없다. 단기 충원에서 장기 정착, 저숙련 노동에서 고숙련 전문인력 확보로 외국인력 정책의 패러다임을 전환해야 한다.

우선, 지금까지의 정책은 빈자리 채우기에 집중한 나머지 외국인 인력의 질적 수준과 산업 전략 간의 연결이 미흡했다. 반면 선진국들은 숙련이민 중심 정책으로 방향을 전환하고 있다. 예컨대 독일은 '전문인력 이주법'을 통해 직업훈련 이수자도 숙련인력으로 인정하고, 캐나다는 Express Entry 시스템을 통해 STEM, 의료 등 전략 산업군 고급인재에 대해 우선 초청 프로그램을 운영하고 있다. 이는 단순히 사람을 데려오는 것이 아니라, 국가 성장전략과 연계된 인재 유치정책으로 작동하고 있다는 점에서 한국이 배워야 할 시사점이다.

향후 한국은 다음의 세 가지 방향으로 전략을 전환해야 한다. 첫째, 고급·숙련 인력 중심 비자 체계를 정비해 이공계·ICT·의료·바이오·스마트농업 등 첨단 산업 분야 외국인 인재의 체류·취업을 용이하게 해야 한다. 예컨대 학위 취득 후 일정 요건을 충족한 외국인 유학생에 대해 자동 체류 자격 전환제(E-7 등)을 확대하고, 기술 분야 인재에게는 정착지원금, 주거보조, 세제 혜택 등의 인센티브를 도입할 필요가 있다.

둘째, 중소기업 및 지방 산업과 연계된 숙련 인력 유치모델을 구축해야 한다. 특히 지방에서는 생산인력 부족이 더 심각한 상황이므로, 지역별 맞춤형 숙련인력 정착 프로그램을 도입하고, 지자체·기업·교육기관 간 연계 플랫폼을 통해 장기 체류형 인력관리 시스템을 운영해야 한다. 셋째, 외국인력 활용의 공공성과 지속가능성을 확보하기 위해, 숙련인력에 대한 사회통합 교육, 언어훈련, 경력개발 지원제도를 통합 설계해야 한다. 이는 단순 고용이 아니라 공동체 구성원으로서의 전환을 유도하는 제도적 기반이 될 수 있다.

결론적으로, 단순충원 중심의 정책은 산업의 성장과 국가의 지속가능성이라는 구조적 목표와 더 이상 부합하지 않는다. 이제는 외국인 인력을 대체재가 아닌 성장 파트너로 바라보는 관점의 전환이 필요하다. 전략산업과 지역 균형을 고려한 숙련 중심 이민정책으로의 구조적 전환이 지금 시급히 요구된다.

외국인력의 생산성 향상을 위한 근로자의 직업훈련 체계 강화

2025년 현재 한국의 외국인력 정책은 여전히 단순노무·생산직 중심의 충원모델에 머물러 있다. 고용허가제(E-9), 방문취업제(H-2) 등을 통해 중소제조업, 건설업, 농축산업 등에 필요한 인력을 공급하고 있지만, 이는 단기적 인력공백 해소를 위한 대응일 뿐, 저출산과 고령화가 장기화된 한국 사회에서 지속가능한 해법이 될 수는 없다. 특히 인구감소와 산업구조 고도화가 동시에 진행되는 오늘날, 단순 충원 중심의 정책은 기술혁신·경쟁력 제고라는 국가 전략 목표와 괴리되는 한계를 드러내고 있다.

앞으로 한국은 단순노동력 유입을 넘어서, 숙련·전문 인력 확보와 장기 정착을 중심으로 외국인력 정책의 패러다임을 전환해야 한다. 특히 반도체, 바이오헬스, 인공지능, 스마트농업, 고령친화 의료산업 등 국가전략산업 분야에서는 고급 기술 인재에 대한 수요가 급증하고 있으며, 이들을 내국인 인력만으로 충당하는 것은 현실적으로 불가능하다. 그럼에도 불구하고 현재 한국의 체류비자 제도, 인력 매칭 시스템, 정착지원 정책은 여전히 단순노동 중심의 설계에 머물러 있어 숙련 인재의 유입과 정착을 저해하고 있다.

따라서 정책은 다음의 세 가지 방향으로 재설계되어야 한다. 첫째, 직무 기반 비자제도로의 전환이 필요하다. 산업별 숙련직군에 대해 '전문인력용 고용허가제'를 별도로 설계하고, 체류 연장과 영주권 전환 요건을 명확히 해야 한다. 둘째, 이공계·첨단기술 전공 외국인 유학생 및 연수생의 정착 경로를 제도화하고, 졸업 후 취업 연계형 체류자격(E-7 등)을 자동 전환하는 방식을 도입해야 한다. 셋째, 이들의 사회 정착을 지원하는 거버넌스 기반의 정착지원 인프라—주거, 언어, 교육, 문화통합 프로그램—를 지역 단위에서 구축하고, 중소기업 및 전략산업과 연계된 인센티브를 도입해야 한다.

단순 충원의 시대는 끝나가고 있다. 이제는 '누구를 데려오느냐'보다 '누가 함께 머무르며 성장하느냐'가 관건이다. 숙련된 외국인 인재의 확보와 정착은 한국이 직면한 인구위기와 산업 전환기의 돌파구가 될 수 있으며, 이를 위해서는 정책의 기조가 단순 충원에서 전략적 유입과 통합으로 전환되어야 한다. 이것이 바로 인력 정책의 지속가능성을 담보하는 첫 걸음이다.

사업장 변경제도의 합리적 개편

외국인 근로자의 무단 이탈과 부당한 사업장 변경 요구는 중소기업과 농축산업 등 외국인력 의존도가 높은 사업장에서 생산 차질과 인력공백으로 이어지며, 고용주에게 큰 부담을 안겨주고 있다. 특히 일부 업종에서는 불법 브로커의 개입과 단체 이탈 현상까지 발생하고 있어 제도적 정비가 시급하다. 이에 따라 2024년부터 정부는 업종·권역 내 이동제한 규정을 도입하고, 사유 없는 이탈 시 체류자격 제한과 송환 등 제재를 강화하고 있다. 그러나 이러한 조치가 외국인력의 인권 침해나 과도한 통제로 작용하지 않도록, 합리적 기준과 이중적 균형을 갖춘 제도 개편이 병행돼야 한다.

우선, 사업장 변경 사유의 명확화 및 고도화가 필요하다. 현재는 임금체불, 폭행, 폐업 등 일부 중대 사유에만 제한적으로 변경을 허용하고 있지만, 노동시간 과다, 숙소환경, 직무불일치 등 복합적·비물질적 사유도 고려할 수 있도록 변경 요건을 다층화할 필요가 있다. 특히 1차 변경 이후 반복 변경은 엄격히 제한하되, 공인노무사나 공공기관의 중재·검토 절차를 필수화해 사전조율 없는 무단이탈을 방지하고,

공정한 변경 경로를 제공해야 한다.

둘째, 업종·권역 내 이동제한의 보완적 운영이 요구된다. 지역 단위의 노동수급 불균형과 기업 간 격차를 감안할 때, 완전한 고정은 시장 유연성을 해친다. 따라서 일정 조건 하에 권역 간 탄력적 이동을 허용하고, 이동 허용 기준은 고용노동부·지자체·외국인력지원센터가 공동 심사하는 다자적 조정체계로 운영해야 한다. 이와 함께, 불법 단체 이탈·브로커 유입에 대한 모니터링 체계를 강화하고, 이탈 유도자에 대한 형사책임과 연계된 처벌 조항도 명확히 해야 한다.

셋째, 사업장 변경제도는 단속이 아닌 상생적 유인체계로 설계되어야 한다. 일정 기간 이상 동일 사업장에서 근속한 외국인 근로자에게는 체류연장 혜택, 고용보험 환급, 주거지원 등 긍정적 인센티브를 부여하고, 우수 고용사업장에는 외국인력 배정 시 우선권을 제공하는 구조로 운영해야 한다. 이와 동시에 불성실한 고용사업장에 대해서는 외국인력 신규 배정 제한, 고용허가 제한 등 패널티 중심의 역인센티브 제도를 병행해야 한다.

결국, 사업장 변경제도 개편의 목표는 '억제'만이 아니라 질서 있는 유인과 공정한 이동 경로의 확보다. 외국인 근로자는 한국경제의 중요한 노동 주체이며, 제도는 이들이 노동의 권리를 보호받으면서도 책임을 다할 수 있는 환경을 만들어야 한다. 지금 필요한 것은 강제적 고정이 아니라, 선별된 이동과 책임 있는 자율성의 제도화다.

요약

대한민국은 저출산·고령화로 인한 심각한 노동력 부족 문제에 직면하고 있으며, 외국인력은 산업 경쟁력 유지에 필수적인 요소가 되었다. 그러나 단순충원 중심의 기존 정책은 구조적 한계를 드러내고 있으며, 전문인력 확보와 장기 정착을 유도하는 전략적 접근이 시급하다. 선진국들은 통합적 외국인력 관리체계를 구축하고, 고급 숙련 인재 유치에 주력하고 있다. 한국도 유학생 활용, 직업훈련 체계화, 외국인력 관리일원화 등 전면적 정책 혁신이 필요하다. 외국인력 활용은 이제 국가경쟁력의 근간을 결정짓는 핵심 과제가 되었다.

당신의 생각은?

1. 외국인 유학생 및 연수생을 국내 숙련 인력으로 전환하기 위해 어떤 정책적 인센티브와 지원체계가 효과적일까?
2. 외국인 근로자의 무단이탈 및 사업장 변경 문제를 해결하면서도 이들의 기본권을 보장할 수 있는 균형 있는 제도 설계는 가능할까?

정책제언

1 외국인 전문인력 채용 지원 프로그램 도입

유학생 및 이공계 전공 외국인 졸업자를 대상으로 취업비자(E-7) 전환 간소화, 기업 매칭 프로그램, 초기 정착비 지원 제도를 마련해야 한다. 이를 통해 한국에 체류 중인 고급 인재를 효과적으로 국내 산업에 유입하고 경쟁력을 강화할 수 있다.

2 외국인력 통합관리청 설립 및 일원화 추진

법무부, 고용부, 여성가족부 등 분산된 외국인력 관리를 '외국인력청' 등 통합기구로 일원화하여 정책의 일관성과 효율성을 확보해야 한다. 이를 통해 외국인 유입-고용-정착-교육 전 과정의 통합적 관리와 정책 집행을 강화할 수 있다.

3 직업훈련체계 혁신 및 생산성 연계 지원

체류자격별, 업종별 외국인 직업훈련 프로그램을 모듈화하여 산업 현장에 즉시 적용 가능한 역량을 개발하도록 하고, 생산성 향상 기업에 인센티브를 부여해야 한다. 이를 통해 외국인력의 노동시장 기여도를 높이고, 고용주 부담을 경감시킬 수 있다.

외국인 인력, 초저출산·지역 인구감소 시대의 국가 전략 전환

소멸하는 지역, 멈춘 산업… 외국인 인력을 다시 설계해야 할 시간

대한민국은 인구구조의 대전환기에 직면해 있다. 2024년 기준 합계출산율은 0.75명으로 역대 최저치를 기록하며, OECD 38개국 중 유일하게 0명대 국가라는 불명예를 안았다. 동시에 65세 이상 고령인구 비율은 19.5%를 넘어 초고령사회에 도달했다. 이러한 인구 변화는 단순한 사회문제를 넘어 노동력 기반, 지역경제, 연금·의료 등 전 영역에 파급효과를 일으키고 있다. 특히 지방은 인구 감소와 고령화로 산업 기반 자체가 붕괴 위기에 처해 있다. 2024년 기준으로 전국 기초지자체의 62%가 인구 자연감소 지역으로 분류되고, 소멸위험지수가 위험 단계에 도달한 지자체는 125곳에 이른다. 이는 지방 대학과 산업 생태계 붕괴로 이어지며 국가균형발전 자체가 흔들리는 위기다. 이는 단순한 경고가 아니라 생존의 문턱에 선 지역사회가 급증하고 있다는 방증이다.

이러한 배경 속에서 외국인 인력정책은 단순한 노동력 보완 수단이 아닌, 인구·경제·지역사회의 존립을 위한 국가 생존 전략으로 재정립되어야 한다. 고용노동부와 한국산업인력공단이 운영해 온 고용허가제(E-9)를 통해 2004년부터 약 100만 명의 외국인 근로자가 입국했으나, 현장의 구인난은 여전히 심화되고 있다. 외국인 인력의 활용은 제조업, 농축산업, 건설업 등 저숙련 분야에 한정되어 있으며, 지방의 인구유지나 지역 산업 지속 가능성을 위한 체계적인 연계는 부족하다. 2025년 현재 체류 외국인 수는 약 240만 명으로 전체 인구의 4.6% 수준에 이르지만, 이들을 노동력이 아닌 지역사회 구성원으로 수용하는 구조는 여전히 미흡하다.

앞으로의 외국인 인력정책은 산업정책, 인구정책, 지방균형발전정책, 교육정책이 통합된 다차원 전략으로 전환되어야 한다. 첫째, 단순 인력 충원을 넘어 숙련·전문 인력 도입과 장기 체류 기반 확대가 필요하다. 숙련 외국인력에 대한 비자 유연화, 가족 동반 허용, 정착 인센티브 제도 도입이 주요 과제다. 둘째, 지방대학과 연계한 '지역 정착형 유학생 전환 제도', '지역 기업-대학-지자체 고용협약(LEA)'을 통해 외국 인재가 지방에 뿌리내릴 수 있는 기반을 마련해야 한다. 셋째, 산업안전, 주거, 언어, 교육 등 외국인의 삶의 질을 개선하는 기반 서비스를 강화함으로써, 대한민국을 '살고 싶은 나라'로 재설계해야 한다. 지금의 외국인 인력정책은 '단기 수급의 기술'이 아닌 '인구 전략의 예술'로 진화해야 할 시점이다.

기존 제도의 한계와 숙련인력 정책 전환의 필요성

2004년 도입된 고용허가제(E-9)는 지난 20여 년간 국내 산업현장의 인력 부족을 일정 부분 해소해왔지만, 그 한계 또한 분명하다. 제조업, 농축산업, 건설업 등 비전문 직종에 한정된 단기 체류 중심의 구조는 근본적인 인력 문제를 해결하지 못하고 있다. 한국산업인력공단에 따르면 2023년까지 고용허가제를 통해 입국한 누적 외국인 근로자는 약 94만 명에 달했지만, 2025년 현재도 중소기업 현장에서는 "사람만 있으면 공장을 돌릴 수 있다"는 말이 나올 정도로 만성적인 인력난이 지속되고 있다. 이처럼 현 제도는 산업현장의 수요에 기민하게 대응하지 못하고 있으며, 인력 확보 경쟁이 전 세계적으로 격화되고 있는 현실과도 괴리를 보이고 있다.

현재 한국의 외국인 인력제도는 여전히 저임금 단순노동자 중심에 머물러 있다. 반면 일본은 2019년 '특정기능자 제도'를 도입해 14개 업종에 숙련 외국인을 유치하고 있고, 독일은 2020년 '숙련노동자 이민법'을 제정하여 비EU권 인재에게도 장기 체류 및 가족동반 정착 기회를 제공하고 있다. 이러한 국제적 변화에 뒤늦게 대응한 한국은 2024년부터 숙련기능인력(E-7-4) 제도를 확대 운영하며 연간 쿼터를 3만 5천 명으로 증원하였다. 특히 일정 기간 단순노무직을 성실히 근무한 외국인에게 점수제를 통해 숙련인력 자격을 부여하고, 장기 체류 및 체류 자격 전환을 허용하는 제도를 도입한 것은 고무적인 변화다. 이는 회전문식 단기 체류에서 정착형 장기 체류로 정책 패러다임이 이동하고 있음을 보여준다.

그러나 정책의 방향 전환에도 불구하고 여전히 구조적 보완이 요구된다. 첫째, E-7-4 제도의 적용 산업이 일부 제조업에 국한되어 있어, 서비스업, 돌봄, 의료 등 인력 부족이 심각한 타 산업으로의 확장이 시급하다. 둘째, 체류 자격 전환 과정에서 점수제의 투명성과 예측 가능성 제고가 필요하며, 자격 요건에 대한 업종별 세부 기준도 정교화돼야 한다. 셋째, 정착을 위한 주거·교육·노동권 보호 및 가족동반 제도의 보완이 병행되어야 한다. 외국인 인력은 더 이상 일시적인 대체 인력이 아니라, 한국 사회의 노동과 지역을 함께 지탱할 공존 인프라다. 2025년의 한국은 이민정책에 가까운 외국인 인력정책의 대전환기를 맞고 있다. 진정한 정착형 국가 전략으로의 이동이 필요한 시점이다.

유학생 유치와 글로벌 브레인 확보 전략

정부는 2027년까지 외국인 유학생 30만 명 유치를 목표로 설정했고, 특히 AI, 반도체, 바이오헬스, 이차전지 등 국가전략산업을 이끌 고급 이공계 인재 확보에 정책 역량을 집중하고 있다. 그러나 현실은 녹록치 않다. 2024년 기준 국내 유학 후 한국에서 취업에 성공한 외국인 유학생 비율은 28.9%에 불과하며, 그마저도 상당수가 전공과 무관한 단순 서비스직에 종사하고 있다. 이는 비자 체계의 비탄력성, 취업정보 접근의 어려움, 산업계의 인식 부족 등 구조적 한계가 복합적으로 작용한 결과다.

한국은 이미 첨단산업 중심으로 고급 인재 수요가 폭증하고 있다. 특히 반도체·AI·바이오 분야는 산업부와 과기정통부가 밝힌 바에 따르면 2025년 기준 10만 명 이상의 고급 기술인력 수요가 발생할 것으로 전망된다. 이에 따라 외국인 유학생을 교육소비자가 아닌 경제 공동체의 핵심 인재로 재정의할 필요가 있다. 이를 위해 세 가지 축이 중요하다. 첫째, 전공 기반 취업 매칭 시스템 구축을 통해 유학생이 학문과 연계된 산업계로 자연스럽게 진입할 수 있도록 지원해야 한다. 둘째, 졸업 후 체류비자 전환을 간소화하고, 정주를 위한 주거·언어·노동권 보호 프로그램을 확대해야 한다. 셋째, 기업-대학-정부가 공동으로 운영하는 인턴십 연계 채용 모델을 통해 '교육-산업-정착'의 선순환 생태계를 구축해야 한다.

국제적 모범 사례는 이미 존재한다. 덴마크는 '그린카드 제도'를 통해 자국 내 부족한 고급 기술인력을 해외 인재로 채우고 있으며, 캐나다의 Express Entry 프로그램은 STEM 분야 석·박사 인재를 우선 선발해 영주권으로 연계하는 구조를 가지고 있다. 이에 비추어볼 때, 한국도 현재 논의 중인 이민청 설립을 통해 고급인력 유치의 국가 컨트롤타워를 구축하고, 과학기술·의료·디지털 분야 인재를 전략적으로 관리하는 체계를 마련해야 한다. 유학생은 더 이상 '잠시 머물다 가는 손님'이 아니라, 한국 사회의 미래를 함께 만들어갈 동반자다. 지금이 바로 그 인식을 제도로 전환할 결정적 시점이다.

지역 중심 외국인 인력 전략의 재구성

한국의 외국인 인력 활용정책이 수도권 중심의 단기 대체 수단으로 고착된 반면, 지방은 인력난 해소를 위한 실질적 대안 없이 소외되어 왔다. 그러나 인구소멸 위기의 최전선에 있는 것은 지방이며, 외국인 인력이 실질적인 '인구 댐' 역할을 수행하는 지역도 점차 나타나고 있다.

울산 동구의 사례는 이를 단적으로 보여준다. 현대중공업과 현대미포조선의 조선업 노동력 수요를 외국인 근로자가 메우고 있으며, 이로 인해 2023년부터 해당 지역의 인구가 감소세에서 증가세로 전환되었다. 특히 외국인 주민 수가 60% 이상 증가하며 지역 상권과 공동체 구조에도 긍정적 영향을 주고 있다. 이 같은 사례는 지역산업과 연계된 외국인력 활용이 단순히 공급자 중심이 아닌 정착형 인구전략으로 작동할 수 있음을 시사한다.

그러나 지방정부는 여전히 외국인 정주와 관련한 역량이 부족하다. 지자체의 외국인 지원부서는 소규모이며, 다문화가정과 외국인 근로자, 유학생 등의 서비스 체계도 단절되어 있다. 행정적 지원, 언어·문화 교육, 자녀 교육, 지역 커뮤니티 연계 등 삶의 조건을 갖추는 인프라 구축 없이는 외국인 인력의 지속가능한 유입과 정착은 어렵다.

지방정부는 이제 인구정책의 핵심 주체로 자리 잡아야 하며, 외국인 유입정책 역시 지방 주도의 분권형 거버넌스로 설계되어야 한다. 일본의 '지방창생 정책(Local Revitalization)'은 지방정부가 자율적으로 외국인 유입 전략을 설계할 수 있도록 권한과 재원을 분산한 대표적 사례다. 지방세 인센티브, 주거 지원, 생활통합 프로그램을 패키지로 제공함으로써 '외국인이 머무르고 싶은 지역'을 조성해냈다.

산업별 맞춤형 외국인 인력 수급 정책

현재 한국의 외국인 고용허가제는 업종별 한도, 고용제한 조건, 비자 유형이 지나치게 일률적으로 구성되어 있다. 그러나 산업의 특성, 숙련도 필요, 장기고용 구조는 업종마다 천차만별이다. 산업별로 유연한 외국인 고용정책을 도입하지 않으면, 인력난을 겪는 핵심 업종일수록 구조적 공백이 심화될 수밖에 없다.

조선업은 단기·중기·장기 프로젝트의 결합 구조이며, 용접·배관 등 기술 기반의 직종이 주를 이룬다. 이는 반복적인 경험을 통해 숙련도가 축적되는 업종으로, 단기 순환식 외국인 근로자로는 안정적 수급이 어렵다.

농축산업은 계절성과 숙소·의사소통 등의 생활환경 제약이 크며, 소규모 단위로 분산되어 있다. 계절근로자 제도의 확대뿐 아니라, 공동고용 협동조합이나 '지역단위 고용지원센터' 운영을 통해 중간지원 조직이 필요하다.

의료복지 산업의 경우, 요양시설과 방문간호·재가복지 인력 부족이 심각한데, 단순체력노동이 아닌 정서적 돌봄과 언어소통이 중요한 직군이다. 이 경우 '특화된 언어교육+자격연수+정주교육'이 결합된 사전교육 시스템이 전제되어야 한다.

ICT·AI·반도체 산업은 고숙련 전문인력을 필요로 하며, 대부분이 석·박사급의 글로벌 인재 확보 경쟁 속에 놓여 있다. 이 분야에서는 체류기간 보장, 세제혜택, 가족동반, 경력인정 등 글로벌 경쟁력을 갖춘 유인책이 필요하다. 이처럼 산업별 맞춤형 외국인 인력전략은 기술수준, 지역 조건, 인력유입의 속도·지속성에 따라 설계되어야 하며, 법무부·고용부 중심의 일률적 쿼터관리 방식으로는 한계가 명확하다.

제도적 한계와 거버넌스의 재정립

한국의 외국인 인력정책은 현재 법무부, 고용노동부, 교육부, 산업부, 행정안전부, 지자체 등 다부처에 걸쳐 분산되어 있으며, 정책 간 충돌과 비효율이 빈번하다. 특히 이민정책과 외국인 노동정책, 유학생 유치정책, 산업인재 양성정책이 제각각 추진되면서 통합적 전략 수립이 어렵다.

이러한 구조적 문제를 해결하기 위해서는 이민청 설립이 더 이상 미뤄질 수 없다. 이민청은 단순한 명칭 변경이 아니라, 외국인 인력의 입국-체류-정착-귀화에 이르는 생애 전 주기에 대한 통합 거버넌스 체계를 구축하는 의미를 갖는다.

캐나다는 이민부(IRCC), 독일은 연방이민청(BAMF), 호주는 이민성(Department of Home Affairs)을 중심으로 통합된 정책 추진과 서비스를 제공한다. 한국도 외국인 인력의 체류, 고용, 사회통합을 총괄하는 전문기관을 두고, 산하에 지역별 지원센터와 산업별 고용매칭 조직을 병행해야 한다.

사회통합을 위한 거버넌스와 국민 인식 변화

외국인 인력을 활용한다는 것은 단순한 인력 채용을 넘어선, 한국 사회와의 장기적 공동체 구성을 의미한다. 따라서 제도적 수용력뿐만 아니라, 사회적 수용성 또한 핵심 과제로 대두되고 있다.

한국은 외국인 비율이 OECD 평균(약 13%)에 비해 현저히 낮음에도 불구하고, 이민자에 대한 사회적 수용성 조사에서는 중하위권에 머물고 있다. 특히 범죄율, 치안 불안, 일자리 잠식 우려 등 잘못된 인식이 외국인 커뮤니티를 배제하고 있는 실정이다.

이를 극복하기 위해서는 다문화에서 다인종·다민족 통합으로 패러다임 전환이 필요하다. 지역사회와의 공존, 언어·문화적 이해, 공동체 기여 인센티브 등이 담긴 통합 프로그램이 요구된다. 덴마크의 '사회통합협약', 캐나다의 '인종다양성 전략'은 참고할 만한 모델이다.

정부는 외국인 대상 홍보보다 오히려 내국인 대상의 인식 개선, 공존 교육, 언론 프레이밍의 전환에 주력해야 하며, 이를 위해 지방정부·언론·시민단체의 협업이 요구된다.

외국인 인력, 생존의 전략에서 번영의 전략으로

우리는 이제 더 이상 외국인력 도입을 일시적 대체재나 소극적 보완 수단으로 바라보아서는 안 된다. 저출생, 초고령화, 지방소멸, 산업공백이라는 대한민국의 구조적 위기를 감안할 때, 외국인 인력의 전략적 활용은 단순한 인력정책을 넘어 국가 생존전략이 되어야 한다. 이제는 생존을 넘어 지속가능한 성장과 사회 통합이라는 더 큰 프레임 속에서 외국인 인력정책을 재구성해야 할 시점이다.

현재 한국 사회가 직면한 문제는 하나의 부처나 법률로 해결할 수 없는 복합적이고 다층적인 문제다. 산업구조 변화와 인력 미스매치, 지역 인구소멸과 교육자원 고갈, 청년의 직무 회피와 고령화의 진전 등은 서로 연결되어 있으며, 이를 해결하기 위한 정책통합적 접근이 반드시 요구된다.

외국인 인력 활용정책도 마찬가지다. 우리는 그간 고용허가제나 계절근로자 제도 같은 협소한 제도틀 안에서 외국인 인력 문제를 다뤄왔고, 이는 인력 부족을 해소하기에는 턱없이 부족한 수준이었다. 산업계는 "사람만 있으면 수출물량을 맞출 수 있다"고 절규하고, 지역은 "공장 이전이 아니라 인구 유입이 필요하다"고 외친다. 이에 비해 정부의 정책은 여전히 절차적 규제, 부처 간 칸막이, 예산·인력의 비대칭으로 인해 전략이 아닌 방어에 머물러 있다.

그러나 다행히 변화의 조짐은 보이고 있다. 이민청 설립 논의, 숙련기능인력 쿼터 확대, 외식업·요양 등 취업업종 확대, 유학생 유치 확대 등은 단편적이나마 그 방향성을 보여준다. 다만 이 모든 흐름을 하나의 체계로 엮어낼 거버넌스와 사회적 대타협의 틀이 시급하다.

이를 위해 우리는 다음의 세 가지 방향에 주목해야 한다. 첫째, 외국인 인력을 대체·보조자가 아닌 동료 시민으로 보는 시각의 전환이다. 한국에서 일하고, 한국에서 세금을 내고, 한국에서 아이를 키우며 살아가는 외국인은 단순히 노동자가 아니라 한국 사회의 구성원이다. 이들에게 인간다운 삶의 조건, 안정된 체류, 교육과 의료, 주거의 기회를 제공해야만 사회적 통합이 가능하다.

둘째, 산업별·지역별 맞춤형 전략의 구체화다. 조선업은 고용형태와 숙련도가 다르고, 농축산업은 계절성과 주거환경이 관건이며, ICT 산업은 고학력자와 장기정착 인센티브가 중요하다. 획일적인 제도로는 이런 다양성을 담아낼 수 없다. 지역 단위로 산업 특성과 연계한 고용허가 방식, 외국인 정주프로그램, 가족동반 체계 등을 유연하게 설계할 수 있어야 한다.

셋째, 국민적 수용성을 높이기 위한 소통과 협력 체계 구축이다. 외국인 인력정책은 국민들의 동의 없이 성공할 수 없다. "일자리를 뺏긴다"는 오해를 해소하고, "외국인도 우리의 이웃"이라는 공동체 인식을 심어주는 언론, 교육, 지역사회 활동이 절실하다. 갈등을 조정하고 혐오를 예방하며, 공존의 문화를 확산하는 정책 커뮤니케이션이 병행되어야 한다.

한국은 이제 인구 5,000만 국가에서 인구 4,000만, 3,000만 국가로의 전환기를 맞고 있다. 이 흐름을 되돌릴 수 없다면, 우리는 다른 선택을 해야 한다. 바로 외국인을 포용하고 함께 성장하는 사회로의 전환이다. 외국인 인력정책은 더 이상 국가의 비용이 아닌, 사회 자본의 투자가 되어야 하며, 이 전환은 지금 이 순간부터 시작되어야 한다.

요약

한국은 세계 최저 수준의 출산율, 급속한 고령화, 지방소멸 위기, 산업현장의 인력난이라는 다중 구조적 위기에 직면해 있다. 외국인 인력정책은 이러한 구조적 문제를 해결하기 위한 핵심 전략으로, 기존의 단순충원형 제도에서 숙련인력 중심의 장기 정주형 시스템으로 전환되어야 한다. 이민청 설립, 유학생의 정착지원, 산업별 맞춤형 비자체계, 지역 단위 외국인 통합지원 시스템 등 포괄적 거버넌스를 마련할 시기다. 외국인 인력을 '동료 시민'으로 수용하는 사회적 인식 전환 없이는 정책은 성공할 수 없다.

당신의 생각은?

1. 지방소멸과 산업공백의 해법으로서 외국인 인력 전략은 어떤 방식으로 설계되어야 하는가? 지방정부가 산업구조와 인구정책을 통합해 외국인 유입 전략을 주도할 수 있는 권한과 책임은 어디까지 허용되어야 하며, 중앙정부와의 역할 분담은 어떻게 조정되어야 하는가?
2. 외국인 노동자에 대한 사회적 수용성 확보는 어떤 방식으로 가능하며, 혐오와 갈등을 줄이기 위한 정책은 무엇이 되어야 하는가? 교육, 언론, 시민사회가 역할을 분담하고, 법적·제도적 보호 장치와 함께 사회적 대화 플랫폼이 병행되어야 하지 않는가?

정책제언

1 이민청 설립을 통한 외국인력정책 일원화

외국인 인력의 입국부터 정착, 사회통합, 귀화까지 아우르는 종합 컨트롤타워로서 이민청을 설립하고, 고용부·법무부·교육부 기능을 통합한다. 정책 충돌 방지와 일관성 있는 이민전략 수립이 핵심 목표이다.

2 산업·지역 맞춤형 외국인 인력 도입 모델 도입

조선업, 농업, ICT 등 업종 특성에 따라 외국인 고용 조건을 유연화하고, 지역 지자체가 산업별 수요를 반영해 고용쿼터를 제안할 수 있는 '지자체 외국인고용제안제'를 도입한다.

3 유학생 체류유지를 위한 취업 연계 플랫폼 구축 및 비자제도 개선

전공 일치 채용매칭, 체류비자 전환 간소화, 중소기업 채용 연계 인센티브, 지방대학 유학생 채용기업에 대한 세액공제 등 유학생을 '산업인재'로 유도하기 위한 체계적인 제도화가 필요하다.

한국은 외국인에게 안전한가?
이주노동자의 구조적 산업안전 사각지대

참사에서 구조를 읽다: 화성 화재의 본질

2024년 5월 24일, 경기도 화성의 리튬 배터리 제조업체 아리셀에서 발생한 대형 화재는 단순한 사고가 아니라 구조적 인재(人災)였다. 총 23명의 사망자 중 18명이 외국인 노동자였고, 이들은 대부분 공장 내 가장 깊숙한 공간에서 발견됐다. 이들이 사망에 이른 핵심 요인은 불완전한 비상대피 매뉴얼과 언어 장벽, 폐쇄된 피난 경로, 그리고 위험 인지조차 할 수 없었던 근무 환경이다. 특히 고위험물질인 리튬을 취급하는 공정임에도 불구하고, 비상대응 체계는 제대로 작동하지 않았고, 안전교육과 경보 시스템은 한국어로만 제공돼 외국인 노동자에게는 무의미했다.

화성 화재는 대한민국 산업현장의 고질적인 시스템 리스크를 적나라하게 드러냈다. 산업안전보건법 제37조는 외국인 노동자를 위한 다국어 안전교육과 표지 설치를 의무화하고 있으나, 현실에서는 여전히 다수의 사업장에서 무시되거나 형식적으로만 시행되고 있다. 특히 간접고용, 파견, 하청 구조 속에서 외국인 노동자는 '실질적 보호의 공백지대'에 놓이며, 산업안전망에서조차 배제된다. 현장의 구조는 '누구에게 안전이 우선되는가'라는 질문 앞에 명확히 차별적이다. 법과 제도가 존재한다는 사실만으로는 생명을 지킬 수 없다. 보호는 적용될 때에만 실효성이 있다.

이제 우리는 산업안전이 문서가 아니라 현장에 존재해야 한다는 사실을 직시해야 한다. 단지 법 조항을 강화하는 것을 넘어, 모국어 기반의 안전교육 시스템 도입, 외국인 노동자 전담 안전관리자 지정, 간접고용 구조 내 원청 책임 강화, 비상상황 대응 역량 사전 이수제 도입 등의 실효적 대책이 병행되어야 한다. 화성 화재는 단발적 사건이 아니다. 이것은 한국 산업사회의 구조가 빚어낸 결과이며, 더 늦기 전에 그 구조 자체를 바꾸는 일에 나서야 한다. 그렇지 않다면 우리는 또 다른 화성, 또 다른 인재를 마주하게 될 것이다.

위험은 왜 외국인에게 집중되는가: 구조적 배분의 문제

산업재해 통계는 '누가 위험을 감당하는가'에 대한 냉정한 진실을 보여준다. 고용노동부 자료에 따르면, 2023년 산업재해 사망자 971명 중 외국인 노동자는 약 10.5%에 달했다. 이는 전체 노동자 대비 외국인 노동자 비중(약 4~5%)을 감안할 때 2배 이상 높은 수치이며, 특히 건설업, 제조업, 화학물질 취급 등 고위험 업종에서는 더욱 심화된다. 수도권 외곽 중소제조업체의 경우 외국인 노동자 비율이 30%를 넘는 사례도 많다. 위험은 무작위로 배분되지 않는다. 그것은 구조화된 방식으로, 사회적 약자에게 집중된다.

이러한 분배는 단순한 우연이 아니다. 언어 장벽으로 인한 정보 차단, 고용불안정으로 인한 위험 회피의 어려움, 파견 및 하청 중심의 간

접고용 구조, 법적 보호 장치의 실질적 미비 등이 복합적으로 작용한다. 외국인 노동자는 대부분 현장 위험에 대해 설명받지 못한 채 작업에 투입되며, 문제 제기를 할 경우 계약해지의 위협에 직면한다. 이는 개인의 선택이 아니라, 거부할 수 없는 사회경제적 위치가 낳은 결과다. 미국 노동통계국(BLS) 역시 2023년 보고서에서 비시민권자의 직업별 사망률이 시민권자보다 2배 이상이라며, 글로벌 산업구조에서 이주노동자가 '위험을 흡수하는 존재'로 기능하고 있음을 경고했다.

다수의 선진국은 이러한 불균형을 완화하기 위해 이주노동자 전용 안전교육 플랫폼, 언어권별 감독관 배치, 위험작업 고용 제한제 등을 운영하고 있다. 반면 한국은 여전히 제도는 있으나 현장 적용은 부재한 단계에 머물러 있다. 지금 필요한 것은 형식적 동등함이 아닌 실질적 보호의 우선 배분이다. 즉, 위험에 노출된 사람에게 더 많은 보호와 권한이 주어져야 한다. 외국인 노동자는 한국 산업의 구성원이자 시민사회의 일원이다. 그들에게 위험을 강요하고 보호를 외면하는 구조는 결국 한국 산업의 지속가능성을 스스로 훼손하는 길임을 직시해야 한다.

위험의 외주화와 불법파견: 반복되는 참사의 메커니즘

화성 화재 참사는 단지 안전 불감증의 문제가 아니다. 이 사건은 '위험의 외주화'와 '불법파견'이라는 구조적 고리를 통해 반복되는 산업재해의 메커니즘을 여실히 드러냈다. 희생된 외국인 노동자 대다수가 '메이셀'이라는 인력공급업체 소속으로 명시되어 있었지만, 실제로는 아리셀의 지휘와 감독 하에 작업을 수행하고 있었다. 이는 산업통상자원부 고시에 따른 파견근로자 보호 등에 관한 법률을 명백히 위반한 불법파견에 해당하며, 단순한 법규 위반이 아닌 생명에 직결된 위법 행위다.

문제의 핵심은 불법파견이 노동자 보호의 사각지대를 구조화한다는 데 있다. 파견업체는 현장 통제권이 없고, 원청은 문서상의 지휘 책임이 없다는 이유로 법적 책임을 회피할 수 있는 면책의 벽을 갖는다. 이로 인해 산업안전관리자도 현장에 없고, 사고 발생 시 누구도 책임을 지지 않는 무주공산의 공간이 만들어진다. 특히 위험물 취급과 같은 고위험 작업이 하청 및 파견노동자에게 집중되고 있다는 점은 고 김용균 씨가 사망한 태안화력발전소 사고와도 동일한 구조를 보여준다. 위험은 내려 보내고, 책임은 올려보내지 않는 이 고질적 구조는 참사를 예고된 사건으로 만들고 있다.

국제사회는 이러한 구조를 제도적으로 차단하고 있다. 미국의 산업안전보건청(OSHA)은 '공동고용자 원칙(Joint Employer Rule)'을 통해 원청과 파견업체 모두에게 동일한 수준의 산업안전 책임을 부과하고 있으며, 책임 회피를 불가능하게 만든다. 반면 한국은 산업안전보건법상 원청의 형식적 지휘·감독 여부를 판단 기준으로 삼고 있어, 문서상 책임만 회피하면 사고 책임도 함께 면제되는 구조가 반복되고 있다. 지금 한국 사회가 직면한 과제는 명확하다. 산업재해를 방지하기 위해서는 파견 및 하도급 구조의 전면적인 투명화와 함께, 원청의 책임을 실질적으로 강화하는 법제도 개혁이 시급하다. 이를 외면한다면, 화성은 결코 마지막이 아닐 것이다.

산업안전보건법의 실효성과 언어 장벽

한국의 산업안전보건법은 외국인 노동자에 대한 안전보건 정보를 그들의 모국어로 제공하도록 명시하고 있다(제37조). 하지만 현장 적용의 실태는 이러한 법의 취지를 무색하게 만든다. 특히 일용직 중심의 파견근로자나 외국인 노동자가 밀집된 중소제조업 현장에서는 한국어 교육자료만 비치되거나, 아예 교육 자체가 생략되는 경우가 빈번하다. 법은 존재하지만 실천되지 않으며, 이는 곧 법의 실효성이 없는 상태를 의미한다.

화성 화재 참사도 이와 같은 무책임한 현실의 연장선에 있다. 사고 당시 사망자 중 다수는 비상 대피로에 대한 정보를 제공받지 못했고, 위험물질에 대한 교육 역시 한국어로만 이루어진 것으로 밝혀졌다. 심지어 외국인을 대상으로 한 별도 안전교육 기록도 존재하지 않았다. 안전 관련 법이 존재함에도 이를 제대로 집행하지 않고, 법적 의무를 피하기 위한 형식적 문서 작업만 존재하는 현장은 결국 인간의 생명을 위협하는 불법에 가까운 합법의 공간이다.

국제사례는 보다 실질적 접근을 보여준다. 독일은 산업안전 포털을 통해 교육자료를 10개 언어로 제공하고 있으며, 외국인 노동자 고용 전 50시간의 사전 교육 이수 후에만 고용을 허용한다. 일본도 기술연수생 제도 하에 고용 전 최소 40시간의 안전·노동법 교육을 의무화하고, 위반 시 고용 금지 및 벌금을 부과하는 실질적 제재를 가한다. 이에 비해 한국은 산업안전보건법상 의무 조항이 존재함에도 불구하고, 현장에서는 행정 편의와 비용 회피를 이유로 집행을 사실상 방기하고 있다. 언어는 단순한 커뮤니케이션 수단이 아닌 생명을 구하는 핵심 요소이다. 지금 필요한 것은 법 조항의 존재가 아니라, 그것이 노동자의 삶을 지켜내는 작동 가능한 장치로 기능하게 만드는 국가의 의지다.

외국인 고용 정책의 역설: 수급 확대와 안전관리 부재

한국 정부는 2025년까지 고용허가제(E-9)를 통해 16만 5천명의 외국인 노동자를 도입할 계획이다. 이는 2021년 대비 약 3배에 달하는 규모로, 저출산·고령화에 따른 노동력 부족에 대응하기 위한 조치다. 그러나 문제는 고용 수급의 양적 확대에만 집중한 나머지, 이들을 안전하게 보호하고 관리할 시스템은 과거 수준에 머물러 있다는 점이다. 언어지원 체계, 사전 직무교육, 고위험 작업의 직고용 원칙 등 핵심 보호장치들이 여전히 부재하거나 형식적 수준에 그치고 있어, 외국인 노동자는 사실상 값싼 위험의 방패막으로 기능하고 있다.

실제로 외국인 노동자의 산업재해율은 내국인의 2배 이상이다. 이는 단순히 노동자의 부주의가 아니라, 구조적으로 방치된 고용·교육·안전관리 체계의 총체적 실패를 보여준다. 산업현장에서 외국인은 대부분 고위험·기피업무에 배치되며, 기본적인 안전교육 없이 작업에 투입된다. 언어 장벽으로 인해 경고 표지판이나 비상 대피 매뉴얼조차 무의미해지고, 파견 또는 하청구조 속에서는 누구도 이들의 생명을 실질적으로 책임지지 않는다. 이는 국가가 의도적으로 방조한 제도화된 무책임이라 할 수 있다.

외국인 고용정책은 단순한 수급 조절 수단이 아니라, 인권 보장의 시험대다. 독일과 일본은 이미 외국인 노동자 고용 전 엄격한 교육과 인증 절차, 언어지원 시스템을 운영하며, 고위험 업종에 대한 사전 규제 및 직고용 원칙을 강화하고 있다. 반면 한국은 고용 수요에만 몰입한 나머지, 이들의 안전과 존엄은 정책의 사각지대로 방치하고 있다. 외국인 노동자는 소모성 노동력이 아니라, 한국 산업의 동반자이자 인간으로서의 권리를 가진 존재다. 지금 우리가 직면한 과제는 단순한 고용 확대가 아니라, 사람을 사람답게 대우하는 고용 구조로의 전환이다. 그것이 인권 국가의 최소한의 조건이다.

산업정책과 노동정책의 분리: 구조적 비효율의 근원

화성 화재는 단지 하나의 사고가 아니라, 산업정책과 노동정책이 분리되어 작동하는 구조적 문제를 응축해 보여주는 사례다. 한국은 리튬전지, 수소연료, 반도체 등 미래 성장동력으로 분류되는 첨단산업에 막대한 R&D 예산과 세제 지원을 투입하고 있다. 그러나 이 산업을 실제로 작동시키는 노동현장의 안전과 인권 문제는 정책의 후순위로 밀려 있다. 산업의 고도화는 곧 위험의 고도화를 의미하며, 이 위험은 결국 구조적으로 가장 취약한 외국인 노동자에게 집중되는 구조다.

첨단기술이 도입되더라도, 그것이 안전을 담보하지는 않는다. 기술 안전은 전제 조건이 있다. 그것은 현장 노동자가 위험을 인지하고 피할 수 있으며, 필요한 경우 거부하거나 문제를 제기할 수 있는 권한과 교육을 갖고 있어야 한다는 점이다. 아무리 고성능 센서와 AI 기반 모니터링 시스템이 설치되어 있더라도, 노동자가 해당 시스템을 이해하지 못하고, 위험 신호를 해석할 수 없다면, 그 기술은 '무용지물'에 불과하다. 특히 언어장벽, 짧은 고용계약, 파견 구조로 인해 노동자가 권리를 주장할 수 없는 현장에서는 기술이 오히려 위험을 '은폐하는 장치'로 작동하기도 한다.

궁극적으로 산업정책과 노동정책이 단절적으로 운용되는 한, 성장하는 산업과 위험을 떠안는 노동자라는 이중 구조는 해소되지 않는다. 유럽은 이미 산업정책과 노동정책을 통합적으로 설계하고, 첨단산업 진흥과 함께 노동자의 안전권 보장을 동등하게 다루는 프레임으로 전환하고 있다. 한국도 이제는 기술 중심 산업정책에서 사람 중심 산업안전 정책으로 이동해야 한다. 노동이 안전하지 않은 첨단산업은 지속가능하지 않으며, 그 산업의 경쟁력은 언젠가 비극의 비용으로 되돌아오게 될 것이다.

선진국 사례로 본 '포괄적 산업안전 프레임워크

외국인 노동자를 산업현장의 핵심 주체이자 보호받아야 할 인권의 대상으로 인식하는 선진국들의 사례는, 산업안전과 고용정책을 어떻게 통합적으로 설계할 수 있는지를 잘 보여준다. 독일은 대표적인 모범국가다. 이주노동자 고용 전 최소 50시간의 안전 및 권리 교육 이수를 법적 의무로 강제하며, 산업안전 관련 문서를 10개 국어로 제공한다. 사고 발생 시 원청과 하청 모두에 1차적 책임을 묻는 구조를 통해, 책임의 전가를 사전에 차단하고 있다. 이는 고위험 노동이 하청구조로 분산되며 보호는 사라지는 한국의 현실과 극명히 대조된다.

일본 또한 '외국인 기술연수생 제도'를 통해 산업안전교육과 노동관계법 교육을 고용 전 단계에서 의무화하고, 이를 출입국관리국이 직접 확인·관리하고 있다. 특히 교육을 제대로 이행하지 않은 사업장에는 고용 제한 조치와 벌금을 병행하여 실효성을 확보하고 있다. 단순한 지침 수준이 아닌 국가적 이행체계 안에서 작동하고 있는 것이다. 캐나다는 농업 외국인 고용 프로그램(SAWP)에서 더 나아가, 고용주의 책임 범위를 주거환경, 안전장비, 보험 가입까지 확장하고 있으며, 주기적인 현장 안전검사를 통해 시스템의 집행력을 보장한다.

이들 국가의 공통점은 명확하다. 외국인 노동자를 값싼 노동력이 아니라 국가와 산업이 감당해야 할 국제적 책임의 대상으로 본다는 점이다. 고용이 곧 보호와 연결되며, 사고는 곧 구조의 실패로 간주된다. 반면 한국은 여전히 외국인 노동자를 산업 외곽에 배치된 소모품처럼 취급하며, 법과 제도는 있으나 작동하지 않는 선언형 시스템에 머물고 있다. 지금이야말로 한국도 외국인 고용정책과 산업안전정책을 통합한 포괄적 산업안전 프레임워크를 설계해야 할 시점이다. 그 출발점은, 사람을 비용이 아닌 권리의 주체로 인식하는 데 있다. 이들은 모두 외국인 노동자를 값싼 노동력이 아니라 국제적 책임의 대상으로 인식하고 있다는 점에서, 한국과 근본적인 차이를 보여준다.

이주노동자 중심 산업안전체계 재설계 제언

산업구조의 고도화와 외국인 고용의 확대 속에서, 한국의 산업안전체계는 구조적 재설계를 요구받고 있다. 특히 외국인 노동자가 산업재해의 주요 희생양이 되고 있다는 점은, 기존 제도가 이들의 생명과 권리를 실질적으로 보호하지 못하고 있음을 방증한다. 이에 따라 산업안전정책은 단순한 지침이 아니라 이주노동자를 중심으로 한 시스템 전환을 목표로 해야 하며, 다음과 같은 세 가지 개혁 방향이 핵심이다.

첫째, 다국어 기반 산업안전 교육체계의 전면 구축이다. 고용허가제(E-9) 이전 송출국 단계에서부터 모국어 기반 온라인 교육 시스템을 의무화하고, 이를 이수한 경우에만 고용을 허용하는 제도화를 추진해야 한다. 이 교육은 단순한 일반 안전교육이 아니라, 비상대피 요령, 위험물질 정보, 신고 체계 안내 등 현장 밀착형 내용을 포함해야 하며, QR코드 기반 다국어 매뉴얼과 함께 제공되어야 한다. 이는 교육을 형식이 아닌 실질로 전환하는 출발점이다.

둘째, 위험공정의 외주화 금지 및 원청 직고용 원칙의 제도화다.

고위험 공정에 대해서는 원칙적으로 도급을 금지하고, 원청이 직접 노동자를 고용하도록 해야 한다. 특히 불법파견과 형식적 계약을 방지하기 위해 '도급계약서 실질 심사제도'를 도입하여, 계약서 내용과 현장 실태를 일치시키는 정합성 심사체계를 마련해야 한다. 이는 반복되는 참사의 메커니즘인 위험은 외주로, 책임은 문서로의 고리를 끊기 위한 핵심 조치다.

셋째, 외국인 고용기업 대상 산업안전 인증제 도입 및 인센티브 체계 구축이다. 외국인 노동자를 고용한 기업은 반드시 별도의 안전관리 인증을 받아야 하며, 이를 기반으로 수출 가산점, 공공조달 우대, 세제 감면 등 인센티브를 제공하는 포지티브 규제 방식으로 정책을 유도해야 한다. 단속과 처벌 중심이 아닌 보호와 책임의 상향 평준화를 통해 기업의 자발적 개선을 유도하는 구조가 필요하다.

이제 산업안전은 비용 절감의 대상이 아닌 산업의 지속가능성을 담보하는 핵심 인프라로 인식되어야 한다. 이주노동자에게 안전을 제공하는 것은 단지 인도적 차원의 문제가 아니라, 한국 산업의 글로벌 신뢰도와 경쟁력을 좌우하는 필수 조건이다. 포용적 안전 프레임워크를 구축하는 일이야말로, 선진국형 산업국가로 나아가는 출발점이다.

요약

2024년 화성 아리셀 화재 참사는 산업재해의 고질적 문제와 외국인 근로자의 구조적 사각지대를 다시 한 번 드러냈다. 비정규직 외국인 노동자들이 위험공정에 집중 투입되면서 언어 장벽과 안전교육 부족으로 피해가 심화되었고, 불법파견과 무허가 고용 등 제도적 허점도 확인되었다. 저출산·고령화로 인해 외국인 노동 의존도가 높아지는 지금, 산업안전보건 정책도 내국인 중심에서 벗어나 이주노동자 보호로 확장되어야 한다. 독일, 일본 등 선진국은 이주노동자 대상 산업안전 교육, 공공번역 시스템, 주기적 사업장 평가를 강화하고 있으며, 한국도 이러한 방향으로 산업안전 제도 전환이 시급하다. 이제는 단순한 대책이 아닌 구조 전환을 논의해야 할 시점이다.

당신의 생각은?

1. 외국인 노동자에게 안전한 일터란 무엇인가? 외국인 노동자가 일하는 사업장에서 물리적 안전뿐만 아니라, 언어 장벽을 해소하고 권리보장을 명확히 할 수 있는 환경이 갖춰지려면 어떤 조건이 필요할까? '외국인도 동등한 노동자'라는 인식을 제도와 기업 문화 속에 뿌리내리게 하기 위해 어떤 교육, 홍보, 제도적 장치가 마련되어야 하는가?
2. 산업안전 정책과 외국인 노동력 도입 정책은 어떻게 통합적으로 설계되어야 하는가? 외국인 노동자 고용 확대 정책과 산업안전 정책이 분리 운영될 때 발생할 수 있는 구조적 위험을 예방하기 위해 두 정책은 어떻게 통합 설계되어야 할까? 특히 외국인 노동자가 집중되는 중소 제조업 및 고위험 산업에 대해, 고용허가와 동시에 안전보건 능력을 사전에 평가하는 시스템을 도입할 수 있을까?

정책제언

1 '외국인 노동자 고용 안전교육 인증제' 도입

외국인 노동자를 고용하고자 하는 모든 기업은 고용 전 사전 안전교육을 이수하고, 그 이수를 정부가 인증하도록 한다. 이는 단순 문서화된 교육이 아니라, 실제 교육이 이루어졌는지를 행정적으로 검증하는 체계다. 교육 내용은 송출국 언어로 구성되어야 하며, 안전지침과 권리 안내 포함해야 한다.

2 '위험공정 직고용 원칙' 법제화 및 실태조사 강화

리튬, 수소, 유해화학물질 등 고위험 공정에 대해서는 원청이 반드시 직고용을 해야 한다는 원칙을 법제화하고, 고용 형태에 대한 분기별 실태조사를 의무화해야 한다. 외주화는 불가피한 경우만 예외로 하고, 관련 계약 및 지휘 체계를 투명하게 공개해야 한다.

3 '다국어 산업안전 포털' 및 공공통역 지원체계 구축

고용허가제(E-9) 송출국 기준으로 최소 10개국 언어의 안전보건 매뉴얼, 사고 대처 지침, 산업안전 교육 콘텐츠를 집약한 다국어 포털을 운영한다. 중소기업 대상 공공 통역 인력 파견도 병행해 현장 적용성을 높이는 노력이 필요하다.

워크노믹스 WORKNOMICS

고용과 함께 하는 성장

발행일 2025년 5월 20일 초판 1쇄
지은이 윤동열
발행인 송자영
발행처 초아출판사

주소 서울시 성북구 정릉로 36길 41
전화 070-8739-0036
팩스 0504-178-5627
E-mail choapublish@hanmail.net

ISBN 979-11-88425-50-1
정가 34,000원